II COLÓQUIO DE SEGURANÇA INTERNA

INSTITUTO SUPERIOR DE CIÊNCIAS POLICIAIS
E SEGURANÇA INTERNA

CENTRO DE INVESTIGAÇÃO

II COLÓQUIO DE SEGURANÇA INTERNA

Coordenação:
MANUEL MONTEIRO GUEDES VALENTE

II COLÓQUIO DE SEGURANÇA INTERNA

COORDENAÇÃO
MANUEL MONTEIRO GUEDES VALENTE

EDITOR
EDIÇÕES ALMEDINA, SA
Rua da Estrela, n.º 6
3000-161 Coimbra
Tel: 239 851 904
Fax: 239 851 901
www.almedina.net
editora@almedina.net

PRÉ-IMPRESSÃO • IMPRESSÃO • ACABAMENTO
G.C. GRÁFICA DE COIMBRA, LDA.
Palheira – Assafarge
3001-453 Coimbra
producao@graficadecoimbra.pt

Outubro, 2006

DEPÓSITO LEGAL
249305/06

Os dados e as opiniões inseridos na presente publicação
são da exclusiva responsabilidade do(s) seu(s) autor(es).

Toda a reprodução desta obra, por fotocópia ou outro qualquer processo,
sem prévia autorização escrita do Editor,
é ilícita e passível de procedimento judicial contra o infractor.

Aos Superintendentes-Chefes
AFONSO MANUEL FERNANDO DE ALMEIDA
e
ALFREDO JORGE GONÇALVES FARINHA FERREIRA,
*Que, durante os últimos 20 anos, dirigiram o
Instituto Superior de Ciências Policiais e Segurança Interna*

INTRODUÇÃO

§1.º A **Segurança Interna** é um objecto de estudo que estevira, durante anos, ora arredado das preocupações dos académicos ora subjogado aos cânomes tradicionais do direito, da sociologia, da criminologia, da história e das ciências militares. A consciencialização de que o gozo e o exercício de direitos passa inquestionavelmente pela criação de um território dotado de segurança, eleva este valor a direito fundamental subjectivo e conduziu os Estados a constitucionalizá-lo e a limitar o seu âmbito para que não haja o perigo de se absolutizar.

Acresce que a organização do Estado em Estado prestacionista e intervencionista impôs não só Àquele, entendido abstracta e concretamente, mas também a toda a comunidade nacional e global a ideia de que a segurança (interna) é um valor essencial à vivência organizada e democrática e um valor que merece consagração não só nos instrumentos jurídicos internos como nos instrumentos jurídicos internacionais – *v. g.*, DUDH, CEDH, CUEDF. A internaccionalização da segurança face à internacionalização do crime é, hoje, uma realidade, que não é olvidada nos estudos que publicamos nem o fora nas prelações dos vários oradores do II Cólquio de Segurança Interna.

§2.º O estudo da segurança interna nos dois cólquios processou-se de modo a abordar a temática sobre várias perspectivas académico-científicas, permitindo uma interdisciplinaridade e uma evolução para a ideia de que não existe um só conceito ou tipologia, mas vários conceitos ou tipologias de segurança interna, cujo conteúdo não olvida a teoria do espaço da segurança [nacional, regional, europeu e internacional].

O estudo da segurança (interna), que vive e convive com a segurança regional, europeia e internacional, ocupa, hoje, as cadeiras das universidades, os espaços dos parlamentos nacionais e europeus, dos organismos europeus e internacionais, os espaços dos partidos políticos – pois, apresenta-se, hoje, como estandarte eleitoral nos vários países e representa uma das preocupações imperativas do dia a dia desses países como denotam as orgânicas e os programas dos governos –, e os espaços dos cafés, dos restaurantes, dos jardins e das várias ruelas das cidades, vilas e aldeias.

§3.º Destaca-se a ideia base de que a segurança interna não se confunde com a segurança externa, dita defesa externa do Estado, mas que com ela tem fortes laços e, no todo, encontram-se umbilicalmente ligadas à Defesa Nacional em sentido amplo. As novas ameaças provenientes da criminalidade altamente violenta e organizada – terrorismo, tráfico de armas, tráfico de seres e órgãos humanos, tráfico de droga, branqueamento de capitais, (etc.) – conjugada com a ameaça de uso de armas biológicas têm criado um sentimento de insegurança permanente e têm legitimado os decisores políticos a optarem, exclusivamente, por implementar medidas jurídico-criminais, transformando o direito penal em instrumento de segurança.

O direito, em especial o direito penal, não pode servir de preenchimento do vácuo de medidas técnico-tácticas e operativas das forças e serviços de segurança. O legislador não pode substituir o estudo das causas, nem a ineficácia das políticas sociais e educativas, nem a intervenção activa da sociedade na construção de um espaço de liberdade e segurança. Como afirmara FARIA COSTA, na mesa em que presidiu, não "se deve pedir ao direito penal o que não pode dar, pois deve dar muito pouco", ou seja, com DAMIÃO DA CUNHA, "não pode haver uma visão securitária da segurança interna".

§4.º O objecto de estudo – Segurança Interna –, escolhido pelo Centro de Investigação do ISCPSI para estudar ao longo do ano lectivo 2004/2005, já fora discutido no I Cóloquio de Segurança Interna, cuja publicação já se fizera. Neste momento, cumpre-nos pôr na estampa, com algum atraso, os textos disponibilizados do II Cólquio que decorreu em duas partes: a primeira, no dia 5 de Maio de

2006, e a segunda, nos dias 6 e 7 de Junho de 2005, no auditório do Instituto Superior de Ciências Policiais e Segurança Interna, em Lisboa.

Publicam-se os textos que foram disponibilizados pelos conferencistas, tendo em conta que a azáfama de todos limitou a não publicação de todas as intervenções. Todavia, fica regitado o nosso obrigado a todos os oradores por terem contribuído com os elevados conhecimentos técnico-científicos no aprofundamento do estudo da segurança interna.

§5.º Cumpre, ainda, agradecer a todos quantos contribuíram para que o II Cóloquio de Seguranaça Interna fosse um sucesso. Aos presidentes de mesa, Prof. Catedrático José de Faria Costa, Prof.a Doutora Constança Urbano de Sousa, Prof. Doutor Pedro Clemente, Prof. Doutor Rocha Machado, Prof. Figueiredo Ribeiro, queremos expressar o nosso obrigado pela disponibilidade demonstrada para assumir a moderação das várias subtemáticas dentro do tema geral e por terem promovido a discussão pública dos mesmos, permitindo enriquecer o debate de ideias. Aos conferencistas, Tenente-General José Eduardo M. Garcia Leandro, Almirante Nuno Gonçalo Vieira Matias, Procurador-Geral Adjunto Mário Gomes Dias, Prof. Doutor António Francisco de Sousa, Dr. João Serrano, Dr. Paulo Pereira Coelho, o Sr. José Neto, Mestre Fiães Fernandes, Prof.a Doutora Cristina Montalvão Sarmento, Prof. Doutor Carlos Poiares, Prof. Doutor José M. Damião da Cunha, Prof.a Doutora Nieves Sanz Mulas, Prof. David Terracina, Mestre Paulo Valente Gomes, Mestre Pedro Sousa, queremos agradecer o empenho, o estudo cuidado e profundo dos temas da Segurança Interna dentro das áreas científicas respectivas numa altura do ano em que todos estamos empenhados em inúmeras actividades académicas, políticas e cívicas.

Queremos expressar a nossa gratidão aos conferencistas de abertura e de encerramento do II Cóloquio, Prof. Rui Pereira e ao Prof. Catedrático Adriano Moreira, que enriqueceram os trabalhos com a situalização da problemática da segurança quer no plano sócio-jurídico quer no plano antropológico-económico-político. Permitam-nos que façamos um agradecimento especial ao Professor Catedrático Adriano Moreira por estar sempre disponível para participar nas actividades académico-científicas e, em especial, por ter aceite fazer a apresentação do livro do *I Cólóquio de Segurança Interna* no encerramento da primeira parte do II Colóquio, no dia 5 de Maio de 2005, e por, ainda, ter-nos honrado com a conferência de encerramento do II Colóquio de Segurança Interna, no dia 7 de Junho de 2005, subordinada ao tema *A Segurança e o Novo Mundo*, que agora podemos ler.

Cumpre-nos, ainda, agradecer à Livraria Almedina pela publicidade que, desde início, promoveu do evento quer na sua página da internet quer nas suas livrarias em todo o país, assim como a disponibilidade para publicar os textos dos cóloquios. Não podemos encerrar a introdução sem lembrar todas as pessoas que contribuíram para que os colóquios se realizassem: ao Director do ISCPSI, Superintendente-Chefe ALFREDO JORGE G. FARINHA FERREIRA, pelo apoio incondicional a iniciativas desta natureza; ao Comissário HUGO PALMA, às Dr.as MICHELE SOARES e CRISTINA REIS, pela colaboração permanente; ao Chefe MARTINS, aos Agentes NETO e FERNANDES, à D.ª ALCINA SANTOS, à D.ª TERESA ANTUNES, pela disponibilidade demonstrada nas várias tarefas; à secção de alimentação, por ter promovido um agradável convívio entre os participantes e conferencistas; à secção auto do Instituto, por ter colaborado nas inúmeras viagens (longas e curtas), o que permitiu um bom acolhimento dos participantes e conferencistas que, de longe, se deslocaram para partilhar connosco as suas ideias.

A todos quantos contribuíram para a realização do evento, o nosso muito obrigado.

Pinhal Novo, 27 de Agosto de 2006

O Coordenador
MANUEL MONTEIRO GUEDES VALENTE

PARTE I

5 DE MAIO DE 2005

SEGURANÇA INTERNA

MÁRIO GOMES DIAS
Procurador-Geral Adjunto/Auditor Jurídico

I. Introdução

1. A «*segurança interna*», tradicionalmente considerada, a par da segurança externa e da protecção civil, como uma das funções essenciais do Estado, porque, estando directamente relacionadas com a sua própria existência e sobrevivência, constituem, também, condições indispensáveis à protecção, bem estar e desenvolvimento da comunidade nacional, assume, no contexto global do artigo 272º. da Constituição, um sentido marcadamente ligado à ideia de garantia do cumprimento das leis em geral e do respeito pelos direitos dos cidadãos, em tudo o que concerne à vida interna da colectividade.

Conjugando o citado artigo 272º., que encerra o conceito constitucional de «*segurança interna*», com o artigo 273º. da Lei Fundamental, que fornece o entendimento constitucional de «*segurança externa*», apreende-se facilmente a vontade inequívoca do legislador constitucional de separar as duas funções clássicas do Estado, ao definir princípios e objectivos prioritários para cada uma das correspondentes actividades e ao determinar que a primeira compete especialmente às forças e serviços de segurança, enquanto a segunda cabe predominantemente às forças armadas, umas e outras integradas em sistemas orgânicos próprios, autónomos e reportados a centros de decisão diferentes.

Os princípios e orientações constitucionais sobre esta matéria, clarificados e consolidados em resultado da revisão da Constituição operada em 1982, foram desenvolvidos ao longo destes últimos vinte anos, e encontraram expressão concreta em diplomas legais que podem considerar-se como pilares essenciais da organização da defesa do Estado e da segurança da comunidade nacional:

1.1. Cumpre destacar, em primeiro lugar, a Lei n.º 29/82, de 11 de Dezembro – *«Lei de Defesa Nacional e das Forças Armadas»* – (entretanto alterada pela Lei n.º 111/91, de 29 de Agosto), que, nos termos dos artigos 9.º, alínea a), e 273.º a 276.º da Constituição, explicitou o conceito de defesa nacional e os objectivos permanentes a prosseguir neste domínio, estabeleceu o sistema específico que lhe serve de suporte, definiu a missão institucional das Forças Armadas, bem como a sua composição, organização e enquadramento no aparelho do Estado, e esclareceu o seu papel insubstituível na defesa militar da República que consubstancia a execução da componente militar da defesa nacional;

1.2. Em segundo lugar, importa referir a Lei nº. 30/84, de 5 de Setembro *«Lei Quadro do Sistema de Informações da República Portuguesa»* (sucessivamente alterada pelas Leis n.ºs 4/95, de 21 de Fevereiro, 15/96, de 30 de Abril, 75-A/97, de 22 de Julho, e 4/2004, de 6 de Novembro), que instituiu os órgãos e serviços especialmente incumbidos da produção das informações necessárias à *«segurança externa»*, à *«segurança militar»* e à *«segurança interna»*, autonomizando e especializando as três áreas de actuação, em conformidade com os princípios constitucionais anteriormente referidos, sem prejuízo, naturalmente, da unidade na definição, ao mais alto nível, da política governamental no sector e da coordenação, ao nível técnico adequado, da actuação operacional das diversas estruturas incumbidas da sua execução;

1.3. Em terceiro lugar, não poderá deixar de mencionar-se a Lei n.º 44/86, de 30 de Setembro, que definiu o *«Regime Jurídico do Estado de Sítio e do Estado de Emergência»*, aplicável em situações de agressão efectiva ou iminente por forças estrangeiras, de grave ameaça ou perturbação da ordem constitucional e de catástrofe ou calamidade pública, esclarecendo, de harmonia com os princípios constitucionais consagrados no artigo 19.º, o papel específico que caberá desempenhar às forças armadas e às forças de segurança, no caso de ser declarado qualquer daqueles estados de excepção. De notar que outro estado de excepção, o estado de guerra, está previsto nos artigos 61.º a 66.º da Lei de Defesa Nacional;

1.4. Em quarto lugar, cabe destacar a Lei n.º 20/87, de 12 de Junho – *«Lei de Segurança Interna»* – que, para além de definir o âmbito e os objectivos permanentes desta função essencial do Estado, correspondeu à preocupação fundamental de instituir um verdadeiro *«sistema de segurança interna»*, integrado por órgãos especialmente incumbidos de dirigir, conduzir e coordenar o exercício de tal actividade e por estruturas operacionais que, embora dotadas de atribuições próprias, de autonomia orgânica e de especificidade estatutária, devem subordinar a sua actuação a princípios e orientações claramente definidos por forma a contribuírem para se alcançar uma finalidade comum – a segurança interna do Estado e da comunidade nacional que lhe serve de suporte;

1.5. Por último, para completar o enquadramento jurídico do exercício das funções essenciais do Estado, foi aprovada a Lei n.º 113/91, de 29 de Agosto *«Lei de Bases de Protecção Civil»*, que definiu os princípios fundamentais orientadores da actividade, os objectivos permanentes a prosseguir e o sistema nacional de suporte à actuação dos cidadãos e dos organismos especializados, com vista a prevenir a ocorrência de riscos colectivos resultantes de acidentes graves, catástrofes ou calamidades e para minimizar os efeitos devastadores de tais acontecimentos, quando ocorrerem, socorrendo e assistindo as pessoas em perigo, recuperando os equipamentos danificados e reabilitando as zonas atingidas.

II. Enquadramento Jurídico do Sistema de Segurança Interna

2. A justificação jurídico-política da Lei de Segurança Interna decorre directamente de princípios e preceitos consagrados na Constituição da República, nomeadamente do seu artigo 3.º, que estabelece que o Estado subordina-se à Constituição e funda-se na legalidade democrática, do artigo 9.º, que inclui no âmbito das tarefas prioritárias do Estado a obrigação de garantir o normal exercício dos direitos e liberdades dos cidadãos, do artigo 27.º, que reconhece, a todas as pessoas, o direito à liberdade e o direito à segurança, e do artigo 272.º, que consagra como função essencial do Estado, que a exerce através das forças e serviços de segurança, a defesa da legalidade democrática, a garantia da segurança interna e o respeito pelos direitos dos cidadãos.

Com base nos princípios constitucionais atrás referidos, o artigo 1º. da Lei nº. 20/87 definiu a «*segurança interna*» como a actividade desenvolvida pelo Estado com os seguintes objectivos permanentes:

- garantir a ordem, a segurança e a tranquilidade públicas;
- proteger as pessoas e os bens públicos e privados;
- prevenir todas as formas de criminalidade;
- assegurar o normal funcionamento das instituições;
- salvaguardar o regular exercício dos direitos e liberdades fundamentais dos cidadãos;
- garantir o cumprimento das leis em geral.

Em suma, a actividade de segurança interna visa proteger a vida e a integridade física das pessoas, assegurar a paz pública e defender a ordem democrática, que são condições indispensáveis à própria vida da comunidade, ao seu desenvolvimento, à normal convivência dos cidadãos e ao progresso da sociedade.

Tratando-se, como se trata, de uma actividade que pode contender com a vida pessoal dos cidadãos, já que a mesma se consubstancia, muitas vezes, no estabelecimento de condicionamentos, restrições ou limitações à liberdade de actuação de cada um, em nome e por causa da convivência colectiva e da coexistência pacífica de todos, a lei de segurança interna estabelece princípios, fixa limites e tipifica as medidas que constituem balizas a respeitar, com todo o rigor, pelos agentes das forças e serviços de segurança, pois não pode olvidar-se nunca que a nossa Lei Fundamental assenta na ideia de que é o Estado que está ao serviço dos cidadãos e não estes que estão ao serviço do Estado, ao consagrar como princípios fundamentais a dignidade da pessoa humana (artigo 1º.) e a inviolabilidade da vida e da integridade física e psíquica (artigos 24º. e 25º.).

3. Para além disso, que seria lógico esperar de qualquer lei de enquadramento da actividade de segurança interna em qualquer Estado de direito democrático, é importante reconhecer que a Lei n.º 20/87 surgiu para fazer face, com eficácia, à gravidade dos perigos e ameaças representados por novas formas de expressão da criminalidade e, sobretudo, para responder à particularidade de o nosso País não dispor de uma doutrina actualizada sobre a matéria nem de órgãos institucionalizados, especialmente encarregados de estabelecer e implementar mecanismos adequados de cooperação entre as diversas forças e serviços que exercem funções de segurança interna.

Convém, por isso, realçar alguns aspectos, extremamente importantes, que constituem a filosofia subjacente daquele diploma, ou seja, as grandes linhas de orientação que o informaram:

3.1. Autonomização das matérias respeitantes à *«segurança interna»*, face às matérias respeitantes à *«protecção civil»*, propriamente dita, por um lado, e às matérias especificamente concernentes à *«segurança externa»* e à *«segurança militar»*, por outro (artigos 1.º a 3.º);

3.2. Consagração dos princípios da coordenação técnica e da cooperação operacional das forças e serviços de segurança, bem como da articulação do seu funcionamento no terreno, face à possibilidade de fusão institucional de alguns daqueles ou da sua colocação sob a mesma dependência orgânica (artigo 6.º);

3.3. Prevalência dos princípios e das normas da Lei de Segurança Interna sobre os princípios e as normas das leis estatutárias das forças e serviços de segurança que, no entanto, mantêm o respectivo enquadramento orgânico, a especificidade institucional e a especialização funcional (artigos 6.º, n.º 2, e 14.º).

4. A autonomia, unidade e funcionalidade do *«sistema de segurança interna»* instituído pela Lei n°. 20/87 é assegurada em todos os domínios e em todos os níveis do enquadramento, definição, condução, direcção e execução da política de segurança interna que abrange os princípios, as orientações e as medidas tendentes à prossecução das finalidades e interesses assinalados por lei a esta actividade do Estado.

Assim:

4.1. A *«Assembleia da República»* contribui, pelo exercício da sua competência política, legislativa e financeira para enquadrar a política de segurança interna e para fiscalizar a sua execução (artigo 7°.);

4.2. A condução da política de segurança interna é da exclusiva competência do *«Governo»*, que a exerce pelo *«Conselho de Ministros»*, nomeadamente, definindo as linhas gerais da sua execução, programando e assegurando os meios necessários e aprovando os planos de coordenação e cooperação das forças e serviços de segurança (artigo 8.°);

4.3. A direcção da política de segurança interna é da responsabilidade do *«Primeiro-Ministro»*, que coordena, orienta e dirige a acção dos membros do Governo em assuntos relacionados com a segurança interna, dispondo, para esse efeito, de um órgão de auscultação e consulta – o *«Conselho Superior de Segurança Interna»* – no qual têm assento todos os membros do Governo que tenham na sua dependência forças e serviços de segurança, bem como os dirigentes máximos destes, e de um órgão especializado de assessoria para a coordenação técnica e operacional daquelas estruturas – o *«Gabinete Coordenador de Segurança»* (artigo 9°.);

4.4. A direcção da política de segurança compete, também, ao *«Ministro da Administração Interna»*, por ser a única entidade em quem o Primeiro Ministro pode delegar as suas competências, nomeadamente, quanto ao Conselho Superior de Segurança e ao Gabinete Coordenador de Segurança, e quanto à direcção da actividade interministerial tendente à adopção de providências adequadas no caso de grave ameaça à segurança interna (artigos 9.° e 12.°);

4.5. A execução da política de segurança interna cabe às forças e serviços de segurança, de acordo com as suas competências específicas e as suas especializações funcionais, mas sem prejuízo da cooperação recíproca, do auxílio mútuo, do empenhamento concertado e mesmo da actuação conjunta, sempre que necessário, na prossecução dos objectivos e interesses comuns (artigos 6.°, 12.°, 13.° e 14.°).

De realçar, em especial, a criação de uma *«autoridade nacional para a coordenação»* das acções, medidas e iniciativas a adoptar no âmbito da actividade de segurança interna, que é o Primeiro-Ministro ou, por delegação deste, o Ministro da Administração Interna (artigo 9.°, n.ᵒˢ 1, alíneas a) e d), 2 e 3, e artigo 13.°).

De destacar, também, a criação do *«Gabinete Coordenador de Segurança»*, como órgão permanente de assessoria e consulta para a coordenação técnica e operacional das forças e serviços de segurança, que funciona na directa dependência da autoridade nacional anteriormente referida e integra todos os dirigentes máximos dos organismos e serviços que compõem o sistema (GNR, PSP, PJ, SEF, PM e SIS).

III. Actividade de Segurança Interna

5. A interdisciplinaridade material dos fins prosseguidos pela actividade de segurança interna e a diversidade institucional dos organismos e serviços que a protagonizam revelam, à evidência, que a eficácia máxima no funcionamento do sistema e a optimização no emprego dos meios disponíveis só poderiam ser alcançadas por duas vias: ou através da concentração e eventual fusão das forças e serviços de segurança, submetendo-as a um só comando ou a uma direcção única para todo o território nacional; ou através da subordinação daqueles organismos a princípios de actuação claramente baseados na cooperação recíproca e a mecanismos institucionalizados de coordenação, mantendo-se a especificidade estatutária, orgânica e institucional de cada um, bem como a respectiva especialização funcional.

A opção política por esta segunda via foi claramente assumida quer pela Assembleia da República, ao aprovar a Lei de Segurança Interna, quer pelos Governos que desencadearam iniciativas legislativas sobre esta matéria. Trata-se, por conseguinte, de uma questão que, ao mais alto nível da decisão política, não suscitou divergências inultrapassáveis, provavelmente por razões de conveniência e oportunidade políticas.

Perante a diversidade institucional, o enquadramento orgânico próprio e a natureza complementar das funções atribuídas às forças e serviços de segurança que integram o sistema, assume carácter essencial à prossecução dos objectivos comuns o papel a desempenhar pela autoridade nacional responsável pela direcção e coordenação do funcionamento daqueles organismos (Primeiro-Ministro e Ministro da Administração Interna).

Neste contexto, importa realçar as relevantes funções atribuídas ao *«Gabinete Coordenador de Segurança»*, criado como órgão de assessoria especializado em matéria de coordenação técnica e operacional da actividade das forças e serviços de segurança, para funcionar na directa dependência do Primeiro-Ministro ou, por delegação deste, sempre concretizada nos sucessivos Governos, do Ministro da Administração Interna, e do qual fazem parte os dirigentes máximos daqueles organismos.

O *«Gabinete Coordenador de Segurança»* assiste, de modo regular e permanente, às entidades governamentais responsáveis pela direcção, condução e execução da política de segurança interna, e há-de funcionar como órgão dinamizador e polarizador do sistema, especialmente vocacionado para estudar e aperfeiçoar esquemas de cooperação recíproca entre as forças e serviços de segurança, para prevenir conflitos positivos ou negativos de competência, para desenvolver e tipificar situações de empenhamento combinado e actuação conjunta de efectivos dos diferentes organismos; em suma, para constituir e difundir uma nova mentalidade no relacionamento das instituições de segurança do Estado cada vez mais condizente com a filosofia subjacente à Lei nº. 20/87 e mais adequada à prossecução das finalidades essenciais da segurança interna.

6. A actividade de segurança interna, que é exercida pelas forças e serviços de segurança nos termos da Constituição da República, da Lei nº. 20/87, da legislação penal e processual penal e das respectivas leis estatutárias, desenvolve-se nos seguintes domínios fundamentais:

- Informações;
- Prevenção de todas as formas de criminalidade;
- Manutenção ou reposição da ordem e tranquilidade pública;
- Investigação criminal.

6.1. A actividade das *«informações de segurança interna»* compreende o conjunto de acções a desenvolver com o objectivo específico de proceder, de forma sistemática, à pesquisa, centralização, análise, exploração e processamento de dados, notícias e demais elementos com vista à produção e difusão, pelas entidades competentes, das informações destinadas a garantir a segurança interna e a prevenir a criminalidade violenta ou organizada, designadamente a sabotagem, a espionagem, a subversão, o terrorismo ou quaisquer actos susceptíveis de destruir ou alterar o Estado de Direito constitucionalmente estabelecido.

O organismo legalmente incumbido e especialmente vocacionado para actuar no domínio específico das informações é o *«Serviço de Informações de Segurança – SIS»*, que exerce a sua actividade institucional em estreita cooperação com as forças e serviços policiais, dos quais deve receber, com oportunidade, notícias, comunicações e outros elementos de informação com interesse para a análise globalizante das informações de segurança, e aos quais deve comunicar, de forma adequada, os factos configuráveis como ilícitos criminais e os elementos com interesse para a prevenção ou repressão da criminalidade e para a manutenção ou reposição da ordem pública (artigos 2.º, n.º 1, 5.º, n.º 1, e 7.º, n.º 2, do Decreto-Lei n.º 225/85, alterado pelo Decreto-Lei nº. 245/95, de 14 de Setembro, e artigos 2.º e 21.º, da Lei n.º 30/84, revista e republicada pela Lei n.º 4/2004).

É óbvio que o figurino institucional e as características organizacionais atribuídas por lei ao SIS assentaram no pressuposto de que era possível e indispensável estabelecer uma estreita cooperação entre este serviço e as forças e serviços policiais, por forma a que estes canalizem para aquele o manancial quase inesgotável de notícias que, depois de analisadas e correctamente interpretadas, poderão ajudar a esclarecer factos, acontecimentos e fenómenos importantes na vida da comunidade (cfr. artigos 7.º, n.º 2, 12.º e 13.º do Decreto-Lei n.º 225/85, alterado pelo Decreto Lei n.º 245/95, de 14 de Setembro).

6.2. A actividade policial de *«prevenção da criminalidade»* compreende o conjunto de acções a desenvolver pelas forças e serviços de segurança com vista a evitar a ocorrência de factos atentatórios contra a vida e a integridade física das pessoas, a paz pública e a ordem democrática, mediante a utilização de meios dissuasores adequados a inibir ou a intimidar os potenciais delinquentes, meios esses que se traduzem, no essencial, na presença física dos agentes policiais no terreno, na vigilância de certos locais considerados mais sensíveis, no controlo de indivíduos tidos como delinquentes habituais e no acompanhamento de certos tipos de actividades.

Todas as forças e serviços de segurança com funções policiais actuam no domínio da prevenção da criminalidade, podendo mesmo afirmar-se, sem qualquer exagero, que esta é a missão, por excelência, das polícias, pois continua perfeitamente actual a máxima de que *«mais vale prevenir do que reprimir»*.

Isto não significa que a lei, tendo em conta a vocação institucional e a especialização funcional das forças e serviços policiais, não preveja áreas específicas de actuação para alguns daqueles organismos. É o que acontece, por exemplo, com a Brigada Fiscal da GNR, em relação a infracções aduaneiras, com a Polícia Judiciária, em relação a formas de criminalidade organizada e/ou violenta, com a Polícia de Segurança Pública, em relação à criminalidade ligada à detenção e uso de armas, munições e explosivos, com a Brigada de Trânsito da Guarda Nacional Republicana, em relação a infracções rodoviárias, com o Serviço de Estrangeiros e Fronteiras, em relação a infracções à legislação de estrangeiros, ou com a Polícia Marítima em relação a infracções à legislação sobre navegação marítima.

Justamente por isso, a actividade policial de prevenção geral da criminalidade é o domínio em que, de forma mais flagrante, se revela a necessidade imperiosa de planificação, de coordenação e de cooperação entre todos os organismos e serviços intervenientes, a concretizar através de estudos, planos, propostas e iniciativas a desenvolver no âmbito do Gabinete Coordenador de Segurança (artigo 13.º da Lei n.º 20/87).

6.3. A actividade de *«manutenção ou reposição da ordem e tranquilidade públicas»* compreende, em geral, as acções preventivas e repressivas a desenvolver pelas forças de segurança armadas e uniformizadas, com vista a criar ou restabelecer as condições externas indispensáveis à observância das leis da República e dos regulamentos da Administração, ao normal funcionamento das instituições e ao regular exercício dos direitos, liberdades e garantias dos indivíduos.

Esta actividade, que foi o primeiro objectivo da polícia uniformizada, exprime-se, fundamentalmente, pela presença, na via pública, do guardião da paz, do representante vivo da lei, sempre pronto a ajudar, a informar e a mediar conflitos, mas também a agir como braço secular da mesma lei.

Exprime-se, também, pela sua intervenção na circulação do tráfego, pelo controlo das reuniões, manifestações, comícios e desfiles, pela especial protecção concedida a altas entidades ou a simples cidadãos sujeitos a situações de ameaça relevante, pela defesa de certos locais e instalações particularmente sensíveis e, ainda, pela prestação do socorro de emergência e pelo auxílio em situações de acidente, catástrofe ou calamidade.

É o domínio de actuação privilegiado da GNR e da PSP que, de acordo com a repartição legal de competências territoriais – cabendo à primeira actuar nas zonas rurais e à segunda nas zonas urbanas – o têm quase exclusivamente a seu cargo.

A coordenação e cooperação destas duas forças de segurança torna-se mais fácil, devido ao número dos intervenientes directos, mas poderá ser intensificada e melhorada através do Gabinete Coordenador de Segurança e não dispensa a colaboração das demais forças e serviços em aspectos pontuais.

6.4. A actividade de «*investigação criminal*» compreende o conjunto de acções tendentes a descobrir, recolher, examinar, interpretar, conservar e formalizar no inquérito, que constitui a primeira fase do processo criminal, as provas de factos concretos penalmente relevantes, bem como das circunstâncias envolventes, e, ainda, as diligências destinadas a identificar, localizar e deter, nos casos legalmente permitidos, os responsáveis por tais factos, bem como a determinar o respectivo grau de responsabilidade, tudo com vista à organização do processo criminal que há-de ser submetido à apreciação das autoridades judiciárias (Ministério Público e Juiz).

Neste campo actuam os designados órgãos de polícia criminal, sendo considerados como tal, no caso concreto, todas as forças e serviços de segurança mencionados no artigo 14º. da Lei nº. 20/87, com excepção do SIS que, como se sabe, não é um organismo policial nem pode exercer poderes, praticar actos ou desenvolver actividades do âmbito ou competência específica dos tribunais ou das entidades com funções policiais (artigo 4º. da Lei nº. 30/84, que mantém a sua redacção inicial).

A lei atribui, neste domínio específico, papel fundamental à Polícia Judiciária, presumindo deferidas, a este órgão de polícia criminal, competências exclusivas para a investigação e para a coadjuvação das autoridades judiciárias, relativamente às formas mais graves de expressão da criminalidade, nomeadamente da criminalidade organizada e/ou violenta.

Porém, outros organismos detêm competências investigatórias próprias em certas matérias: é o caso, por exemplo, da Brigada Fiscal da GNR, em relação às infracções fiscais aduaneiras, ou do SEF, em relação às infracções à legislação sobre a entrada, permanência e residência de estrangeiros em território nacional.

A actividade investigatória é, no essencial, regulada pela legislação processual penal e pela *«Lei de Organização da Investigação Criminal»* (Lei n.º 21/2000, de 10 de Agosto), devendo ser desenvolvida de harmonia com as normas de competência previstas nos estatutos próprios das forças e serviços de segurança (artigo 8.º, n.º 1).

A entidade que tiver competência para assumir o papel principal na coadjuvação do Ministério Público na realização do inquérito tem direito à cooperação das demais, devendo ter-se em consideração que mais importante do que tomar conta das ocorrências e, eventualmente, deter os delinquentes é carrear para o processo todas as provas relevantes para a sujeição daqueles à administração da justiça penal (artigo 6.º da Lei n.º 21/2000).

A coordenação, ao nível nacional, dos órgãos de polícia criminal é assegurada pelo *«Conselho Coordenador»*, presidido pelos Ministros da Administração Interna e da Justiça, no qual participam, nomeadamente, o Director Nacional da Polícia Judiciária, o Comandante-Geral da Guarda Nacional Republicana e o Director Nacional da Polícia de Segurança Pública (artigo 7.º).

A cooperação das forças e serviços de segurança em matéria de investigação criminal, que é indispensável à eficácia da luta contra todas as formas de expressão da criminalidade, exige dos agentes policiais uma especial sensibilidade e rigor nos processos de actuação e coloca aquelas entidades em contacto permanente com as autoridades judiciárias, às quais devem coadjuvar nos termos da Constituição e da lei, assim se materializando a interacção de duas das mais relevantes funções do Estado - a de segurança interna e a de administração da justiça.

O exposto demonstra, claramente, que a actividade de segurança interna é, por natureza, interdisciplinar e plurissectorial e que o sistema que lhe serve de suporte é integrado por organismos e serviços caracterizados pela diversidade institucional, especialização funcional e enquadramento orgânico próprio no aparelho do Estado.

Donde decorre, com toda a evidência, a natureza complementar da actividade desempenhada por cada uma das forças e serviços de segurança e a manifesta interdependência funcional de todas as instituições de segurança do Estado.

O que, obviamente, justifica a importância conferida pela Lei n.º 20/87 aos princípios da coordenação e cooperação institucional das forças e serviços de segurança, bem como aos mecanismos de articulação operacional do funcionamento destes organismos, cuja efectiva concretização compete ao Primeiro-Ministro e ao Ministro da Administração Interna, assistidos pelo Conselho Superior de Segurança Interna e pelo Gabinete Coordenador de segurança.

IV. Forças e Serviços de Segurança

7. Para prosseguir os fins e interesses inerentes à função de segurança interna, o Estado dispõe, nos termos da Lei nº. 20/87, nomeadamente, de *«forças de segurança»* — Guarda Nacional Republicana, Polícia de Segurança Pública e Polícia Marítima — e *«serviços de segurança»* — Polícia Judiciária, Serviço de Estrangeiros e Fronteiras e Serviço de Informações de Segurança — que integram o sistema previsto naquele diploma.

As *«forças de segurança»* são organismos policiais armados e uniformizados, integrados por pessoal com estatuto militar (GNR), com estatuto militarizado (PM), ou com estatuto civil (PSP), mas sempre com estrutura organizativa caracterizada pela obediência à hierarquia de comando em todos os níveis.

Os *«serviços de segurança»* são organismos públicos, integrados por agentes com estatuto análogo ao do pessoal da Administração Pública, hierarquicamente estruturados e institucionalmente vocacionados para o desempenho de atribuições específicas de natureza policial (PJ e SEF) ou no domínio das informações (SIS).

> 7.1. A *«Guarda Nacional Republicana»*, na qual, entretanto, foi integrada a Guarda Fiscal, é uma força de segurança constituída por militares, estruturada como corpo especial de tro-

pas, organicamente dependente do Ministro da Administração Interna (cfr. Decreto-Lei n.º 231/93, de 26 de Junho, alterado pelo Decreto-Lei n.º 298/94, de 24 de Novembro).
Possui um efectivo de cerca de 26 000 elementos (após a integração da Guarda Fiscal), distribuídos por Comando--Geral, 1 Regimento de Cavalaria, 1 Regimento de Infantaria, 4 Brigadas Territoriais, 2 Brigadas Especiais (de Trânsito e Fiscal) e cerca de 700 agrupamentos, destacamentos e postos, cobrindo o respectivo dispositivo todo o território nacional, com predominância nas zonas rurais.
Tem atribuições policiais de carácter geral nos domínios da manutenção da ordem e tranquilidade públicas, da prevenção da criminalidade, da defesa da legalidade e da protecção e socorro das pessoas, cabendo-lhe, cumulativamente, importantes funções no domínio da coadjuvação das autoridades judiciárias, decorrentes da sua qualificação como órgão de polícia criminal, e no âmbito da prestação de honras do Estado. Mais recentemente, tem desempenhado relevantes funções, sob a égide das Nações Unidas, em operações de manutenção da paz, em zonas de conflito.
7.2. A *Polícia de Segurança Pública* é uma força de segurança armada e uniformizada, constituída essencialmente por pessoal com estatuto de polícia civil, obedecendo à hierarquia de comando em todos os níveis da estrutura, organicamente dependente do Ministro da Administração Interna (cfr. a Lei n.º 5/99, de 27 de Janeiro).
Possui um efectivo de cerca de 21 000 elementos distribuídos por Direcção Nacional, 2 comandos regionais, 2 comandos metropolitanos, 20 comandos de polícia e cerca de 250 divisões, secções, esquadras e postos, cobrindo o respectivo dispositivo as zonas urbanas do território do continente e das regiões autónomas.
Dispõe, ainda, de três unidades especiais o Corpo de Intervenção, Grupo de Operações Especiais e o Corpo de Segurança Pessoal – preparadas e destinadas, respectivamente, a fazer face a situações de grave ameaça à ordem pública (CI), a actos de alta violência desencadeadas por grupos

organizados e/ou armados (GOE) e à protecção pessoal de altas entidades (CSP).

Tem atribuições policiais de carácter geral nos domínios da manutenção da ordem e tranquilidade públicas, da prevenção da criminalidade, da defesa da legalidade e da protecção e socorro das pessoas, cabendo-lhe, cumulativamente, importantes funções no domínio da coadjuvação das autoridades judiciárias, decorrente da sua qualificação como órgão de polícia criminal, e no âmbito da especial protecção devida a altas entidades nacionais e estrangeiras, por ocasião de visitas de Estado. Mais recentemente, o seu pessoal tem sido chamado a desempenhar importantes funções, sob a égide das Nações Unidas, em zonas de conflito ou pós conflito.

7.3. A *«Polícia Marítima»* é uma força de segurança armada e uniformizada, integrada no *«Sistema da Autoridade Marítima»*, dependente do Ministro da Defesa Nacional, constituída por militares e agentes militarizados da Marinha (cfr. Decreto-Lei n.º 248/95, de 21 de Setembro).

Possui um efectivo relativamente pequeno, que não ultrapassa o meio milhar de elementos, distribuídos por comando-geral, comandos regionais e comandos locais, que funcionam em articulação com os departamentos marítimos e as capitanias dos portos.

Tem atribuições policiais específicas, restritas à vigilância e socorro nas áreas de jurisdição marítima, à prevenção de infracções à legislação sobre as actividades portuárias e à segurança dos estabelecimentos da Marinha, cabendo-lhe, cumulativamente, funções de cooperação e colaboração com as demais forças e serviços de segurança, decorrentes da sua integração no sistema de segurança interna, bem como funções de coadjuvação das autoridades judiciarias, decorrentes da sua qualificação como órgão de polícia criminal.

7.4. A *«Polícia Judiciária»* é um organismo de polícia criminal e um serviço de segurança constituído por pessoal especializado na prevenção especial e na investigação da criminalidade, organizado na dependência do Ministro da Justiça (cfr. o Decreto-Lei nº. 275-A/2000, de 9 de Novembro).

Possui um efectivo de cerca de 3 000 elementos, incluindo pessoal de investigação, pessoal técnico de apoio à investigação criminal e pessoal de apoio administrativo, distribuídos por Directoria Nacional, 3 direcções centrais, 4 directorias e 9 departamentos de investigação criminal, cobrindo o respectivo dispositivo todo o território do continente e das regiões autónomas.

Tem vastas atribuições policiais, em alguns casos exclusivas, nos domínios da prevenção especial da criminalidade, da investigação criminal e da coadjuvação das autoridades judiciárias, cabendo-lhe, cumulativamente, importantes funções de cooperação e colaboração com as demais forças e serviços de segurança, decorrentes da sua integração no sistema de segurança interna.

7.5. O *«Serviço de Estrangeiros e Fronteiras»* é um organismo de polícia de imigração, constituído por pessoal especializado no controlo da entrada, permanência, residência e actividades de estrangeiros em território nacional, organizado na dependência do Ministro da Administração Interna (Decreto Lei n.º 252/2000, de 16 de Outubro).

Possui um efectivo da ordem dos 600 elementos, distribuídos por Directoria Geral, 5 Direcções Centrais, 6 Direcções Regionais, Delegações Regionais, postos de fronteira, postos mistos de fronteiras e postos de tráfego internacional, cobrindo o respectivo dispositivo todo o território do continente e das regiões autónomas.

Tem atribuições policiais específicas e exclusivas nos domínios da vigilância e controlo da entrada, permanência, residência e actividades dos estrangeiros em território nacional, da prevenção e investigação da criminalidade associada à imigração clandestina, da organização dos processos de expulsão e execução das decisões judiciais que decretem essa medida, bem como no da instrução de processos de pedido de asilo político, cabendo-lhe, cumulativamente, responsabilidades no âmbito da cooperação com as demais forças e serviços de segurança, em virtude da sua integração no sistema de segurança interna.

7.6. O «*Serviço de Informações de Segurança*» é um organismo especializado na pesquisa, análise e produção de informações com interesse para a segurança interna, organizado na dependência do Primeiro-Ministro (cfr. o artigo 15.º, n.º 1, da Lei n.º 30/84, na redacção introduzida pela Lei n.º 4/2004, de 6 de Novembro).
Possui um pequeno efectivo de cerca de três centenas de elementos, distribuídos pelos serviços centrais e por quatro delegações regionais.
Ao contrário das demais forças e serviços que integram o sistema nacional de segurança interna, não pode exercer poderes, praticar actos ou desenvolver actividades do âmbito ou da competência dos organismos policiais, sendo-lhe expressamente vedado instruir processos penais ou proceder à detenção de pessoas.
Exerce as suas atribuições específicas em todo o território nacional, sendo lhe devida colaboração por parte das forças e serviços policiais anteriormente mencionados, que estão legalmente obrigados a comunicar lhe, pontualmente, as notícias, dados e demais elementos de que tenham conhecimento, directa ou indirectamente relacionados com actividades de subversão, sabotagem, terrorismo, espionagem ou quaisquer actos que possam alterar ou destruir o Estado de direito constitucionalmente estabelecido.

8. As breves referências feitas à diversidade das instituições que integram o sistema de segurança interna do Estado, no que concerne à estrutura organizativa, ao enquadramento orgânico e à especialização funcional, revelam, com suficiente clareza, a natureza complementar da actuação de cada uma e a interdependência de todas, no contexto global da actividade que protagonizam.
Donde decorre que a funcionalidade do sistema em que tais instituições se integram, exigida pela adequada prossecução dos objectivos permanentes da segurança interna, depende inevitavelmente da cooperação funcional e da colaboração recíproca entre todas as forças e serviços de segurança.
A articulação do funcionamento operacional das forças e serviços de segurança constitui a razão de ser do «*Gabinete Coordenador*

de Segurança» e a preocupação prioritária da *«autoridade nacional»* responsável pela condução da política de segurança interna e pelo controlo da sua execução.

V. Evolução Conceitual

9. As circunstâncias históricas em que foi produzida a *«Lei de Segurança Interna»* de 1987, como instrumento de explicitação dos conceitos, princípios e limites constitucionais clarificados através da revisão da Constituição da República, operada em 1982, são muito diferentes do contexto histórico e das realidades situacionais em que hoje nos encontramos.

Por isso, sobretudo ao nível dos conceitos, mas também no que concerne à caracterização da actividade inerente à função do Estado, em matéria de segurança interna, importa acompanhar a história, para verificar as alterações legislativas e doutrinárias que entretanto se produziram, com repercussões directas nos domínios relacionados com a Segurança.

Numa primeira fase (1982-1987), que poderá caracterizar-se como de *«reconstrução jurídica das instituições de segurança do Estado»*, foram publicadas, em obediência ao regime constitucional clarificado através da revisão de 1982, as leis de enquadramento atrás referidas *«Lei de Defesa Nacional e das Forças Armadas»* (1982); *«Lei Quadro do Sistema de Informações da República Portuguesa»* (1984); *«Lei sobre o Regime Jurídico do Estado de Sítio e do Estado de Emergência»* (1986); e *«Lei de Segurança Interna»* (1987).

Sob o ponto de vista doutrinal, tudo parecia estar claro: (1) um conceito restritivo de defesa nacional / segurança externa praticamente construído por referência às agressões ou ameaças externas, ao qual correspondia um sistema operacional, protagonizado quase exclusivamente pelas Forças Armadas; (2) um conceito de segurança interna praticamente construído por referência às ameaças e perigos gerados ou repercutidos no interior da comunidade nacional, ao qual correspondia um sistema operacional protagonizado quase exclusivamente pelas forças e serviços de segurança; e (3) um conceito de estados de excepção, construído por referência a agressões efectivas ou iminentes por forças estrangeiras, grave perturbação da ordem constitucional ou grave calamidade pública, cuja ocorrência poderia justificar a actuação conjunta dos dois referidos sistemas operacionais.

A segunda fase (1987-1993), foi fortemente influenciada pela nossa *«integração nas Comunidades Europeias»*, com todas as implicações daí decorrentes em matéria de livre circulação dos cidadãos e de supressão dos controlos fronteiriços, bem como pela constatação de que a eficácia na prevenção e repressão de fenómenos complexos de criminalidade transnacional, como o terrorismo, o tráfico de drogas, o tráfico de armas e explosivos e o tráfico de seres humanos, não se compadecia com soluções de âmbito nacional.

Os acontecimentos revelaram uma contradição estrutural entre, por um lado, a natureza comunitária da livre circulação de pessoas e do objectivo do espaço sem fronteiras e, por outro, o carácter nacional e meramente intergovernamental das políticas de segurança interna e externa.

A esta contradição, os construtores da União Europeia procuraram responder através do *«Tratado de Maastricht»*, ao criarem, ao lado do Primeiro Pilar Comunidade Económica Europeia (CEE) –, o Segundo Pilar – Política externa e de Segurança Comum (PESC) – e o Terceiro Pilar – Justiça e assuntos internos (JAI).

É claro que nesta fase ainda estamos no patamar da cooperação intergovernamental, com especial intensidade no que respeita às denominadas *«questões de interesse comum»* – asilo, imigração, criminalidade organizada transnacional, etc..., – que exigiam uma actuação concertada por parte dos Estados Membros; mas assiste-se já a uma evolução significativa nos domínios da definição do **conceito** de segurança interna, da **caracterização da actividade** inerente a esta função essencial do Estado e até da **organização do correspondente sistema operacional**.

Com efeito, a análise e discussão destas matérias, que tradicionalmente se inseriam na *«área de intimidade do Estado»* e constituíam, por isso, reserva quase absoluta dos órgãos de soberania nacionais, passou a ser partilhada com os órgãos próprios da União Europeia que, por força da aplicação do referido Tratado ganharam competência para a prática de actos juridicamente vinculantes para os Estados Membros.

A terceira fase (1994-2004) é decisivamente influenciada por dois acontecimentos: (1) o *«Tratado de Amesterdão»*, através do qual a União Europeia assume como objectivo global o de se manter e desenvolver enquanto *«Espaço de Liberdade, de Segurança e de Justiça, no qual seja assegurada a livre circulação de pessoas em conjugação com medidas adequadas em matéria de controlos nas fronteiras externas, asilo, imigração, bem como de prevenção e combate à criminalidade»*; e (2) a *«Globalização da Economia»* que, a par da abertura dos mercados, facilitada pelo desenvolvimento espectacular dos meios de transporte e das comunicações, proporcionou o surgimento de fenómenos criminais, caracterizados pela **transnacionalidade** e pelo **elevado grau de organização dos grupos criminosos**, que passaram a actuar como autênticas *«multinacionais do crime»*.

Isto significa que, no dealbar do novo século, coincidente com o inicio do novo milénio, principalmente a partir do *«11 de Setembro»* (Nova Iorque) e do *«11 de Março»* (Madrid), tudo o que respeita à segurança interna e externa tem de ser repensado à luz das causas e das consequências daqueles acontecimentos: os critérios de avaliação das ameaças; os conceitos de segurança interna e externa; as obrigações do Estado, neste contexto; a organização dos sistemas nacionais de segurança; a cooperação dos Estados Membros, no seio da União Europeia; a cooperação dos Estados no seio da Comunidade Internacional.

Lisboa, 5 de Maio de 2005

Bibliografia

- «*Sociologia da Política*», de Gaston Bouthoul, editado pela «*Bertrand*», em 1976;
- «*A Política de Segurança Interna*», de Manuel Dias Carneiro, publicação oficial do Ministério da Administração Interna, Setembro de 1995;
- «*Para a Modernização da Actividade Policial*», de Alberto Costa, publicação oficial do Ministério da Administração Interna, Agosto de 1996;
- «*Les Seigneures du Crime*», de Jean Zlegler, Edition du Seuil, Fevereiro de 1998;
- «*Ministério da Administração Interna*», 1995/1999, de Jorge Coelho, publicação oficial;
- «*Global Report on Crime and Justice*», publicado pelas Nações Unidas, 1999;
- «*Contributos para a Política de Segurança Interna*», de Nuno Severiano Teixeira, editado pelo Ministério da Administração Interna, 2002;
- «*Esta (não) é a minha Polícia*», de Alberto Costa, «*Editorial Notícias*», Março de 2002;
- «*A Idade Imperial*», de Loureiro dos Santos, Publicações Europa-América, 2.ª Edição, Fevereiro de 2003;
- Parecer do Conselho Consultivo da Procuradoria-Geral da República n.º 147/2001, publicado no Diário da República, II Série, n.º 40, de 16 de Fevereiro de 2002.

A POLÍCIA NA CONSTITUIÇÃO PORTUGUESA

António Francisco de Sousa
Doutor em Direito
Professor da Faculdade de Direito da Universidade do Porto

Antes me mais, gostaria de saudar todos os presentes e de agradecer o convite que me foi dirigido pelo Instituto de Ciências Policiais e Segurança Interna, nas pessoas do Senhor Director do Instituto, Superintendente-Chefe Alfredo Ferreira e do Senhor Director do Centro de Investigação do referido Instituto Senhor Comissário Manuel Valente. É sempre com muito gosto que colaboro nas actividades desta tão prestigiada instituição.

O tema que me foi dado para desenvolver foi o do "Paradigma constitucional da polícia". Tratei-o essencialmente na perspectiva das funções que a Constituição atribui à polícia e de algumas exigências que o Estado de direito faz à actuação policial.

A Constituição da República Portuguesa ficou aquém do que dela se esperaria em matéria de definição clara e precisa das funções da polícia portuguesa. O art.º 272.º, n.º 1, limita-se a, em termos genéricos, estabelecer como funções da polícia a *defesa da legalidade democrática* e a *garantia da segurança interna e dos direitos dos cidadãos*. Esta fórmula de atribuição de funções não é suficientemente esclarecedora, nem individualiza a função policial face a outras instituições do Estado. Também aos tribunais, ao M.º P.º e às autoridades administrativas em geral compete defender a legalidade democrática. Teria sido mais simples e esclarecedor se o legislador constituinte se tivesse limitado a recorrer à fórmula tradicionalmente empregue em constituições estrangeiras (como a espanhola ou a holandesa), em diplomas internacionais (como a CEDH) ou mesmo em disposições do direito comunitário que reconhecem à polícia a função de *salvaguarda da ordem e segurança públicas*. Em qualquer caso, não obstante a omissão da Constituição, a salvaguarda da ordem e segurança públicas constitui a verdadeira função da polícia (entendida aqui no sentido de forças de ordem e segurança públicas), como aliás é reconhecido expressamente pelo legislador ordinário português (desde logo na Lei n.º 5/99, de 27 de Janeiro).

O entendimento de que a ordem e a segurança públicas constitui a verdadeira função da polícia resulta de uma exigência do próprio Estado de direito democrático, uma vez que a garantia de direitos e liberdades exige a garantia do seu exercício efectivo e este exige a ordem e a segurança públicas. Sem ordem e segurança públicas não há liberdade nem Direito e legalidade. A própria Constituição portuguesa reconhece uma estreita ligação entre a liberdade e a segurança, ao garantir no seu art.º 27.º, n.º 1, a todos os cidadãos um direito fundamental à liberdade e à segurança.

Não é fácil nem pacífica a definição actual de ordem e segurança públicas, nem a sua delimitação.

A simples existência do Estado e da sociedade implica a existência de ordem e segurança: onde há sociedade, há-de haver ordem e segurança. Só a ordem e segurança permitem a disciplina e a convivência socias. Em termos gerais, a ordem e a segurança públicas consistem num *status* que permite a boa organização e o bom funcionamento do Estado e da sociedade, que são pressupostos da existência do Direito e da liberdade. Esta exigência apresentou-se como prioridade e trave-mestra desde o primeiro momento em que se pretendeu submeter o Estado e as suas instituições ao Direito e assegurar a liberdade dos cidadãos. Assim, logo na fase de implantação do regime liberal, a polícia deixou de ser um poder livre para a realização do bem comum, para passar a ser uma actividade vinculada à lei e ao Direito, com vista à garantia da ordem, segurança e tranquilidade públicas.

Os primeiros diplomas fundamentais saídos da Revolução Francesa aludiram à ordem e segurança públicas como um dos pilares fundamentais do Estado de direito. A ordem e segurança públicas foram então colocadas ao nível de outros valores fundamentais, como a liberdade e a propriedade. Dizia o Código dos Delitos e das Penas, de 3 de Brumário, do ano IV: «A polícia é instituída para manter a ordem, a liberdade, a propriedade, a segurança individual»[1]. De então para cá, a generalidade das Constituições ocidentais fazem referência à ordem e segurança públicas como valores fundamentais a salvaguardar no Estado de direito. O mesmo acontece em diversos diplomas internacionais.

Mas se a Constituição portuguesa não faz referência à ordem e à segurança públicas, alude à *segurança interna*, opondo-a à *defesa nacional*. A segurança interna pode ser genericamente entendida como a actividade desenvolvida pelo Estado para garantir o normal funcionamento das instituições democráticas, o regular exercício dos direitos e liberdades fundamentais e o respeito pela legalidade. Por conseguinte, faz parte da segurança interna, nomeadamente, a garantia da ordem, da segurança e da tranquilidade públicas[2]. O conceito de segurança interna compreende também a actuação policial para a protecção das pessoas e dos bens contra a criminalidade, incluindo a criminalidade violenta e altamente organizada. Porém, o combate à sabotagem, à espionagem, ao terrorismo e à entrada de estrangeiros ilegais em Portugal, que também fazem parte da segurança interna, estão em larga medida excluídos das funções policiais[3]. Portanto, nesta medida nem toda a segurança interna está confiada à polícia[4], como parece decorrer do artigo 272.º da CRP.

Em qualquer caso, o modelo constitucional de polícia é, indiscutivelmente, o de uma polícia toda ela penetrada pelo Direito, no sentido de que não há nela domínios aos quais o Direito não chegue. Por outro lado, a polícia enquanto função da ordem e segurança públicas é também função da liberdade.

---

[1] Para aquele legislador, ordem, liberdade e segurança eram, pois, coisas distintas.

[2] Cfr. art.º 1.º da Lei n.º 20/87, de 12 de Junho (Lei da Segurança Interna), alterada pela Lei n.º 8/91, de 1 de Abril.

[3] Neste sentido, cfr. art.º 1.º da Lei n.º 20/87, de 12 de Junho (Lei da Segurança Interna), alterada pela Lei n.º 8/91, de 1 de Abril. A Lei de Segurança Interna define a «*segurança interna*» como a actividade que é desenvolvida pelo Estado para «garantir a ordem, a segurança e a tranquilidade públicas, proteger as pessoas e bens, prevenir a criminalidade e contribuir para assegurar o normal funcionamento das instituições democráticas, o regular exercício dos direitos e liberdades fundamentais dos cidadãos e o respeito pela legalidade democrática» (art.º 1.º, n.º 1). Nos nossos dias, seria de omitir a referência à "tranquilidade pública" já que, em rigor, esta é parte da ordem e segurança públicas.

[4] Parte dela está confiada a outras entidades, como por exemplo ao SIS e, em geral, ao Governo.

A ordem e a segurança públicas, enquanto função da polícia, não constituem um fim em si mesmo, mas são condições prévias à existência do Direito como um todo e ao exercício dos direitos e liberdades.

A relação da ordem e segurança públicas com a liberdade pode ser vista a partir da ideia de antagonismo ou, inversamente, da ideia de conciliação e mesmo de consubstancialidade[5].

A ideia de que a ordem e segurança públicas são antagónicas da liberdade corresponde a um modo de ver que podemos considerar ultrapassado, ainda que continue a ter defensores. Para esta visão, a garantia da ordem e segurança públicas constitui uma actividade de restrição da liberdade e, como tal, oposta à liberdade.

Porém, nos nossos dias será mais correcto considerar que a ordem e segurança públicas, por um lado, e a liberdade, por outro lado, são feitas da mesma substância. A relação dialéctica entre ordem e segurança públicas e liberdade resolve-se através do recurso à ideia de Direito e erigindo a ordem e segurança públicas à categoria de princípio jurídico fundamental, um princípio jurídico que, como qualquer outro, é necessariamente abstracto, portanto sem uma ligação directa às circunstâncias concretas. A razão de ser do princípio da ordem e segurança públicas reside na sua indispensabilidade para a liberdade, já que, como foi referido, sem ordem e segurança públicas não pode haver liberdade. As medidas de polícia, por mais díspares que possam parecer mantêm em comum o facto de concretizarem este princípio.

Outra regra fundamental neste domínio determina que o valor do elemento de ordem e segurança públicas que se pretende proteger condiciona irremediavelmente o grau de precisão da habilitação da autoridade. Assim, para a restrição de um bem de maior valor deverão ser feitas maiores exigências em matéria de precisão da norma de habilitação.

A ideia de Direito constitui o tronco comum ao qual se ligam a lei e a legalidade, mas também a liberdade e a ordem e segurança

---

[5] A estrita relação entre *ordem pública* e *liberdade* é evidente: *a nossa liberdade implica o respeito pela liberdade dos outros, implica portanto ordem pública*. Sobre a relação entre ordem pública e liberdade, cfr. A. ENDERLEIN, *Der Begriff der Freiheit als Tatbestandsmerkmal der Grundrechte*, Berlim 1995.

públicas. A ordem e a segurança públicas, ao fazerem parte da ideia de Direito, determinam toda a ordem jurídica[6]. Por conseguinte, a juridicidade está umbilicalmente ligada tanto à liberdade, como à ordem e segurança públicas. Por outro lado, a juridicidade, constitui o quadro dentro do qual deverá ser prosseguida a função de ordem e segurança públicas.

Por conseguinte, o último fundamento da ordem e segurança públicas radica no Direito e não apenas na lei, mesmo na lei constitucional. A realização da ordem e segurança públicas não depende da existência de uma previsão expressa na Constituição, nem de uma lei especial (tal como a realização da liberdade não depende da existência de uma lei especial).

A fim de trazer alguma clareza à cláusula "ordem e segurança públicas", devemos começar por autonomizar um conceito amplo de ordem pública que abarca a segurança pública e a ordem pública em sentido restrito.

Nesta concepção, a segurança pública constitui um conceito extremamente abrangente. Segurança é a qualidade ou o estado do que é seguro. Por sua vez, seguro é o que está livre de perigo, que está protegido ou acautelado do perigo.

A segurança pública corresponde, pois, a um estado que possibilita (viabiliza) o exercício desimpedido dos direitos, liberdades e garantias consagrados na Constituição e na lei. A segurança é, simultaneamente, um bem individual e colectivo, tal como a sociedade pertence a todos e a cada um de nós.

Em termos gerais, a segurança pública consiste na inviolabilidade da ordem jurídica, dos direitos e bens jurídicos, dos particulares e dos entes públicos. Por conseguinte, são fundamentalmente três os «bens» protegidos pela segurança pública: a) O Estado e as suas instituições (incluindo a sua capacidade de funcionamento); b) a inviolabilidade do ordenamento jurídico como um todo (qualquer violação de uma norma jurídica em vigor constitui perturbação da segurança pública); e, c) certos direitos subjectivos e bens jurídicos

---

[6] A salvaguarda da ordem pública apresenta-se nos nossos dias como verdadeira missão constitucional. As autoridades policiais recebem o seu poder directamente da lei (antes de mais da Constituição) e, simultaneamente, da própria natureza das suas funções enquanto forças de ordem e segurança públicas.

individuais, como a vida, a integridade física, a saúde, a liberdade, a honra e o património.

Com um conceito tão amplo de segurança pública, apenas restam para o conceito de ordem pública (em sentido restrito) aqueles valores sociais, morais, éticos, estéticos que são considerados indispensáveis ao bom funcionamento da sociedade. É nesta sede que, por exemplo, se coloca a questão da moralidade pública como função da polícia.

A delimitação conceptual da ordem pública, no sentido aqui adoptado, suscita dificuldades múltiplas. Em termos gerais, podemos dizer que a ordem pública em sentido restrito é o conjunto das normas sociais não escritas relativas à conduta do particular na Comunidade cuja observância é, para a visão dominante, pressuposto indispensável de uma vida humana e cívica ordenadas em comunidade. Por outras palavras, a ordem pública compreende a globalidade das normas não positivadas na lei (normas sociais, morais ou éticas, naturalmente mutáveis – *racione materiae, racione loci, racione tempori* – mas enraizadas na ordem jurídica vigente) de conduta do particular na comunidade, cuja observância é considerada pelas «visões dominantes» como pressuposto indispensável de uma vida comunitária ordenada dos cidadãos. Estamos no âmbito de ideias de valor, variáveis de local para local, consoante o sentir da maioria dominante. Alguns domínios de manifestação da ordem pública são, por exemplo, certos espectáculos (nomeadamente a tourada), andar nu na rua ou nas praias, comércio de escritos e artigos pornográficos, exploração da prostituição e da violência, certa publicidade (p. ex. a favor da eutanásia), desfraldar bandeiras e exibir símbolos ultra-radicais em propriedade privada, certos "jogos de morte", certas práticas comerciais ou de outra natureza dentro dos cemitérios, etc., quando e na medida em que estas condutas não estejam reguladas pela lei. Os critérios de aferição da ordem pública estão ínsitos na Constituição, na medida em que toda ela reflecte os valores dominantes da sociedade.

Este conceito restrito de ordem pública como função das forças de ordem e segurança públicas é partilhado pela generalidade da doutrina e da jurisprudência da especialidade, não se conhecendo opiniões significativas noutro sentido. Podemos assim concluir, com alguma segurança, que, enquanto fonte de habilitação das forças policiais, a ordem pública se apresenta de valor secundário, já que, por um lado, a competência primária para a sua salvaguarda pertence às autoridades de ordenação e, por outro lado, a generalidade destas matérias se encontra expressamente regulada por lei, fazendo, pois, parte da segurança pública.

Outra questão importante que se coloca é a de saber que papel deverá ser reconhecido à cláusula geral «salvaguarda da ordem e segurança públicas», tão repetidamente invocada pelo legislador. O carácter vago e impreciso desta fórmula não ajuda à clarificação da questão. Do nosso ponto de vista, esta cláusula desempenha três funções fundamentais:

A primeira função consiste na abertura e delimitação do espaço de actuação. O espaço de actuação é aberto pela norma atributiva da função, norma que identifica o bem jurídico protegido ao mesmo tempo que atribui a função de prevenção do perigo à polícia. Por conseguinte, a cláusula geral permite que as forças policiais intervenham sempre que se verifica um perigo para a ordem e segurança públicas. Simultaneamente, a cláusula geral delimita do espaço de actuação.

A segunda função consiste na criação para as forças de ordem e segurança públicas de um dever de intervenção. A par da uma função de abertura do espaço de actuação ("permitir a actuação"), a cláusula geral "salvaguarda da ordem e segurança públicas" contém implicitamente um dever geral de intervenção. Porém, este dever geral de intervenção não implica necessariamente uma obrigação de intervir no caso concreto. A actividade de salvaguarda de ordem e segurança públicas, diferentemente da actividade de perseguição ao crime (direito processual penal), é dominada pelo princípio da oportunidade. A actuação de salvaguarda da ordem e segurança públicas exige uma análise prévia sobre a possibilidade de intervir, as medidas a adoptar e os meios a empregar. Desde logo, a autoridade deve poder fazer o mais importante em detrimento do menos importante quando no caso concreto as suas funções colidem temporal e espacialmente e o seu pessoal e os seus meios materiais são limitados.

O fim da cláusula geral não pode limitar-se a uma atribuição à polícia da possibilidade de intervir para a salvaguarda da ordem e segurança públicas. Essa visão reducionista e passiva não garantiria verdadeiramente a ordem e a segurança públicas. Facilmente se chegaria a um estado de desordem, sem Direito nem liberdade. Por isso, a missão de salvaguarda da ordem e segurança públicas representa para a polícia uma obrigação de agir para a realização positiva da função recebida[7]. O sentido da atribuição da função só pode ser o de que a autoridade deve prosseguir (realizar) a função que lhe foi confiada, ou seja, que no domínio da sua função a polícia deve agir, não tendo apenas um poder para agir. Implícito na atribuição da função está, pois, um dever de actuação. Por conseguinte, não há verdadeiramente discricionariedade quanto à questão do agir ou não agir (quanto ao "se"). O reconhecimento de um poder discricionário nesta sede seria contrário à ideia de que o recebimento de uma missão legal significa simultaneamente a obrigação da sua realização. O poder de apreciação da questão de saber se uma situação concreta representa perigo para a ordem ou segurança públicas está vinculado ao fim da norma, sendo, pois, uma questão que integra o domínio do jurídico. A haver alguma discricionariedade, ela não se situa no domínio das funções, mas no domínio das competências. No domínio das funções (atribuições) não há discricionariedade. Da norma de atribuição da função resulta, pois, um dever de actuação, ainda que no caso concreto possa não haver actuação, isto é, a não intervenção possa estar justificada. Efectivamente, no domínio do exercício concreto da competência surgem situações em que se verifica um conflito de deveres, sendo que alguns deles terão de ficar por cumprir devido à relevância de outros bens jurídicos e à probabilidade de ocorrência de dano. Também o princípio da proporcionalidade entre custos e benefícios da intervenção se reflecte no dever de intervenção da polícia. Desde logo, se no caso concreto a intervenção se apresentar excessivamente onerosa face ao bem jurídico a salvaguardar (desproporcionalidade), haverá fundamento (e dever) para não intervir. É o que pode acontecer, por exemplo, nas chamadas "bagatelas" (o caso clássico do salvamento de animais), nas quais há efectivamente um perigo e, por conseguinte, à partida um dever de protecção mas, devido à desproporcionalidade dos custos, está justificada uma não intervenção. Em certas situações, a não intervenção no caso concreto pode também estar justificada por razões de estratégia policial (por exemplo, não rebocar veículos ilicitamente estacionados).

---

[7] Neste sentido se tem pronunciado o STA, em jurisprudência uniforme.

A terceira função da cláusula geral consiste na criação para os cidadãos que têm a sua segurança ameaçada, incluindo, em certos casos, a segurança dos seus bens jurídicos, de um direito à intervenção das forças policiais. A existência de uma obrigação de intervenção para a polícia constitui um pressuposto indispensável, mas não suficiente, para a existência de um direito à intervenção. Em princípio, para que o cidadão tenha um direito à intervenção a norma jurídica que funda a obrigação de intervir não deve ter sido emitida apenas no interesse público, antes deve também visar a protecção do cidadão atingido nos seus direitos individuais, isto é, a norma deve ter efeito de protecção de terceiros[8]. Porém, o direito à intervenção também pode decorrer das normas que reconhecem direitos fundamentais. Quando uma norma de atribuição de funções garante simultaneamente direitos fundamentais (como a vida, a integridade física e a liberdade), dessa norma resultam directamente tanto o dever de intervir, como o direito à intervenção. Neste caso, não será necessário investigar se a norma atributiva de funções tem um fim de protecção de terceiros. Será também aqui de lembrar o direito fundamental à segurança consagrado na Constituição. Haverá um direito à intervenção sempre que a vida ou a integridade física estejam em perigo. Podemos assim concluir que a atribuição da função de salvaguarda da ordem e segurança públicas também garante ao cidadão um direito à intervenção[9].

Outra questão que se coloca é a dos limites da intervenção policial com base na clausula geral e em lei expressa.

Para analisarmos os fundamentos e os limites da actuação policial devemos, por um lado, distinguir funções e competências das autoridades policiais e, por outro lado, indagar quais as exigências que o direito impõe às competências de prevenção do perigo. Quanto

---

[8] Para os que reconhecem um poder discricionário quanto ao "se", um direito à intervenção do cidadão pressupõe uma "redução da discricionariedade a zero". Só neste caso há direito à intervenção; nos demais casos, há apenas um direito ao exercício regular da discricionariedade.

[9] Saliente-se que para a doutrina dominante, o dever de intervenção e o direito à intervenção resultam das normas de competência, quando se verifique redução da discricionariedade a zero. Por outro lado, para haver um direito à intervenção, a norma que fundamenta o dever de intervenção deve ter ainda efeito de protecção de terceiros (deve visar a protecção de terceiros).

à primeira questão, o próprio Estado de direito impõe a distinção entre funções e competências. Efectivamente, do princípio constitucional da legalidade (juridicidade) e do seu subprincípio da reserva de lei resulta que qualquer ingerência na esfera jurídica do particular necessita de uma base legal suficientemente determinada[10]. Isto significa que na cláusula geral (enquanto norma imprecisa de atribuição de funções) apenas poderão apoiar-se directamente aquelas medidas que beneficiam o particular ou que pelo menos não representam ingerência na sua esfera jurídica. É o que se verifica com medidas policiais como a vigilância e a orientação do trânsito, as rondas policiais, as medidas de esclarecimento (informação) e aconselhamento das populações. No caso de a medida policial interferir na esfera jurídica do particular, a autoridade policial necessita, para além da norma atributiva da função, de uma autorização legal para intervir (norma de competência). Esta norma de competência tem por função estabelecer os limites da actuação da autoridade policial resultantes dos direitos fundamentais e da liberdade de acção individual. Em qualquer caso, embora as funções e competências sejam coisas distintas, elas estão intimamente ligadas entre si, uma vez que a norma de atribuição da função é relevante para o exercício das competências policiais por duas ordens de razões: por um lado, a norma atributiva de funções limita o âmbito em que podem ser exercidas as competências; por outro lado, o dever de actuação (isto é, se a competência deve ser exercida) resulta da própria norma atributiva da função.

Do princípio jurídico-constitucional da determinação da norma de competência policial resultam determinadas exigências para a norma de habilitação. Assim, o conteúdo, o fim e a medida da afectação deverão estar suficientemente determinados, de maneira que, na medida do possível, a ingerência seja previsível pelo atingido, podendo este contar com a afectação. Sempre que uma lei atributiva de competência autoriza ingerências em direitos fundamentais, essa lei deve estar coberta por uma reserva de direito fundamental a que deverá fazer referência. A questão de saber se uma lei especial está ou não

---

[10] Neste sentido, cfr. também SCHENKE, *Polizei- und Ordnungsrecht*, n.m. 20; FRIAUF, *Polizei- und Ordnungsrecht*, n.m. 23; KNEMEYER, *Polizei- und Ordnungsrecht*, n.m. 21; *idem*, «Rechtsgrundlagen polizeilichen Handelns», in: LKV 1991, 321, 324.

suficientemente determinada deve ser respondida a partir da interpretação dos poderes especiais. Não será este o caso, por exemplo, de uma lei que se limite a regular a «abertura funcional», sem regular e delimitar suficientemente os poderes de ingerência. Assim, os poderes relativos às medidas policiais especialmente reguladas (chamadas medidas *standard* – identificação, apresentação, detenção, ordem de abandono de local, etc.) devem estar regulados de forma clara e exaustiva, de modo a não ser possível a recondução à cláusula geral. A recondução à cláusula geral só será admissível a título provisório, enquanto a medida indispensável a adoptar não se encontrar especialmente regulada. Sempre que as competências estejam especialmente previstas na lei, a cláusula geral é meramente subsidiária, só podendo ser invocada em casos excepcionais. Compete ao legislador manter-se atento às necessidades de regulamentação expressa.

Somos finalmente chegados ao momento de extraír algumas conclusões fundamentais da nossa reflexão. São elas:

A primeira conclusão é a de que a função da polícia portuguesa, não obstante a ambiguidade da fórmula do texto constitucional (art.º 272.º), consiste na salvaguarda da ordem e segurança públicas.

A segunda conclusão é a de que para o estudo e para a compreensão das funções da polícia será conveniente recorrer a um conceito amplo de ordem pública, o qual abarca a segurança pública e a ordem pública em sentido estrito. A segurança pública é um conceito extremamente abrangente (desde logo porque compreende a prevenção de perigos para todas e quaisquer as normas jurídicas positivadas), enquanto a ordem pública em sentido estrito é um conceito de pouca relevância para a acção das forças de ordem e segurança públicas (remete para normas não escritas).

A terceira conclusão é a de que a cláusula geral "ordem e segurança públicas" desempenha três funções:

– Abertura da função (poder, em abstracto, de intervir);
– Estabelecimento de um dever geral de intervir, ainda que no caso concreto possa não haver a obrigação de intervir, por estar justificada a não intervenção.
– Criação, em certos casos, para o cidadão de um direito à intervenção.

Finalmente, a quarta conclusão é a de que a actuação policial baseada directamente na cláusula geral ("salvaguarda da ordem e segurança públicas") se reconduz, por via de regra, aos domínios em que não representa ingerência nos direitos e liberdades dos cidadãos.

A todos um muito obrigado pela atenção dispensada.

O PARADIGMA ESTRATÉGICO MILITAR DE SEGURANÇA INTERNA

Nuno Gonçalo Vieira Matias
Almirante

1. O ambiente internacional (político-estratégico)

Como é bem conhecido, o modelo de segurança internacional que vigorou até ao fim da guerra-fria terminou com ela. Era um paradigma baseado no equilíbrio do poder e foi conseguido com uma estratégia que, pela parte da NATO, assentava em três pilares:

– Dissuação, baseada numa capacidade de retaliação credível;
– Defesa em profundidade, com várias camadas (linhas) de defesa;
– Resposta flexível.

Foi uma estratégia eficaz, porque evitou confrontos generalizados entre os dois blocos e porque protegeu as principais potências e os seus aliados, mas teve, digamos a sua "imperfeição", quando não impediu alguns conflitos localizados, ou que até os incentivava, como o da Coreia ou do Afeganistão (contra a Rússia). Ou seja, já nessa altura houve situações em que a dissuasão, nomeadamente a que provinha do risco retaliatório das armas nucleares, não funcionou. Foi um primeiro sinal de que a dissuasão não resolvia todas as situações, ou melhor, não era eficaz pelo menos nos casos em que havia entendimentos tácitos das grandes potências para não intervirem, enquanto tal, abstendo-se do uso da pedra base da dissuasão, a arma nuclear.

A dissuasão continuou, depois do fim do bloco Soviético, a demonstrar crescentes insuficiências na protecção dos Estados ou da colectividade dos Estados, mas, agora, mesmo sem cumplicidade das grandes potências, nem a conivência, mesmo de pequenos Estados. De facto, surgiram ou afirmaram-se poderes não estatais que colocaram os Estados perante ameaças para as quais não estavam preparados. A sua segurança, numa escala séria, começou a ser posta em causa, sem que a sede de ameaça partisse de outro Estado.

Na verdade, os terrorismos, de cariz nacional ou transnacional, com afloramentos nas mais diversas partes do mundo, não poupando países maioritariamente cristãos nem muçulmanos, quer simpatizantes dos EUA quer críticos de Bush, demonstraram que agora a segurança nacional já não é apenas conseguida à custa do forte poder militar do Estado ou das alianças de Estados. Surgiram poderes que são mais imunes à dissuasão do que os Estados. Veja-se o que aconteceu em Bali, em Madrid, em Nova Iorque e Washington, em Marrocos ou em Beslam (*Ossétia*).

Se juntarmos aos terrorismos outras ameaças como as armas de destruição maciça, que podem ser detidas por poderes erráticas, as guerras civis, os conflitos tribais e religiosos, a violência civil, o crime organizado, o tráfico de armas, de drogas, de pessoas, etc., então torna-se mais claro porque existe um sentimento de receio que resulta do facto de a segurança, principal "raison d'être" do Estado, já não poder ser garantido pelo sistema que vigorou por séculos, ou pelo menos, já não pode ser conseguida da forma, pela qual o foi anteriormente. O Estado passou a ver as suas fronteiras físicas desrespeitadas por forças poderosas não estatais, que podem mesmo colocar-se dentro dele. Como escreveu o Prof. Adriano Moreira no Diário de Notícias, a propósito do 11 de Setembro, "os terroristas constituem um novo poder errático em que eles fixam as fronteiras da sua actuação que podem até passar pelo interior do Estado". Conceito idêntico se encontra num artigo do Prof. Cerny publicado no NWC Review do Inverno 2005. Ou seja, o Estado deixou de poder considerar como duas realidades distintas as ameaças que continha à distância, as externas, e as se configuram contra a segurança interna.

Passou, pois, a haver zonas de sobreposição, zonas cinzentas, entre a segurança externa e a segurança interna, ambas com vulnerabilidade que nem as organizações dos Estados, nem estes individualmente, parecem poder suprir apenas pelo aumento das capacidades da força militar.

2. A procura de modelos de segurança: externa e interna

Perante tal quadro, que opções se colocam?

De forma muito sintética, parece que, e começando pela ordem externa, terá de haver uma acção mais coordenada dos Estados, em cooperação multilateral, por forma a que também a segurança se internacionalize, ou mundialize, em paralelo com o que se passa nos outros âmbitos da actividade humana onde ocorre, cada vez mais, transnacionalização das decisões e da colaboração de outros poderes, como do comércio, das finanças, das comunicações, etc.

A cooperação no domínio da segurança terá, pois, de acompanhar a dinâmica dos nossos dias de internacionalização em todos os domínios. Pode não se conseguir com isso uma solução cabal, mas talvez dessa forma se encontre um caminho, ou o caminho para chegar ao resultado desejado de um mundo mais seguro.

E na ordem interna que orientação deve ser seguida?

O conceito enformador das linhas de acção a estabelecer deve atender, com toda a prioridade, nos factores da situação que vivemos, sem o constrangimento, de normas, de modelos ou de ideias passadas, focando naqueles todos o ênfase da transformação a fazer. Trata-se, contudo, de uma transformação que deverá manter do modelo anterior o que for aceitável e adequado. Na verdade, perante um novo e evolutivo quadro de ameaças de origens surpreendentes, o Estado terá de se preparar para lhes fazer face, usando todos os meios e recursos ao seu dispor independentemente das tutelas, planeando novos processos de actuação e reorganizando quer o quadro legal, quer a estrutura interdepartamental, visando a finalidade de tornar sinergicamente úteis todas as suas capacidades para o propósito em vista.

Será um paradigma que deverá ter em conta alguns princípios e nomeadamente os seguintes: (três 'T').

a. Transversalidade da organização da segurança e defesa
b. Totalidade das capacidades do Estado usada em sinergia.
c. Tecnologia intensiva actual, adequada a um sistema em sentido lato, ou seja, um sistema de comando, controlo, comunicações, computadores a "intelligence" C4I, que permite o funcionamento, em rede de tempo real de todos os níveis da estrutura, desde patamare político ao de execução no terreno, digamos táctico.

Vejamos alguns aspectos de cada um desses 'T's

a. *Transversalidade*

A estrutura orgânica a edificar deverá ter em conta que o que está em causa é a criação de um verdadeiro "Sistema Nacional de Gestão de Segurança" SNGS e não apenas de "gestão de crises", como há tentações para fazer. Para isso haverá que empenhar estruturas de um conjunto de ministérios, desde o patamares de decisão política até ao da execução, ligando transversalmente as adequadas áreas funcionais do Estado, visando formar uma organização homogénea preparada para funcionar com diferentes graus de intensidade, consoante os níveis da ameaça, desde a dita normalidade até à crise. Envolveria, naturalmente, a Presidência do Conselho de Ministros, ministérios como os da Defesa, Administração Interna, Negócios Estrangeiros, Economia, Finanças, transportes, Comunicação, Saúde, etc., e representantes dos governos regionais dos Açores e da Madeira.

b. *Totalidade*

É evidente que a transversalidade do sector de decisão se deve estender à totalidade dos meios de actuação, ou seja, à totalidade das capacidades executivas do Estado. Os meios de acção pertencem maioritariamente aos ministérios da Defesa e da Administração Interna, mas terão de se lhes juntar outros como o SIRP, a Polícia Judiciária, a Polícia Florestal, o "Vessel Traffic Service" VTS, o MONICAP, as Alfândegas, etc.

Para que a totalidade dos meios seja utilizável, conforme as necessidades, torna-se claro que se deverá definir a estrutura orgânica do SNGS, estabelecer o seu conceito de actuação nos vários graus de alerta, equacionar o sistema de forças e o dispositivo para esses vários graus, as respectivas estruturas de comando e controlo e o encadeado das missões, de tarefas e dos propósitos a atribuir aos vários elementos orgânicos.

A estrutura deverá funcionar na sua modalidade mais simples nos períodos de "normalidade" e ter plena activação em situações de elevado grau de alerta, sem esquecer os períodos de exercícios para treino do sistema. Este terá de dispor de planos de operações "standard" e de ordens de operações específicas para uma diversidade de cenário com respostas pré-planeadas.

Estes tópicos são apenas algumas referências a atender na construção de um desejável SNGS para o qual já foram dados alguns passos com significado conceptual significativo, mas sem se atingir a definição do edifício, nem os seus contornos. Quero com isto significar que encontramos na legislação já algumas transformações no sentido da actualização e em rotura com o quadro da situação anterior mas que, apesar disso, não estruturam ainda um sistema novo.

Refiro-me a:
(1) Considerações que o Conceito Estratégico de Defesa Nacional (CEDN) faz à actuação das F.A. em segurança interna;
(2) À identificação de missões na prevenção e combate a novas ameaças – terrorista, crime organizado e proliferação de armas de destruição maciça – feita no documento "As missões específicas das Forças Armadas 2004" (MIFA);
(3) A criação do Sistema Nacional de Gestão de Crises, em Julho de 2004, na decorrência de um objectivo do CEDN;
(4) A participação das F.A na Protecção Civil, inscrita na sua Lei de Bases de 1991 e noutro diploma legal de 1993, que regulamentam o exercício das FA na protecção civil, em caso de acidente grave, catástrofe ou calamidade;
(5) A estruturação, em Março 2002, do Sistema de Autoridade Marítima (SAM), integrado na Marinha, para actuação no mar, na sequência de uma tradição já com alguns séculos.

Contudo, e repito, muito falta ainda na orgânica do Estado português para que seja estruturado um Sistema Nacional de Gestão de Segurança bem articulado numa aproximação transversal, integrada e harmoniosamente interligada.

Um pequeno exemplo da sua não concretização ou da distância da sua concretização e a ausência de atribuições no mesmo da referência às Forças Armadas na Lei da Segurança Interna.

c. *Tecnologia Intensiva*

A influência da tecnologia no Sistema Nacional de Gestão de Segurança deve ser considerada nas duas vertentes opostas: a da ameaça e a dos meios próprios.

É importante integrar a questão tecnológica na avaliação da ameaça uma vez que os terroristas e outros criminosos têm dado provas de serem capazes de usar o que de mais sofisticado existe, porque isso acaba por ser acessível quando os recursos financeiros estão disponíveis, quer se trate de sensores, quer de sistemas de comunicações, quer veículos, quer de armas, quer de agressivos.

E isso permite-lhes planear acções com alto grau de surpresa e executa-las com eficácia, se não formos capazes de as contrariar, prevenindo-as.

Por isso, um qualquer sistema de gestão de segurança deve dispor de uma capacidade sofisticada de C4I e as forças e meios de acção equipados em quantidade e qualidade na sequência de um planeamento de forças convenientemente elaborado. De facto, à semelhança do que está a ser feito noutros países, deverá construir-se na área do C4I o sistema que integre sistemas de comando e de controlo de todas as FS e FA e dos outros sectores que pertençam ao Sistema Nacional de Gestão de Segurança. O objectivo é:

(1) obter um panorama da situação em tempo real, ou quase, que integre toda a informação disponível, a trabalhe e difunda aos intervenientes adequados sem discrepância e;

(2) dispor de um sistema de comando e controlo único, funcionando em rede centralizada que permite a tomada de decisão sem atrasos, a sua difusão imediata e que garanta eficácia na execução, uma vez que todos os elementos da cadeia de comando deterão a mesma informação, a tempo e rigorosa.

O sistema resultante dos muitos sistemas é condição primeira para que as forças devidamente equipadas possam ser eficazes.

3. Emprego das Forças Armadas e das Forças de Segurança: Um conceito de acção possível

Enquanto este ou outro modelo conceptual não estiver implementado, penso que se deve, pelo menos, fazer uma articulação dos meios das FA e FS, segundo os seguintes princípios:

(1) Na ordem interna, as FS são os primeiros responsáveis pela defesa contra as novas ameaças, na área terrestre. Na área marítima, compete à Marinha assumir esta tarefa nos termos da Lei do S. A. M.
(2) As FA são responsáveis pela condução de operações contraterrorismo na frente externa, em colaboração com as FA aliadas ou coligadas;
(3) As FA devem assumir-se como forças de reserva, das FS, actuando de modo supletivo sempre que se esgotar ou se preveja vir a esgotar a capacidade de intervenção das FS.
(4) As FA devem actuar de acordo com o plano de acção conjunto ou, na sua falta, caso a caso, de acordo com a decisão governamental. Nessa situação, os objectivos da acção militar devem ser claramente definidos;
(5) A actuação das FA devem reger-se pelas regras de empenhamento precisas, muito especialmente quando em actuação no território nacional.
(6) As FA actuam sob a cadeia de comando militar.

4. Conclusões

(1) A situação dos Estados, em termos de segurança e defesa, modificou-se significativamente com o fim da guerra fria. Uma mudança, e a não menos importante, caracteriza-se pela vulnerabilidade dos Estados a novos poderes erráticos, não baseados declaradamente em nenhum estado, e que puseram em causa o tradicional traçado das fronteiras podendo mesmo estar por dentro delas, "por baixo", "por cima", ou "à volta do Estado", como escreve o Prof. Cerny.

(2) Consequentemente, os Estados estão a transformar as suas estratégias de segurança e defesa para terem em conta a nova realidade da sobreposição entre segurança externa e interna em larga faixa cinzenta.

(3) Portugal deverá também adaptar-se ao novo quadro, implementando um "sistema de gestão de segurança" que percorre "Transversalmente" a orgânica do Estado, envolva a "Totalidade" das suas capacidades e usa extensivamente as novas "Tecnologias", tanto na área do C4I como no apetrechamento dos FA e das FS.

(4) Mesmo sem ter feito esta transformação interna, o País precisa de ter um conceito de acção preparado para envolver as FA e FS na dissuasão e na contenção do novo quadro de ameaças, por forma a que, num esforço sinérgico, umas e outras sejam capazes de fazer face aos novos e difíceis desafios à segurança nacional.

DO PARADIGMA ESTRATÉGICO, JURÍDICO-CONSTITUCIONAL E POLITICO DA SEGURANÇA INTERNA

João Serrano
Deputado à Assembleia da República do PS

A Constituição da República Portuguesa determina, no seu artigo 27º, que *"todos têm direito à liberdade e à segurança"*.

A Lei Fundamental assume, pois, que a **liberdade** e a **segurança** são dois direitos intimamente ligados: a liberdade só é autêntica e plena se puder ser exercida em condições de segurança pessoal; o direito à segurança, por seu turno, mais não é do que uma garantia de um *exercício* livre dos direitos fundamentais.

O direito fundamental à segurança possui duas dimensões: uma **dimensão negativa**, que se traduz num direito subjectivo à segurança, num direito de defesa perante eventuais agressões dos poderes públicos; uma **dimensão positiva**, que se traduz num direito à protecção através dos poderes públicos contra as agressões ou ameaças de outrem.

A dimensão positiva do direito fundamental à segurança requer, assim, uma actuação do Estado, através da definição de uma **política de segurança**.

Se é fácil compreender o sentido fundamental da segurança externa, o mesmo não sucede com a segurança interna.

Pelo que importa relembrar os princípios e os fins da segurança interna:

- a segurança interna destina-se a proteger pessoas ou bens, e não a ameaçá-los;

- a segurança interna visa assegurar o exercício dos direitos e liberdades fundamentais dos cidadãos;
- a segurança interna desenvolve-se no respeito pela legalidade democrática e exerce-se nos termos da lei, designadamente da lei penal e processual penal e das leis orgânicas dos serviços de segurança;
- as medidas tomadas no âmbito da política de segurança visam especialmente proteger a vida e a integridade das pessoas, a paz pública e a ordem democrática contra a criminalidade violenta ou altamente organizada, designadamente sabotagem, espionagem ou terrorismo.

Assim, a segurança é configurada constitucionalmente como um **direito fundamental conexionado com o direito à liberdade.. Não há liberdade sem segurança. Não há segurança sem liberdade**.

A segurança, é pois, uma **questão de Estado**, mas, mais do que isso, **é um Bem Público**.

Sem segurança não há desenvolvimento económico. Sem Segurança não há Democracia. Porque contrariamente a um pensamento tradicional que defendia que mais segurança era igual a menos liberdade, é claro, hoje, que **segurança é um factor de liberdade**.

No entanto, a política de segurança interna não pode basear-se **exclusiva ou primordialmente na repressão criminal**. Pelo contrário, deve assumir um conteúdo essencialmente **preventivo,** procurando evitar – e não apenas reprimir – a prática de actos que, pela sua natureza ou gravidade, ponham em causa o Estado de direito democrático. **Por outras palavras, mais do que punir actos, importa detectar** *ameaças***, neutralizando-as**.

Minhas senhoras e meus senhores

A inclusão de Portugal na União Europeia e a consequente adopção de um princípio de livre circulação e permanência dos cidadãos da União nos Estados-membros, pelo Tratado de Mastricht, tornou o território nacional mais vulnerável à criminalidade transnacional (nomeadamente à criminalidade orientada para os tráficos: de droga, de automóveis furtados e de pessoas).

No domínio da criminalidade, para além de se ter registado uma acentuação da transnacionalidade (também potenciada pela emergência de novos bens jurídico-penais, como o ambiente e a informática), assiste-se hoje a um fenómeno de crescente polivalência das organizações criminosas. É vulgar, por exemplo, uma associação terrorista dedicar-se ao tráfico de droga como meio de financiamento das suas actividades e, inversamente, uma organização vocacionada para o tráfico de droga servir-se do terrorismo como meio de enfraquecer a autoridade do Estado (os exemplos colhidos na América do Sul são bem expressivos desta realidade).

No âmbito estritamente nacional, verifica-se uma letargia do terrorismo de inspiração política, sem que também ele, naturalmente, se possa considerar definitivamente eliminado. Em contrapartida, a criminalidade organizada, dedicada, em especial, ao tráfico de droga e ao branqueamento de capitais, continua activa e constitui, seguramente, um dos principais factores de instabilidade social num país que, nas últimas dezenas de anos, abandonou o tradicional perfil rural, com migrações de população do interior e das antigas colónias africanas para os subúrbios das grandes cidades.

Minhas Senhoras e meus senhores

No plano da politica de segurança existe um pressuposto que deveremos ter em conta – **a insegurança não um problema de polícia**. È também um problema de sociedade e de civilização. Um problema que, por isso mesmo, se combate em duas frentes simultâneas e complementares: **a prevenção das causas e a repressão das consequências.**

Quanto à prevenção das causas **o objectivo primordial da política de segurança é, de igual modo, promover a coesão social**. Prevenir o crime contribui para evitar a exclusão social. A criação de uma cultura democrática de segurança, baseada na autoridade do Estado de direito e no entendimento que a segurança constitui uma questão de cidadania, é essencial para contrariar a tendência contemporânea para a fragmentação das sociedades.

Sendo responsável pela segurança pública e pela segurança interna, o Estado, **não possui o monopólio da segurança individual** e da segurança entendida em sentido amplo. Sendo primordial e insubstituível a sua intervenção, necessita sempre da colaboração da administração local e da sociedade civil. Assim, as polícias municipais, em especial, e as empresas de segurança privada desempenham uma função subsidiária na preservação da segurança das pessoas e das comunidades.

Considero pois, que só é possível definir uma política de segurança credível, que responda às necessidades das pessoas, se **identificarmos os principais problemas que hoje se colocam a Portugal**:

1. **os acidentes rodoviários**, que continuam a provocar um elevado número de mortos (cerca de quatro por dia) e feridos graves;
2. **a criminalidade geral**, que, sendo a mais baixa na União Europeia a seguir à Irlanda, tem registado uma tendência constante para crescer, quer no número global quer quanto aos crimes violentos e contra as pessoas
3. **a criminalidade organizada e económico financeira**, que continua a apresentar cifras elevadas e, como tal, põe em causa, directamente, o Estado de direito democrático;
4. **as catástrofes naturais** – incêndios florestais, cheias e abalos sísmicos –, que, nos dois primeiros casos, atingem ciclicamente o nosso País e, no último, constitui uma ameaça latente;
5. **a corrupção de alimentos**, passível de causar prejuízos graves à saúde pública e à economia nacional;
6. **o terrorismo** – em especial o terrorismo de inspiração fundamentalista –, que se traduz num perigo real para todos os Estados democráticos, mesmo quando não há um risco muito elevado e imediato de atentado.

A diminuição da criminalidade constitui o objectivo a alcançar mediante uma política que, articuladamente, **combata as causas e as consequências do crime**. Assim, no plano das causas, o Governo definiu as suas prioridades:

- **as políticas contra a exclusão social e, muito particularmente, de prevenção da toxicodependência e tratamento dos toxicodependentes.** É de registar, que existe uma conexão estatística entre droga e criminalidade, comprovada pela circunstância de cerca de 50% da população prisional estar a cumprir penas por crimes relacionados com o consumo ou o tráfico de drogas.

Enquanto que, no plano do combate às consequências a prioridade é:

- **um policiamento mais visível e eficaz, de integração e proximidade**. De protecção dos cidadãos em geral e, em particular, das pessoas especialmente vulneráveis, como as crianças, os jovens, os idosos e as vítimas de maus-tratos, bem como de o controlo das principais fontes de perigo. Eixos esssenciais para inverter a curva ascendente da criminalidade e reforçar o sentimento de segurança.
- **O recurso a novos meios tecnológicos e, designadamente, a meios de videovigilância**, com respeito pelos direitos fundamentais, à semelhança do que sucede nos restantes Estados da União Europeia, é também um instrumento fundamental para a prevenção de crimes – e, em particular, de crimes cometidos na via pública.

Para perseguir mais eficazmente a criminalidade organizada e económico financeira, é decisivo melhorar a investigação criminal. Neste contexto, assume a maior importância a colaboração e articulação entre os vários órgãos de polícia criminal e entre eles e os Serviços de Informações. É indispensável, de igual modo, aprofundar a cooperação no âmbito da União Europeia e das Organizações Internacionais em que Portugal participa.

No domínio da prevenção do terrorismo, é indispensável reforçar a coordenação entre os Serviços de Informações, e aprofundar a cooperação com os organismos congéneres estrangeiros.

No domínio da melhoria da coordenação dos serviços vitais à segurança importa aperfeiçoar a funcionalidade e a coordenação entre o Sistema de Segurança Interna, o Sistema de Informações da República Portuguesa, o Sistema de Investigação Criminal e o Sistema de Protecção Civil. Só assim, é possível afirmar a autoridade do Estado e garantir a segurança dos cidadãos.

No âmbito do Sistema de Segurança Interna, devem ser criados quadros de pessoal sem funções policiais nas Forças de Segurança (GNR e PSP). Tendo presente que Portugal possui a melhor *ratio* da União Europeia, logo a seguir à Espanha, de polícia por número de habitantes (1 por 217), é essencial orientar os agentes para as funções policiais, aumentando a sua visibilidade e eficácia e assegurando um policiamento de integração e proximidade.

Por outro lado, há que rever a disposição territorial das Forças de Segurança, melhorando a articulação entre a Guarda Nacional Republicana e a Polícia de Segurança Pública e conjugando a sua missão de manutenção da ordem pública com o papel de coadjuvação cometido às polícias municipais.

A segurança é para o PS uma questão de Estado e mais do que isso deve ser um exercício de cidadania. È uma questão que, independentemente das divergências que em democracia, legitimamente, possamos ter deve merecer um consenso alargado.

Ninguém tem o monopólio da luta contra a criminalidade e a insegurança.

A insegurança é um problema de civilização que deve contar com o empenho de todos nós.

POSIÇÕES DO PCP E QUESTÕES PARA REFLEXÃO NESTE DEBATE

JOSÉ NETO
Membro da Comissão Política do PCP

1.ª Questão: *Sistemas sob forte pressão externa e em sobrecarga*

Vivemos uma situação em que vários sistemas se encontram em sobrecarga, em quase ruptura. É o caso do sistema de justiça; é o caso do sistema prisional; é o caso do sistema policial.

São chamados a resolver problemas (de conflitualidade social, de comportamentos anti-sociais, de exclusão social) que deveriam ser resolvidos a montante e não são.

Há uma enorme pressão externa. Criaram-se expectativas muito elevadas de que estes sistemas resolveriam não apenas os problemas mas as suas causas. Como não resolveram, diz-se que estão em crise – quando a verdadeira crise está na própria sociedade e nas políticas que causam desestruturação, desigualdades sociais, discriminação e exclusão, que, por sua vez, são geradores de desvalores: individualismo, vencer a qualquer preço, desrespeito pelos outros.

Em consequência, não nos surpreenderá que, mais uma vez, o Relatório de Segurança Interna apresente mais elevados índices de criminalidade, uma criminalidade mais organizada, mais jovem, mais violenta. O que deve ser frustrante e altamente desmotivador para as Forças de Segurança.

A nossa visão é a de que uma política de segurança eficaz é indissociável de uma política de desenvolvimento integrado, de mais justiça social, de melhor qualidade de vida, de políticas inclusivas, de prevenção contra as toxicodependências.

Não há polícias que cheguem, nem tribunais, nem prisões... se não se actuar a montante dos problemas.

2.ª Questão: *As vertentes preventiva e repressiva na acção policial*

Não é para nós apenas, ou sobretudo, um problema teórico. É uma opção estruturante!

Policiamento predominantemente preventivo ou repressivo – é uma questão relativamente à qual as opções e a estratégia têm andado ao sabor das maiorias políticas conjunturais.

A decisão das divisões concentradas, com encerramento de esquadras, corresponde a uma visão sobretudo repressiva.

A decisão de reabertura de esquadras, ou de programas integrados, obedece a uma visão sobretudo preventiva.

Nós, PCP, defendemos claramente um policiamento de cariz preventivo. Obviamente não absolutizamos esta visão. Não desconhecemos que vivemos numa sociedade de risco, com perigos e ameaças acrescidos, com mais crime, mais complexo e violento, o que exige medidas especiais de polícia (ainda que medidas integradas num conjunto mais largo de políticas não só de natureza policial).

Essa acção policial de cariz preventivo exige: em primeiro lugar, policiamento de proximidade e visibilidade; em segundo lugar, envolvimento e participação organizada das populações – através dos Conselhos Municipais de Segurança.

Esta é uma opção que não apenas reforça o sentimento de segurança, o apoio e a confiança dos cidadãos, como facilita a aceitação pelas populações da intervenção da polícia. Corresponde, de resto, à evolução do próprio conceito de polícia como prestadora de um serviço público à comunidade.

3.ª Questão: *Da natureza das Forças de Segurança*

A nossa posição é conhecida e queremos reafirmá-la aqui. Entendemos que as missões de segurança interna são missões exclusivamente de natureza civil, não há razões para serem exercidas por uma força militar. O espírito militar é necessário e adequado às operações militares que incumbem às Forças Armadas.

Uma força como a GNR, cujas missões são, na sua esmagadora maioria, de prevenção e combate à criminalidade, não deveria ter um Estatuto militar.

Esta questão deveria ser clarificada e separadas as águas. A Constituição da República separa-as claramente nos art.ºs 272 a 273 e seguintes.

Com serenidade, progressivamente, sem processo de intenção, com respeito pelas legítimas e diferentes opiniões.

4.ª Questão: *Efectivos policiais*

Portugal possui o melhor ratio da União Europeia, logo a seguir à Espanha, de polícias por número de habitantes (1/217). Todavia, na prática, a esmagadora maioria dos efectivos não estão afectos às missões policiais.

Onde estão os efectivos policiais?

- Em serviços burocráticos, secretarias, serviços administrativos
- Ao serviço dos Tribunais – solicitações, julgamentos, notificações (ver Relatórios de Segurança Interna)
- Forças e corpos especiais – Grupos de Operações Especiais, Corpos de intervenção sobredimensionados (5.000 efectivos?) e duplicados
- Em funções de polícia criminal
- Nas Polícias Municipais de Lisboa e Porto (1.000 ?)
- Em serviço de Trânsito, gratificados, etc.

O que sobra para o patrulhamento próximo dos cidadãos? Não um polícia por 200 habitantes, mas talvez um polícia por 5.000 ou 10.000.

É necessário afectar prioritariamente os efectivos, meios e equipamentos à manutenção e reforço da segurança pública.

É necessário o aproveitamento máximo da capacidade operacional das Forças de Segurança.

5.ª Questão: *Investimento*

A nosso ver o investimento na Segurança tem sido manifestamente insuficiente, ridículo até.

O Orçamento de funcionamento praticamente não cresce – até diminui.

O PIDDAC é de, apenas, 50 milhões de euros (10 milhões de contos)

Assim, «sem ovos, não é possível fazer omoletes».

Não se percebe por que não existe (à semelhança da Lei de Programação Militar) uma Lei de Programação para as Forças de Segurança.

A planificação das necessidades (é possível fazer-se) em termos de equipamentos, infraestruturas, viaturas, armamento, transmissões, etc., é fundamental.

Seria factor de estabilidade se essa programação fosse feita.

6.ª Questão: *Os profissionais das Forças de Segurança*

Somos de opinião de que a melhoria da segurança dos portugueses passa pelo respeito e dignificação dos profissionais.

É longo o rol de queixas, de carências de toda a ordem (todos conhecem): baixos salários, falta de condições de trabalho, trabalho não pago, trabalho sem horário, falta de meios e equipamentos, déficit de formação, falta de incentivo, de estímulo, de perspectivas.

Sem motivação não é possível avançar.

É de lamentar que o Programa do Governo do Partido Socialista não tenha uma palavra sobre os profissionais, as suas condições de trabalho.

Queria sublinhar aqui, porque é de inteira justiça, o esforço e a dedicação de todos os profissionais à causa da segurança pública. Deve ser muito difícil trabalhar em situações de tanta precaridade!

Necessária uma estratégia clara e coerente em cinco direcções fundamentais:

1 – Previlegiar decididamente os factores de prevenção e proximidade das populações, procurando e reconhecendo o seu direito de participação nas soluções, para mais e melhor segurança.

2 – Acentuar, de forma consistente e sem equívocos, o processo de desmilitarização e democratização das estruturas das Forças de Segurança.
3 – Definir ou redefinir os princípios de enquadramento, orientações e medidas, relativos à estrutura orgânica, ao dispositivo, aos efectivos e às missões, ao equipamento: aprovação de uma Lei de Grandes Opções de Segurança Interna e uma Lei de Programação para as Forças de Segurança.
4 – Política de investimentos para a sustentação de umas Forças de Segurança modernas, em condições de cumprir com eficácia a sua importante missão constitucional.
5 – Dignificar os profissionais de polícia, através de medidas de âmbito remuneratório, da melhoria das condições em que prestam serviço e de um progressivo quadro de direitos.

PARTE II

7 / 8 DE JUNHO DE 2005

A PREVENÇÃO DA CRIMINALIDADE

Luís Fiães Fernandes
Mestre em Estratégia
Docente do ISCPSI

1. Introdução

"*Mais vale prevenir que remediar*", diz-nos o velho adágio popular, demonstrando o reconhecimento atribuído pela sabedoria popular ao valor da prevenção. Apesar deste reconhecimento, os primeiros de programas de prevenção, ou pelo menos com objectivos claramente preventivos, como o programa "Escola Segura", apenas surgiram em Portugal nos anos 1990, quando internacionalmente já existia um enorme conjunto de trabalhos de investigação e de experiências nesta área. Nos Estados Unidos da América, por exemplo, a prevenção da criminalidade começou a receber a atenção, quer do mundo académico, quer dos políticos, a partir dos anos 1960.

Este texto é uma versão adaptada e ampliada da conferência proferida no II Colóquio de Segurança Interna. Os seus objectivos são traçar uma brevíssima evolução do "tema" prevenção nos programas do governo; abordar os conceitos e as tipologias da prevenção, bem como as diferentes abordagens explicativas do "incidente criminal"; discutir as técnicas de prevenção situacional e os problemas associados a este tipo de prevenção, finalizando com a abordagem das questões relacionadas com a problemática da vigilância, do seu papel na prevenção e do papel da polícia na sociedade de risco.

Hoje, os programas de prevenção são parte integrante das políticas de segurança da maioria dos países ocidentais, constando da agenda de várias organizações internacionais. Em Portugal, a prevenção é uma das dimensões da actividade de segurança interna[1]. A análise dos programas dos vários Governos Constitucionais mostra que a prevenção da criminalidade é um tema recorrente nos mesmos. No programa do I Governo Constitucional (1976-1978), a prevenção da criminalidade é abordada de uma forma muito simples e genérica, estando a acção política reduzida à intenção *"de lançar uma ampla campanha de prevenção, numa linha de acção colectiva integrada."* A partir do II Governo Constitucional (1978) é reconhecida a necessidade de articular as várias medidas preventivas *"ao nível dos vários ministérios"*, sendo pela primeira vez manifestada a intenção de estabelecer um órgão coordenador da actividade de prevenção sob a égide do Procurador-Geral da República, o qual seria participado por organismos policiais e não policias.

Com o XI Governo constitucional (1987-1991) a prevenção da criminalidade começa-se a densificar, no sentido em que as linhas de acção do governo sobre tal matéria aparecem desenvolvidas, são de natureza multisectorial e o seu objecto, para além da população em geral, é claramente identificado, através de medidas específicas dirigidas aos jovens. Pela primeira vez é introduzida a ideia de protecção das vítimas e do melhoramento da relação entre agentes das forças de segurança e o público em geral, e a prevenção da criminalidade passa a ser considerada uma acção prioritária por parte das forças de segurança. É neste programa que, também pela primeira vez, se aborda a questão da melhoria das condições de segurança dos estabelecimentos de ensino, ainda que de uma forma muito genérica. Esta intenção é reforçada no programa do XII Governo Constitucional, em que a escola é eleita como o local por excelência onde a prevenção se inicia. Neste programa do governo são lançadas as bases do actual programa "escola Segura". Aliás, nas Grandes Opções do Plano para 1993, na área da segurança interna, é lançada a prepa-

---

[1] A qual se desenvolve em inter-relação e interdependência com outras três dimensões que, embora complementares, são distintas: as informações, a ordem pública e a investigação criminal. A segurança interna é *"a actividade desenvolvida pelo Estado para garantir a ordem, a segurança e a tranquilidade públicas, proteger pessoas e bens, prevenir a criminalidade e contribuir para assegurar o normal funcionamento das instituições democráticas, o regular exercício dos direitos e liberdades fundamentais dos cidadãos e o respeito pela legalidade democrática."* (art.º 1 da Lei n.º 20/87, de 12 de Junho, alterada pela Lei n.º 8/91 de 1 de Abril).

ração de um programa especial, a nível nacional, de segurança dos estabelecimentos de ensino básico e secundário e das áreas circundantes.

A partir do XIII Governo Constitucional, até aos nossos dias, podemos verificar uma crescente atenção à prevenção da criminalidade nos vários programas do Governo. A acção governativa no âmbito da prevenção é cada vez mais desenvolvida e complexa, sendo concebida como uma acção multisectorial, apostando em múltiplos instrumentos e envolvendo a prevenção social e a prevenção situacional. É também com o programa do XIII Governo Constitucional que se inicia a actualização do modelo policial português e o lançamento de programas de policiamento de proximidade orientados para a especificidade dos problemas urbanos e suburbanos[2].

2. Crime, criminalidade de massa e "incivilidades"

A atenção suscitada pela prevenção da criminalidade surge num contexto de aumento dos índices de criminalidade e do sentimento de insegurança na sociedade, a par da necessidade de desenvolver e aplicar técnicas mais eficazes e eficientes de prevenir, controlar e combater o crime.

O crime, apesar de presente ao longo da história do homem, hoje assume-se como uma realidade multidimensional e a sua complexidade manifesta-se quando se pretende estudar as suas causas e propor soluções para a sua prevenção e combate. A realidade demonstra que o crime e o comportamento desviante[3] estão presentes em todas as sociedades e que existe uma discrepância entre o que pode ser considerado moralmente errado e o que é legalmente considerado crime.

É nas ciências Jurídicas que o conceito *crime* goza de alguma "estabilização" quanto à sua definição, no entanto transcende muito

---

[2] Cf. Lei n.º 52-B/96, de 27 de Dezembro, que aprova as Grandes Opções do Plano para 1997.

[3] Embora a maioria dos crimes sejam o resultado de um comportamento desviante, nem todo o comportamento desviante resulta em crime, embora possa provocar a repulsa da sociedade ou levar à estigmatização dos indivíduos que têm esse comportamento.

essa fronteira e surge como um conceito em permanente mutação. Esta mutação resulta sobretudo da mudança de ideias, de percepções e concepções sobre o que constitui o comportamento criminoso e varia também em função da geografia e de cultura. As diferentes concepções sobre o fenómeno criminal têm consequências sobre a forma como determinados comportamentos são tratados pela sociedade e assim se explica as diferenças de reacção que merecem certos tipos de comportamento humano.

Quanto ao conceito criminalidade de massa, este *"inclui todos os tipos de crimes que são cometidos frequentemente e em que as vítimas são facilmente identificáveis. (...) As infracções são normalmente cometidas contra a propriedade e envolvem frequentemente violência física."*[4]

No campo das ciências sociais, e porque determinados termos jurídico-formais não cobrem certos tipos de comportamento, "novos" termos têm sido introduzidos no campo da prevenção, como é o caso do termo "incivilidade". O vocábulo "incivilidades" aparece no francês a partir do séc. XVII, derivando do latim *incivilitas*[5]. Nos EUA o vocábulo surge em 1975 na obra de John Conklin, *The impact of crime*. No entanto, é o artigo *Broken Windows, the police and neighbourhood safety*, de James Q. Wilson e George L. Kelling, publicado na revista *Atlantic Monthly*, em Março de 1982, que populariza o conceito. No contexto do artigo de Wilson e Kelling, o termo é utilizado para descrever os comportamentos anti-sociais[6], bem

---

[4] COMISSÃO DAS COMUNIDADES EUROPEIAS, Comunicação da Comissão ao Conselho e ao Parlamento Europeu, *Prevenção da criminalidade na União Europeia*, COM(2004) 165 final de 12.3.2004, Bruxelas.

[5] Roché, Sebastian, *Tolérance Zéro? Incivilitiés et insécurité*, Éditions Odile Jacob, Paris, 2002.

[6] Comportamentos anti-sociais *"que são, de certo modo, "precursores" da criminalidade. Podem ser dados como exemplos deste tipo de comportamentos os que se traduzem em zonas residenciais ruidosas, zonas residenciais caracterizadas por jovens que vagueiam pelas ruas, pessoas sob a influência do álcool ou descontroladas, lixo nas ruas, habitações e ambientes degradados. Estas condições podem prejudicar a recuperação de áreas desfavorecidas, criando um contexto propício à criminalidade. Os comportamentos anti-sociais afectam o sentimento de segurança e de responsabilidade necessário para que as pessoas participem na vida da colectividade."* (Cf. COMISSÃO DAS COMUNIDADES EUROPEIAS, Comunicação da Comissão ao Conselho e ao Parlamento Europeu, *Prevenção da criminalidade na União Europeia, Idem.*

como as condições físicas do ambiente, que indicam o início da "espiral de decadência" de certos bairros.

3. A Prevenção

Vários estudos demonstram que estratégias de prevenção bem planeadas e devidamente implementadas não só previnem o crime e a vitimação, reduzem os custos sociais e os custos reais com o sistema de justiça penal, mas também promovem a segurança da comunidade e contribuem para o desenvolvimento sustentado do Estado, aumentando a qualidade de vida dos cidadãos[7]. Apesar da aparente evidência do significado do conceito prevenção, existe uma enorme diversidade de definições, não apresentando todas a coerência lógica adequada.

A importância da definição do conceito prevenção deriva do seu conteúdo, na medida em que é a partir deste que se materializam as medidas e técnicas de prevenção. Assim, duas grandes orientações podem ser identificadas[8]:

- As *concepções abrangentes*, que afirmam que tudo é prevenção, incluindo as sanções penais e as indemnizações às vítimas.
- As *concepções limitadas*, actualmente as mais frequentes, que separam a prevenção da repressão, colocando a linha de separação imediatamente antes do momento da prática do acto criminal. Para estas concepções apenas são consideradas acções de prevenção aquelas que são tomadas anteriormente à comissão de um crime.

Quanto ao conceito prevenção, Raymond Gassin defende que, de um ponto de vista científico, o mesmo é um "conceito dialéctico"[9], na medida em que, por um lado, é uma construção puramente teórica, por outro é materializado por um conjunto de acções e de práticas que

---

[7] Cf. UNITED NATIONS ECONOMIC AND SOCIAL COUNCIL *Resolution 2002/13 Action to promote effective crime prevention, 24 July 2002.*

[8] GASSIN, Raymond, *Criminologie*, DALLOZ, Paris, 1994, p. 586-587.

[9] GASSIN, Raymond, *op. cit.*, p. 588.

lhe dá uma dimensão empírica. É pois um conceito lógico-experimental que deriva da reflexão e especulação teórica e, ao mesmo tempo, da observação e da experiência. Os *inputs* de um e de outro campo originam pois a formação de um conceito de natureza dialéctica.

As definições do conceito prevenção partem da hipótese de que é possível influenciar o comportamento dos indivíduos através da adopção de determinadas medidas/acções destinadas a evitar que os mesmos adoptem comportamentos criminosos ou anti-sociais. Neste contexto, Gassin defende que existem quatro condições essenciais para se considerar que uma medida ou acção é de natureza preventiva[10]:

– A medida/acção deve ter por objectivo principal, ou mesmo exclusivo, assegurar a prevenção da criminalidade, agindo sobre os factores ou processos considerados determinantes dos comportamentos criminosos ou anti-sociais;
– As medidas/acções devem ter um carácter colectivo, dirigindo-se à população em geral, ou a segmentos desta, em oposição às medidas ou acções individuais;
– As medidas/acções só podem ser consideradas preventivas se dirigidas à intervenção imediatamente anterior à prática dos actos criminosos ou anti-sociais;
– As medidas/acções não podem ser directamente coercivas, na medida em que a coacção pressupõe que um crime já foi cometido.

A partir destes critérios, a prevenção distingue-se da intervenção penal porque a primeira é eminentemente pró-activa, enquanto que a segunda é de natureza puramente reactiva.

Para Gassin, a dissuasão e a prevenção baseada na intimidação geral gerada pela ameaça penal estão excluídas do conceito prevenção[11]. Tal como também está excluída a prevenção individual da reincidência, na medida em que as formas de intervenção são totalmente diferentes daquelas usadas na prevenção colectiva. No entanto, o autor admite a existência de situações limite onde a distinção se torna difusa.

---

[10] *Idem, ibidem*, p. 589.
[11] *Idem, ibidem*, p. 590.

Assim, uma possível definição de prevenção da criminalidade é a que se encontra na Decisão do Conselho 2001/427/JAI, de 28 de Maio de 2001, que criou a rede europeia de prevenção da criminalidade, sendo definida como *"todas as medidas destinadas a reduzir ou a contribuir para a redução da criminalidade e do sentimento de insegurança dos cidadãos, tanto quantitativa como qualitativamente, quer através de medidas directas de dissuasão de actividades criminosas, quer através de políticas e intervenções destinadas a reduzir as potencialidades do crime e as suas causas. Inclui o contributo dos governos, das autoridades competentes, dos serviços de justiça criminal, de autoridades locais, e das associações especializadas que eles tiverem criado na Europa, de sectores privados e voluntários, bem como de investigadores e do público, com o apoio dos meios de comunicação."*[12]

As Nações Unidas, pela Resolução 2002/13 do Conselho Económico e Social, definiu-a como compreendendo as *"strategies and measures that seek to reduce the risk of crimes occurring, and their potential harmful effects on individuals and society, including fear of crime, by intervening to influence their multiple causes."*[13]

Os exemplos indicados mostram que a prevenção da criminalidade admite várias definições, tornando difícil fixar as suas fronteiras. De facto, a prevenção da criminalidade vai além dos conceitos de segurança (das instalações e dos indivíduos) e das várias actividades desenvolvidas pelo Estado, mas inclui também o envolvimento da comunidade na sua própria segurança, isto é, a prevenção resulta da intervenção de vários vectores, sendo que o controlo social informal, em complemento do controlo formal, contribui para o resultado preventivo que se pretende obter.

Para prevenir é necessária uma atitude pró-activa, é preciso prever (estimar) onde algo poderá acontecer e, antes de acontecer, aplicar as medidas adequadas nesse ponto. Logo, para que determinada acção tenha natureza preventiva deve basear-se na *previsão* e na *intervenção precoce*. As boas práticas preventivas indicam que as acções

---

[12] Cf. n.º 3 do art. 1.º da Decisão do Conselho 2001/427/JAI, de 28 de Maio de 2001, que cria a rede europeia de prevenção da criminalidade.
[13] Cf. ECONOMIC AND SOCIAL COUNCIL. *Idem.*

preventivas devem ser dirigidos às causas da criminalidade, quer sociais, quer ambientais, e não apenas às suas consequências[14].

4. Tipologias da prevenção

Nem todas as actividades de prevenção têm a mesma natureza, pelo que é possível identificar diversas tipologias. Uma tipologia possível distingue entre *prevenção da delinquência juvenil* e *prevenção da delinquência em geral*[15]. Esta tipologia baseia-se no facto de que durante muito tempo foi considerado que apenas a delinquência juvenil podia ser objecto de prevenção social e de medidas de reeducação, pois só as crianças e os jovens, que ainda tinham a sua personalidade em formação, eram susceptíveis de serem positivamente influenciadas através de uma educação apropriada. A prevenção da delinquência em geral repousava no sistema penal e na sua capacidade de intimidação geral, por recurso à coacção penal. Este tipo de prevenção era dirigido aos adultos, pois os mesmos não eram susceptíveis de serem positivamente influenciados, porque a sua personalidade já estava formada.

Ainda no campo das tipologias binárias é possível distinguir entre *prevenção correctiva*, dirigida às causas do crime, e p*revenção punitiva*, que procura deter o criminoso pelo uso do sistema de justiça criminal. Uma terceira tipologia distingue entre *prevenção geral* e *prevenção específica*. A primeira é dirigida aos factores gerais do fenómeno a prevenir, enquanto que a segunda visa factores mais específicos e circunscritos do fenómeno.

Finalmente, uma das tipologias que ganhou maior aceitação nos últimos anos, por ser considerada a mais operacional, distingue entre prevenção situacional e prevenção social:

   a) A *prevenção situacional* repousa na ideia de que a passagem ao acto criminoso não se deve apenas à motivação do potencial criminoso, mas também às características situacionais,

---

[14] SHERMAN, Lawrence W. et al, *Preventing crime: What works, what doesn't, what's promising*, National Institute of Justice, Washington D.C., 1997.

[15] GASSIN, Raymond, *op. cit.*, p. 592.

sendo que certos crimes ou incivilidades poderiam ser evitados se o ambiente em que os mesmos se materializam fosse manipulado de forma adequada. Este tipo de prevenção é baseado na *"strategic analysis of a given area or district to identify and catalogue opportunities to commit offences and individuals and situations at risk, with a view to changing the conditions that generate crime through improved protection of target people and property. The goal is to develop community-based mechanisms for reducing crime and incivility."*[16] As Nações Unidas caracterizam-na como um tipo de prevenção destinada a prevenir a *"occurrence of crimes by reducing opportunities, increasing risks of being apprehended and minimizing benefits, including through environmental design, and by providing assistance and information to potential and actual victims"*.[17]

b) A *prevenção social* é dirigida às motivações dos criminosos, centrando a atenção nas pessoas e menos no meio ambiente e nos objectos. Este tipo de prevenção tenta atingir os seus objectivos através de políticas sociais (habitação, saúde, educação, juventude, etc.) como forma de redução dos factores sociais que pré-dispõe os indivíduos a tornarem-se delinquentes. Os principais alvos são as crianças, os jovens e os grupos socialmente marginalizados. Este tipo de prevenção *"generally involves drawing up integrated social policies and development programs that can be incorporated into multi-sector initiatives that serve the interests of the community at large: employment, education, urban planning, housing, health, youth protection, social exclusion, policing and justice."*[18] As Nações Unidas caracterizam-na como um tipo de prevenção destinado a promover *"the well-being of people and encourage pro-social behaviour through social, economic, health and educational measures, with a particu-*

---

[16] CHALOM, Maurice et al., U*rban safety and good Governance: The role of the police*, United Nations Centre for Human Settlements (UNCHS – HABITAT), International Centre for the Prevention of Crime (ICPC), Nairobi, February 2001, p. 2.

[17] Cf. UNITED NATIONS ECONOMIC AND SOCIAL COUNCIL, *Idem*,

[18] CHALOM, Maurice, *op. cit.*, p. 2.

lar emphasis on children and youth, and focus on the risk and protective factors associated with crime and victimization"[19].

Neste contexto, cabe ainda fazer referência ao termo *"community safety"* que tenta integrar a prevenção situacional e a prevenção social. Este conceito ganhou popularidade no Reino Unido durante os anos 1990. A *"community safety"* foi empregue no sentido territorial e "adaptada" aos bairros com elevadas taxas de criminalidade onde o controlo social informal era fraco ou inexistente e onde as características dos bairros requeriam uma intervenção holística, envolvendo as vertentes do controle social informal e formal, a vítima e o criminoso[20].

O modelo do programa *"Safer Cities"*, no Reino Unido, representa uma intervenção baseada na ideia de *"community safety"*, apresentando uma combinação possível de prevenção situacional e prevenção social (centrada no infractor)[21]:

---

[19] Cf. ECONOMIC AND SOCIAL COUNCIL, *Idem*.

[20] GILLING, Daniel, *Crime prevention: theory, policy and politics*, VCL, London, 1997, p. 197.

[21] Adaptado de BRODEUR, Jean-Paul, *Police et prévention au Canada et au Québec*, *Les Cahiers da la Sécurité Intérieur*, vol. (37), 3ᵉ trimestre 1999, p. 165. Nota: A modulação é um conceito de Paul Ekblom, sendo definida como um conjunto de circunstâncias que modificam uma situação potencialmente criminal antes que o incidente tenha lugar (p.ex. controlo de acessos a um imóvel), durante um incidente (intervir para defender o alvo) ou imediatamente após um incidente (perseguir o infractor).

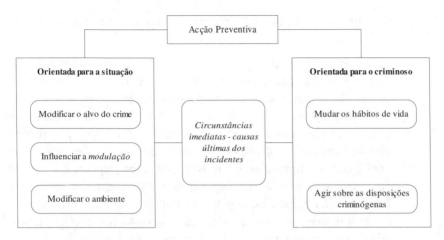

Gráfico 1 – O modelo do programa *safer cities*.

Depois das tipologias binárias, vamos analisar algumas tipologias tridimensionais. A primeira distingue três níveis[22]:

– *Prevenção ao nível da formação da personalidade dos indivíduos*, podendo ser directa – através de acções específicas exercidas junto de grupos sociais localizados e limitados, particularmente vulneráveis – e indirecta, através de medidas gerais dirigidas ao conjunto da população;
– *Prevenção ao nível da constituição das situações pré-criminais*, este tipo de intervenção baseia-se em acções do tipo psicossocial destinadas a neutralizar a formação de situações pré-criminais e em acções destinadas a neutralizar as circunstâncias que levam à preparação/comissão de um crime, através da adopção de medidas técnicas, como por exemplo a interdição de venda de armas de fogo;
– *Prevenção ao nível do desenvolvimento dos processos de passagem ao acto*, obtida pelo uso, por exemplo, de patrulhas policiais que através da vigilância de determinados locais onde o crime tem maior probabilidade de ocorrer, acabam por neutralizar a passagem ao acto.

---

[22] GASSIN, Raymond, *op. cit.*, p. 596.

Por último uma tipologia "importada" da epidemiologia, considerando:

- A *prevenção primária*, que faz uma abordagem geral ao ambiente social e físico com o objectivo de reduzir as oportunidades de cometer crimes, visando a modificação das condições criminogénas do ambiente físico (através de técnicas de prevenção situacional) e social global[23]. Neste tipo de prevenção incluem-se as acções/actividades dirigidas ao público em geral, como campanhas de informação sobre medidas e técnicas para aumentar a sua segurança pessoal, do seu agregado familiar e da habitação, e pela sensibilização para a necessidade de evitar criar oportunidades para o cometimento de actos criminosos, como por exemplo, evitar deixar objectos visíveis no interior dos veículos[24].
- A *prevenção secundária*, que tenta identificar e intervir sobre grupos de risco. Este tipo de prevenção compreende as acções dirigidas a crianças e jovens que em razão da sua situação escolar ou familiar estão em risco de cometer crimes. É também caracterizada por medidas dirigidas a certos lugares, ou a certas situações, expostos ao risco, podendo a intervenção ser feita através da vigilância policial de certos lugares, pela vigilância particular de certas pessoas expostas ao risco, etc.
- A *prevenção terciária* centra a sua atenção naqueles que já foram condenados, na tentativa de evitar a reincidência por meio da reabilitação[25]. Esta forma de prevenção visa também evitar a revitimação.

---

[23] *Idem, ibidem*, p. 593.

[24] Sobre este tipo de prevenção veja-se, a título de exemplo, como a caracteriza a Resolução 1995/9, de 24 de Julho de 1995, que adopta as "*guidelines for cooperation and technical assistance in the field of urban crime prevention*" do Conselho Económico e Social da Assembleia Geral das Nações Unidas: "*(i) Primary prevention: a. By promoting situational criminal prevention measures, such as target hardening and opportunity reduction; b. By promoting welfare and health development and progress and by combating all forms of social deprivation; c. By promoting communal values and respect for fundamental human rights; d. By promoting civic responsibility and social mediation procedures; e. By facilitating the adaptation of the working methods of the police and the courts.*"

[25] A mesma Resolução caracteriza este tipo de prevenção da seguinte forma: "*ii) Prevention of recidivism: a. By facilitating the adaptation of methods of police intervention*

Na sequência do exposto, o quadro seguinte tenta sintetizar as actividades preventivas[26]:

	Nível de intervenção	Elementos do incidente		
		Delinquente	Ambiente	Vítima
Longo Prazo	Primária	Prevenção social	Prevenção social (condições económicas e sociais) Prevenção situacional	Prevenção e redução das oportunidades
Médio Prazo	Secundária	Prevenção social	Prevenção situacional	Gestão do risco
Curto Prazo	Terciária	Reintegração	Intervenção de urgência	Assistência

Quadro 1 – Quadro síntese das actividades preventivas

(rapid response, intervention within the local community etc.); b. By facilitating the adaptation of methods of judicial intervention and implementation of alternative remedies: i. Diversification of methods of treatment and of measures taken according to the nature and seriousness of the cases (diversionary schemes, mediation, a special system for minors etc.); ii. Systematic research on the reintegration of offenders involved in urban crime through the implementation of non-custodial measures; iii. Socio-educational support within the framework of the sentence, in prison and as preparation for release from prison; c. By giving an active role to the community in the rehabilitation of offenders; (iii) After the sentence has been served: aid and socio-educational support, family support etc.; (iv) Protection of victims by practical improvements in their treatment by means of the following: a. Raising awareness of rights and how to exercise them effectively; b. Reinforcing rights (in particular the right to compensation); c. Introducing systems of victim assistance."

[26] Quadro adaptado de BRODEUR, Jean-Paul, *Police et prévention au Canada et au Québec*, Les Cahiers da la Sécurité Intérieur, vol. (37), 3ᵉ trimestre 1999, p. 166. A fonte primária é HASTINGS, Ross, *Crime prevention and criminal justice*, p. 322 in O'REILLY--FLEMING, T. (dir.), *Post-critical criminology*, Prentice Hall Inc., Scarborough, Ontario,

5. Abordagens explicativas do "Incidente Criminal"

Um conjunto de abordagens utiliza, como elemento explicativo do crime, a oportunidade, constituindo parte da base teórica da prevenção situacional e contribuindo, directa e indirectamente, para a concepção de determinadas técnicas de prevenção situacional. Entre estas destacam-se:

a) O estilo de vida

Segundo esta abordagem, as diferenças ao nível da vitimação devem-se a diferentes "estilos de vida", os quais expõem os indivíduos a diferentes graus de risco. A vitimação é, em parte, explicada pelo comportamento da potencial vítima – a forma como o indivíduo conduz a sua vida determina a propensão para ser vítima – e pelas condições ambientais[27].

O "estilo de vida" é entendido como o conjunto das actividades diárias do sujeito (trabalho ou lazer) que são condicionadas por factores estruturais e conjunturais (como as disponibilidades financeiras, de tempo, etc.). Estes condicionamentos levam ao desenvolvimento de rotinas diárias e a consequente associação com outros indivíduos em condições idênticas.

A exposição da vítima varia de acordo com as suas características sócio-demográficas, pelo que indivíduos com um determinado tipo de perfil (sexo, idade, condições financeiras, local de habitação, etc.) estão mais expostos ao risco de serem vítimas do que outros indivíduos, com outro tipo de perfil. A vitimação, segundo esta abordagem, está distribuída por *clusters* de idade, sexo e raça. Assim, os indivíduos com maior potencial de serem vitimados são aqueles que têm um comportamento e um estilo de vida que os expõe aos potenciais criminosos e que oferecem um maior potencial de ganho (materiais ou outros), que estão menos protegidos e que apresentam menor risco para o criminoso e um potencial mais elevado do crime ser

---

1996, pp. 351-428. Cf. também PEASE, Ken, *Crime Prevention*, in MAGUIRE, Mike; MORGAN, Rod; REINER, Robert, *The Oxford Handbook of Criminology*, Clarendon Press, Oxford, 1997, p. 965.

[27] *Idem*, pp. 966-967.

concretizado com sucesso. A consequência desta abordagem é que o risco de ser vítima pode ser reduzido através de modificações no "estilo de vida".

b) As actividades rotineiras

Esta abordagem foi desenvolvida, nos Estados Unidos, por Marcus Felson e Lawrence Cohen. Os autores colocam o potencial criminoso no contexto social e tentam compreender de que forma as rotinas diárias dos indivíduos criam, ou não, oportunidades para os criminosos cometerem crimes.

Para os autores, a explicação da comissão de um crime precisava de algo mais que um criminoso motivado para o cometer. A explicação do "crime" tinha de ir além das explicações sobre a "disposição para o crime" por parte dos criminosos. Assim, na sua abordagem tomam como certa a "disposição" para o crime por parte de certos indivíduos e concentram a sua análise na forma como a organização espaço-temporal das actividades sociais dos indivíduos auxilia a transposição da "disposição criminal" para a acção[28].

De acordo com os autores, cada crime de contacto[29] para ocorrer tem de ter, quase sempre, a convergência, num dado momento e num dado local, de três elementos:

- Um criminoso motivado, com "inclinações criminosas" e com capacidade para transformar tais inclinações em acção;
- Um alvo adequado (um determinado indivíduo ou bem);
- A ausência de um "guardião" com capacidade para impedir o crime.

De acordo com esta abordagem, as rotinas diárias dos indivíduos afectam a convergência destes três elementos, pelo que o crime terá uma elevada probabilidade de acontecer se num determinado local e momento se cruzar um potencial criminoso com um potencial alvo que está vulnerável porque o "guardião" está ausente ou não é adequado à dissuasão ou neutralização do criminoso.

---

[28] BRUNET, James R., *Discouragement of crime through civil remedies: An aplication of a reformulated routine activities theory*, Western Criminology Review, vol. 4 (1), 2002, p. 69.

[29] Esta abordagem foi inicialmente aplicada na explicação do crime predatório, hoje é aplicada a outros tipos de crime.

A presença de protecção (guardião) é o factor que impede que deste cruzamento resulte um crime, ou seja, a presença ou a ausência de "guardiães adequados" determina o nível de vitimação[30]. O "guardião" não está limitado a elementos da polícia ou a elementos da segurança privada. O conceito guardião deve ser entendido em sentido amplo, incluindo os indivíduos que passam ou estão presentes em determinado local e que reforçam o controlo social informal[31]. Segundo esta abordagem, aumentando a presença de guardiães adequados (polícia, amigos, vizinhos, familiares, etc.) a probabilidade dos potenciais alvos se tornarem vitimas é reduzida.

Para além dos três elementos anteriormente abordados, outros elementos igualmente importantes se podem encontrar no acto criminoso[32]: a presença de certos instrumentos, que auxiliam o cometimento do crime ou o previnem; a camuflagem, que permite ao criminoso actuar com cobertura, sem ser observado e a audiência, que o criminoso pretende intimidar.

Para Felson, a maioria dos actos criminosos ocorrem num ambiente (*setting*) favorável à actuação do criminoso. Tratam-se de locais onde os indivíduos convergem ou divergem de modo a influenciar as oportunidades de cometer crimes[33]. O ambiente condiciona as decisões do criminoso, na medida em que se trata de uma condição situacional que pode mudar de dia para dia da semana ou ao longo de 24 horas.

Para a formulação da sua proposta teórica, Cohen e Felson analisaram o número de furtos em residências, nos EUA, entre os anos 1960 e 1970. A explicação encontrada foi que as mudanças económicas e sociais verificadas a seguir à II Guerra Mundial originaram o declínio das comunidades tradicionais e o enfraquecimento do controlo social informal. Tais mudanças produziram alterações substanciais nas rotinas diárias das famílias, afastando-as da sua habitação e separando os seus membros. Como consequência, aumentou do número de alvos vulneráveis e diminuiu a protecção dos mesmos, porque os guardiães passaram a estar ausentes[34].

---

[30] WALKLATE, Sandra, *Understanding criminology: current theoretical debates*, Open University Press, Philadelphia, 1998, p. 42.
[31] FELSON, Marcus, *Crime and every day life,* Sage Publications, USA, 2002, p. 21.
[32] FELSON, Marcus, *op. cit.*, p. 22.
[33] FELSON, Marcus, *op. cit.*, p. 20.
[34] BRUNET, James R., *op. cit.*, p. 69.

No quadro teórico exposto, a vulnerabilidade dos alvos era definida[35] pelo seu *valor*, a sua *inércia* (peso), o seu *volume* e o *acesso* (VIVA)[36]. Um alvo de baixo volume, de grande valor e ao qual nem todos têm acesso (no sentido em que, por exemplo, existe uma grande procura no mercado) e que pode ser movido facilmente apresenta uma grande atracção sobre os criminosos e uma elevada vulnerabilidade se não for protegido por um guardião adequado[37]. Os telemóveis, por exemplo, apresentam uma elevada vulnerabilidade pois têm um valor elevado, são pequenos, leves, facilmente transportáveis e têm uma elevada exposição aos potenciais criminosos (nas mesas dos cafés, nas mãos dos utilizadores, etc.), logo são objectos muito vulneráveis.

Esta abordagem não pretende explicar a motivação do criminoso, nem fornece qualquer explicação para o facto de uns "guardiães" serem mais eficazes que outros ou a razão pela qual existem indivíduos mais susceptíveis de serem vítimas[38]. As variáveis idade, sexo e raça determinam diferentes graus de risco, sendo estes graus influenciados pela permanência em certos lugares públicos ou pela utilização de certos tipos de transporte, a determinadas horas. De acordo com alguns autores, esta abordagem é muito efectiva na explicação do papel que o local desempenha no encorajar ou bloquear as acções criminais, pelo que esta teoria, tal como a teoria da escolha racional, é normalmente agrupada nas denominadas "*crime place theory*".

---

[35] FELSON, Marcus; CLARKE, Ronald V., *Opportunity Makes the Thief. Practical theory for crime prevention*, Police Research Series Paper 98, Home Office, London, 1998, p. 5.

[36] Tal como inicialmente foi concebido, o modelo VIVA era limitado, pois não distinguia entre alvos humanos e não humanos do crime predatório e, ao não considerar as motivações do criminoso, negligenciava um factor importante na materialização de determinado comportamento. Algumas das limitações do modelo foram posteriormente resolvidas através do modelo "CRAVED", destinado a determinar as vulnerabilidades dos potenciais alvos de furto (cf. CLARKE, Ronald V., *Hot Products: understanding, anticipating and reducing demand for stolen goods*, Police Research Series Paper 112, Home Office, London, 1999, p. 22 e ss.).

[37] PEASE, Ken, *Crime Prevention*, in MAGUIRE, Mike; MORGAN, Rod; REINER, Robert, *op. cit.*, p. 966.

[38] WALKLATE, Sandra, *op. cit.*, p. 41.

c) A *crime pattern theory*

A *crime pattern theory* foi desenvolvida por Paul e Patricia Brantingham, dois criminologistas da escola ecológica do crime. Para estes autores, para compreender o crime é necessário integrar quatro elementos mínimos[39]:

- A lei, que define quais os comportamentos que constituem crime;
- O criminoso, o indivíduo cujo comportamento viola a lei;
- O alvo (individuo ou objecto), sobre o qual o criminoso actua;
- O local, a localização espaço-temporal em que as outras 3 dimensões se intersectam e ocorre um evento criminal[40].

Os Brantingham estudaram a distribuição e as variações espaciais e temporais no padrão da actividade criminal de forma a identificar os factores que o influenciam, tendo verificado que os diferentes tipos de crime não apresentam uma distribuição uniforme no espaço, nem no tempo, o mesmo acontecendo com os alvos e os criminosos, concluindo que o crime é o resultado da interacção e da deslocação dos indivíduos (criminosos e alvos), no tempo e no espaço urbano. Os autores identificaram ainda a importância de certas zonas na cidade que, em virtude da sua utilização específica (como zonas comerciais ou zonas de diversão), atraem tipos particulares de criminosos, os quais são condicionados na sua acção por factores geográficos (os crimes contra estabelecimentos, furtos ou roubos, só podem acontecer nos locais onde os mesmos existem) e temporais (os crimes contra estes estabelecimento estão condicionados pelo horário de funcionamento dos mesmos).

Se a abordagem da actividade rotineira explicava o evento criminoso – pelo cruzamento num dado referencial espaço-temporal de um criminoso motivado, de um alvo adequado e da ausência de protecção adequada – não explicava contudo, na opinião dos dois autores, como é que o criminoso procurava o alvo adequado e como

---

[39] PAULSEN, Derek J. e ROBINSON, Matthew B., *Spatial aspects of crime. Theory and practice,* Pearsons Education, inc., USA, 2004, pp. 2 – 3.

[40] HERBERT, David T.,*Crime and place: an introduction,* p. 4 in EVANS, David J.; HERBERT, David T. (ed.), *The geography of crime,* Routledge, London, 1989.

é que escolhia o local para actuar sobre o mesmo. Para explicarem o padrão de crimes contra pessoas e propriedade, baseado no padrão de deslocação da vítima e do criminoso, os autores avançaram com três conceitos interrelacionados:

- *Nódulo de actividade*, que são os locais com uma actividade intensa onde os indivíduos passam a maior parte do seu tempo (casa, escola, trabalho, locais de diversão, etc.);
- Caminhos (*pathways*), que são as ligações entre os nódulos de actividade de cada individuo (estradas, ruas, etc.). Estas ligações podem ser feitas a pé, de transportes públicos ou privados. As deslocações, regulares e sistemáticas, ao longo destes caminhos familiarizam os indivíduos com os mesmos;
- Limite (*edge*), tratam-se de "fronteiras" que oferecem alguma resistência ao seu atravessamento, como rios, pontes, parques, etc. Estas "fronteiras" tanto podem ser físicas, como perceptivas (áreas conotadas com um determinado perigo, como por exemplo, determinado bairro).

Estes três conceitos, em interacção, criam no indivíduo um *"awareness space"*, uma consciência do espaço, que resulta do seu conhecimento e familiaridade com determinada zona geográfica, onde o indivíduo se sente à vontade, podendo ser representado graficamente da seguinte forma[41]:

---

[41] Figura adaptada de MOORE, Stephen, *Investigating crime and deviance*, Collins Educational, London, 1996, p. 63 e de PAULSEN, Derek J. e ROBINSON, Matthew B., *op. cit.*, p. 109.

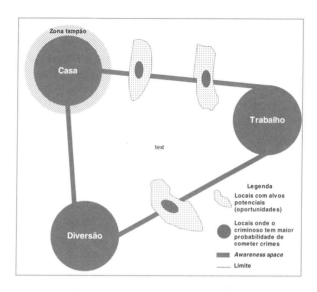

Figura 1 – O *"awareness space"*.

Os autores explicam o padrão de procura de alvos por parte do criminoso com base nos "nódulos" constituídos pelo local em que se encontra o seu domicílio, o local de trabalho e o local de diversão e pelos percursos efectuados entre estes três "nódulos". A explicação baseia-se no facto de que o risco inerente à actividade criminosa fora do seu *"awareness space"* é maior pois os criminosos não podem explorar o seu conhecimento espacial (não conhecem os caminhos de fuga, os locais com os alvos mais adequados e desconhecem as rotinas de segurança dos potenciais alvos).

Considerando o seu *"awareness space"*, os potenciais alvos estáticos (residências, estabelecimentos, viaturas estacionadas, etc.) distribuem-se de forma desigual nesse espaço, pelo que nessa "mancha" de alvos potenciais alguns apresentam uma maior probabilidade de vir a ser objecto da acção do criminoso. No caso de alvos móveis, e considerando que todos os restantes factores permanecem inalterados, a maior probabilidade do criminoso atacar a vítima é no local de sobreposição entre o seu *"awareness space"* e o da vítima (ao longo dos caminhos, nos limites ou à volta dos nódulos de actividade). A escolha do alvo pelos criminosos só sofre uma condicionante: o criminoso escolhe não praticar crimes na área imediatamente adjacente à sua residência, pelos riscos de ser conhecido, a qual funciona como uma "zona tampão", sendo que a probabilidade de cometimento de crimes aumenta imediatamente na área adjacente a esta, para depois voltar a diminuir.

O conceito de "limite" – que são as áreas onde os indivíduos vivem, trabalham, fazem compras ou se divertem – é importante para compreender porque é que certos tipos de crime (crimes com motivação racial, roubos, furtos no interior de lojas) têm maior probabilidade de ocorrer nestes locais: porque é nestes locais onde confluem indivíduos provenientes de diferentes zonas, desconhecidos entre si. Num estudo conduzido pelos Brantingham, estes verificaram que os assaltos a residências tendiam a agrupar-se junto ao limite separador entre as áreas afluentes e as áreas pobres. A explicação encontrada para tal facto é de que as áreas afluentes proporcionavam alvos atractivos para os criminosos das áreas pobres, no entanto estes actuavam apenas nos alvos localizados junto ao limite da área afluente porque não conheciam a área interior e receavam ser rapidamente identificados como não pertencendo àquele local[42].

Os Brantingham demonstraram que, normalmente, os criminosos afastam-se pouco dos seus nódulos de actividade, especialmente a partir do seu domicílio. As distâncias que os mesmos percorrem à procura de alvos são pequenas, sendo a procura mais intensa junto ao centro de um nódulo de actividade e diminuindo à medida que se afasta deste. Segundo a explicação dos autores, os criminosos escolhem locais de actuação nas zonas que conhecem, pois é mais fácil cometer crimes durante o decurso das suas rotinas diárias do que fazer uma viagem especialmente para cometer um crime. Este facto foi demonstrado para uma variedade de crimes, como o furto em residências, o roubo, o furto de viaturas e os crimes sexuais.

Para os Brantingham, todos temos "mapas cognitivos" dos locais onde vivemos. Algumas partes são bem conhecidas, outras são menos ou totalmente desconhecidas. As áreas conhecidas são as áreas onde habitamos, trabalhamos e nos divertimos. Para além das áreas, também conhecemos os caminhos que ligam estes locais, sugerindo os autores que os crimes têm uma maior probabilidade de serem cometidos

---

[42] CLARKE, Ronald V.; ECK, John, *Become a problem solving crime analyst in 55 small steps*, Jill Dando Institute of Crime Science, London, 2003, p. 17.

onde as oportunidades criminais se intersectam com as áreas cognitivamente conhecidas[43]. Os Brantingham concluem que os criminosos cometem crimes nas áreas que lhes são familiares e não necessariamente nas áreas mais lucrativas. Nas áreas familiares tentam escolher os alvos potencialmente mais lucrativos; os locais onde o risco percepcionado é mais baixo e os crimes para os quais têm capacidades e meios para os cometer[44].

Os padrões de actividade criminal, bem como os riscos de vitimação são explicados pelos percursos que os indivíduos normalmente fazem na sua vida diária e os locais que frequentam. Nesta perspectiva é possível encontrar uma relação entre determinados tipos de crime e determinados locais e horas, como por exemplo, estações de transportes públicos ou as horas de encerramento de locais de divertimento. Todas estas situações, de acordo com a teoria dos Brantingham, implicam a deslocação de indivíduos pelos percursos entre os "nódulos". Por exemplo, as deslocações diárias dos indivíduos para o trabalho, abandonando as suas residências, induz a deslocação dos criminosos para essas áreas residênciais, agora sujeitas a um menor grau de vigilância, pelo menos informal.

d) A escolha racional

Esta abordagem, adaptada da economia, foi principalmente desenvolvida por Ronald Clarke e por Derek Cornish durante os anos 1970 e apresentada no final da década (1979), tendo ao longo dos anos sido sucessivamente aperfeiçoada com recurso a contributos das teorias económicas do crime e pela adaptação de conceitos de outras disciplinas. A escolha racional assume o princípio do livre arbítrio por parte do criminoso e reconhece que existem certos factores (nomeadamente situacionais) que podem influenciar a decisão do criminoso.

Clarke e Cornish desenvolveram um quadro explicativo para a forma como os indivíduos decidem, de forma consciente e racional, sobre o cometimento, ou não, de um determinado crime, ou crimes. Para estes autores, o criminoso é – individualmente considerado – enten-

---

[43] MOORE, Stephen, *op. cit.*, p. 63.
[44] *Idem*, p. 64.

dido como um decisor económico, que procura o seu próprio benefício, utilizando a sua racionalidade para pesar os benefícios e os riscos das várias alternativas possíveis[45].

Esta abordagem assume que o crime é um comportamento intencional destinado a satisfazer as necessidades gerais do indivíduo (dinheiro, sexo, estatuto, etc.) que está sujeito a um conjunto de decisões e de opções condicionadas por limites de tempo, competências e disponibilidade de informação relevante[46]. No processo decisório, ainda que limitado, as circunstâncias situacionais, o tempo disponível para a decisão, a capacidade técnica para executar uma determinada acção e a disponibilidade de informação, influenciam a decisão final de cometer, ou não, o crime e, em caso de decisão positiva, a forma como a acção será executada. Assim, por exemplo, o criminoso que pretenda assaltar uma habitação tem de equacionar um conjunto de questões, do tipo:

- Qual a melhor zona geográfica para actuar;
- Qual a melhor hora do dia;
- Qual o alvo que oferece menor risco, atendendo à existência de sistemas de alarme, de medidas de reforço da protecção física e possibilidades de fuga pelas áreas adjacentes ao alvo;
- Que objectos furtar, atendendo à existência de receptadores ou de mercado para os mesmos.

Tal processo de decisão poderá levar o potencial criminoso a optar por escolher um outro alvo se, no decurso do seu processo decisório, concluir que os riscos potenciais superam os eventuais lucros. Neste contexto, os criminosos decidem com base na relação entre riscos, custos e benefícios[47], sendo a sua decisão afectada pelas circunstâncias e pelas oportunidades, uma vez que são factores preponderantes na sua decisão.

---

[45] BRUNET, James R., *op. cit.*, p. 70.
[46] CLARKE, Ronald V., *Introduction*, pp. 9-10 in CLARKE, Ronald V. (ed.), *Situational crime prevention: successful case studies*, Harrow and Heston, NY, 1997.
[47] WALKLATE, Sandra, *op. cit.*, p. 39.

Esta abordagem considera a existência de uma *"racionalidade limitada"*[48] e não pura, admitindo a existência de diferentes graus de racionalidade, na medida em que um conjunto de factores individuais e ambientais acaba por afectar as escolhas. Os criminosos apresentam variações nas suas percepções, motivos, capacidades de análise e de estruturação das suas opções, de acordo com o resultado final pretendido. A disponibilidade de informação e a sua interpretação, por vezes, poderão ser determinantes na decisão de cometer o crime, na escolha do local, do tempo e do modo como o irão cometer.

Um dos autores, Clarke, alerta ainda para facto de que a abordagem racional faz uma distinção fundamental entre *"criminal involvement and criminal events (a distinction paralleling that between criminality and crime). Criminal involvement refers to the processes through which individuals choose (i) to become initially involved in particular forms of crime, (ii) to continue, and (iii) to desist. The decision process at each of these stages is influenced by a different set of factors and needs to be separately modeled. In the same way, the decision processes involved in the commission of a particular crime (i.e. the criminal event) are dependent upon their own special categories of information. Involvement decisions are characteristically multistage and extend over substantial periods of time. Event decisions, on the other hand, are frequently shorter processes, utilizing more circumscribed information largely relating to immediate circumstances and situations."*[49]

O *local* desempenha nesta abordagem um papel central na medida em que é o *"locus"* onde um potencial criminoso se cruza com um alvo adequado, sem protecção ou com protecção inadequada. Esta convergência gera uma oportunidade a qual, em virtude de múltiplos

---

[48] WALKLATE, Sandra, *op. cit.*, p. 40. É de notar que o conceito "racionalidade limitada" foi desenvolvido por Herbert Simon, prémio Nobel da economia de 1978 (pelos estudos sobre a racionalidade na tomada de decisões). Sendo o seu campo de eleição a economia, debruçou-se sobre a estrutura psicológica da escolha humana avançando com a Teoria da Decisão, na qual, para além de descrever o processo decisório, estabelece a distinção entre diferentes tipos de decisões. Segundo Simon, e de uma forma muito sintética, a racionalidade é "limitada" pela falta de conhecimento sobre as consequências das decisões e pelos laços pessoais e sociais dos indivíduos.

[49] CLARKE, Ronald V., *Introduction*, p. 10 in CLARKE, Ronald V. (ed.), *op. cit.*

factores situacionais – físicos e sociais – fornece o contexto que pode conduzir ao crime[50].

A utilidade desta abordagem para a prevenção da criminalidade radica em que, uma vez identificados os factores ambientais que facilitam e desencadeiam a acção criminosa é possível manipular os mesmos de forma a prevenir o crime. A manipulação da *"estrutura de oportunidade"*[51] num determinado ambiente tenta reduzir a probabilidade dos potenciais criminosos se decidirem passar à prática, através da aplicação de um conjunto de técnicas de prevenção situacional que tentam tornar o crime mais difícil e com um maior risco para criminoso.

Apesar de algumas críticas, esta abordagem, juntamente com as abordagens anteriores, fornece a base teórica para o desenvolvimento e aplicação das técnicas de prevenção situacional. Cornish, reagindo a algumas críticas, afirmou que muitas das características desta abordagem tornavam-na particularmente adequada a servir de "meta-teoria" criminológica, permitindo explicar uma variedade de fenómenos criminológicos[52].

6. A prevenção situacional

Tanto a abordagem da escolha racional, como a das actividades rotineiras, têm sido denominadas como "criminologia administrativa"[53]. Esta denominação é particularmente válida para a abordagem

---

[50] ANSELIN, Luc, et al, *Spatial analyses of crime*, p. 220 in DUFFEE, David (ed.), *Criminal Justice 2000. Volume Four: Measurement and Analysis of Crime and Justice*, Department of Justice, National Institute of Justice, Washington, D.C., 2000.

[51] A *"estrutura de oportunidade"* resulta da combinação complexa do comportamento de potenciais criminosos (determinado pelas condições sócio-económicas e pela sua percepção dos riscos, custos e benefícios) disponibilidade de alvos (condicionada pelo meio ambiente – tecnologia, desenho urbano, transportes, etc.) e pelo padrão de actividade (locais e trajectos para o trabalho, compras e actividades recreativas – que pode facilitar ou impedir a protecção) e de facilitadores do crime (instrumentos que são determinantes na escala e na natureza das oportunidades para cometer crimes) determinados, em parte, pelas características do meio ambiente.

[52] CLARKE, Ronald V., *Introduction*, p. 10 in CLARKE, Ronald V. (ed.), *op. cit.*

[53] WALKLATE, Sandra, *op. cit.*, p 38.

da escolha racional, na medida em que certos autores defendem que a mesma em vez de incidir sobre as causas do crime, centra a sua atenção na "gestão" do mesmo[54].

No final dos anos 1970 um conjunto de factores, nomeadamente o aumento da criminalidade, da população prisional, dos custos com o sistema judiciário e da diminuição das taxas de detecção[55], convergiu no sentido de ser dada maior atenção à prevenção. Pela mesma altura, um conjunto de trabalhos publicados entre o final dos anos 1960 e meados dos anos 1970 sugeria que a aposta em políticas criminais baseadas essencialmente na dissuasão e incapacitação dos criminosos apenas produzia efeitos marginais na redução da criminalidade. Em contrapartida, e neste mesmo conjunto de trabalhos, começavam a surgir provas de que o comportamento criminoso era mais susceptível a variações na oportunidade e a pressões transitórias do que o previsto pelas teorias convencionais sobre a "disposição criminal" dos indivíduos. A redução das oportunidades começava a apresentar-se como um assunto que merecia mais investigação, pois prometia apresentar soluções para a redução da criminalidade. É neste contexto que se desenvolve a prevenção situacional.

Conceito de origem britânica, acabou por receber influências e desenvolver-se através do contributo de autores de outras nacionalidades, com destaque para os dos Estados Unidos. O mundo académico, no entanto, tem mostrado pouco interesse por este tipo de prevenção. De facto, uma pesquisa bibliográfica sobre o tema dá como resultado um pequeno grupo de autores que investigam e escrevem regularmente sobre este assunto. Apesar do pouco interesse do mundo académico, todos os dias, qualquer um de nós, executa uma série procedimentos, alguns deles quase sem lhes prestar atenção, como fechar a porta de casa à chave, ligar o alarme do carro, retirar o painel do auto-rádio ou o cartão, etc., destinados a reduzir o risco de sermos vitimas da acção criminosa, pela aplicação de medidas de prevenção situacional.

Este tipo de prevenção pode ser definida como *"opportunity-reducing measures that (1) are directed at highly specific forms of crime, (2) involve the management, design or manipulation of the*

---

[54] *Idem, ibidem*, p 39.

immediate environment in as systematic and permanent way as possible, (3) make crime more difficult or risky, or less rewarding and excusable as judged by a wide range of offenders."[56] Partindo da análise das circunstâncias em que determinado tipo específico de crime ocorre, a prevenção situacional preconiza a modificação das práticas de gestão do espaço e a modificação do ambiente de modo a reduzir as oportunidades do crime ocorrer.

A prevenção situacional concentra-se no contexto em que o crime ocorre e não naqueles que cometem crime. O seu objectivo fundamental não é neutralizar as tendências criminosas dos delinquentes, mas tornar a acção criminosa menos atractiva para os potenciais criminosos. Como consequência, os principais actores neste tipo de prevenção não são aqueles que fazem parte do sistema judicial, mas os cidadãos, as empresas, etc., aqueles que através da sua actividade criam oportunidades que podem ser exploradas pelos criminosos.

7. O papel da oportunidade no crime

O papel da oportunidade pode ser evidenciado em três estudos[57]:

a) O primeiro estudo foi sobre o suicídio em Inglaterra, durante os anos 1960 a 1970:
   - Em 1958, cerca de 50% das pessoas que se suicidavam faziam-no através do recurso ao gás doméstico, o qual continha um alto índice de monóxido de carbono, sendo extremamente tóxico. O recurso a este meio para cometer suicídio derivava do facto do gás estar presente em casa das pessoas, requer pouca preparação e não ter qualquer dor associada;
   - Durante os anos 1960 o gás doméstico começou a ser fabricado a partir do petróleo, em vez do carvão, sendo menos tóxico e levando a que o número de suicidas com recurso a este método, decresce;

---

[55] GILLING, Daniel, *op. cit.*, p. 80.
[56] CLARKE, Ronald V., *Introduction*, p. 4 in CLARKE, Ronald V. (ed.), *op. cit.*
[57] FELSON, Marcus; CLARKE, Ronald V., *op. cit.*, p. 22 e ss.

– Em 1968 o gás começou a ser substituído por gás natural, menos tóxico. Em meados dos anos 1970, quando o gás natural chegou a quase todo o país, menos de 1% dos suicídios era derivado da utilização do gás.

Para Clarke e Felson a evolução do suicídio, com recursos a gás doméstico, comportava uma forte componente de oportunidade. Inicialmente a oportunidade existia, mas quando o gás foi substituído a mesma foi removida e a taxa de suicídios caiu, não se verificando qualquer reorientação para outras formas de suicídio.

b) O segundo estudo incidiu no furto de motociclos, na Alemanha. Neste país em 1980, foi tornado obrigatório o uso de capacete. A introdução desta medida foi acompanhada por um enorme declínio no furto de motociclos, de 150.000, em 1980, para 50.000, em 1986. Esta medida fazia com que qualquer indivíduo utilizando uma moto sem usar capacete fosse rapidamente detectado. Para os autores, estes dados sugerem a existência de uma componente de oportunidade no furto de motociclos.

c) O terceiro estudo foi realizado nos EUA e analisou o aumento do furto no interior de residências durante os anos 1960 e 1970. Este estudo, de Lawrence Cohen e Marcus Felson, sugeriu que o aumento poderia ser explicado pela combinação de duas mudanças que haviam ocorrido e que haviam aumentado a tentação e a oportunidade de cometer furtos: a enorme difusão de vídeos, TV, Hi-Fi, bens com pouco peso, elevado valor e facilmente revendidos; e a emancipação da mulher, que começou a trabalhar fora de casa, deixando a habitação "desprotegida" durante grandes períodos do dia, sendo a ausência de protecção aproveitada pelos criminosos para cometer os crimes. Para os autores, a combinação destes dois factores explicavam o aumento do número de furtos, sem que fosse necessário assumir um aumento do número de delinquentes.

Para Felson e Clarke, os dados demonstram que as oportunidades têm um papel causal no crime, são muito específicas e estão concentradas no espaço e no tempo, e dependem das actividades diárias, sendo que alguns alvos são mais vulneráveis que outros. Acresce que uma oportunidade criminal produz oportunidades para outra, tal como as evoluções sociais e tecnológicas produzem novas oportunidades[58].

Assim, o crime pode ser prevenido pela redução das oportunidades, e as medidas de prevenção situacional aplicar têm de ser específicas, quer quanto ao tipo de crime que visam prevenir, quer quanto local onde serão aplicadas. Na prática, tal significa que as medidas de prevenção situacional não são dirigidas ao furto em geral, mas a um tipo específico de furto, como por exemplo, o furto por carteiristas, o furto em estabelecimentos, etc. Neste contexto, Ronald Clarke desenvolveu um conjunto de técnicas de redução da oportunidade, as quais se podem agrupar em medidas destinadas a[59]:

- *Aumentar o esforço para cometer o crime, o que pode ser conseguido através de:*
  - Reforço da protecção física dos alvos potenciais[60] (por exemplo, com a colocação de trancas de direcção em viaturas e de barras/grades em janelas e portas);
  - Controlo de acessos (por exemplo, através de telefones de escada e através da utilização de cartões de acesso);
  - Controlo de saídas[61] (por exemplo, com a utilização de cartões de saída, de revistas de embrulhos ou a utilização de etiquetas electrónicas);

---

[58] *Idem, ibidem.*

[59] Adaptado de CLARKE, Ronald V., *Introduction*, p. 18 in CLARKE, Ronald V. (ed.), *op. cit.* e de CORNISH, Derek B. e CLARKE, Ronald V., *Opportunities, precipitators and criminal decisions: a reply to wortley's critique of situational crime prevention*, Crime Prevention Studies, vol. (16), 2003, p. 90.

[60] Trata-se da técnica mais básica de protecção de alvos potenciais, não só contra a criminalidade comum, mas também contra potenciais atentados terroristas. Esta técnica visa o reforço das medidas de segurança física do potencial alvo.

[61] Esta técnica visa garantir que determinados bens não abandonam determinada zona sem serem previamente controlados, ou pagos (por exemplo, um supermercado), ou que determinadas taxas de utilização de um determinado serviço forem efectivamente pagos (por exemplo, o controlo automático à saída do metro).

- Deflexão de potenciais criminosos (por exemplo, através do encerramento de estradas ou pela separação de claques de futebol);
- Controlo dos instrumentos do crime (por exemplo, através da utilização de garrafas e de copos de plástico em zonas de bares e discotecas).
• *Aumentar os riscos, o que pode ser conseguido através de:*
  - Protecção alargada (por exemplo, através das saídas em grupo ou dos sinais de ocupação num imóvel temporariamente desabitado);
  - Reforço da vigilância natural (por exemplo, através da aplicação das técnicas de *defensible space* e do reforço das condições de iluminação da via pública);
  - Redução do anonimato (por exemplo, através da publicidade da carteira profissional de motoristas de táxi ou dos uniformes);
  - Vigilância pelos funcionários (por exemplo, através dos sistemas CCTV em autocarros ou pelos funcionários de determinadas lojas);
  - Reforço da vigilância formal (por exemplo, através da utilização de vigilantes de empresas de segurança privada e de alarmes contra intrusão).
• *Reduzir as recompensas do crime, o que pode ser conseguido através de:*
  - Ocultação de alvos potenciais (por exemplo, com o parqueamento em garagens privadas ou o transporte de valores em veículos não identificados);
  - Remoção de alvos potenciais (por exemplo, como os auto-rádios removíveis ou a substituição do pagamento através de moedas nos telefones públicos, por cartões pré-pagos);
  - Identificação de bens (por exemplo, através da colocação da fotografia do utilizador num cartão de crédito e da marcação dos bens, como a marcação das peças de automóveis e de telemóveis);
  - Neutralização de determinados mercados (por exemplo, através da fiscalização de lojas de penhores ou do licenciamento de determinadas actividades);

- Negação de benefícios (exemplos desta técnica podem ser encontradas nos auto-rádios, cuja utilização depende da introdução de um código ou de um *"smart card"*. Nos sistemas mais avançados, para que o auto-rádio funcione, o sistema verifica qual o código da viatura em que está instalado. Se for diferente do originalmente inscrito no seu sistema não funciona. Outro exemplo de aplicação desta técnica é a utilização das denominadas *"ink tags"* em peças de vestuário. Qualquer tentativa de as retirar, sem ser pelos meios fornecidos pelo fabricante do equipamento de segurança, faz com que as mesmas libertem uma quantidade de tinta indelével, manchando a peça de roupa, deixando a mesma de ter valor para o potencial criminoso. A limpeza rápida dos *graffiti* tem também o efeito de negar aos "artistas" a publicidade da sua obra).
- *Reduzir as provocações, o que pode ser conseguido através de:*
  - Redução da frustração e stress (por exemplo, através da manutenção de filas organizadas, atendimento adequado e de música calma e iluminação adequada);
  - Redução da excitação/emoção (por exemplo, pela interdição de entrada a indivíduos alcoolizados em eventos desportivos e pela proibição de slogans racistas);
  - Neutralização da "pressão do grupo" (por exemplo, através de campanhas de sensibilização e informação);
  - Neutralização da imitação (por exemplo, através da reparação imediata de sinais de vandalismo no espaço público);
  - Redução da tentação (por exemplo, através da limpeza e reparação rápida de *graffiti* ou de danos provocados por actos de vandalismo, no pressuposto que a sua não reparação convida à continuação dos actos e eventualmente ao aumento da sua intensidade e extensão. Esta técnica também pode ser aplicada pela não utilização de determinados objectos, por parte de potenciais alvos, e/ou pela utilização de certos objectos em determinadas condições, como o transporte de malas de senhora pelo lado interior dos passeios, destinado a evitar o roubo por esticão).

- *Remover as desculpas*, o que pode ser conseguido através de:
  – Imposição de regras (por exemplo, as regras existentes em certos estabelecimentos e que se destinam a ser observadas pelos clientes, têm por fim evitar ambiguidades na conduta dos indivíduos e conflitos entre os mesmos);
  – Sinalização das instruções (como, por exemplo, "Proibido fazer lume");
  – Alertar/estimular consciências (por exemplo, através da utilização de determinados cartazes em certas lojas alertando para que qualquer furto de objectos será objecto de denúncia criminal. Outro exemplo é a utilização de radares de controlo da velocidade em que, quando o limite é ultrapassado, e sem que seja levantado qualquer auto, a mesma é imediatamente "publicitada" aos restantes utilizadores da via);
  – Facilitar o cumprimento das leis/regras (por exemplo, através da simplificação de determinados procedimentos ou da disponibilização de determinados objectos, como, por exemplo, caixotes de lixo. A utilização de funcionários que fornecem informação e de certos sinais indicativos são também alguns exemplos de aplicação desta técnica);
  – Controlo de drogas e álcool, pois certos desinibidores psicológicos facilitam o crime. Para além dos efeitos de desinibição que estas substâncias provocam, as mesmas condicionam o raciocínio e os reflexos, levando determinados indivíduos a cometer crimes que de outra forma teriam baixa probabilidade de cometerem (como exemplo de aplicação desta técnica é a interdição de entrada e venda de bebidas alcoólicas nos estádios de futebol).

Estas medidas, apesar de indicadas apenas para uma das técnicas, podem ser associadas com outras, pois os melhores resultados obtêm-se pela combinação de várias técnicas e medidas na manipulação do ambiente onde pode ocorrer a comissão de um crime. A manipulação do ambiente tem como objectivo influenciar a decisão do potencial criminoso e alterar a relação entre os custos e os benefícios associados à comissão do crime.

Apesar de termos afirmado anteriormente que as medidas prevenção situacional são muito específicas, a prevenção situacional, enquanto conceito, é aplicável à prevenção de todos tipo de crime e não apenas ao crime predatório de carácter aquisitivo.

8. A transferência da Criminalidade

O problema da transferência (*displacement*) é algo a que os criminologistas se têm mostrado muito sensíveis. Esta sensibilidade confirma-se pelo enorme número de estudos existentes sobre este problema, o qual está relacionado com a implementação de programas de prevenção da criminalidade que apostam na adopção de medidas de prevenção situacional específicas e circunscritas em termos geográficos (bairro, estação de transportes públicos, etc.).

Alguns autores afirmam que ao remover as oportunidades de cometer crimes, pela adaptação de determinadas medidas de prevenção (que provocam uma mudança no ambiente em que o crime ocorre), tal terá como efeito inevitável a transferência dessa criminalidade para outros locais. Esta afirmação é feita com base em três pressupostos: a criminalidade é inelástica[62]; os criminosos têm flexibilidade suficiente para tentarem cometer outros tipos de crime, e a "estrutura de oportunidade" oferece alvos alternativos ilimitados[63].

O fenómeno da transferência pode ser definido como a alteração que ocorre no comportamento dos criminosos com o objectivo de evitar ou contornar, quer as medidas preventivas especificamente implementadas para prevenir um determinado tipo de crime, quer as condições ambientais gerais que se mostrem desfavoráveis ao *modus operandi* normalmente utilizado[64]. A transferência pode assumir cinco formas:

---

[62] Isto significa que numa situação perfeitamente inelástica, as tentativas de cometer novos crimes por parte dos criminosos sofrem uma reacção muito fraca a uma alteração das condições de risco decorrente da adopção de novas medidas de prevenção.

[63] HESSELING, Rene B. P., *Displacement: a review of the empirical literature*, p. 220 in CLARKE, Ronald V. (ed.), *Crime prevention Studies,* Volume 3, Criminal Justice Press, New York, 1994.

[64] *Idem, ibidem* p. 198.

- Geográfica, com a mudança de local de actuação do criminoso;
- Temporal, com a mudança das horas de actuação do criminoso;
- Alvo, com a mudança para um novo tipo de alvo;
- *Modus operandi,* com a mudança do modo de actuação do criminoso;
- Tipo de crime, com vários efeitos: positivos, o crime pode ser *"transferido"* para uma forma menos grave; neutros, o crime pode ser *"transferido"* para outro tipo de crime com o mesmo tipo de risco e que causa o mesmo tipo de dano social; negativos, o crime é *"transferido"* para uma forma mais grave e com um maior custo social.

Estas cinco formas de transferência podem acontecer isoladamente, mas também podem acontecer em combinação (por exemplo, transferência geográfica e de *modus operandi*). A realidade demonstra que a transferência é difícil de prever e de detectar. Se o fenómeno de transferência ocorrer por combinação de duas ou mais formas então é ainda mais difícil de determinar a sua ocorrência e a sua magnitude.

Hoje, entende-se que a transferência depende de factores como a relativa facilidade, risco e atracção que o potencial alvo representa, sendo que outros factores, para além dos valores da criminalidade, devem ser considerados na avaliação da existência, ou não, do fenómeno da transferência, nomeadamente alterações no numero de criminosos, "estrutura de oportunidade" e tendência global da criminalidade[65].

O problema da transferência é sobretudo apontado pelos críticos da prevenção situacional, afirmando que a implementação de tais medidas é inútil pois limita-se apenas a transferir o crime, não provocando qualquer alteração nos índices da criminalidade global. Os críticos afirmam não compreender como é que bloqueando as oportunidades de cometer crimes pode levar à passividade daqueles que têm fortes motivações para delinquir.

Numa análise[66] de 55 estudos empíricos com o objectivo de obter provas sobre a existência, ou não, do fenómeno da transfe-

---

[65] GILLING, Daniel, *op. cit.*, p. 183.
[66] HESSELING, Rene B. P., *op. cit*, pp. 217-219.

rência[67] foi concluído que em 22 dos estudos não havia sido encontrada qualquer prova de transferência. Em 6, dos 22, tinha-se mesmo verificado um fenómeno de "difusão de benefícios". Nos restantes 33 foi identificada a existência do fenómeno da transferência, embora sempre limitada, com especial incidência para a transferência na forma espacial e de alvo. A principal conclusão do estudo é que a transferência é possível como consequência da implementação de determinadas medidas de prevenção situacional. A transferência não é algo de inevitável e, quando ocorre, é sempre limitada em termos de magnitude e de escopo[68].

As conclusões do estudo vêm demonstrar que os pressupostos em que se baseiam os críticos da prevenção situacional são apenas parcialmente apoiados pelos factos. De facto, a criminalidade possui alguma elasticidade e os criminosos, apesar de algum grau de capacidade adaptativa, têm limites de mobilidade e de capacidade para tentarem cometer outros tipos de crime. Clarke, por exemplo, defende que os criminosos não reagem todos da mesma maneira, podendo a transferência ocorrer com maior facilidade entre os criminosos profissionais do que entre os criminosos tipicamente oportunistas, e nestes apenas ocorrerá entre aqueles com forte motivação e meios necessários. Quanto à estrutura de oportunidade *"(...) it is questionable whether the opportunity structure offers enough alternative and suitable targets as perceived by the offender (...) It is doubtful, for example, that a shoplifter, when deflected from a shopping center, would perceived a residential neighborhood to offer viable alternative opportunities."*[69]

Apesar da transferência poder ser um problema, também pode ser uma mais valia uma vez que o que pode ser transferido é o "efeito

---

[67] A maioria dos estudos sobre o problema da transferência consiste em avaliar o impacto que determinados programas têm sobre a redução da criminalidade. Normalmente avaliam a transferência através da análise dos valores da criminalidade nas áreas adjacentes ao local de implementação do programa de prevenção, procurando indícios de aumento dos valores da criminalidade ou do aparecimento de novos tipos de crime. Quando verificam um aumento nos valores da criminalidade, normalmente, os estudos tendem a concluir pela existência do fenómeno de transferência.

[68] GILLING, Daniel, *op. cit.*, p. 183 e HESSELING, Rene B. P., *op. cit.* pp. 219-220.

[69] HESSELING, Rene B. P., *op. cit.*, p. 220.

preventivo" e não a criminalidade[70]. Aliás, vários dos estudos destinados a identificar a existência do fenómeno da transferência acabaram por verificar a existência de um efeito contrário ao esperado. Tal fenómeno é designado por "difusão de benefícios" (também designado por "efeito de halo" ou por "efeito de campo"). Este termo foi criado por Clarke e Weisburd para descrever o fenómeno do alastramento dos efeitos preventivos de um determinadas medidas de prevenção para além do local que foi objecto de aplicação das mesmas[71].

9. A vigilância na prevenção da criminalidade

Num Estado de direito democrático a principal função da polícia deve ser a prevenção directa de riscos[72], com base numa permanente análise das ameaças e riscos existentes e da probabilidade da sua materialização. Mas, quando um risco se materializa, quando um dano para um ou vários bens jurídicos já se verificou, a policia tem de intervir no sentido do restabelecimento da ordem e segurança pública.

Apesar de nem sempre ser fácil traçar a linha de separação entre prevenção e repressão[73] pois, em múltiplas situações, a actividade da

---

[70] GILLING, Daniel, *op. cit*, p. 183.

[71] ECK, John E.; WEISBURD, David, *Crime places in crime theory*, p. 20 in ECK, John E.; Weisburd, David (ed.), *Crime prevention studies,* Volume 4, Criminal Justice Press, New York, 1995.

[72] E não a prevenção indirecta, por via repressiva. Cf. SOUSA, António Francisco de, *Prevenção e repressão como função da polícia e do Ministério Público, Revista do Ministério Público*, Ano 24, n.º 94, Abril/Junho 2003, pp. 49 - 50.

[73] Por vezes verifica-se uma *"colisão de funções preventivas e repressivas"* em que, em certa situação concreta, a policia tem de perseguir tanto a função de prevenção do risco, como a função de perseguição penal mas, por razões materiais, apenas pode prosseguir uma das funções (como por exemplo, no caso da tomada de reféns em que a polícia tem de garantir a segurança dos reféns e a detenção dos sequestradores). Enquanto que as medidas repressivas se regem fundamentalmente pelo princípio da legalidade, já as medidas de prevenção do risco orientam-se pela ideia de oportunidade e do conjunto de valores. No caso de uma tomada de reféns, a solução só pode passar pela actuação dirigida à prevenção do perigo (salvaguarda da vida dos reféns). Cf. SOUSA, António Francisco de, *Prevenção e repressão como função da polícia e do Ministério Público, Revista do Ministério Público,* Ano 24, n.º 94, Abril/Junho 2003, p. 52.

polícia torna difícil a separação da acção preventiva das acções repressivas devido ao *continum* que se estabelece entre ambas e à dupla natureza das medidas. Contudo, a acção preventiva da polícia não pode esperar a verificação de um dano, pois a polícia tem um dever de actuação no âmbito da prevenção geral, através de técnicas de patrulhamento baseadas na vigilância, visibilidade e acessibilidade aos cidadãos, característica dos modernos sistemas de patrulhamento.

Com o objectivo de assegurar as condições de ordem e segurança públicas, a polícia evolui e transforma-se, num processo de adaptação, pelo contacto com factores que também influenciam a mudança da sociedade: o risco e as novas tecnologias de informação[74]. A aceleração da transformação a que estamos a assistir na polícia pode ser localizada nos finais dos anos 1970 e início dos anos 1980, altura em que se começou a assistir à emergência de novas respostas aos problemas de criminalidade e insegurança. No entanto, é durante os anos 1990 que tal movimento atinge o máximo dos seus efeitos, com a popularização e a adopção de novos "modelos" por várias policias, e a consequente entrada de novos termos no vocabulário policial como *community policing*[75], *problem-oriented policing, hot-spots policing, broken-windows policing, intelligence-led policing*. A maioria destes conceitos foi desenvolvida principalmente nos países anglo-saxónicos e a literatura existente sobre a emergência destes modelos sugere que os mesmos resultaram de uma reacção à aparente ineficácia do modelo tradicional de policiamento, crítica que, nos anos 1970 e nos EUA, se encontra inserida num movimento de contestação mais vasto ao sistema de justiça criminal.

De facto, nos EUA, as primeiras experiências de aproximação à comunidade datam dos anos 1950 e derivaram da insuficiência e ineficiência do "modelo profissional". Os conflitos sociais dos finais dos anos 1960 e início dos anos 1970, o movimento de defesa dos

---

[74] Cf. BECK, Ulrich, *Risk Society: Towards a New Modernity,* Sage Publications Inc, London, 1992 e ERICSON, Richard e HAGGERTY, Kevin, *Policing the Risk Society,* Clarendon, Oxford, 1997.

[75] A ideia de policiamento comunitário foi fundada por Sir Roberto Peel, fundador da *London Metropolitan Police,* no século XIX. No entanto, só na segunda metade do século XX se iniciam, no Reino Unido, as primeiras experiências que iriam dar forma e consolidar o policiamento comunitário neste país, como o *"Team Policing",* em Abardeen e o *"Unit Beat Policing",* adoptado em Coventry.

direitos cívicos e as acusações de brutalidade policial, bem como a sistemática acusação de alienação social da polícia face à comunidade são alguns dos factores genéticos que levaram às primeiras experiências de "policiamento comunitário", contando-se entre estas os "ensaios experimentais" designados por *Police Community Relations, Crime Prevention Units* e *Neightourhood Team Policing*, implementada no final dos anos 1960, e que consistia numa reinvenção das *"crime prevention units"*. A experiência mais emblemática do policiamento comunitário pode ser encontrada no *"Safe and Clean Neighbourhoods Program"* do estado de New Jersey, nos anos 1970[76].

A nova filosofia de policiamento – *policiamento de proximidade*[77] – que se tenta implementar em Portugal desde meados dos anos 1990 alarga a concepção tradicional da segurança, evoluindo da exclusividade (a segurança como um problema exclusivo da polícia) para uma abordagem onde o núcleo fundamental da proximidade se materializa numa parceria com os cidadãos, com o objectivo de resolver os problemas de criminalidade e insegurança. Trata-se de uma nova filosofia em que o policiamento passa a ser selectivo e diferenciado (quanto aos problemas, às vítimas, aos autores e aos meios) e em que a segurança é "co-produzida" com a participação directa dos cidadãos, ou dos seus representantes, na busca de soluções para os problemas de criminalidade e insegurança[78]. Neste modelo, a polícia exerce a sua actividade de prevenção com recurso, entre outras, à vigilância[79], materializada, por exemplo, através da presença

---

[76] Dos dados recolhidos a partir desta experiência derivaria posteriormente a teoria da espiral da decadência urbana exposta no artigo *Broken Windows, the police and neighbourhood safety*, de James Q. Wilson e George L. Kelling.

[77] O "Policiamento de Proximidade" foi a designação adoptada em França, para referenciar o modelo de policiamento desenvolvido desde o final dos anos oitenta. Esta nova forma de fornecer segurança à comunidade é desenvolvida a par da criação do Conselho Nacional de Prevenção da Delinquência e, a nível local, dos Conselhos Municipais de Prevenção da Delinquência, dos quais a Polícia é elemento integrante. Apenas em 1990 a expressão "Polícia de Proximidade" se vulgarizou em documentos oficiais e só em 1992 o policiamento de proximidade é anunciado como grande prioridade da polícia francesa.

[78] TROJANOWICZ, Robert *et al., Community Policing: a contemporary perspective*, Anderson publishing, Cincinnati, 1990.

[79] Neste aspecto, nem todos os autores concordam, no entanto a vigilância ou observação por si só não constitui qualquer restrição aos direitos e liberdades do indivíduo, cf. SOUSA, António Francisco de, *op. cit.*, pp.34 e 55.

de patrulheiros na via pública, assegurando a segurança, a liberdade de circulação e a manutenção da ordem. O sucesso de implantação deste modelo repousa no conhecimento que a polícia tem da comunidade – recolhido através de diversas formas de vigilância, no uso e partilha de informação, que passou ser central na eficácia da polícia.

Na sociedade de risco, a actividade da polícia é uma actividade que se baseia, cada vez mais, na sua avaliação e gestão. Segundo Ericson e Haggerty[80], à medida que a sociedade se torna mais fragmentada, o enfoque da actividade da polícia tem-se transferido das formas tradicionais de controlo e manutenção da ordem, para actividades que visam proporcionar segurança através do uso de tecnologias de vigilância concebidas para identificar, prever e gerir o risco.

A noção de vigilância tende a evocar imagens de um *"big brother"* omnipresente e que tudo vê, sem ser visto. Hoje, as inovações tecnológicas tornaram real e possível a recolha e análise de elevadas quantidades de dados provenientes das mais diversas transacções electrónicas (cartões de crédito, Multibanco, "via verde", etc.). Para além destas, acrescenta-se ainda as imagens captadas por câmaras de vídeo-vigilância que perscrutam o espaço público e privado em contínuo. Na actual sociedade digital a ubiquidade da vigilância é uma realidade a que todos os cidadãos estão submetidos.

A vigilância opera através de três processos contínuos[81]: *identificação do perigo*, com base num critério administrativo de relevância, em que as identificações de perigo potencial são autenticadas e autorizadas; *classificação do risco*, no qual pessoas, eventos, processos ou situações são inseridos em agrupamentos conceptuais de acordo com a informação de identificação; e *avaliação do risco*, que articula padrões de risco aceitável e distribui os riscos. Assim, na sociedade de risco o policiamento não é apenas uma questão de medidas repressivas, punitivas ou preventivas, é também uma questão de vigilância, de produção de conhecimento das populações o qual usado na sua administração, pois permite definição de limiares de risco aceitáveis[82].

---

[80] ERICSON, Richard e HAGGERTY, Kevin, *op. cit.*
[81] *Idem, ibidem*, pp. 95 - 96.
[82] *Idem, ibidem*, p. 41.

A nova forma de encarar a realidade – avaliar o risco – implica que a gestão do mesmo dependa da informação existente e da análise (interpretação e contextualização) desta pelos elementos da organização para que a actuação policial se faça com base no conhecimento. Como é natural, frequentemente a informação disponível é de difícil interpretação porque o contexto não é claro, em parte porque estamos perante uma *"liquidificação da realidade"*[83]. Tal fluidez, instabilidade e imprevisibilidade, coloca a polícia perante um mundo em permanente "metamorfose", em que a incerteza, associada ao risco, tem como consequência que, na maioria das situações, a decisão tem de ser formulada num "espaço" de "pontos dispersos de informação", sem interconexão[84].

A este propósito, Ericson e Haggerty afirmam que não distinguem informação e conhecimento, e afirmam que informação é conhecimento[85]. Do nosso ponto de vista, tal perspectiva é uma simplificação excessiva da relação entre informação e conhecimento, pois o conhecimento é muito mais que simples informação, é o resulta da interacção e da fusão dinâmica das experiências, dos valores, da informação e do conhecimento anterior que possibilita aos elementos policiais relacionar estruturas complexas de informação para um novo contexto[86]. Na nossa perspectiva esta distinção é central pois, na sociedade de risco, o conhecimento é fundamental para gerir o risco e a confiança, e é o conhecimento que liga a polícia à comunidade, que estabelece o reconhecimento da sua pericialidade na segurança. Acresce que, como afirmam Alvin e Heidi Toffler, o conhecimento deixou a periferia e ganhou uma centralidade que penetra todos os sectores da actividade humana, incluindo a polícia[87]. Neste sentido, um conjunto alargado de estudos sobre a polícia sugerem uma intrínseca ligação entre a informação e o conhecimento e a eficácia

---

[83] BAUMAN, Zygmunt, *Liquid Modernity*. Polity Press, Cambridge, 2000
[84] LIBICKI, Martin C. e PFLEEGER, Shari Lawrence, *Collecting the Dots. Problem Formulation and Solution Elements*, RAND, Santa Monica, 2004, p. 1.
[85] ERICSON, Richard e HAGGERTY, Kevin, *op. cit.*, p. 84.
[86] ORNA, Elizabeth, *Information Strategy in Practice*, Gower, Aldershot, 2004, p.7.
[87] TOFFLER, Alvin e TOFFLER, Heidi, *Foreword: The new intangibles*, p. xiv in ARQUILLA, John e RONFELDT, David (ed.), *In Athena's Camp: Preparing for Conflict in the Information Age*, RAND, Santa Monica, 1997.

das práticas policiais, aliás, é neste contexto que surge o "policiamento orientado para os problemas" (*problem-oriented policing*).

Ericson e Haggerty, ao não distinguirem informação e conhecimento, desvalorizam a memória institucional e o capital intelectual (o conhecimento tácito que se encontra nos cérebros dos elementos policiais e é o resultado de anos de experiência) que é um recurso essencial que deve ser gerido como verdadeiro património da organização. A gestão do recurso "conhecimento" é uma forma das organizações policiais melhorarem a sua eficácia e reforçarem a sua capacidade de adaptação a um ambiente em permanente mutação, tornando-se mais inovadoras, eficazes e eficientes na procura da excelência. A polícia, tal como as restantes organizações, necessita de conhecer em permanência o mundo exterior e as dinâmicas internas de modo a poder reagir aos riscos e às oportunidades. Aliás, tal conhecimento é extremamente crítico na polícia pois o risco e a ameaça são objecto da sua constante reflexão na actividade de prevenção. A polícia reflecte não sobre a "*segurança existente, mas na insegurança possível*"[88], tendo consciência da incerteza, da probabilidade de que algo pode acontecer.

Na sociedade de risco, a vigilância e a segurança assumem a centralidade da actividade policial, a qual se passa a concentrar na construção de perfis de risco dos indivíduos. O controlo passa ser feito por meio da vigilância de populações que são agrupadas em categorias de risco e a segurança passa a ser garantida com base em mecanismos relacionados com a avaliação e a gestão do risco. A adopção de tecnologias de vigilância transforma a natureza da supervisão policial: tradicionalmente a supervisão policial tem sido pessoal e retrospectiva mas, com as tecnologias de vigilância, a supervisão é crescentemente prospectiva, porque é baseada nos sistemas e nas tecnologias de informação[89].

Esta realidade implica a utilização de vários instrumentos que se distribuem ao longo de um *continuum* que varia entre o "poder suave ou cooptativo" (*soft power*)[90] e o "poder duro" (*hard power*). Um *continuum* que varia entre a ideia de que o dirimir dos conflitos pode

---

[88] L'Heuillet, Hélène, *Alta polícia, baixa polícia,* Notícias editorial, Lisboa, 2004, p. 177.
[89] Ericson, Richard e Haggerty, Kevin, *op. cit.,* p. 58.
[90] conceito desenvolvido por Joseph Nye, durante os anos 1990.

ser feito com base na cooperação, sem seja necessário recorrer à ordem política, e a ideia de que os conflitos só podem ser regulados pelo recurso à repressão, como forma de garantir a paz e a segurança.

O poder suave é uma forma de exercer o poder indirectamente, levando os outros a alterarem os seus comportamentos por influência, estando normalmente associado a recursos de poder intangíveis como cultura ou ideologia. Trata-se da capacidade de atingir objectivos pela utilização da atracção, em vez da utilização da coacção. A persuasão e a mediação informal são formas de acção deste tipo de poder. O poder duro é o poder materializado através do uso directo da força de modo a atingir um objectivo. A utilização da força física ou das armas de fogo, em situações extremas, são as suas formas de acção.

O "poder duro" e o "poder suave" são distintos[91], mas estão relacionados, existindo uma relação de continuidade entre uma e outra forma de poder. De facto, quando se analisa a actividade da polícia verifica-se que é raro os agentes encontrarem um crime a ser cometido. Vários estudos[92] sugerem que a polícia quando responde a um pedido de auxílio o que encontra é um conjunto de problemas cuja resolução requer, da parte dos patrulheiros, uma combinação de aconselhamento, assistência, mediação, persuasão, e em casos extremos, a coerção[93]. Num qualquer incidente a polícia poderá de ter percorrer todo o *continum* de instrumentos de acção, que corresponde a uma gradação crescente da força, aplicando desde o "poder suave" até, quando todos os outros instrumentos falham, os instrumentos próprios do "poder duro", como as armas de fogo.

Do nosso ponto de vista, a vigilância é uma forma de "poder suave" porque pode levar os outros a alterarem os seus comportamentos pela sua influência. A ideia de vigilância total e permanente pode ser encontrada no panóptico de Jeremy Bentham. O panóptico era a prisão ideal que, através da concepção arquitectónica, permitia aos carcereiros uma visão total e permanente de toda a infra-estru-

---

[91] NYE, Joseph S., *Compreender os conflitos internacionais. Uma introdução à teoria e à história*, Gradiva, Lisboa, 2002, pp. 72 - 73.

[92] Cf. ERICSON, Richard e HAGGERTY, Kevin, *op. cit.*, p. 19.

[93] *Idem, ibidem*, pp. 19 - 20.

tura[94]: *"O dispositivo panóptico organiza unidades espaciais, que permitem ver sem parar e reconhecer imediatamente"*[95], quem está na cela é visto, mas não vê, não comunica e essa é a "garantia de ordem"[96].

Michel Foucault[97] afirma que o efeito mais importante do panóptico é *"induzir no detento um estado consciente e permanente de visibilidade que assegura o funcionamento automático do poder."*[98] Trata-se de fazer com que a vigilância seja permanente nos seus efeitos, mesmo que descontinua na sua acção, fruto da dissociação do binómio "ver – ser visto" (no anel periférico onde se é permanentemente visto sem se ver, na torre central onde tudo se vê, sem nunca ser visto[99]). O panóptico organiza e intensifica o poder, torna as forças sociais mais fortes e assegura, através de uma vigilância permanente, a possibilidade de intervir a qualquer momento, antes que os crimes sejam cometidos, de modo que a sua eficácia repousa no seu carácter preventivo[100].

A vigilância, o *"ser visto sem ver"*, a certeza da observação condiciona os comportamentos e permite exercer uma observação individual, caracterizadora do observado e a sua consequente classificação. A separação da multidão *"massa compacta, local de múlti-*

---

[94] No centro desta estrutura situava-se uma torre de vigia, na periferia uma construção em anel, dividida em celas com duas janelas, uma para o exterior e outra para o interior, permitindo que, pelo efeito de contra-luz, o vigia da torre pudesse vigiar em permanência as silhuetas dos detidos que estão nas celas. Mas estes, em virtude das persianas que ocultavam o interior da torre de vigia, não podiam observar os seus carcereiros.

[95] FOUCAULT, Michel, *Vigiar e Punir,* Editora Vozes, Petrópolis, 1991, p. 177.

[96] *Idem, ibidem.*

[97] A maior parte do interesse sobre o controlo social resulta dos trabalhos de Foucault sobre a disciplina, poder, conhecimento, regulação e governabilidade. Em *Vigiar e Punir*, Foucault mostra como chegou ao tema do poder e da dominação. Esta obra apresenta o pensamento do autor sobre a forma como a elite domina e controla a restante sociedade. Foucault acreditava que a sociedade não havia sofrido qualquer avanço desde o Renascimento, só a tecnologia havia evoluído e escravizado ainda mais o espírito humano. Nesta obra, Foucault quase que assume uma perspectiva anarquista, considerando a antipatia que nutre pelas regras da sociedade e pelo efeito que as mesmas têm no espírito humano.

[98] *Idem, ibidem*, p. 177.

[99] *Idem, ibidem*, p. 178.

[100] *Idem, ibidem*, p. 182.

plas trocas, individualidades que se fundem"[101], em colecções de indivíduos separados, torna os mesmos controláveis. Este poder, que resulta da vigilância[102], é um poder intenso, capilar, baseado numa rede completa de vigilância, que gere os risco com base em análises e separações múltiplas, em distribuições individualizada, criando uma sociedade disciplinar[103] e, por esta via, a sociedade da vigilância, em que é possível proporcionar a um pequeno número, ou a um só, a visão instantânea da grande multidão. É uma sociedade da disciplina porque os indivíduos, pela ilusão da vigilância constante e permanente (por exemplo, o efeito simbólico da vídeo-vigilância é maior que o seu efeito para prático) se auto-disciplinam. Este poder disciplinar, baseado na vigilância capilar que invade toda a sociedade, exercido pelo Estado e por outras instituições, é cada vez mais omnipresente pelo recurso aos modernos sistemas e tecnologias da informação, as quais permitem o efeito panóptico, não no mundo fechado da prisão da escola ou da fábrica, mas na totalidade do social[104].

---

[101] *Idem, ibidem*, p. 177.

[102] Também a burocracia é uma forma de vigilância que permite o exercício do controlo com base no conhecimento e este, como instrumento da gestão do risco, também se pode associar à ideia de *governmentality* de Foucault. O conceito de *governmentality* descreve o alargamento do escopo do Governo, facilitado pela emergência das ciências humanas, as quais forneceram novos mecanismo de cálculo, especialmente as estatísticas, que tornaram possível tipos particulares de conhecimento sobre as populações. Por exemplo, hoje, as estatísticas sobre as taxas de criminalidade, o número de inquéritos entrados, o número de condenações, as categorias de indivíduos (desagregados por idade, sexo, estado civil, habilitações literárias, etc.), podem ser correlacionados com dados geográficos e demográficos, tornando-se fontes de informação para as políticas e os programas do Governo na área da segurança interna e da justiça criminal. Tal conhecimento pode ser utilizado pelos Governos para regular e gerir as populações, como base em perfis de risco (criminoso/vítima) através de formas de intervenção diversas. Esta gestão do risco também se baseia no "poder da biografia", no "*biopoder*", no poder de construir perfis biográficos (classifica os indivíduos, ordena-os em categorias e qualifica-os) de populações humanas para a gestão do risco e o fornecimento de segurança. Pela vigilância burocrática é produzido e distribuído o conhecimento necessário à gestão e administração do risco. Cf. ERICSON, Richard e HAGGERTY, Kevin, *op. cit.*, pp. 94 – 95.

[103] A sociedade disciplinar forma-se ao longo dos séculos XVII e XVIII pela extensão progressiva dos dispositivos de disciplina a todo o corpo social. De acordo com Foucault, a "disciplina" é um "*tipo de poder, uma modalidade para exercê-lo, que comporta todo um conjunto de instrumentos, de técnicas, de procedimentos, de níveis de aplicação, de alvos*" (FOUCAULT, Michel, *op. cit.*, p. 189), é uma tecnologia do poder.

[104] ERICSON, Richard e HAGGERTY, Kevin, *op. cit.*, p. 96.

O efeito preventivo e auto-disciplinador do panóptico parte do pressuposto que os indivíduos são todos racionais, no entanto, a realidade mostra, como já vimos, que os indivíduos possuem apenas uma "racionalidade limitada", pelo que impor a ordem social baseado apenas na vigilância não se revela adequado.

O monopólio estatal da violência é complementado pelos novos meios de pesquisa e análise de informação, que são uma forma de vigilância, estando os indivíduos sujeitos à mesma através das instituições a que pertencem[105]. As tecnologias do risco – procedimentos e instrumentos (tabelas de classificação, estatísticas e probabilidades) – tornam o ambiente mais *gerivel* e mais previsível pela categorização dos indivíduos e das organizações. Certos indivíduos, porque têm determinados perfis de risco, são sujeitos a formas específicas de vigilância – criminal, social, mental, sanitária, etc. Outros perfis sujeitam os indivíduos a impostos, educação, licenciamentos diversos, bem como à vigilância privada – crédito, saúde, viagens (passageiro frequente, bombas de combustível, estradas utilizadas, etc.) e quanto maior a confiança num indivíduo maior o número de entidades que o vigiam, maior o número de mecanismos de vigilância destinados a garantir a continuação de confiança[106].

10. Conclusões

A atenção suscitada pela prevenção da criminalidade resulta do aumento dos índices de criminalidade e do sentimento de insegurança na sociedade. Como consequência desta realidade, a prevenção da criminalidade é hoje parte integrante das políticas de segurança da maioria dos países ocidentais.

Em Portugal, a prevenção é uma das dimensões da actividade de segurança interna, encontrando-se plasmada nos programas dos vários Governos Constitucionais referências à mesma. No entanto, apenas a partir do XIII Governo Constitucional, se assiste a um desenvolvimento e complexificação dos programas nesta matéria.

---

[105] *Idem, ibidem*, p. 41.
[106] *Idem, ibidem*, p. 42.

Sendo um conceito "dialéctico" e muito flexível, podemos afirmar que, no essencial, a prevenção da criminalidade tem por fins gerais reduzir os riscos e reforçar os factores de protecção, no sentido de reduzir a criminalidade e aumentar o sentimento de segurança e, ao mesmo tempo, reduzir os custos sociais e os custos reais com o sistema de justiça penal. Existindo vários tipos de prevenção, a prevenção situacional, de acordo com os dados existentes, é o tipo de prevenção mais pragmático, sendo as suas técnicas utilizadas para modificar o ambiente onde o crime pode ocorrer, condicionando as oportunidades de cometer crimes.

Na sociedade de risco, a actividade da polícia é dirigida, cada vez mais, à avaliação e gestão do mesmo, utilizando as tecnologias de vigilância. A adopção destas tecnologias transforma a natureza da supervisão policial, que agora é crescentemente prospectiva. A polícia passa sobretudo a fazer uso do "poder suave ou cooptativo" (*soft power*), mantendo na mesma a possibilidade de utilização do "poder duro" (*hard power*), no entanto a sua acção é principalmente virada para a prevenção.

Bibliografia

ANNAN, Kofi, *Renewal Amid Transition: Annual Report on the Work of the Organizations*, 3 September 1997 (A/52/1).
ANSELIN, Luc, et al, *Spatial analyses of crime*, in DUFFEE, David (ed.), *Criminal Justice 2000. Volume Four: Measurement and Analysis of Crime and Justice*, Department of Justice, National Institute of Justice, Washington, D.C., 2000.
ARQUILLA, John e RONFELDT, David (ed.), *In Athena's Camp: Preparing for Conflict in the Information Age*, RAND Santa Monica, 1997.
BAUMAN, Zygmunt, *Liquid Modernity*, Polity Press, Cambridge, 2000.
BECK, Ulrich, *Risk Society: Towards a New Modernity*, Sage Publications Inc, London, 1992
BODY-GENDROT, Sophie, *Les Villes – La Fin de la Violence*, Presses de Sciences Politiques, Paris, 2001.
BRIDGEMAN, Cressida; HOBBS, Louise, *Preventing Repeat Victimisation: the police officers' guide*, Police Research Group, Home Office, London, 1997.
BRODEUR, Jean-Paul, *Police et prévention au Canada et au Québec*, Les Cahiers da la sécurité intérieur, Vol. (37), 3e trimestre 1999, pp. 161 - 181.
BRUNET, James R., *Discouragement of crime through civil remedies: An aplication of a reformulated routine activities theory*, Western Criminology Review, vol. (4) 1, 2002, pp. 68-79.
CARIO, Robert, *Pour une approche globale et intégrée du phénomène criminel: essai d'introduction aux sciences criminelles*, L'Harmattan, Paris, 1996.
CARTUYVELS, Yves, DIGNEFFE, Françoise, PIRES, Álvaro, ROBERT, Philippe, *Politiques, Police et Justice au bord du futur*, Collection Logiques Sociales, éditon l'Harmattan, Paris, 1998.
CHALOM, Maurice et al., U*rban safety and good Governance: The role of the police*, United Nations Centre for Human Settlements (UNCHS – HABITAT), International Centre for the Prevention of Crime (ICPC), Nairobi, February 2001.
CLARKE, Ronald V. (ed.), *Crime prevention Studies*, Volume 3, Criminal Justice Press, New York, 1994.
CLARKE, Ronald V. e ECK, John, *Become a problem solving crime analyst in 55 small steps*, Jill Dando Institute of Crime Science, London, 2003.
CLARKE, Ronald V., *Diffusion of crime control benefits: observations on the reverse of displacement*, Crime prevention studies, Vol. (2), 1994, pp. 165-183.
CLARKE, Ronald V., ed., *Situational crime prevention: successful case studies*, Harrow and Heston, NY, 1997.
CLARKE, Ronald V., *Hot Products: understanding, anticipating and reducing demand for stolen goods*, Police Research Series Paper 112, Home Office, London, 1999.
CORNISH, Derek B.; CLARKE, Ronald V., *Opportunities, precipitators and criminal decisions: a reply to wortley's critique of situational crime prevention*, Crime Prevention Studies, vol. (16), 2003, pp. 41-96.
COUNCIL OF EUROPE, *Urban crime prevention. A guide for the local authorities*, July 2002.
CUSSON, Maurice, *La dissuasion situationnelle ou la peur dans le feu de l'action*, Les Cahiers da la sécurité intérieur, Vol. (12), février - avril 1993, pp. 201 - 220.

DIAS, Jorge de Figueiredo, *Criminologia: o homem delinquente e a sociedade criminógena*, Coimbra Editora, Coimbra, 1992, 573 p.

DIEU, François, *Politiques Publiques de Securité*, Col. Sécurité et Société, Edition L'Harmattan, Paris, 1999.

DONZELOT, Jacques, *Prévention-répression: éloge du pragmatisme*, Les Cahiers da la sécurité intérieur, Vol. (1), avril - juin 1990, pp. 53 - 69.

DUFFEE, David, ed., *Criminal Justice 2000. Volume Four: Measurement and Analysis of Crime and Justice*, Department of Justice, National Institute of Justice, Washington, D.C., 2000.

ECK, John E.; Weisburd, David (ed.), *Crime prevention studies*, Volume 4, Criminal Justice Press, New York, 1995.

EMSLEY, Clive, *Police et prévention: une perspective historique*, Les Cahiers da la sécurité intérieur, Vol. (14), août - octobre 1993, pp. 37 - 47.

ERICSON, Richard e HAGGERTY, Kevin, *Policing the Risk Society*, Clarendon, Oxford, 1997.

EVANS, David J.; HERBERT, David T. (ed.), *The geography of crime*, Routledge, London, 1989.

FELSON, Marcus, *Crime and every day life*, Sage Publications, USA, 2002.

FELSON, Marcus, *Crime prevention extension service, Crime prevention studies*, Vol. (3), 1994, pp. 249-258.

FELSON, Marcus; CLARKE, Ronald V., *Opportunity Makes the Thief. Practical theory for crime prevention*, Police Research Series Paper 98, Home Office, London, 1998.

FERRARO, Kenneth F., *Fear of Crime: Interpreting Victimization Risk*, State University of New York Press, Albany, 1995.

FOUCAULT, Michel, *Vigiar e Punir*, Editora Vozes, Petrópolis, 1991.

GASSIN, Raymond, *Criminologie*, DALLOZ, Paris, 1994.

GILLING, Daniel, *Crime prevention: theory, policy and politics*, VCL, London, 1997.

GILLING, Daniel, *Multi-agency crime prevention in britain: the problem of combining situational and social strategies, Crime prevention studies*, Vol. (3), 1994, pp. 231-248.

GLEIZAL, Jean-Jacques, *La Police en France*, Presses Universitaires de France, Paris, 1993.

GOLDSTEIN, Herman, *Problem-oriented policing*, McGraw-Hill, New York, 1990.

GRABOSKY, P. N., *Unintended consequences of crime prevention, Crime prevention studies*, Vol. (6), 1996, pp. 25-56.

HAGAN, John; GILLIS, A.R.; BROWNUFIELD, David, *Criminological controversies: a methodological primer*, Westview Press, Oxford, 1994.

HASTINGS, Ross, *Crime prevention and criminal justice*, in O'REILLY-FLEMING, T. (dir.), *Post-critical criminology*, Prentice Hall Inc., Scarborough, Ontario, 1996.

HESSELING, René B. P., *Displacement: A review of the empirical literature, Crime prevention studies*, Vol. (3), 1994, pp. 197 - 230.

KALIFA, Dominique, *Insécurité et opinion publique au début du XXe siècle*, Les Cahiers de la sécurité intérieure, Vol. (17), 3e trimestre 1994, pp. 65 - 76.

LANIER, Mark M.; HENRY, Stuart, *Essential criminology*, Westview Press, Oxford, 1998.

L'HEUILLET, Hélène, *Alta polícia, baixa polícia*, Notícias editorial, Lisboa, 2004.

LIBICKI, Martin C. e PFLEEGER, Shari Lawrence, *Collecting the Dots. Problem Formulation and Solution Elements*, RAND, Santa Monica, 2004.

MAGUIRE, Mike; MORGAN, Rod; REINER, Robert, *The Oxford Handbook of Criminology*, Clarendon Press, Oxford, 1997.

MARX, Gary T., *La société de sécurité maximale*, Les Cahiers de la Sécurité Intérieur, hors-série 2003, pp. 371 - 395.
MOORE, Stephen, *Investigating crime and deviance*, Collins Educational, London, 1996.
NYE, Joseph S., *Compreender os conflitos internacionais. Uma introdução à teoria e à história*, Gradiva, Lisboa, 2002.
ORNA, Elizabeth, *Information Strategy in Practice*, Gower, Aldershot, 2004.
PAULSEN, Derek J. e ROBINSON, Matthew B., *Spatial aspects of crime. Theory and practice*, Pearsons Education, inc., USA, 2004.
POYNER, Barry, *What works in crime prevention: an overview of evaluations*, Crime prevention studies, Vol. (1), 1993.
ROBINSON, Matthew B., *High aesthetics/low incivilities: criminal victimizations and perceptions of risk in a downtown environment*, Journal of security administration, vol. (21) 2, 1998, pp. 19-32.
ROCHÉ, Sebastian, *Le sentiment d'insécurité*, PUF, Paris, 1993.
ROCHE, Sebastian, *Tolérance Zéro? - Incivilités et Insécurité*, Éditions Odile Jacob, Paris, 2002.
ROSENBAUM, Dennis P. (ed.), *The challenge of community policing: Testing the promises*, Sage Publications, London, 1994.
RUGGIERO, Vincenzo; SOUTH, Nigel; TAYLOR, Ian (ed.), *The new european criminology: crime and social order in Europe*, Routledge, London, 1998.
SHERMAN, Lawrence W. et al, *Preventing crime: What works, what doesn't, what's promising*, National Institute of Justice, Washington, DC, 1997.
SOULLEZ, Christophe, *Les Violences Urbaines*, Col. Les Essentiels, Éditions Milan, Toulouse, 1999.
SOUSA, António Francisco de, *Prevenção e repressão como função da polícia e do Ministério Público*, Revista do Ministério Público, Ano 24, n.º 94, Abril/Junho 2003, pp. 49-73.
TONRY, Michael, MORRIS Norval (ed.), *Modern policing*, University of Chicago press, Chicago, 1992.
TROJANOWICZ, Robert et al., *Community Policing: a contemporary perspective*, Cincinnati, Anderson publishing, 1990.
WALKLATE, Sandra, *Understanding criminology: current theoretical debates*, Open University Press, Philadelphia, 1998.
WHITE, Rob; HAIMES, Fiona, *Crime and criminology: an introduction*, Oxford University Press, Melbourne, 1997.
WHITE, Robert, *Situating crime prevention: models, methods and political perspectives*, Crime Prevention Studies, Vol. (7), 1996, pp. 97-113.

VIDEOVIGILÂNCIA: INSTRUMENTO DE «SEGURANÇA INTERNA»?

MANUEL MONTEIRO GUEDES VALENTE
Director do Centro de Investigação e Docente do ISCPSI

"Não estamos nem temos de estar sujeitos à devassa. Nem esta ou o pensamento que a permite têm de ser compreendidos como decorrência das investidas de um frágil e inconsequente pensar pós-moderno que alguns teimam em querer transformar – criando, desse jeito, o deserto em seu redor – na única maneira de inteligir".

JOSÉ DE FARIA COSTA[1]

SUMÁRIO: **§1.º Considerações gerais; §2.º Da análise técnico-táctica; §3.º Da problemática jurídica §4.º Do enquadramento jurídico:** a. Da competência; b. Da finalidade e do tempo; c. Dos limites à utilização das câmaras de vídeo: α. dos princípios em geral; β. do princípio da legalidade; γ. do princípio da proporcionalidade *lato sensu*; δ. da protecção dos direitos fundamentais; ε. do parecer negativo da CNPD; d. Do tratamento das imagens e sons captados e gravados; e. Da captação de imagens e sons de notícia de crime; **§5.º Videovigilância: instrumento de «segurança interna»?**

§1.º Considerações gerais

A **videovigilância**[2] remete-nos para a recordação de MILAN KUNDERA de que, na sua "infância, quando se queria fotografar alguém,

---

[1] JOSÉ DE FARIA COSTA, "Os meios de comunicação (correios, telégrafo, telefones ou telecomunicações), o segredo e a responsabilidade penal dos funcionários", *in Direito Penal da Comunicação*, Coimbra Editora, 1998, p. 85.

[2] Quanto a este assunto, com um maior desenvolvimento e aprofundamento do tema de videovigilância, MANUEL M. G. VALENTE, *Teoria Geral do Direito Policial*, – Tomo I, Almedina, Coimbra 2005, pp. 330-371. O tema aqui tratado centra-se principalmente no âmbito da operatividade jurídica e técnico-táctica da videovigilância face à problemática da Segurança Interna.

se tinha que pedir licença"[3]. Eis o direito à imagem e à intimidade da pessoa humana que, hoje, com a aprovação do regime jurídico da utilização de câmaras de vídeo em locais públicos de utilização comum pela Lei n.º 1/2005, de 10 de Janeiro, se encontram melindrosamente expostos. Vence o ideário securitário em detrimento do ideário da cultura da cidadania ou o medo rege as decisões dos políticos dotados de pragmatismo[4] administrativo?

O sentimento de insegurança, propagado por muitos cidadãos, conduz a que as forças de segurança[5] se empenhem na reinvidação e na instituição de novos meios/instrumentos de segurança capazes de permitirem uma mentalização global de que existe uma técnica policial eficaz na prevenção e eficiente na repressão de infracções – quer no sentido de aplicação de sanções[6] [*p. e.*, aplicação de uma coima por infracção a norma do CE] quer no sentido de aplicação de medidas cautelares e de polícia prescritas nos artigos 248.º e ss. do CPP, quer na prossecução de medidas de polícia [art. 16.º da Lei n.º 20/87] quer, ainda, no recurso a instrumentos tecnológicos legais e adequados à satisfação da necessidade colectiva: segurança.

A aprovação legal da utilização da **videovigilância como um meio de segurança nos locais de domínio público de utilização comum**[7] é o resultado de cumprir aquele desiderato, cujo escopo nos conduz à interrogação latente de saber se a videovigilância é ou não um instrumento de segurança interna ou se é um mero instrumento de actividade das forças de segurança.

---

[3] MILAN KUNDERA *apud* MANUEL DA COSTA ANDRADE, *Liberdade de Imprensa e Inviolabilidade Pessoal,* Coimbra Editora, 1996, p. 132.

[4] Quanto ao princípio do pragmatismo, MANUEL M. G. VALENTE, *Consumo de Drogas – Reflexões sobre o Novo Quadro Legal*, 3.ª Edição, Almedina, Coimbra, 2003, pp. 78-83.

[5] O n.º 1 do art. 1.º da Lei n.º 1/2005, de 10 de Janeiro, estende aos serviços de segurança a possibilidade de recurso à «captação e gravação de imagem e som e o seu posterior tratamento», o que, desde já, nos preocupa por parecer que os serviços de segurança podem não ter a função adstrita à teleologia do regime aprovado.

[5] Quanto a este assunto MARCELLO CAETANO, *Manual de Direito Administrativo*, Almedina, Coimbra, 7.ª Reimpressão da 10.ª Edição, 2004, vol. II, pp. 1164-1165.

[7] Quanto a este assunto, MANUEL M. G. VALENTE, "Videovigilância – Um meio técnico-jurídico eficiente na prevenção e na repressão da Criminalidade nos locais de domínio público de utilização comum", in *Revista Polícia Portuguesa*, Ano LXIII, n.º 123, Março/Abril, 2000, pp. 2 e ss. e ÉLIA MARINA PEREIRA CHAMBEL, *A Videovigilância em Locais de Domínio Público de Utilização Comum*, ISCPSI (de consulta na Biblioteca), Lisboa, 2000.

§2.º Da análise técnico-táctica

I. Na perspectiva técnica, temos de referir que não é *um sistema perfeito*[8], pois é um sistema manobrado pelo homem, como por ele foi inventado, é um **meio de fácil sabotagem e manipulação mecânica e física**, o que permite **inutilizá-lo ou torná-lo inoperável** durante o tempo suficiente para a prática de qualquer delito.

O espírito economista dir-nos-á que este meio permite-nos tacticamente diminuir o número de efectivos, uma vez que uma câmara poderá substituir o elemento fardado. Discordamos plenamente desta ideia, porque nada substitui a presença do ser humano. Mesmo que a câmara capte mais ampla e eficazmente o facto ocorrido e permita que o operador accione os meios técnicos e humanos adequados à resolução do problema, jamais substitui a emotividade e a sociabilidade proporcionada pelo elemento policial. Pensamos que queremos uma sociedade humana e não robotizada.

Em Inglaterra e em Espanha, a videovigilância é considerada como um meio eficaz e preponderante na prevenção e na repressão criminal. Contudo, há a referir que Inglaterra e Espanha foram e são dois países assolados pelo terrorismo – IRA, ETA e Al-Qaeda[9] –, havendo desta forma uma maior necessidade de uma vigilância não só imediatamente mais eficaz, como ainda mais abrangente, melhor, que cubra um maior número de ruas. Segundo a nossa visão tudo se prende com uma questão de necessidade de utilização dos meios mais adequados, quer técnica, quer táctica, quer economicamente para prosseguir uma das necessidades colectivas do Estado de Direito[10]: a *segurança* e *o bem estar* da Comunidade[11].

II. Perguntamo-nos se, caso não existisse a permanente ameaça de actos terroristas e terrorismo naqueles países, os seus cidadãos aceitariam ser filmados em todos os locais. É por sabermos que o

---

[8] ÉLIA CHAMBEL, *Op. Cit...*, p. 21.

[9] Vejam-se os atentados de 11 de Março de 2003 em Madrid e os de 7 de Julho de 2005 em Londres.

[10] Situação esta que poderemos equiparar a um estado de necessidade,

[11] Que se alcança quando se mantém a segurança e a ordem públicas e se previnem a prática de crimes, condição para o uso de câmaras de vídeo – *ex vi* do n.º 2 do art. 7.º da Lei n.º 1/2005, de 10 de Janeiro.

povo inglês é um povo que preza a sua independência, que cresce em uma dialéctica de responsabilidade e liberdade, que duvidamos que aceitasse que cada um dos seus passos fosse dispensavelmente, filmado e gravado. Mas, mesmo que o aceitasse livremente, sabemos que isso dever-se-ia unicamente ao sentimento de responsabilidade que é incutido a cada cidadão inglês desde que nasce[12].

A videovigilância em locais de domínio público de utilização comum, como meio de segurança, apenas pode ser visto como **meio táctico auxiliar e excepcional das forças de segurança** e não como meio principal, ao qual se interligam todos os outros meios[13].

A utilização de câmaras de vídeo, a par de obediência aos princípios da intervenção policial, deve ser visto como um **meio de apoio à actividade preventiva e repressiva das forças policiais** no sentido de permitirem **uma melhor visualização que lhes permita uma percepção mais adequada dos factos,** podendo conduzir à **movimentação de meios humanos e materiais proporcionais à necessidade e nunca como substituto do elemento fardado, evitando-se, desta feita, a robotização.**

A **robotização da sociedade, que começa pela subjugação do homem à máquina, é o caminho para o desmoronamento da riqueza humana: o pensamento.**

§3.º Da problemática jurídica

I. Falar de polícia – defensora da legalidade democrática, dos direitos, liberdades e garantias do cidadão, ou seja, garante do bem colectivo *segurança* – levanta a problemática da violação desses mesmos direitos, principalmente quando a **polícia** se sente a *"paria da sociedade"*[14]. Ao usarmos a videovigilância como um meio técnico

---

[12] Neste sentido KARL POPPER *apud* JOÃO CARLOS ESPADA, "Inglaterra: sentido liberal do dever", in *A Tradição de Liberdade*, Principia, Lisboa, 1998, p. 25.

[13] Neste sentido art. 7.º, n.ºs 1, 2, 3 e 5 da Lei n.º 1/2005, de 10 de Janeiro.

[14] WESTLEY *apud* JORGE DE FIGUEIREDO DIAS e MANUEL DA COSTA ANDRADE, *Criminologia, o Homem Delinquente e a Sociedade Criminógena*, Coimbra Editora, 1997, p. 464, negrito nosso, Manuel M. G. Valente, "Será a Policia uma Minoria", *In Polícia Portuguesa*, Ano LXII, Mai/Jun99, pp.18 e ss..

de segurança de que as forças policiais se socorrem para prevenir, quiçá investigar, e, consequentemente, reprimir o crime, podemos violar direitos pessoais tais como *os direitos à imagem, à reserva da intimidade de vida privada e familiar, à liberdade em geral e de circulação em especial*, que, no nosso entender, são corolários[15] do direito à integridade moral que solidifica forte e materialmente o princípio fundamental do Estado de Direito Democrático: **o respeito da dignidade da pessoa humana**[16].

Acresce que não se deve justificar o quadro técnico-jurídico em uma perspectiva de *grande gestão*, porque é impossível e esta apenas serve para auxiliar a uma melhor e própria análise de um meio de segurança que tem de obedecer na sua génese ao ordenamento jurídico a que pertence. MANUEL DA COSTA ANDRADE, em Outubro de 1996, escrevia que "**Apolo**, que ao vencer e expulsar as **Erínias**, impôs (...) a justiça e o direito como o espaço de ultrapassagem dos conflitos dos homens"[17]. Perante este ensinamento, pensamos que a lógica da vida em sociedade e da solução dos seus problemas, como o da segurança, não passa, apenas, por uma perspectiva de *grande gestão*,

---

[15] Neste sentido Manuel M. G. Valente, "Da Publicação da Matéria de Facto das Condenações nos Processos Disciplinares na PSP", *in Polícia Portuguesa*, Ano LXII/ LXIII, números 120/121,Nov/Dez99, Jan/Fev2000, pp. 7 e ss. e pp. 14 e ss.. Aqui podemos relembrar a posição de MONTESQUIEU: «*La cause de tous les relâchements vient de la impunité*, non de la moderation des peines». Apud JEAN LARGUIER, *La Procédure Pénale*, 4.ª Edição, Presses Universitaires de France, 1973, p. 5.

[16] Se a GERMANO MARQUES DA SILVA repugna que existam câmaras que filmem namorados em um jardim[GERMANO MARQUES DA SILVA, "Entrevista", *in Revista Polícia Portuguesa*, Ano LXIII, n.º 123, Maio/Junho, 2000], a nós, não só repugna, como nos preocupa o fim dado a essas imagens. O argumento do "Complexo das/dos amantes" é o mais fácil não só para quem pensa que a videovigilância seria um meio auxiliar capaz de resolver uma enorme percentagem da nossa criminalidade, mas também para quem apenas analisa as situações expostas numa perspectiva de dogmática técnico-táctica, melhor, desconhecendo o real problema que sociológica e axialogicamente desemboca na questão da violação ou não de direitos fundamentais que jamais poderão ser coarctados (em difinitiva) ou suspensos, exceptuando-se nas situações do Estado de Sítio e de Necessidade – art. 19.º da CRP. Nos termos do n.º 4 do art. 7.º da lei n.º 1/2005, de 10 de Janeiro, defendemos que é um dos locais em que, pela sua natureza, as câmaras se destinam a ser utilizadas com resguardo, excepto se esse jardim em concreto for um local em que a ordem e a segurança públicas estejam obrigatoriamente afectadas – *p. e.*, vandalismo, encontro de grupos que se destinam à pratica de ilícitos criminais.

[17] MANUEL DA COSTA ANDRADE, *Liberdade de Imprensa e Inviabilidade Pessoal*, Coimbra Editora,1996, p. 6.

porque esta é um apêndice da estrutura colectiva que está, também, sujeita não só ao normativo constitucional, como ainda ao ordinário.

As imagens captadas podem proporcionar, por um lado, a promoção do direito à segurança e demais direitos e, por outro, a violação quer do direito à imagem, quer do direito à reserva da intimidade da vida privada, assim como podem restringir o direito à liberdade em geral e de circulação em especial.

II. Ora vejamos:

a. do direito à segurança – como "garantia de exercício seguro e tranquilo dos direitos, liberto de ameaças ou agressões"[18], ou seja, mais como *garantia de direitos do que* como *direito autónomo*, quer na sua *dimensão* negativa – protecção contra *os poderes públicos* –, quer *positiva* – protecção contra *agressões de outrem* –, é um bem jurídico colectivo tutelado constitucionalmente, mas que não pode ser promovido de forma que viole a prossecução dos direitos pessoais, cujo exercício lhe limitam a sua amplitude baseada no pressuposto da realização do interesse público[19]. O direito à segurança, que deve ser preferencialmente prosseguido pelo Estado[20], não **deve socorrer-se** de meios ou medidas de cariz de Estado de Polícia, mas sim **de meios que encontram o seu fundamento e a sua causa de existência nos próprios direitos pessoais enraizados na promoção do respeito da dignidade humana**, *i. e.*, as restrições *ao mínimo indispensável, para se poder conciliar o aprofundamento das liberdades individuais com a segurança colectiva*[21].

O **direito à segurança não pode nem deve ser encarado como um direito absoluto do cidadão, nem** como uma **garantia absoluta** de todos os outros direitos, porque estes podem ser garantidos não só

---

[18] GOMES CANOTILHO e VITAL MOREIRA, *Constituição da República Portuguesa* Anotada, 3.ª Edição, Coimbra Editora, 1993, p. 184.

[19] Pensamos importante referir que o **interesse público deveria ser** *o de que cada um tenha as melhores possibilidades de alcançar a satisfação dos seus interesses*. Cf. MANUEL FONTAINE CAMPOS, *O Direito e a Moral no Pensamento de Friedrich Hayek*, UCP – Porto, 2000, p. 106.

[20] Neste sentido WINFRIED HASSEMER, *A Segurança Pública no Estado de Direito*, AAFDL, Lisboa, 1995.

[21] GERMANO MARQUES DA SILVA *apud* ÉLIA CHAMBEL, *Op. Cit...*, p. 35.

através de uma acção activa do Estado, mas também através de medidas e acções preconizadas pelos próprios cidadãos, que devem ter um papel dinâmico e activo fundamental na prossecução e desenvolvimento de um Estado que se quer de Direito e Democrático. Perante esta perspectiva o Estado não se pode arrogar como defensor absoluto dos direitos dos cidadãos com todos os meios técnicos – cujo arsenal se tem blindado –, mesmo que eficazes e eficientes, que possam pôr em causa não só direitos, liberdades e garantias, como ainda o desenvolvimento livre e responsável de uma sociedade.

b. do direito à liberdade[22] – **em geral** abrange a *liberdade física*, a liberdade de *movimentos, i. e.*, o direito de não ficar *fisicamente confinado a um determinado espaço*, sem que seja impedido de se movimentar sem qualquer constrangimento, podendo este ser de natureza física ou moral. É nesta perspectiva que o n.º 2 do art.º 27.º da CRP consagra o direito à liberdade que se projecta no *direito de não ser fisicamente impedido ou constrangido por parte de outrem* de se movimentar, de se expressar, de um normal crescimento, cuja acção do Estado deve posicionar-se na defesa e na protecção deste direito contra as restrições que outrem promova[23].

O **direito à liberdade de deslocação**[24] poderá ser posto em causa quando, entre a cidade *X* e a cidade *Y*, os cidadãos tenham de escolher pela residência na cidade *X* porque nesta não se filmam nem se gravam os passos dados no seu dia a dia, no ensejo de evitar que os seus filhos nasçam cresçam e se formem numa cidade onde tudo e

---

[22] Poder-se-á acompanhar a posição de que a "Liberdade é obediência a regras gerais, por contraposição a obediência a caprichos dos homens, dos tiranos", [JOÃO CARLOS ESPADA, "Entre a servidão e o abuso", *in A Tradição da Liberdade*, Principia, Lisboa, 1998, p.106].

[23] GOMES CANOTILHO e VITAL MOREIRA, *Op. Cit.*, p.184.

[24] O direito de deslocação dentro do território de um Estado está consagrado no art. 13.º da DUDH, no art. 12.º do PIDCP. Quanto a este assunto MIGUEL JOSÉ FARIA, *Direitos Fundamentais e Direitos do Homem*, 3.ª Edição, ISCPSI, Lisboa, 2001, pp. 200-202. Quanto à liberdade de um cidadão sair do seu país por não aceitar e não reconhecer como sua a ordem jurídica imposta pela maioria, mesmo em democracia, REINHOLD ZIPPELIUS, *Teoria Geral Do Estado*, (tradução de KARIN PRAEFKE-AIRES COUTINHO), 3.ª Edição, Fundação Calouste Gulbenkian, Lisboa, 1997, p. 174. Neste sentido FRANZ VON LISZT, *Tratado de Direito Penal*, (tradução de JOSÉ HIGINO DUARTE PEREIRA), Russell, Campinas/SP, 2003, Tomo II, p. 95.

todos são controlados por olhos que desconhecemos, por mentes que nos são completamente incógnitas. Há que evitar a utilização de meios que possam restringir os direitos fundamentais, que possam perigar o aprofundamento desses direitos[25] ou evitar que a sua utilização, nos termos da Lei n.º 1/05, de 10 de Janeiro, aniquile os direitos fundamentais pessoais.

A existência da videovigilância poderá restringir materialmente os direitos que os cidadãos têm de livremente se reunir, de se manifestar[26] – art.º 45.º CRP –, de constituir associações e de se associar livremente – art.º 46.º CRP –, de tomar parte da vida política – n.º 1 do art. 48º da CRP –, ou seja, **o direito de viver em uma sociedade dita democrática**. Acresce que as restrições e suspensões de direitos e liberdades e/ou as penas abstractamente pesadas não promovem, por si só, uma diminuição da criminalidade[27], pois esta poderá mudar de forma, modo e de local – *i. e.*, **gera a autodefesa e auto-regeneração do** *modus agendi* **dos agentes do crime**.

c. do direito à reserva da vida privada e à imagem – a utilização de câmaras de vídeo fixas ou móveis pode ofender os direitos à imagem e à reserva da intimidade da vida privada e familiar[28]. Se forem usadas fora do quadro jurídico, pode o seu uso consignar a prática dos crimes de gravações ilícitas – p. e p. pelo art. 199.º do CP – e da devassa da vida privada[29] – p. e p. pelo art. 192.º do CP –, *i. e.*, ao prosseguir a garantia constitucional – *segurança* – através da videovigilância, em locais de domínio público de utilização comum

---

[25] Neste sentido GERMANO MARQUES DA SILVA *apud* ÉLIA CHAMBEL, *Op. Cit...*, p. 35.

[26] O direito de reunião e manifestação está consagrado no art. 20.º da DUDH, no art. 11.º da CEDH e no art. 21.º do PIDCP. Quanto a este assunto MIGUEL JOSÉ FARIA, *Direitos Fundamentais...*, 3.ª Edição, pp. 202-203.

[27] A diminuição da criminalidade pode advir da certeza de responsabilidade por infringir, ou seja, o *terminus* da impunidade reinante em muitos Estados modernos, cuja democracia responsável é uma miragem.

[28] Como ensina MARCELLO CAETANO a "acção da polícia deverá desenvolver-se no lugares públicos ou onde decorrem actividades sociais ilícitas", mas há "um mínimo de liberdade que as autoridades têm de respeitar: pertence a esse âmbito de acção livre a vida íntima". MARCELLO CAETANO, *Manual de Direito Administrativo*, 7.ª Reimpressão da 10.ª Edição, Almedina, Coimbra, 2004, p. 1157.

[29] Sobre o crime da devassa da vida privada, MANUEL M. G. VALENTE, *Da publicação da Matéria de Facto Nas Condenações dos Processos Disciplinares*, Edição do ISCPSI, Lisboa, 2000, pp. 58-60.

fora do regime previsto na Lei n.º 1/05, de 10 de Janeiro, as forças de segurança estão a infringir as normas jurídicas que tutelam *direitos da personalidade*[30]. A captação de imagens e a sua gravação através da videovigilância poderá violar o bem jurídico-penal **privacidade/intimidade**, ou seja, poderá segundo G. Schmidt violar "objecto de tutela penal da privacidade/intimidade assumindo o «carácter próprio do segredo», ou seja, «aquela parte da vida pessoal, de acção pessoal e do pensamento pessoal que ninguém – ou quando muito só um círculo rigorosamente delimitado de pessoas em quem expressamente se confia – pode ter conhecimento»"[31].

Ao filmar-se factos relativos à reserva da vida privada e familiar, está-se, sem qualquer dúvida, não só a **violar o seu conteúdo "individual** – subjectivo, correspondente à «vontade de segredo ou de reserva» –, **como também o seu conteúdo** objectivo – comunitário, correspondente «ao interesse objectivo de segredo»"[32]. Ao filmarmos eventos dos indivíduos que os mesmos querem "manter sob reserva da privacidade/intimidade" violamos "valorações objectivas de algum modo correspondentes às representações colectivas historicamente dominantes, sancionadas pelo legislador"[33]. Ao fazermos uma gravação desses eventos estamos a quebrar a confiança das pessoas que abrem "o espaço da sua privacidade"[34]. Quebramos os laços de confiança que o cidadão depositou no próprio Estado. O uso da videovigilância fora dos pressupomos e fundamentos prescritos na Lei n.º 1/2005 pode consignar a prática do crime p. e p. pelo art. 192.º do CP.

Chamamos à colação o ensinamento de Freitas do Amaral, com o qual concordamos plenamente, de que se deve prosseguir "o interesse público, mas respeitando simultaneamente os direitos subjectivos e os interesses legítimos dos particulares", devendo, desta feita,

---

[30] Com base na prevenção e no combate à criminalidade as polícias desencadeiam condutas previstas e punidas pelo nosso ordenamento jurídico como crime – perigo ou ameaça que nos n.ºs 5, 6, 7 e 8 do art. 7.º da Lei n.º 1/05, de 10 de Janeiro, procuram minorar ou evitar. Com maior desenvolvimento, Manuel M. G. Valente, *Teoria Geral*..., pp. 340 e ss.
[31] Gerhard Schmidt *apud* Manuel da Costa Andrade, *Op. Cit.*, p. 101.
[32] EB. Schmidt *apud* Manuel da Costa Andrade, *Op. Cit.*, p. 101. Negrito nosso.
[33] Manuel da Costa Andrade, *Op. Cit.*, p. 102.
[34] Manuel da Costa Andrade, *Op. Cit.*, pp. 104/105.

existir "uma necessidade de conciliar as exigências do interesse público com as garantias dos particulares"[35/36]. Digamos: o interesse público não é, nem pode ser em um Estado de direito democrático totalmente soberano e absoluto.

III. Tendo em conta a análise feita – centrada no regime jurídico da utilização das câmaras de vídeo – e sabendo que é necessário que exista um equilíbrio entre o direito à liberdade[36] e o direito à segurança, para que se materializem os direitos pessoais, **preocupamo-nos por o actual ordenamento jurídico permitir a utilização de câmaras de vídeo pelas forças de segurança e pelos serviços de segurança, e somos críticos e cautelosos ao seu uso em locais de domínio público de utilização comum**[38], apesar da delimitação dos fins e dos pressupostos, por poder ser um meio mecânico de **diminuição da intervenção ou inter-relação humana no processo de socialização da sociedade** – na qual a polícia é parte interactiva e necessária – e por representar a **incrementação perigosa** de um meio de apoio à ordem e segurança públicas pela **susceptibilidade de uma utilização baseada em fundamentos e pressupostos facilmente forçáveis e manipuláveis**[39], promovendo uma ofensa clara ao princípio de indispensabilidade da restrição de direitos.

O perigo aumenta por a sociedade portuguesa não se aperceber de que a passo e passo cede a sua liberdade em troco de uma segurança cognitiva e presumidamente material, crescimento omisso de responsabilidade e de independência de afirmação individual do cidadão, que se auto-coarcta e permite que o respeito e aprofunda-

---

[35] DIOGO FREITAS DO AMARAL, *Direito Administrativo*, Lisboa, 1988, Vol. II, pp. 81 e ss..

[36] Itálicos nossos.

[37] Sem que se olvide que a liberdade, como "princípio de justiça do mais elevado valor político", é "tida como o valor supremo" [HANS KELSEN, *A Justiça e o Direito Natural*, (tradução de JOÃO BAPTISTA MACHADO), Almedina, Coimbra, 2001, p. 81].

[38] Nesta definição **não se inserem os comboios, o metro, os autocarros, as bombas de gasolina**, cujo o uso das câmaras de vídeo é fundamental, a mais que são **locais de domínio privado de acesso condicionado ao público ou locais de domínio público de acesso reservado ou condicionado**.

[39] Pois, pode ser a muleta para a elaboração do auto de notícia, diminuindo a capacidade intelectual do elemento policial. Uma imagem vale por mil palavras quer a imagem seja uma demonstração real ou não da realidade.

mento dos direitos, liberdades e garantias sejam, cada vez mais, uma miragem. As imagens televisivas demonstram que a existência de câmaras de vídeo não evitam o crime nem a incivilização em crescente[40]. Contudo, compre-nos o ónus de discretear o regime jurídico aprovado pela Lei n.º 1/05, de 10 de Janeiro.

§4.º Do enquadramento jurídico

a. *Da competência*

Falar da competência impõe que se reflicta, por um lado, sobre a competência subjectiva de requerimento e de autorização e fiscalização, e, por outro, sobre a incidência objectiva, *i. e.*, sobre o objecto – local e tempo – em que se pode utilizar as câmaras de vídeo fixas e portáteis. Reflictamos:

I. Relativamente à **competência para requerer** a utilização de câmaras de vídeo, o n.º 1 do art. 1.º da Lei n.º 1/05 não só prescreve as **forças de segurança**, como também legitima os **serviços de segurança** a poderem socorrer-se deste meio mecânico para a prossecução dos fins estipulados no art. 2.º da Lei n.º 1/05. **Só podem utilizar as câmaras de vídeo as forças de segurança e serviços de segurança que prossigam como missão e função as finalidades estipuladas no art. 2.º** – protecção de edifícios e de instalações públicos e respectivos acessos, protecção de instalações com interesse para a defesa nacional, protecção da segurança das pessoas e bens públicos e privados, e prevenção da prática de crimes em locais em que exista razoável risco da sua ocorrência [n.º 1].

Qualquer força ou serviço de segurança[41] – podendo-se exceptuar as polícias municipais por não terem, constitucionalmente, natu-

---

[40] Ainda não há muito tempo as televisões portuguesas mostravam um furto a uma superfície comercial, cujas imagens foram captadas por câmaras de vídeo, que em nada fizeram temer os agentes daquela prática criminosa.

[41] Pensamos que a amplitude suscitará a dúvida sobre se os Serviços de Informações da República, face à amplitude subjectiva de utilização das câmaras de vídeo, podem socorrer-se delas para a prossecução da recolha de informações capazes e idóneas à «protecção de

reza originária de força e de serviço de segurança[42] – que tenha, constitucional e originariamente, por missão ou função as finalidades prescritas no n.º 1 do art. 2.º da Lei n.º 1/05, é competente para requerer/solicitar a utilização de câmaras de vídeo conjugados com o n.º 2 do art. 7.º da Lei n.º 1/05. Esta abrangência preocupa-nos por poder ser demasiado permissiva e, nesta onda securitária, promover ofensas desmedidas aos direitos fundamentais pessoais dos cidadãos – que beneficiam de um controlo anterior à autorização prosseguido pela Comissão Nacional de Protecção de Dados (CNPD), cujo parecer negativo é vinculativo, *ex vi* n.º 2 do art. 3.º da Lei n.º 1/05.

O requerimento para a instalação de câmaras de vídeo fixa é efectuado pelo **dirigente máximo da força ou serviço de segurança** respectivo – Director Nacional da PSP, Comandante Geral da GNR, Director Nacional da PJ. O processo, nos termos do n.º 1 do art. 5.º, deve conter o local público objecto de observação pelas câmaras de vídeo, as características técnicas do equipamento, a identificação dos responsáveis pela conservação e tratamento do dados, os fundamentos que justificam a necessidade e a conveniência da instalação da videovigilância, os procedimentos de informação ao público – como a existência de câmaras de vídeo, os fins da captação das imagens e sons, o responsável pelo tratamento dos dados recolhidos [art. 4.º da Lei n.º 1/05] –, os mecanismos capazes de assegurar um correcto uso dos dados captados e registados, os critérios de conservação dos dados captados e registados e o período de conservação dos dados.

O legislador prescreveu a possibilidade do **presidente da câmara** requerer a instalação de câmaras de vídeo, sendo que os elementos

---

instalações de interesse para a defesa nacional», al. *b*) do n.º 1 do art. 2.º da Lei n.º 1/05. Parece-nos que a extensão a «serviço de segurança» pode facultar a interpretação positiva.

[41] Quanto às polícias municipais, Manuel M. G. Valente, "Enquadramento Jurídico das Polícias Municipais: Do quadro Constitucional ao quadro Ordinário", in *Estudos de Homenagem ao Professor Doutor Germano Marques da Silva*, Almedina, Coimbra, 2004, pp. 249-278. A Lei Quadro das polícias municipais, face ao enquadramento sistemático constitucional das polícias municipais [n.º 3 do art. 237.º do CPP – Poder local], não poderia conhecer aquela polícia como serviço de segurança, mas como «serviços municipais», que «têm âmbito municipal» e que exercem «funções de polícia administrativa» territorialmente limitada – art. 1.º LQ. Acresce que é o próprio legislador a afastar a possibilidade da Polícia Municipal usar câmaras de vídeo ao prescrever que, ao requerimento do Presidente da Câmara, é a força de segurança territorialmente competente que compete proceder à instrução dos elementos de requerimento previstos nas als. *b*) a *h*) do n.º 1 *ex vi* n.º 2 do art. 5.º da Lei n.º 1/05.

do processo, com excepção da identificação do local objecto da videiovigilância, serão processados pela força de segurança territorialmente competente, conforme n.º 2 do art. 5.º da Lei n.º 1/05.

Acresce que as forças de segurança competentes para **fiscalizar as infracções rodoviárias** – GNR e PSP – podem aceder às imagens que as entidades controladoras do tráfego rodoviário captam para fiscalizar as infracções que se registem – *ex vi* do n.º 3 do art. 2.º da Lei n.º 1/05.

II. A **competência para autorizar** a utilização das câmaras de vídeo, nos termos do art. 3.º da Lei n.º 1/05, é do membro do governo de tutela da força ou do serviço de segurança requerente, podendo delegar tal competência nos termos da lei – conforme n.ºs 1 e 3. Quanto às forças e serviços de segurança de dupla tutela, defendemos que, não obstante do conhecimento ao outro ministério é competente o membro do Governo competente em razão da matéria, *i. e.*, de natureza originária de missão e/ou função fundamento do uso da videovigilância. No caso da GNR, será o Ministro da Administração Interna o membro do Governo competente, não obstante dar conhecimento, se assim o entender, ao Ministro da Defesa. Como pressuposto a verificar para a autorização é o parecer da CNPD, que sendo positivo, aquele pode ou não autorizar a utilização das câmaras de vídeo, mas se o parecer for negativo aquele não pode autorizar a utilização das câmaras de vídeo – *ex vi* n.º 2 do art. 3.º.

Como as câmaras de vídeo desempenham uma função de ordem e tranquilidade pública e, *ab initio*, não de prevenção criminal *stricto sensu*, parece-nos que não faria sentido uma autorização judicial. Todavia, da 2.ª parte da al. c) do n.º 1 do art. 2.º retira-se que a utilização das câmaras de vídeo visam, também, a «prevenção da prática de crimes em locais em que exista razoável risco da sua ocorrência», o que nos leva a questionar se não estamos perante a prevenção criminal *stricto sensu* – acção *a priori* da prática do crime e acção *a posteriori* da prática do crime ou se estamos perante prevenção criminal na função de vigilância.

Parece-nos que o legislador ao colocar como pressuposto o «razoável risco da sua ocorrência» enquadra esta situação no quadro jurídico-constitucional da prevenção criminal *stricto sensu* e, por conseguinte, a utilização de câmaras devia ser autorizada pela AJ judicial competente e não pelo membro do governo que tutela a força ou serviço de segurança requerente. O sancionamento a *posteriori* da legalidade da captação de um delito – art. 8.º da Lei n.º 1/05 – parece-nos de adequação frágil e perigosa, principalmente se a gravação for usada como meio de prova. Poder-se-á *legitimar um meio de obtenção de prova administrativo* com fuga ao ditame constitucional prescrito *in fine* do n.º 4 do art. 32.º da CRP – apesar de servir como despoletador da elaboração do auto de notícia.

Acresce que a autoridade que autoriza a utilização das câmaras de vídeo tem o dever de criar e manter **um registo público** de todas as instalações autorizadas que contenham a data, período e renovações de autorização, o local exacto de instalação ou de filmagem por câmara portátil, o sujeito requerente, o fim que serviu de base ao requerimento e posterior autorização e o parecer positivo da CNPD – nos termos do art. 12.º da Lei n.º 1/05.

Da decisão de autorização, nos termos do n.º 3 do art. 5.º da Lei n.º 1/05, deve constar o local público objecto da videovigilância, limitações e condições de uso do sistema, proibição de captação de sons, salvo quando haja perigo concreto para a segurança das pessoas e bens, espaço físico susceptível de gravação, tipo de câmara e características técnicas e período de tempo autorizado.

Referia-se que a utilização de câmaras portáteis para os fins previstos neste diploma está vinculada à mesma autorização que a utilização de câmaras fixas – n.º 1 do art. 6.º da Lei n.º 1/05. Todavia, o legislador prescreveu uma excepção para as **câmaras portáteis** quanto ao titular da decisão da autorização: pode ser o **dirigente máximo da força ou serviço de segurança a autorizar** com despacho fundamentado, do qual constem os elementos prescritos no n.º 3 do art. 5.º da Lei n.º 1/05, que usará a câmara portátil quando não for possível obter em tempo útil a autorização segundo o regime regra e sob condição de comunicação no prazo máximo de 48 (quarenta e oito) horas ao membro do Governo que tutela essa força ou serviço de segurança – conforme n.º 2 do art. 6.º da Lei n.º 1/05 – e de destruição imediata de todo material gravado se a autorização não for concedida ou se a CNPD der parecer negativo – nos termos do n.º 3 do art. 6.º da Lei n.º 1/05.

Mas, se estamos apenas no quadro da segurança e ordem públicas ou de prevenção criminal na função de vigilância, que urgência justifica o recurso a câmaras de vídeo portáteis que não seja para recolha de provas reais e materiais de infracções administrativas e criminais. Quanto a estas últimas, relembre-se que carecem de autorização judicial – art. 190.º do CPP e art. 6.º da Lei n.º 5/2002, de 11 de Janeiro[43].

III. O quadro objectivo em que se insere a utilização das câmaras de vídeo reporta-se a locais de **domínio público de utilização comum**, *i. e.*, deste preceito retira-se que nem todos os locais de domínio público podem ser objecto de protecção e segurança por este meio mecânico, só os que possam ser frequentados por qualquer pessoa sem qualquer restrição e, dentro destes, aqueles que não afectem directamente a reserva da intimidade da vida privada da pessoa – conforme se retira dos n.º 4 e 6 do art. 7.º da Lei n.º 1/05[44] –, cuja frequência de actos humanos representem «riscos objectivos para a segurança e ordem públicas» [n.º 5 art. 7.º], desde que a utilização não afecte interiores de residências ou edifícios habitados [n.º 6 do art. 7.º] e que não seja um local, que pela sua natureza, seja utilizado com resguardo – *p. e.*, um jardim onde as pessoas passeiem em família ou os namorados costumem frequentar – [n.º 4 do art. 7.º].

Mas, face às finalidades prescritas no art. 2.º da Lei n.º 1/05 parece-nos que os locais abrangidos entram na classe do que o saudoso Mestre MARCELLO CAETANO designava de *"uso comum ordinário do domínio público"*, *i. e.*, *"proveitoso a todos e a todos acessível independentemente de autorização ou de licença"*[45]. Consideramos que existe uma incongruência entre o objecto espacial de implementação das câmaras de vídeo previsto no n.º 1 do art. 1.º e as als. *a)* e *b)* do n.º 1 do art. 2.º por poderem encerrar, em si mesmas, uma visão de locais de domínio público de acesso condicionado – *p. e.*, uma esquadra de polícia ou museu são edifícios e instalações públicas, cujo acesso é condicionado *ratione officii* e à finalidade da sua frequência. Somos da opinião de que os de locais de domínio

---

[43] Quanto a este assunto o nosso *Escutas Telefónicas – Da Excepcionalidade à Vulgaridade*, Almedina, Coimbra, 2004, pp. 76-77.

[44] Quanto à destrinça de local público e de local privado, o nosso *Consumo de Drogas – Reflexões sobre o Novo Quadro Legal*, 2.ª Edição, Almedina, 2003, pp. 147-148.

[45] MARCELLO CAETANO, *Manual de Direito Administrativo*, Almedina, Coimbra, 7.ª Reimpressão da 10.ª Edição, 2004, vol. II, pp. 930-931.

público de acesso condicionado – *p. e.*, uma escola ou uma faculdade em que o acesso a esse local só, em regra, é admissível aos alunos, professores e funcionários do mesmo ou a ponte Vasco da Gama, em que o acesso está vinculado ao pagamento de uma portagem e à circulação de/em veículo – e os de acesso restrito – *p. e.*, um gabinete de um dirigente, um consultório médico do hospital, cujas entradas se encontram fundamentadas não só no acto a desenvolver, como também na disponibilidade do seu usufrutuário directo, cujo acesso se prende com a razão do ofício – não deveriam estar abrangidos por este regime jurídico, por não preencherem o ideário de «locais públicos de utilização comum» [n.º 1 do art. 1.º] – *p. e.*, uma rua ou avenida de uma cidade, uma largo, uma praia.

A **natureza e a funcionalidade e a competência subjectiva de requerimento limitam a utilização pelas forças e serviços de segurança das câmaras de vídeo** e, consequentemente, **não se coaduna este regime jurídico com a natureza de determinados edifícios e instalações públicas como uma escola ou uma esquadra de polícia.** Contudo, a extensão operada pelas als. *a)* e *b)* do n.º 1 do art. 2.º – má técnica legislativa – permitem que a força de segurança local – (PSP ou GNR) possa requerer a instalação de câmaras de vídeo para prossecução de protecção não só do edifício escola ou instalação pública, como também do respectivo acesso, cujo teor conceptual ultrapassa a concepção de local público de utilização comum[46]. Possibilidade que afasta, por respeito à competência subjectiva de requerimento, o director de uma escola ou de uma faculdade ou de outro organismo público que não força ou serviço de segurança de requerer a utilização para protecção interna de câmaras de vídeo por não ter como missão a manutenção da ordem e tranquilidade públicas.

---

[46] Para evitar extrapolações o legislador teria maior consenso se optasse pela expressão de MARCELLO CAETANO: *uso comum ordinário* do domínio público. Quanto à utilização de câmaras em estádios de futebol ou recintos desportivos, art. 6.º da Lei n.º 16/2004, de 11 de Maio, e no âmbito da actividade privada, art. 12.º do DL n.º35/2004, de 21 de Fevereiro.

b. Da finalidade e do tempo

I. A utilização das câmaras de vídeo tem como finalidade geral a «manutenção da segurança e ordem públicas e a prevenção da prática de crimes» – n.º 2 do art. 7.º da Lei n.º 1/05 –, cuja autorização se deve basear não em considerações abstractas de possível risco de perturbação daquelas, mas em «**riscos objectivos** para a segurança e ordem públicas»[47], conforme n.º 5 do art. 7.º da Lei n.º 1/05. Poder-se-á falar de um *perigo* – em que se fundam as medidas de polícia – de "proporções graves para, independentemente da produção de facto delituoso, a polícia poder tomar as precauções permitidas"[48] para defesa da segurança e ordem públicas.

Quanto às finalidades de manutenção de segurança e ordem públicas não se vislumbra qualquer objecção à autorização administrativa e à prossecução dessas funções por câmaras de vídeo quando excepcionalmente os *riscos objectivos* demonstram ineficácia ou ineficiência da actividade humana da polícia na prevenção da ordem e segurança públicas, *i. e.*, na prevenção criminal na função de vigilância – onde se enquadra a prossecução de vigilância de ordem e segurança públicas[49]. Estamos perante uma acção preventiva das forças e serviços de segurança no quadro da *vigilância especial* a desenvolver em determinados locais[50].

Relevante é a possível extensão da utilização das câmaras para fins de prevenção criminal *stricto sensu*: a "adopção de medidas adequadas para certas infracções de natureza criminal", medidas essas que visam a protecção de pessoas e bens, a vigilância de indivíduos e locais suspeitos, sem que se restrinja ou limite o exercício dos direitos, liberdades e garantias do cidadão[51], *i. e.*, promoção de uma vigilância criminal e não apenas de ordem e tranquilidade pública.

---

[47] Negrito nosso.
[48] MARCELLO CAETANO, *Op. Cit.*, Vol. II, p. 1170.
[49] Quanto a este assunto, MANUEL M. G. VALENTE, *Teoria Geral...* – Tomo I, pp. 57-74.
[50] Neste sentido MARCELLO CAETANO, *Op. Cit.*, Vol. II, p. 1165. Para este ilustre Professor a *vigilância geral* enquadra a "observação constante da conduta dos indivíduos nos lugares públicos e de todas as actividades que nestes decorrem" [*ibidem*], *i. e.*, actividade geral de polícia.
[51] GOMES CANOTILHO e VITAL MOREIRA, *Op. Cit.,* pp. 956-957.

Se na Rua *X* há a confirmação de que se praticam crimes de furto em estabelecimentos comerciais pergunta-se se a utilização de câmaras de vídeo servem para a manutenção da segurança de bens privados [al. *c*) do n.º 1 do art. 2.º da Lei n.º 1/05] ou se para a prevenção criminal no sentido de descoberta dos agentes dos crimes; pois, só deve ser utilizada no sentido de manutenção da segurança pública que é afectada com os vários furtos praticados em estabelecimentos privados e nunca no sentido da descoberta da prova pessoal dos crimes, sob pena de se legitimar um meio de obtenção de prova administrativo e não jurisdicionalizado, i. e., de se policializar a investigação criminal.

O n.º 1 do art. 2.º estipula **fins objectivos** de utilização das câmaras de vídeo fixas e portáteis. As câmaras de vídeo só são admissíveis se a utilização visar, a par do local e das restrições e da competência subjectiva de uso, a protecção de edifícios e instalações públicos e seus acessos [al. *a*)] ou a protecção de instalações de interesse para a defesa nacional [al. *b*)] ou a segurança de pessoas e bens, quer sejam públicos quer sejam privados e visar a prevenção de crimes em locais públicos de utilização comum em que exista razoável risco da sua ocorrência [al. *c*)]. Todavia, não basta que a utilização das câmaras de vídeo visem estes fins, pois impõe-se que o seu **uso seja adequado, necessário e exigível e proporcional** *stricto sensu* para a prossecução dos mesmos – art. 7.º, n.º 1 –, e que **não ofenda gravemente direitos fundamentais pessoais**: *maxime*, reserva da intimidade da vida privada, a palavra, a imagem – n.ºˢ 3, 4, 6 e 7 do art. 7.º[52].

II. No que respeita ao **período tempo** possível para a utilização das câmaras de vídeo é um dos elementos processuais obrigados a constar na decisão de autorização – *ex vi* al. *e*) do n.º 3 do art. 5.º da Lei n.º 1/05 –, sendo que a duração da autorização obedece ao princípio da adequação aos fundamentos que o requerente invocara – n.º 4 do art. 5.º da Lei n.º 1/05.

---

[52] Quanto aos limites da utilização das câmaras de vídeo *infra* c. Dos limites à utilização das câmaras de vídeo.

O membro do Governo que tutela a força ou serviço de segurança requerente não pode autorizar a utilização de câmaras de vídeo por um período de tempo superior a **1 (um) ano** – n.º 5 do art. 5.º da Lei n.º 1/05 –, podendo ser renovada caso o sujeito requerente comprove a necessidade e conveniência de manutenção, ou seja, os fundamentos que originaram o requerimento inicial.

A autorização obedece ao princípio da **revogabilidade ou da suspensão** a qualquer momento, *i. e.*, não é uma autorização que possa não ser contestada a todo tempo pelos cidadãos ou que não possa ser suspensa ou revogada por quem autorizou ou por decisão judicial. A suspensão e/ou revogação da decisão de autorização de instalação ou de uso de câmaras de vídeo carece de ser fundamentada nos mesmos moldes – de facto e de direito – que a decisão de autorização.

c. Dos limites à utilização das câmaras de vídeo

α. Dos princípios em geral

Os princípios são vectores de orientação da actividade policial[53] quer no sentido material diário quer no sentido instrumental de recurso a meios materiais – mecânicos – complementares e de apoio à prossecução da função de defesa da legalidade, de garantia da segurança interna e de direitos dos cidadãos.

A utilização das câmaras de vídeo fixas ou portáteis como meios técnico-mecânicos de apoio à actividade de prevenção de polícia não pode apartar-se da concreção imediata e mediata de todos os princípios inerentes à actividade de prossecução de segurança e ordem pública:

i. **princípio da prossecução do interesse público a par do interesse particular** – a al. *c*) do n.º 1 do art. 2.º da Lei n.º 1/05 – na linha do n.º 1 do art. 266.º da CRP;

---

[52] Quanto aos princípios norteadores da actividade policial, MANUEL M. G. VALENTE, *Teoria Geral* ..., pp. 83-154.

ii. **princípio da boa fé** – [art. 4.º da Lei n.º 1/05 em conjugação com o n.º 2 do art. 266.º da CRP], assim como o **princípio da lealdade e democrático e da justiça**, [al. *a*) do n.º 1 do art. 5.º da Lei n.º 67/98, de 26 de Outubro];

iii. **princípio do respeito pelos direitos do cidadão de forma igual e imparcial** – *a contrario* n.º 1 do art. 9.º da Lei n.º 1/05] e n.ºs 6, 7 e 4 do art. 7.º da Lei n.º 1/05 em conjugação com o n.º 2 do art. 266.º e art. 13.º da CRP;

e, até mesmo,

iv. **princípio da oportunidade** – *i. e.*, a decisão pela opção de utilização de câmaras de vídeo deve basear-se em um juízo de legalidade e de oportunidade operacional e legal.

β. Do princípio da legalidade

I. A este rol de princípios, cuja verificação se impõe a montante (no momento da decisão de requerimento) e a jusante (no momento em que a entidade *decidenti* opta ou não pela utilização de câmaras de vídeo em locais públicos de utilização comum), acrescem os princípios da legalidade e da proporcionalidade, tendo este consagração expressa no diploma – art. 7.º, n.º 1 da Lei n.º 1/05.

No que concerne ao **princípio da legalidade**[54] não importa discretear a tipificação legal do meio técnico-mecânico, porque é um meio com previsão legal e não um meio atípico de intervenção policial para a prossecução da segurança e ordem públicas. Todavia, é de relevar na análise deste princípio da legalidade o preenchimento determinados pressupostos a *montante* e a *jusante*, ou seja, socorrendo-nos das palavras de CASTANHEIRA NEVES, «exigências de fundamento e critério» para que cumpra a sua *"função de garantia*, exigida pela ideia de Estado-de-Direito, contra o exercício ilegítimo (político-juri-

---

[54] Quanto ao princípio da legalidade, MANUEL M. G. VALENTE, *Teoria Geral...* – Tomo I, pp. 86-91, artigos 3.º e 266.º, n.º 2 da CRP. Os pressupostos formais e materiais a preencher a *montante* e a *jusante* são um ónus pela natureza excepcional de recurso às câmaras de vídeo. A legalidade, como ensina REINHOLD ZIPPELIUS, deve "transportar uma legitimidade democrática da acção do Estado: pelo facto de esta se nortear em todas as suas formas de manifestação" por representar a vontade do «povo», sendo desta legitimidade que emerge a necessária função de garantia [REINHOLD ZIPPELIUS, *Op. Cit.*, p. 387].

dicamente ilegítimo) já abusivo (persecutório e arbitrário), já incontrolável (subtraído à racionalidade jurídico-dogmático e crítico-metodológica)"[55] do poder.

Quanto aos **pressupostos formais** a ter em conta a *montante* da decisão de autorização de utilização das câmaras de vídeo são o **requerimento** a elaborar pelo dirigente máximo da força ou serviço de segurança ou do presidente da câmara [n.ᵒˢ 1 e 2 do art. 5.º da Lei n.º 1/05], contendo os **elementos prescritos nas als. *a*) a *h*) do n.º 1 do art. 5.º da Lei n.º 1/05** [o local público objecto de observação pelas câmaras de vídeo, características técnicas do equipamento, identificação dos responsáveis pela conservação e tratamento do dados[56], fundamentos que justificam a necessidade e a conveniência da instalação da videovigilância, procedimentos de informação ao público, mecanismos que assegurem o uso correcto dos dados captados e registados, critérios de conservação dos dados, período de conservação dos dados], **entidade a quem se dirige o requerimento** [n.º 1 do art. 3.º da Lei n.º 1/05], o **parecer da CNPD** [n.ᵒˢ 1 e 2 do art. 3.º da Lei n.º 1/05], **autorização escrita e fundamentada** da utilização das câmaras de vídeo [n.º 1 do art. 3.º Lei n.º 1/05], contendo os **elementos prescritos nas als. *a*) a *e*) do n.º 3 do art. 5.º da Lei n.º 1/05** [o local público objecto da videovigilância, limitações e condições de uso do sistema, proibição de captação de sons, salvo quando haja perigo concreto para a segurança das pessoas e bens, espaço físico

---

[55] A. CASTANHEIRA NEVES, "O princípio da legalidade criminal", in *Digesta*, Coimbra Editora, 1995, Vol. I, p. 353.

[56] Quanto à concepção legal de **tratamento de dados pessoais** – "qualquer operação ou conjunto de operações sobre dados pessoais, efectuadas com ou sem meios automatizados, tais como a recolha, o registo, a organização, a conservação, a adaptação ou alteração, a recuperação, a consulta, a utilização, a comunicação por transmissão, por difusão ou por qualquer outra forma de colocação à disposição, com comparação ou interconexão, bem como o bloqueio, apagamento ou destruição" – al. *b*) do art. 3.º da Lei n.º 67/98, de 26 de Outubro, e de **responsável pelo tratamento de dados** – "a pessoa singular ou colectiva, a autoridade pública, o serviço ou qualquer outro organismo que, individualmente ou em conjunto com outrem, determine as finalidades e os meios de tratamento dos dados pessoais; sempre que as finalidades e os meios do tratamento sejam determinados por disposições legislativas ou regulamentares, o responsável pelo tratamento deve ser indicado na lei de organização e funcionamento ou no estatuto da entidade legal ou estatutariamente competente para tratar os dados pessoais em causa" – al. *d*) do art. 3.º da Lei n.º 67/98, de 26 de Outubro.

susceptível de gravação, tipo de câmara e características técnicas e período de tempo autorizado]. O elemento formal e, simultaneamente, material é a **fundamentação** do requerimento para uso de câmaras de vídeo e da decisão de autorização, para que não só se garanta a legalidade da actividade, mas também se defenda os direitos dos cidadãos[57].

Quanto aos pressupostos formais a *jusante* da decisão de autorização cabe à força ou ao serviço de segurança usufrutuário das câmaras proceder:

* a **informações ao público** da existência de câmaras de vídeo naquele local, dos fins da captação das imagens e sons, do responsável pelo tratamento dos dados recolhidos – conforme art. 4.º da Lei n.º 1/05;
* o **registo documentado** – conservação e tratamento – **dos dados**[58] **captados** durante um mês, excepto se for registo da prática de crime, assim como a **documentação da eliminação ou destruição dos dados** – auto de destruição – como forma de permitir o controlo e fiscalização da actividade da força ou serviço de segurança – art. 9.º e 12.º da Lei n.º 1/05;
* a **introdução da autorização no registo público** das instalações das câmaras de vídeo autorizadas – art. 12.º da Lei n.º 1/05;

---

[57] Neste sentido o Ac. do STA de 5 de Maio de 1983, prescrevia que "o dever de fundamentar obriga a que o órgão competente pondere a sua decisão e funcione não só como garante de legalidade da actividade da Administração, mas também como meio de defesa dos direitos dos Administrado". Cfr. MANUEL M. G. VALENTE, *Da Publicação da Matéria de Facto nos Processos Disciplinares*, Edição do ISCPSI, 2000, p. 46. Pois, a fundamentação facilita a fiscalização das decisões e obriga as instâncias decisoras a um autocontrolo – REINHOLD ZIPPELIUS, *Op. Cit.*, p. 390.

[58] Quanto à concepção de **dados pessoais** – "qualquer informação, de qualquer natureza e independentemente do respectivo suporte, incluindo som e imagem, relativa a uma pessoa singular identificada ou identificável («titular dos dados»); é considerada identificável a pessoa que possa ser identificada directa ou indirectamente, designadamente por referência a um número de identificação ou a um ou mais elementos específicos da sua identidade física, fisiológica, psíquica, económica, cultural ou social" – al. *a*) do art. 3.º da Lei n.º 67/98, de 26 de Outubro. Quanto ao **ficheiro de dados pessoais** ou **ficheiro** – "qualquer conjunto estruturado de dados pessoais, acessível segundo critérios determinados, quer seja centralizado, descentralizado ou repartido de modo funcional ou geográfico" – al. *c*) do art. 3.º da Lei n.º 67/98, de 26 de Outubro.

* a **comunicação da notícia do crime** à AJ, por meio de auto de notícia e junção da fita ou suporte original das imagens e sons, sempre que as câmaras captem e gravem a sua ocorrência – n.º 1 do art. 8.º da Lei n.º 1/05 e art. 248.º e 243.º do CPP.

Acresce que poder-se-á verificar o **despacho fundamentado de revogação ou de suspensão** da autorização de uso de câmaras de vídeo – n.ºˢ 5 e 6 do art. 5.º da Lei n.º 1/05 – e que a **recusa de aceder aos dados** captados e registados **carece de ser fundamentada** em pressupostos de constituição de «perigo para a defesa do Estado ou para a segurança pública, ou quando seja susceptível de constituir uma ameaça ao exercício dos direitos e liberdades de terceiros[59] ou, ainda, quando esse exercício prejudique a investigação criminal em curso" – n.º 2 do art. 10.º da lei n.º 1/05.

II. Quanto aos **pressupostos materiais** a *montante*, há a referir «a existência de **riscos objectivos** para a segurança e ordem públicas» [n.º 5 do art. 7.º da Lei n.º 1/05], não ofensa a direitos fundamentais pessoais – reserva da intimidade da vida privada, a palavra, a imagem – [n.ºˢ 4, 6 e 7 do art. 7.º da Lei n.º 1/05 e art. 26.º da CRP], **incapacidade dos recursos humanos policiais e de meios menos onerosos para os direitos dos cidadãos** prosseguirem a função de segurança e ordem pública e prevenção criminal sem o recurso a câmaras de vídeo [art. 2.º, art. 3.º - necessidade de autorização –, *a contrario* n.º 2 do art. 7.º da Lei n.º 1/05], **meio idóneo e adequado à prossecução das finalidades** de manutenção da segurança e ordem públicas, incluindo pessoas e bens privados, e de prevenção da prática de crimes [n.ºˢ 1, 2, 3 e 5 do art. 7.º da Lei n.º 1/05]. A *jusante* impõe-se materialmente que a entidade requerente proceda, após um mês, à **destruição das imagens e sons que gravou e registou**– *a contrario* n.º 1 do art. 9.º da Lei n.º 1/05 –, que guarde **sigilo** do conhecimento obtido *ratione officii* – n.º 2 do art. 9.º da Lei n.º 1/05

---

[59] Quanto à concepção de terceiro – "a pessoa singular ou colectiva, a autoridade pública, o serviço ou qualquer outro organismo que, não sendo o titular dos dados, o responsável pelo tratamento, o subcontratante ou outra pessoa sob autoridade directa do responsável pelo tratamento ou do subcontratante, esteja habilitado a tratar os dados" – al. *f)* do art. 3.º da Lei n.º 67/98, de 26 de Outubro.

– e promova **as medidas cautelares e de polícia** atinentes à preservação e conservação dos meios de prova reais e pessoais sempre que haja a captação da ocorrência de um crime – n.º 1 do art. 8.º da Lei n.º 1/05 e 249.º e ss. do CPP.

Adite-se que o princípio da legalidade será posto em causa quando a(s) razão(ões) que fundamentaram o requerimento e a autorização da utilização das câmaras se extinguirem quer com o tempo quer com a identificação e responsabilização dos autores dos actos que motivaram a insegurança e a desordem públicas.

γ. *Do princípio da proporcionalidade*

Ancorado na ideia basilar de que a restrição de direitos fundamentais deve obediência ao **princípio da proporcionalidade** *lato sensu* ou **da proibição do excesso**[60] – que se apresenta como limite dos poderes da polícia, que não podem ser exercidos e usados além do estritamente necessário[61] –, cuja expressão se encontra no n.º 1 do art. 7.º da Lei n.º 1/05. Pois, somos da opinião de que não era necessário prescrever em um preceito a subordinação da utilização das câmaras de vídeo ao princípio da proporcionalidade, por a hermenêutica jurídica impor que se interpretasse os artigos 1.º e 2.º da Lei n.º 1/05 – e todo o diploma – de acordo com o art. 18.º da CRP. A restrição dos direitos fundamentais dos cidadão não podem ser restringidos sem a aferição, quer no plano legiferante que no plano da interpretação e de aplicação da lei, do princípio da proporcionalidade – n.º 2 do art. 18.º e n.º 2 do art. 266.º da CRP. Todavia, o legislador optou por não descurar a prescrição legal.

O **juízo de proporcionalidade** estipulado no n.º 1 do art. 7.º não se esgota no momento da decisão de autorizar ou não a utilização de câmaras de vídeo, mas deve ser aferido no momento da elaboração do requerimento pelo dirigente máximo da força ou serviço de segurança ou do presidente da câmara e ao longo do período de utilização,

---

[60] Quanto ao princípio da proporcionalidade *lato sensu* ou da proibição do excesso, MANUEL M. G. VALENTE, *Teoria Geral...* – Tomo I, pp. 91-98 e toda a bibliografia aí exposta, e REINHOLD ZIPPELIUS, *Op. Cit.*, pp. 385, 389-390.

[61] Quanto a este assunto MARCELLO CAETANO, *Op. Cit.*, Vol. II, pp. 1158-1159.

principalmente pela força ou serviço de segurança que está a fazer uso deste sistema de segurança, e, ainda, pela fiscalização e controlo do uso de videovigilância por aqueles serviços públicos de segurança.

A utilização de câmaras de vídeo fixas e/ou portáteis rege-se pelo principio da proporcionalidade *lato sensu* ou da proibição do excesso na sua tríplice vertente: o uso da câmara de vídeo deve-se mostrar como **o meio concretamente mais adequado** à prossecução da manutenção da segurança e ordem públicas e da prevenção da prática de crimes em um dado local público de utilização comum [n.º 2 do art. 7.º conjugado com o art. 1.º da Lei n.º 1/05], *i. e.*, se a utilização das câmaras se presumir que não é o mais adequado – ou se posteriormente se verificar da sua inadequação à finalidade – não deve ser autorizada – *p. e.*, se com a instalação de câmaras de vídeo em estabelecimentos comerciais da Rua *Y* a insegurança e a desordem e a prática de crimes imperam, não será por se colocar câmaras na Rua *Y* que o cenário se alterará, o que demonstra, desde logo uma inadequação da videovigilância; não basta que o uso da câmara de vídeo seja conveniente, pois deve ser **exigível e/ou necessária ou indispensável** – "no sentido do meio mais suave ou menos restritivo que precise de ser utilizado para atingir o fim em vista"[62] – para a prossecução das finalidades legais admissíveis [al. *d*) do n.º 1 do art. 5.º da Lei n.º 1/05] – *p. e.*, se a opção por colocar dois elementos policiais na Rua *Y* promover um clima de segurança e ordem públicas e de prevenção da prática de crimes capaz de se obter o bem estar social, a utilização das câmaras de vídeo denota um excesso por ser desnecessária e não exigível; a par da necessidade temos de ter em conta a **subsidiariedade** do meio a usar na manutenção da segurança e ordem públicas e na prevenção da prática de crimes, *i. e.*, o recurso às câmaras de vídeo deve obedecer ao princípio da subsidiariedade por ser um meio que ofende direitos fundamentais pessoais – desde logo, o direito à imagem –, pois só depois de esgotados outros meios menos gravosos para os direitos dos cidadãos – *p. e.*, presença intermitente e/ou permanente policial na Rua *Y* – é que se pode fundamentar a necessidade e a conveniência da

---

[62] JORGE REIS NOVAIS, *As Restrições aos Direitos Fundamentais não Expressamente Autorizadas pela Constituição*, Coimbra Editora, Coimbra, 2003, p. 741.

utilização da câmara de vídeo; todavia, não basta que se verifiquem, apenas, estes corolários da proibição do excesso, sendo imperioso, até por imposição legal, que se concretize a **proporcionalidade stricto sensu** – que de entre os meios possíveis e a finalidade a prosseguir no caso concreto, tendo em conta «os riscos objectivos para a segurança e ordem públicas», a utilização das câmaras de vídeo e a finalidade a prosseguir se mostrem situadas em uma justa e proporcional medida, ou seja, tem de existir uma proporcionalidade quer quanto à finalidade de manutenção de segurança e ordem públicas e/ou de prevenção da prática de crimes quer quanto à ofensa de bens jurídicos pessoais de tutela jurídico-constitucional e jurídico-criminal – como se retira dos n.os 3, 4, 6 e 7 do art. 7.º da Lei n.º 1/05.

A extinção dos pressupostos da adequação, da necessidade, da subsidiariedade e da proporcionalidade *stricto sensu* impõe que a autorização da utilização das câmaras de vídeo deve ser **suspensa ou revogada,** como se retira do n.º 6 do art. 5.º da Lei n.º 1/05.

δ. Da protecção dos direitos fundamentais

I. A utilização de câmaras de vídeo afecta direitos fundamentais pessoais dos cidadãos, tais como a imagem, a reserva da intimidade da vida privada e familiar e a palavra – de consagração constitucional –, conforme n.º 1 do art. 26.º da CRP. Os direitos fundamentais pessoais constituem um limite imediato e imanente não só à autorização, como também à decisão de requerimento, que deve fazer um juízo de ponderação sobre a prevalência dos direitos pessoais sobre a manutenção da segurança e da ordem públicas e a prevenção da prática de crimes.

O legislador, desde logo, demonstrou que a ofensa grave àqueles direitos fundamentais pessoais são fundamento legal de não autorização das câmaras de vídeo aos prescrever a **proibição expressa** de instalação de câmaras em locais públicos que sejam destinados por natureza a serem fruídos com resguardo – *p. e.*, jardins, onde namorados se encontram e famílias passeiam –, conforme n.º 4 do art. 7.º da Lei n.º 1/05, e ao **vedar a utilização de câmaras** que captem imagens e sons do interior de casa ou de edifício habitado ou sua dependência, excepto se os titulares do direito ou os proprietários consentirem expressamente[63] ou se houver autorização judicial, e que afectem, directa e imediatamente, «a intimidade das pessoas, ou resulte na gravação de conversas de natureza pessoal», conforme n.ºˢ 6 e 7 do art. 7.º da Lei n.º 1/05.

Acresce que se, por *acidente*, as câmaras de vídeo captarem imagens e sons do interior de casa ou de edifício habitado ou sua dependência ou afectarem, directa e imediatamente, a reserva da intimidade das pessoas ou resultarem na gravação de conversas de natureza pessoal, o responsável pelo sistema deve de imediato **destruir as captações e gravações indevidas**[64] – *ex vi* do n.º 8 do art. 7.º da Lei n.º 1/05.

II. Como corolário de garantia e de defesa dos direitos fundamentais pessoais a afectar com as câmaras, recai o ónus sobre a entidade requerente de afixar nos locais de instalação do sistema de videovigilância informação da sua existência, da sua finalidade e do responsável pelo tratamento dos dados – conforme art. 4.º da Lei n.º 1/05. Promove-se o **direito de informação** prescrito no art. 10.º da Lei n.º 67/98, de 26 de Outubro, que se aplica ao sistema de videovigilância *ex vi* do n.º 3 do art. 4.º da Lei n.º 67/98, de 26 de Outubro, que pode, nos termos do n.º 5 do art. 10.º da Lei n.º 67/98, de 26 de Outubro, ser **vedado** por disposição legal – que diga "respeito a interesses constitucionalmente protegidos, como por exemplo a segurança nacional, a segurança pública e a prevenção ou investigação criminal"[65] – ou por deliberação da CNPD, fundada em

---

[63] Quanto ao consentimento a prestar, somos da opinião que se deve seguir a posição por nós defendida no âmbito das revistas e das buscas, em que deve ser o titular do direito afectado – *in casu*, a imagem e a palavra – que deve prestar o consentimento e não só o proprietário, sob pena da disponibilidade do direito pessoal poder *ex lege* passar para outrem. [Cf. MANUEL M. G. VALENTE, *Revistas e Buscas*, 2.ª Edição, Almedina, Coimbra, 2005, pp. 119-130]. Pode-se conceber o consentimento do titular dos dados como "qualquer manifestação de vontade, livre, específica e informada, nos termos da qual o titular aceita que os seus dados pessoais sejam objecto de tratamento" – nos termos da al. *h*) do art. 3.º da Lei n.º 67/98, de 26 de Outubro.

[64] Optamos por considerar essas captações e gravações indevidas por serem obtidas por acidente e não por violação do princípio da legalidade, caso contrário serão ilegais e ilícitas.

[65] ALEXANDRE SOUSA PINHEIRO e MARIO JOÃO DE BRITO FERNANDES, *Comentário à IV Revisão Constitucional*, AAFDL, Lisboa, 1999, p. 137.

motivos de segurança do Estado e de prevenção ou de investigação criminal.

Ancorado na ideia de fiscalização e controlo pelos lesados da utilização de câmaras de vídeo, os cidadãos têm, por imperativo constitucional – art. 35.º da CRP –, o **direito ao conhecimento**[66] dos dados pessoais tratados e registados – que deve ser exercido perante o responsável pelo tratamento dos dados captados de forma directa ou por meio da CNPD [n.º 3 do art. 10.º da Lei n.º 1/05 e n.º 2 do art. 11.º da Lei n.º 67/98, de 26 de Outubro]–, que se desdobra em:

i. o **direito de acesso** aos dados captados, tratados e registados – art. 10.º da Lei n.º 1/05, art. 11.º da Lei n.º 67/98, de 26 de Outubro[67] e n.os 2 e 5 do art. 35.º da CRP.

ii. o **direito ao conhecimento da identidade** dos responsáveis pela captação e tratamento dos dados e **da finalidade** da instalação das câmaras de vídeo – als. b) e c) do art. 4.º e al. c) do n.º 1 do art. 5.º da Lei n.º 1/05;

iii. os **direitos de contestação ou de rectificação e de actualização e de eliminação** dos dados obtidos pelas câmaras de vídeo – n.º 1 do art. 35.º da CRP e n.º 1 do art. 10.º da Lei n.º 1/05;

iv. **direito à destruição dos dados** após um mês da sua captação – *a contrario* n.º 1 do art. 9.º da Lei n.º 1/05 –, que entronca na ideia de protecção dos direitos fundamentais pessoais possíveis de serem afectados.

O direito à **tutela jurídico-criminal** da ofensa aos direitos fundamentais pessoais encontra-se previsto no art. 11.º da Lei n.º 1/05 – se a câmara de vídeo for utilizada sem respeito pelos pressupostos legais prescritos neste diploma, o funcionário pode ser punido pelos

---

[66] Quanto a este assunto GOMES CANOTILHO e VITAL MOREIRA, *Op. Cit.*, p. 216 e ALEXANDRE SOUSA PINHEIRO e MARIO JOÃO DE BRITO FERNANDES, *Op. Cit.*, pp. 135-138. Com maior aprofundamento, MANUEL M. G. VALENTE, *Teoria Geral...* – Tomo I, pp. 362-364.

[67] O legislador optou por prescrever a negação de acesso e não seguir a disposição da Lei n.º 67/98, de 26 de Outubro, que impôs que «se a comunicação dos dados ao seu titular puder prejudicar a segurança do Estado, a prevenção ou a investigação criminal ou ainda a liberdade de expressão e informação ou a liberdade de imprensa, a CNPD limita-se a informar o titular dos dados das diligências efectuadas», conforme n.º 4 do art. 11.º.

crimes de devassa da vida privada, crime p. e p. pelo art. 192.º do CP[68] e de gravações e fotografias ilícitas, crime p. e p. pelo art. 199.º do CP[69].

ε. Do parecer negativo da CNPD

O **parecer negativo da CNPD**[70] é, também, um limite à utilização das câmaras de vídeo, por vincular de imediato a decisão do membro do governo que tutela a força ou serviço de segurança requerente no sentido de não autorizar o recurso à videovigilância para os fins de segurança e ordem pública e de prevenção da prática de crimes – *ex vi* n.º 2 do art. 3.º da Lei n.º 1/05.

d. *Do tratamento das imagens e sons captados e gravados*

I. O tratamento de dados[71] – imagens e sons captados e gravados por câmaras de vídeo fixas e portáteis – onera os responsáveis pela utilização deste meio técnico, para que se possam operativizar os direitos ao conhecimento e de acesso aos mesmos, a respeitarem e concretizarem determinados princípios[72] que emergem de comandos constitucionais – *maxime*, artigos 18.º, 35.º e 266.º da CRP.

Desta feita, a operatividade dos direitos de conhecimento, de acesso, de contestação, de rectificação, de actualização, de eliminação

---

[68] Quanto a este assunto, MANUEL M. G. VALENTE, *Da Publicação da Matéria de Facto...*, pp. 77-88, MANUEL DA COSTA ANDRADE, "Devassa da Vida Privada", *in Comentário Conimbricense ao Código Penal – Parte Especial*, (Dirigido por JORGE DE FIGUEIREDO DIAS), Coimbra Editora, 1999, Tomo I, pp. 725-742.

[69] Quanto a este assunto, MANUEL M. G. VALENTE, *Da Publicação da Matéria de Facto...*, pp. 89-91 e MANUEL DA COSTA ANDRADE, "Gravações e fotografias ilícitas", *in Comentário Conimbricense ao Código Penal – Parte Especial*, (Dirigido por JORGE DE FIGUEIREDO DIAS), Coimbra Editora, 1999, Tomo I, pp. 817-845.

[70] Com maior desenvolvimento, MANUEL M. G. VALENTE, *Teoria Geral...*, p. 364.

[71] Quanto a este assunto com maior aprofundamento, MANUEL M. G. VALENTE, *Teoria Geral...*, pp. 364-367.

[72] Seguimos os princípios especificados por GOMES CANOTILHO e VITAL MOREIRA, *Op. Cit.*, p. 216.

e de destruição dos dados pessoais só é possível – até para uma melhor fiscalização e controlo pelo visado – com a criação de um registo informatizado, cujo acesso seja limitado e cujo processo de tratamento e de registo obedeça aos princípios:

i. da **publicidade** – materializado no art. 4.º, no n.º 1 do art. 5.º e no art. 11.º da Lei n.º 1/05;
ii. da **justificação social** – materializado no art. 2.º, n.º 1, na al. *d)* do n.º 1 do art. 5.º e nos n.ºs 2 e 5 do art. 7.º da Lei n.º 1/05;
iii. da **transparência ou da clareza dos registos** – materializado no art. 4.º, nos n.º 1, als. *b), c), e), f), g)* e *h)* e n.º 3, als. *b)* e *e)*, art. 9.º e art. 12.º da Lei n.º 1/05;
iv. da **especificação de finalidades** – materializado na al. *b)* do art. 4.º, retira-se da al. *d)* do n.º 1 do art. 5.º e do n.º 3 do art. 7.º da Lei n.º 1/05;
v. da **limitação ou da proibição do excesso de captação e gravação** – materializado na al. *d)* do n.º 1 e na al. *b)* do n.º 3 do art. 5.º e n.ºs 2, 3 e 5 do art. 7.º da Lei n.º 1/05;
vi. da **fidelidade** – materializado nos artigos 9.º, 10.º, 11.º da Lei n.º 1/05;
vii. da **limitação de utilização** – materializado *a contrario* no n.º 6 do art. 5.º e no art. 11.º da Lei n.º 1/05;
viii. das **garantias de segurança** – materializado na al. *f)* do n.º 1 e al. *b)* do n.º 3 do art. 5.º, n.º 1 do art. 9.º e n.º 2 do art. 10.º da Lei n.º 1/05;
ix. da **responsabilidade** – materializado na al. *c)* do art. 4.º, na al. *c)* do n.º 1 do art. 5.º, no n.º 2 do art. 9.º e art. 11.º da Lei n.º 1/05;
x. da **política de abertura** – princípio materializado no n.ºs 1 e 3 do art. 5.º, no art. 10.º e no art. 12.º da Lei n.º 1/05;
xi. da **limitação do tempo** – materializado no n.ºs 4, 5 e 6 do art. 5.º, no n.º 1 do art. 9.º e no art. 12.º da Lei n.º 1/05.

II. Esta panóplia de princípios atinentes à prossecução da captação de imagens e/ou sons e respectivo tratamento têm como objectivo exclusivo a protecção dos direitos fundamentais pessoais dos cidadãos e uma actuação administrativa policial dentro do quadro da legalidade democrática.

O tratamento dos dados – imagens e/ou sons captados pelas câmaras de vídeo fixas ou portáteis – deve seguir o regime jurídico prescrito nos artigos 5.º a 9.º da Lei n.º 67/98, de 26 de Outubro:

i. o tratamento deve **ser lícito e respeitar a boa fé**, compatível, adequado, pertinente com as finalidades, exactos e actualizados – nos termos do n.º 1 do art. 5.º[73];

ii. no caso em análise, o tratamento *carece de consentimento do titular* dos dados ou deve *ser necessário* para a execução de uma missão de interesse público ou para o exercício de autoridade pública em que esteja investido o responsável pelo tratamento ou para comunicação a terceiro, nos termos da al. *d)* do art. 6.º;

iii. são **proibidos tratamentos** e dados pessoais referentes a *convicções filosóficas ou políticas, filiação partidária ou sindical, fé religiosa, vida privada e origem racial ou étnica*, saúde e vida sexual, incluindo os dados genéticos[74] – n.º 1 do art. 7.º –, **excepto**, neste caso, se houver **autorização judicial** fundamentada ou **se o titular dos dados der o seu consentimento expresso** para esse tratamento – n.º 2 do art. 7.º – ou se for para "protecção do titular dos dados ou de uma outra pessoa e o titular dos dados estiver física ou legalmente incapaz de dar o seu consentimento – conforme n.ºˢ 3 e 4 do art. 7.º[75].

iv. Quanto a imagens e/ou sons que indiciem a prática de actos ilícitos – crimes [a par dos procedimentos prescritos no art. 8.º da Lei n.º 1/05], contra-ordenações, disciplinares – só podem

---

[73] O tratamento de dados informáticos implica, como afirma JOCHEN SCHNEIDER, riscos que impõem "novas tarefas e discussões relativas à ética da informática". JOCHEN SCHNEIDER,"Processamento electrónico de dados – Informática jurídica", in *Introdução à Filosofia do Direito e à Teoria do Direito Contemporâneo*, (coordenção de A. KAUFMANN e de W. HASSEMER), (tradução de MARCOS KEEL e de MANUEL SECA DE OLIVEIRA), Fundação Calouste Gulbenkian, Lisboa, 2002, p. 554.

[74] Itálico nosso. Este preceito concretiza o comando constitucional de que: «A informática não pode ser utilizada para tratamento de dados referentes a convicções filosóficas ou políticas, filiação partidária ou sindical, fé religiosa, vida privada e origem étnica, salvo mediante consentimento expresso do titular, autorização prevista por lei com garantias de não discriminação ou para processamento de dados estatísticos não individualmente identificáveis» - n.º 3 do art. 35.º da CRP.

[75] Quanto a este assunto com maior profundidade, MANUEL M. G. VALENTE, *Teoria Geral...*, pp. 367-368.

ser tratados por serviços públicos de competência específica (PJ, PSP, GNR). Não obstante, entrega ao MP nos termos do art. 8.º da Lei n.º 1/05[76].

v. o n.º 2 do art. 35.º da CPR proíbe a interconexão de ficheiros expecto em casos excepcionais previstos na lei e a Lei n.º 1/05 nada estipula **a interconexão**[77] **imagens e/ou sons** – de dados pessoais – captados e gravados em câmaras diferentes e por forças e serviços de segurança diferentes. Questão que se levanta é saber se aqueles podem fazer interconexão de ficheiros nos termos do art. 9.º da Lei n.º 67/98, de 26 de Outubro: a interconexão carece de **autorização da CNPD** solicitada pelo responsável ou em conjunto pelos correspondentes responsáveis dos tratamentos, devendo ser **adequada à prossecução das finalidades** legais ou estatutárias e de interesses legítimos dos responsáveis dos tratamentos, sem que implique a discriminação ou a diminuição dos direitos, liberdades e garantias dos titulares dos dados, e ainda ser rodeada de adequadas medidas de segurança, tendo em conta o tipo de dados objecto de interconexão. Parece-nos forçoso seguir uma resposta positiva por o comando constitucional prescrever como reserva de lei a previsão de interconexão de ficheiros, previsão inexistente na Lei n.º 1/05.

---

[76] A captação e respectivo tratamento de imagens e sons referentes à investigação de crimes não só deve obedecer ao quadro «necessário para a prevenção de um perigo concreto ou repressão de uma infracção criminal» – n.º 3 do art. 8.º da Lei n.º 67/98, de 26 de Outubro – como a captação e gravação de imagens e de sons estão previstas no art. 167.º do CPP e carecem de autorização judicial. O legislador ordinário especificou quanto a determinados tipos de crime – tráfico de estupefacientes, terrorismo e organizações terroristas, tráfico de armas, corrupção passiva e peculato, branqueamento de capitais, associação criminosa, contrabando, tráfico e viciação de veículos furtados, lenocínio e lenocínio e tráfico de menores e contrafacção de moeda e de títulos equiparados a moeda – o registo de voz e imagem nos termos do art. 6.º da Lei n.º 5/2002, de 11 de Janeiro. Quanto a este assunto, MANUEL M. G. VALENTE, *Escutas Telefónicas...*, pp. 77-78. Quanto a este assunto, MANUEL M. G. VALENTE, *Teoria Geral...*, p. 368.

[77] Como afirmam GOMES CANOTILHO e VITAL MOREIRA, o n.º 2 do art. 35.º proíbe a interconexão de ficheiros, expecto em casos excepcionais previstos na lei, proibição que visa evitar a *concentração* de dados, criando-se o perigo de centralizar e controlar completamente os cidadãos, o *controlo* da vida dos cidadãos pela *polícia* e a multiplicação de ficheiros – que originaria um acumular incontrolável de informações em um número indeterminado de ficheiros. GOMES CANOTILHO e VITAL MOREIRA, *Op. Cit.*, pp. 217-218.

O tratamento de imagens e/ou sons captados e gravados pelas câmaras de vídeo utilizadas no âmbito da Lei n.º 1/05, de 10 de Janeiro, promovido pelas forças e serviços de segurança, deve ter em conta, *ab initio*, o âmbito de aplicação e as finalidades das câmaras de vídeo e, *ad finem*, que os dados a tratar dizem respeito a pessoas dotadas de dignidade.

e. Da captação de imagens e sons de notícia de crime

O art. 8.º da Lei n.º 1/05, de 10 de Janeiro, onera as forças ou serviços de segurança, que utilizem câmaras de vídeo para fins de manutenção da segurança e ordem pública e para prevenção da prática de crimes, à comunicação da notícia de qualquer crime – pois o n.º 1 do art. 8.º prescreve «a prática de factos com relevância criminal» –, independente da natureza do mesmo, ao MP para que dentro do princípio da legalidade, tendo em conta o princípio da oportunidade, promova a acção penal[78]. Contudo, ao MP faltará legitimidade para iniciar o inquérito no caso dos crimes de natureza semi-pública – carece de queixa – e particular – carece de queixa e de acusação particular, devendo o legítimo titular de direito ofertado constituir-se assistente no processo.

A força ou serviço de segurança, que verificar a ocorrência de um crime, deve elaborar auto de notícia – nos termos do art. 243.º do CPP – e junta a fita ou o suporte original das imagens ou sons, assim como deve proceder às medidas cautelares e de polícia que consiga empreender – p. e., identificação do(s) suspeito(s) ou de testemunhas, apreensão de objectos do crime ou que serviram para a sua prática, o exame ao local, a revista ao(s) suspeito(s) e a busca não domiciliária ao local do crime, nos termos dos artigos 249.º, 250.º e 251.º do CPP – assim como proceder, se possível, à detenção dos agentes do crime.

Relevante é a questão das gravações servirem de prova em sede processual – inquérito, pronúncia e julgamento –, por podermos estar

---

[78] Quanto a este assunto e ao que se segue, MANUEL M. G. VALENTE, *Processo Penal* – Tomo I, Almedina, 2004, pp. 185-213. e 269-301.

a legitimar um *modus operandi* das polícias de obtenção de prova que, em sede de processo penal, não é admissível. Somos de opinião de que apenas devem servir de notícia do crime sujeita ao discreteamento próprio de um processo construído na base do contraditório.

§5.º Videovigilância: instrumento de «segurança interna»?

Do exposto podemos aferir que **não se encontra entroncado na ideia central de instrumento directo** a fruir pelas forças e serviços de segurança para a prossecução de garantia da segurança interna.

Dos vários preceitos prescritos na Lei n.º 1/05, de 10 de Janeiro, afere-se que a finalidade a prosseguir com o **recurso excepcional e indispensável** às câmaras de vídeo fixas e portáteis se concretiza na muralha da «manutenção da segurança e ordem públicas» e na «prevenção da prática de crimes» – *i. e.*, na missão crucial de POLÍCIA de segurança e ordem públicas consagrada pelo art. 272.º da CRP.

Bibliografia

AMARAL, Diogo Freitas do, *Direito Administrativo*, Lisboa, 1988, Vol. II.
ANDRADE, José Carlos Vieira de, "Interesse Público", in *Dicionário Jurídico da Administração Pública*, Lisboa, Vol. V.
ANDRADE, Manuel da Costa, *Liberdade de Imprensa e Inviolabilidade Pessoal*, Coimbra Editora, 1996.
—, "Devassa da Vida Privada", in *Comentário Conimbricense ao Código Penal – Parte Especial*, (Dirigido por JORGE DE FIGUEIREDO DIAS), Coimbra Editora, 1999, Tomo I.
—, "Gravações e fotografias ilícitas", in *Comentário Conimbricense ao Código Penal – Parte Especial*, (Dirigido por JORGE DE FIGUEIREDO DIAS), Coimbra Editora, 1999, Tomo I.
CAETANO, Marcello, *Manual de Direito Administrativo*, 7.ª Reimpressão da 10.ª Edição, Almedina, Coimbra, 1990, Vol. I.
—, *Manual de Direito Administrativo*, Almedina, Coimbra, 7.ª Reimpressão da 10.ª Edição, 2004, Vol. II.
CAMPOS, Manuel Fontaine, *O Direito e a Moral no Pensamento de Friedrich Hayek*, UCP – Porto, 2000.
CANOTILHO, Gomes e MOREIRA Vital, *Constituição da República Portuguesa Anotada*, 3.ª Edição, Coimbra Editora, 1993.
CHAMBEL, Élia Marina Pereira, *A Videovigilância em Locais de Domínio Público de Utilização Comum*, ISCPSI (de consulta na Biblioteca), Lisboa, 2000.
CONDE, Francisco Muñoz, *La Ciência del Derecho Penal ante el Nuevo Milenio – Prólogo a la Edición Española*, Tirant lo Blanch, Valencia, 2004.
COSTA, José de Faria, "Os meios de comunicação (correios, telégrafo, telefones ou telecomunicações), o segredo e a responsabilidade penal dos funcionários", in *Direito Penal da Comunicação*, Coimbra Editora, 1998.
DIAS, Jorge de Figueiredo e ANDRADE, Manuel da Costa, *Criminologia, o Homem Delinquente e a Sociedade Criminógena*, Coimbra Editora, 1997.
ESPADA, João Carlos, *A Tradição de Liberdade*, Principia, S. João do Estoril, 1998.
FARIA, Miguel José, *Direitos Fundamentais e Direitos do Homem*, 3.ª Edição, ISCPSI, Lisboa, 2001.
GOUVEIA, Jorge Bacelar, *Novos Estudos de Direito Público*, Âncora Editora, Lisboa, 2002.
HASSEMER, Winfried, *A Segurança Pública no Estado de Direito*, AAFDL, Lisboa, 1995.
KELSEN, Hans, *A Justiça e o Direito Natural*, (tradução de JOÃO BAPTISTA MACHADO), Almedina, Coimbra, 2001.
LARGUIER, Jean, La Procédure Pénale, 4ª Edição, Presses Universitaires de France, 1973.
LISZT, Franz von, *Tratado de Direito Penal*, (tradução de JOSÉ HIGINO DUARTE PEREIRA), Russell, Campinas/SP, 2003, Tomo II.
NEVES, A. Castanheira, "O princípio da legalidade criminal", in *Digesta*, Coimbra Editora, 1995, Vol. I.
NOVAIS, Jorge Reis, *As Restrições aos Direitos Fundamentais não Expressamente Autorizadas pela Constituição*, Coimbra Editora, Coimbra, 2003.
PINHEIRO, Alexandre Sousa e FERNANDES, Mário João de Brito, *Comentários à IV Revisão Constitucional*, AAFDL, Lisboa, 1999.

SCHNEIDER, Jochen, "Processamento electrónico de dados – Informática Jurídica", in *Introdução à Filosofia do Direito e à Teoria do Direito Contemporâneo*, (coordenção de A. KAUFMANN e de W. HASSEMER), (tradução de MARCOS KEEL e de MANUEL SECA DE OLIVEIRA), Fundação Calouste Gulbenkian, Lisboa, 2002.

SILVA, Germano Marques da, Entrevista, in *Revista Polícia Portuguesa*, Ano LXIII, n.º 123, Maio/Junho, 2000.

SOUSA, Rabindranath Capelo de, *O Direito Geral de Personalidade*, Coimbra Editora, 1995.

VALENTE, Manuel Monteiro Guedes, "A crítica", in *Polícia Portuguesa*, Ano LXII (II Série), n.º 115, Jan/Fev99, p. 24.

—, "Será a Polícia uma Minoria", *In Polícia Portuguesa*, Ano LXII, Mai/Jun99, pp.18 e ss..

—, "Videovigilância – Um meio técnico-jurídico eficiente na prevenção e na repressão da Criminalidade nos locais de domínio público de utilização comum", in *Revista Polícia Portuguesa*, Ano LXIII, n.º 123, Março/Abril, 2000, pp. 2 e ss..

—, "Da Publicação da Matéria de Facto das Condenações nos Processos Disciplinares na PSP", in *Polícia Portuguesa*, Ano LXII/ LXIII, números 120/121,Nov/Dez99, Jan/Fev2000, pp. 7 e ss. e pp. 14 e ss..

—, *Da Publicação da Matéria de Facto nos Processos Disciplinares*, Edição do ISCPSI, 2000.

—, *Consumo de Drogas – Reflexões sobre o Novo Quadro Legal*, 3.ª Edição, Almedina, Coimbra, 2006.

—, *Escutas Telefónicas – Da Excepcionalidade à Vulgaridade*, Almedina, Coimbra, 2004.

—, "Enquadramento Jurídico das Polícias Municipais: Do quadro Constitucional ao quadro Ordinário", in *Estudos de Homenagem ao Professor Doutor GERMANO MARQUES DA SILVA*, Almedina, Coimbra, 2004, pp. 249-278.

—, *Processo Penal* – Tomo I, Almedina, Coimbra, 2004.

—, *Peritos e Buscas*, 2.ª Edição, Almedina, Coimbra, 2005.

ZIPPELIUS, Reinhold, *Teoria Geral Do Estado*, (tradução de KARIN PRAEFKE-AIRES COUTINHO), 3.ª Edição, Fundação Calouste Gulbenkian, Lisboa, 1997.

PODER E IDENTIDADE
DESAFIOS DE SEGURANÇA*

CRISTINA MONTALVÃO SARMENTO
Professora da Universidade Nova de Lisboa

Poder e Identidade

A identidade legitimadora está na raiz da noção de sociedade civil, enquanto conjunto de organizações e instituições, bem como uma série de actores sociais estruturados e organizados que, embora às vezes de forma conflitual, reproduzem a identidade que racionaliza as fontes de dominação estrutural. Esta identidade legitimadora é introduzida pelas instituições dominantes da sociedade, no intuito de expandir e racionalizar a sua dominação sobre os actores sociais[1].

Nestes termos, as ideias políticas dominantes, ou a ideologia e a identidade legitimadora que geram, contribuem para proibir certas armas, para legitimar o emprego da força ou para favorecer a cooperação[2], volvendo-se incontornável o estudo no âmbito da ciência política, e, em particular, das ideias que a sustentam, de áreas habitual-

---

* O presente texto corresponde, com alterações, à conferência proferida em Lisboa no dia 6 de Julho de 2005, no Instituto Superior de Ciências Policiais e de Segurança Interna, no II Colóquio sobre Segurança Interna. Retoma e prolonga as considerações do texto publicado no Volume Comemorativo dos 20 anos do Instituto Superior Ciências Policiais e de Segurança Interna.

[1] Às identidades legitimadoras correspondem identidades de resistência e de projecto, confira em Castells, Manuel, *A Era da Informação: Economia, Sociedade e Cultura*, vol. II, *O Poder da Identidade*, Lisboa, Fundação Calouste Gulbenkian, 2003, p. 4.

[2] Katzenstein, Peter J., (ed) *The Culture of National Security. Norms and Identity in World Politics*, New York, Columbia University Press, 1996

mente consideradas mais pragmáticas, como a segurança ou a estratégia, cuja tónica teórica assentou, tradicionalmente, no estudo dos aspectos materiais.

Sabemos hoje que a substituição dos valores dominantes da sociedade civil é um dos processos mais elaborados, do seu domínio activo e passivo[3]. A ideologia, como filtro opaco e circular, transforma e é transformada, pelas ideias com peso social[4], que se constituem em padrões de comportamento político dos indivíduos, e constituem a cultura política duma dada sociedade. A cultura política das complexas sociedades contemporâneas ocidentais, enforma o consenso central, que permite a governabilidade e compõe o discurso legitimador.

Nas actuais sociedades, os governos estão mais em contacto com as populações, através da compreensibilidade da legislação, da continuidade e intensidade da administração, da educação pública até à adolescência, da integração das economias e da maior disponibilidade de produtos culturais que difundem a cultura antes confinada a um círculo estreito no centro[5]. Estes factos, e a consequente politização da população, criam uma comunidade de cultura única.

---

[3] Moreira, Adriano, *Ciência Política*, Coimbra, Livraria Almedina, 1989, p.193. Veja ainda, Bessa, António Marques, *O Trabalho das Ideias*, Lisboa, Instituto Superior de Ciências Sociais e Políticas, 1997, p. 44 e seguintes. Para a noção de circularidade da ideologia confira o clássico de Mannheim, Karl, *Ideologia y Utopia, Introducción a la Sociologia del Conocimiento*, México, Fundo de Cultura Económica, 1993 (1836). Sem prejuízo das contribuições históricas sobre a ideologia de Marx ou Althousser, será no confronto contemporâneo de interpretações assaz distantes como as de Habermas ou Ricoeur que se atingirá o nível de análise da ideologia como integração a que se chega na sua plenitude, em autores como Greetz, em que o acento tónico é posto na estrutura simbólica da acção retomando uma linha que se tinha fracturado após Gramsci, que visionariamente a tinha ligado à captura do poder.

[4] Abercrombie, Nicolas; Hill, Stephen and Turner; Bryan S., *The Dominant Ideology Thesis*, London, Allen & Unwin, 1980.

[5] Ao fazermos referência ao centro, não estamos a referirmo-nos a um fenómeno localizado no espaço mas à zona central da estrutura da sociedade que pertence à esfera dos valores e das crenças. Como Shils descreve e Eisenstadt retoma, "(...) É o centro da ordem dos símbolos, de valores e de crenças que governam a sociedade.(...) mas é também o fenómeno que pertence à esfera da acção. É uma estrutura de actividades, de funções e pessoas, dentro da rede de instituições. É nessas funções que os valores centrais se incarnam e são propostos. Cfra Edward Shils, *Centro e Periferia*, Lisboa, Difel, 1992, p. 53-55. *Alia Lectio*, S. N. Eisenstad, *A Dinâmica das Civilizações, Tradição e Modernidade*, Lisboa, Ed. Cosmos, 1991.

A consciência de que as sociedades possuem centros que se impõem sem ser pela coerção e manipulação, funcionando como um sistema geral de valores, em que um dos principais elementos é a atitude positiva em relação à autoridade estabelecida, permite compreender como a autoridade é o representante da ordem.

Esta ordem[6], implícita no sistema geral de valores, e à luz da qual o sistema de valores se legitima a si próprio, é dotada de potencialidades dinâmicas. Contém acima de tudo a potencialidade de julgamento crítico sobre o seu próprio sistema de valores e o seu sistema institucional. Aqueles que participam no sistema central de valores também sentem a sua posição exterior, o seu afastamento do centro, com uma maior intensidade que os seus antecessores provavelmente não sentiriam. Os mais sensíveis de entre eles são aqueles que os dirigentes sentem mais dificuldade em controlar.

Deste modo, a sociedade torna-se mais propensa ao consenso mas do mesmo modo pode haver uma ligação com os símbolos do sistema central de valores fortemente negativa, sendo frequentemente em redor destas pessoas que se organiza uma oposição ao sistema institucional e de valores central. Pode afirmar-se que as fontes de desordem se encontram em ligações imperfeitas ao sistema central de valores.

Todavia a integração pela autoridade não é exclusiva, pois, os sucessos e insucessos estão ligados à esfera cultural, que é a esfera das convicções e dos padrões, e, das imagens cognitivas da sociedade. Deste modo, a cultura de uma sociedade nunca é partilhada de maneira completamente uniforme por todos os membros dessa mesma sociedade.

Ora, as crenças possuem padrões internos e têm uma estrutura social em que os principais termos de análise são o consenso e

---

[6] Esta consideração do problema da ordem para a construção social é por exemplo manifesta em Eric Voeglin. Quando a ciência política se concentra na análise de sistemas de governo e de poder remete a ordem paradigmática das sociedades para um estatuto ideal e Voeglin foca a sua atenção no que a sociedade tem de substancial. Para Voeglin a verdade da ordem alcançada pela consciência não deve superar a ordem da sociedade concreta, importa antes manter uma relação de tensão entre o paradigma da ordem e as formas políticas históricas. Será a par dos três primeiros volumes de *Ordem e História* (1956--1957), que Voeglin apresenta as suas categorias centrais de ordem e história.

dissenso. O consenso é determinado com e acerca do centro da sociedade a partir do qual é difundida muita da cultura da sociedade.

O sentido de identificação que é essencial ao consenso inclui a auto-identificação com os símbolos do centro[7].

Deste modo, a participação muito mais vasta no sistema central de valores e no sistema institucional, através dos direitos políticos e da comunicação, permite que a massa da população considere como seu o sistema de valores, tornando-se numa parte da sociedade civil, com sensação de responsabilidade moral por observar as regras e partilhar a autoridade.

É certo que a apatia política, frivolidade, vulgaridade, irracionalidade e sensibilidade à demagogia acompanham este fenómeno. Nesta orientação, é sobretudo em torno das classes médias que se estabelece a linha de rumo da evolução das nossas sociedades mas trata-se de uma mistificação que tende a fazer-lhes crer indevidamente no seu próprio poder.

Na medida em que, quando o dissenso em relação ao centro diz respeito a um grande número de questões particulares, a afirmação consensual do centro perde a sua capacidade de controlar o dissenso.

Consequente, é no encontro entre elites que a estrutura intergrupos de crenças se torna particularmente importante para a ordem e desordem de uma sociedade. Porque na grande maioria dos grupos, as crenças são menos salientes nas fileiras que o são na perspectiva das elites. Os padrões dissensuais de crenças são mais frequentemente explícitos, ou seja são mais ideológicos, do que os padrões consensuais que afirmam o sistema central existente.

Uma sociedade extensa e integrada tenderá a possuir indivíduos e grupos que rejeitam o padrão de crenças que animam o consenso dominante e, essas crenças tendem a ser mais sistemáticas e coerentes, na medida em que as crenças gerais que entram em qualquer consenso são vagas e difusas. A emergência do estado liberal moderno com a sua pluralidade de corpos religiosos, com partidos políticos diversos, com separação de poderes e instituições de orientação e controlo de conflitos de classe ou outros conflitos sectoriais, reduziu o número dos elementos valorativos exigidos para a *paz pública*.

---

[7] Para as questões essenciais das relações entre Centro e Periferia ao nível dos valores confira Edward Shils, *Centro e Periferia, op. cit.,* que aqui acompanhámos de perto.

Simultaneamente, o progresso técnico não colocou termo à luta pela repartição de rendimento. E a essência da democracia, combinada com a civilização industrial desenvolve um estado de constante agitação.

Centro e Estabilidade

Vivemos num mundo complexo. Esta tomada da consciência da complexidade é recente, apesar de Teilhard de Chardin, já há algum tempo, ter cativado os espíritos disponíveis, para as suas manifestações. Os nossos antecessores acreditavam que as leis do movimento clássico ou a mecânica quântica eram suficientes para compreender a complexidade do mundo, que assim se tornava naturalmente determinado e determinante do espírito científico. Hoje, chegámos a um mundo em construção, que não é regido por certezas, mas por probabilidades.

Depois do princípio da indeterminação dos fenómenos de Heisenberg, e de uma epistemologia do caos como a de Feyerabend, a existência de um imaginário liberto da utopia europeia da razão, glosado no plano do símbolo, retira o alcance ontológico aos conceitos tradicionais fundadores da ordem[8].

Na nossa tradição cultural, sobretudo em relação ao papel que nós concedemos à cultura, precisamente o da instauração de uma ordem humana a partir do caos, a imagem do caos tem uma força e uma carga de irracionalidade, espontaneamente negativa e inaceitável.[9] A interdependência caótica é anti-cultural, porquanto reside em divorciar a ideia de uma *anarquia positiva* da sua significação própria de *desgoverno*.

O tradicional «simbolismo do centro»[10] leva a que a ausência de centro em parte alguma, a inexistência de indícios no horizonte que possamos assimilar a um ponto de ascensão ou fuga, retire o Ocidente

---

[8] Heisenberg, Werner, *La Nature dans la Physique Contemporaine*, Paris, Gallimard, 1962. Feyerabend, Paul, *Contra o Método*, Lisboa, Relógio D´Água, 1993.

[9] Lourenço, Eduardo, *O Esplendor do Caos*, Lisboa, Gradiva, 2002.

[10] Elíade, Mircea, *Imagens e Símbolos. Ensaio sobre o simbolismo mágico-religioso*, São Paulo, Martins Fontes, 1991, pp. 23-48

do centro da história, que passa a ter tendência para a viver sob a categoria do caos. Não se reconhecendo a si próprio como centro cultural, recusando o euro centrismo, coloca-se, pelo menos parcialmente, a si próprio, enquanto *Ocidente*, em questão.

Neste universo, que já não é um universo de certezas, mas de desconstrução da confiança, surge, paradoxalmente, um princípio de aproximação. Entrámos num tempo de aproximação das ciências. Finalmente, parece possível conciliar os dois ideais que os gregos legaram. Por um lado, a noção de inteligibilidade da natureza, enquanto formação de um sistema de ideias gerais, que sejam coerentes, necessárias e lógicas e em função do qual todos os elementos da natureza possam ser interpretados; E, o da democracia, baseado no pressuposto da liberdade humana, da criatividade e da responsabilidade. Estes dois elementos-chave, aparentemente contraditórios na sua dualidade, integram agora, o *mundo caos*.

Este novo conceito, o já famoso «caos criativo»[11] de Ralf Darendorf, permite compreender como entrámos pela *aldeia global*, conceito sem mais conteúdo que o comunicacional, que tende a compensar a implosão familiar em particular, e em geral, a ausência das instâncias de reconhecimento concreto tradicionais, gerando alternativamente, novas identidades[12].

Numa *comunidade global* as instituições e organizações da sociedade civil, centralizadas e construídas em torno do Estado democrático e do contrato social, tornam-se menos aptas a manter um vínculo com as vidas e valores das pessoas, secando a sua capacidade para produzir as identidades legitimadoras. Os alicerces da segurança pessoal ficam abalados, quando as ideologias emanadas pelas instituições ficam destituídas de significado real.

O desenvolvimento da política simbólica bem como a mobilização em torno de causas «não políticas», parece apontar para a necessidade de novas condições institucionais, culturais e tecnológicas do

---

[11] Ralf Darendorf, *Ensaios sobre o Liberalismo*, Lisboa, Fragmentos, 1993.

[12] Nesta orientação, as teses desenvolvidas por Manuel Castells, *A Era da Informação: Economia, Sociedade e Cultura, vol. II, O Poder da Identidade*, Lisboa, Fundação Calouste Gulbenkian, 2003, pp. 1-79.Este autor acentua como o enraizamento da formação das novas entidades se dá neste contexto cultural, fazendo referência explícita, nomeadamente, às identidades contra a nova ordem global, ambientalistas, às mudanças da família e da sexualidade.

exercício democrático pois tornaram obsoleto o sistema partidário e o actual regime de concorrência política, como mecanismos adequados, de representação política.

Esta reinvenção da sociedade, faz com que os cidadãos continuem cidadãos, mas sem que saibam ao certo a que cidade pertencem, nem a quem pertence essa cidade. Vivemos o fim do território *jacobino* com as suas fronteiras fechadas e governado por um centro. Este descentramento e alargamento da dimensão da cidadania, esta extensão universal, alarga os direitos, mas complica os deveres, gerando instabilidade. A *globalização* sendo naturalmente «boundary eroding»[13] implica a revisão conceptual das noções de fronteira e soberania.

Certamente que o fim do mundo bipolar e o triunfo da economia de mercado não instalaram em definitivo, o caos a que nos reportamos. Mas alteraram com uma intensidade desconhecida, as normas e reflexos do mundo estruturado segundo o esquema do conflito e do antagonismo[14], criando a sensação de um paraíso de nomadismo universal, com a consequente perda de identidade legitimadora das instâncias tradicionais.

Segurança e Expectativas

A generalizada aceitação da ideia que o mundo actual se caracteriza por um ambiente infinitamente complexo e caótico, obrigou a moderna teoria dos sistemas a caracterizar a «segurança», como «expectativa», ou seja, como uma relação cognitiva com o futuro, com o expectável. Os sistemas sociais, para não submergirem na complexidade, criam expectativas de segurança e estas são conseguidas a partir da construção de identidades. As identidades surgem como meios de estabilizar as expectativas ao longo do tempo.

---

[13] Veja sobre este conceito Albert, Mathias ,« Security as a Boundary Function: Changing, Identities and Securitization in World», *The International Journal of Peaces Studies*, Vol.3, Nº 1, 1998.

[14] Booth, Ken (ed.) *Statecraft and Security – The Cold War and Beyond*, Cambridge, Cambridge University Press, 1998. Com múltiplos artigos essenciais, confira em particular do autor, «Cold Wars and the Mind», p. 338-355.

O que nos encaminha para o esforço de conhecer, a forma e os processos através dos quais, as identidades são construídas de forma simbólica, sublinhando o seu papel na redefinição de segurança, do político, e por conseguinte do Estado. Porque convém não esquecer que a definição do Estado, resulta do argumento em que se baseia a institucionalização do político: isto é, a segurança.

Tradicionalmente, o conceito de segurança está ligado a um acto ofensivo, ou acontecimento, que afecte significativamente os objectivos políticos do Estado, em termos que colocam em causa a sua sobrevivência como unidade política. Em geral, e desde a Revolução Francesa, em particular, a imagem da segurança como objectivo do Estado e, na prática, como bem colectivo, associou a segurança do individuo à própria segurança do Estado.

Esta imagem da segurança, inicialmente legada por autores como Maquiavel, Hobbes ou Fichte, alicerçada mais tarde pelos trabalhos de autores como Clausewitz, está historicamente associada a vários alicerces analíticos.

A unidade de análise considerada é por excelência o Estado unitário e a segurança nacional (defesa da soberania, da integridade territorial, dos valores e interesses do Estado) é o principal nível de segurança considerado.

Em contrapartida, a sociedade internacional é considerada anárquica, o conflito interestadual, o tipo dominante de conflito, e quer a força militar, quer a diplomacia, são os principais meios de providenciar a segurança do Estado. Donde decorre que a política externa é tradicionalmente uma política de segurança político-militar.

A segurança «externa» consagrou-se em matrizes diametralmente opostos à segurança «interna», gerando no seio do conceito, a sua própria divisão. Esta desmultiplicação do conceito e da ideia de segurança, está hoje, posta em questão[15].

A ocupação do centro simbólico do nosso mundo por um criticismo e individualismo que tem como potência da universalidade

---

[15] Veja por exemplo, entre outros, Brandão, Ana Paula, «Segurança: um conceito contestado em debate», *Informações e Segurança, Estudos em Homenagem ao General Pedro Cardoso*, Lisboa, Prefácio, 2004, pp.37-57.Booth, Ken, *Teorias e práticas da Segurança no Séc. XX: Sequência histórica e Mudança Radical*, Lisboa, Nação e Defesa, 99:2, pp.19-50.

o culto dos *Direitos Humanos*, como modelo da ordem ideológica e simbólica, ocupando o lugar que a religião, outrora, a ciência, no século XIX, a ideologia totalitária, no XX, preencheram, transformou a segurança, na segurança humana. Esta deve caminhar para além da defesa armada dos territórios e a ameaça é entendida como qualquer acontecimento ou processo que leva à perda de vida ou a reduções de expectativas de vidas humanas em larga escala[16].

No entanto, pese embora esta conjuntura, que vai criando importantes traços estruturais inelutáveis[17], a maioria das políticas de segurança nacionais e internacionais ainda se baseia no clássico centro estável, o Estado, recorrendo à fórmula do Estado Nação Moderno.

Muitos analistas vêem imputando à globalização o aumento de níveis de insegurança[18]. Esta visão toma por pressuposto que antes do fenómeno da globalização existiam ligações robustas entre espaço e identidade nacional. A globalização ao varrer as identidades, destrói as estruturas identitárias, desloca pessoas e homogeneíza a cultura para fins de mercado, eliminando as diferenças entre as culturas espacialmente definidas, que antes constituíam as denominadas «culturas nacionais».

Todavia, quando falamos na destruição de identidades, importa referir que a derrapagem se processa sobretudo no domínio das identidades nacionais e não no que concerne às identidades em si.

A edificação do Estado soberano, concebido como o detentor legítimo do monopólio dos instrumentos de violência organizada foi sempre legitimada pela necessidade de segurança das pessoas.

Historicamente, uma consciência étnica e uma identidade étnica têm sido contingentes de um elevado nível de comunicação e de interacção entre os indivíduos de um grupo, sobretudo a nível local e regional o que lhe forneceu uma dimensão espacial.

Na construção política das sociedades modernas, a introdução do conceito de *nação*, criou um ponto de convergência para a identi-

---

[16] Sobre esta matéria, veja um interessante artigo relacionado. Braithwaite, Valerie, «Preface: Collective Hope», *The Annals of American Academy of Political and Social Science*, 2004, 592, pp.6-15.

[17] Linklater, Andrew, «The problem of Harm in World Politics: Implications for the Sociology of States-Systems», *International affairs*, 78:2, pp. 319-338.

[18] Booth, Ken, «Conclusion: Security within Global Transformation?», in *Statecraft and Security, Op.Cit.*, pp.338-355.

dade étnica, mas simultaneamente divorciou-se da comunicação directa com a comunidade. Com a «identidade nacional», construída a partir do conceito de «nação» e da sua associação ao *Estado*, a sociedade passou a ser definida somente em relação ao Estado Nação[19], e a segurança acompanhou este movimento.

Entretanto a identidade só se constitui, efectivamente, através da interiorização pelo sujeito de um conjunto de valores processado de acordo com a linguagem do sistema social em que se insere.

Concomitantemente, as repercussões da globalização e da reestruturação do capitalismo fomentam a fragmentação da identidade legitimadora, que foi construída pelos processos de centralização do poder desde a institucionalização do Estado Moderno. Factores como a desorganização das estruturas produtivas tradicionais, a instabilidade do emprego, a desigualdade social e a inviabilização do Estado-providência, comprometem a legitimidade das organizações da sociedade civil, que estruturaram a identidade nacional.

Simultaneamente, a exclusão de grandes sectores da população do sistema global, despoleta processos de mobilização social através dos quais, os sujeitos resistem ao processo de individualização e de atomização, agrupando-se em organizações comunitárias ou corporativas que originam identidades defensivas que lutam pela construção de focos de estabilidade e de expectativas, e que por resistência, implicam uma diminuição do poder do Estado.

Todavia o Estado-Nação não é um mero espectador, submetido à lei da persistência do poder, luta para garantir a sua sobrevivência[20]. Ao nível externo, supra-estadual, através da colaboração com outros Estados e ao nível interno, infra-estadual, através de processos de regionalização administrativa, delega o seu poder em administrações locais e regionais, donde resultam níveis multidimensionais de actuação do poder[21].

---

[19] Snyder, Jack and Ballantine, Karen, «Nationalism and The Marketplace of Ideas», *International Security*, 21.2, pp.5-40.

[20] Cox, Robert W. (1981) «Social Forces, States and World Ordres: Beyond International Relations Theory», *Millennium: Journal of International Studies*, 10:2, pp.126-155.

[21] Sobre os vários níveis consulte, Waever, Ole, «The EU as a Security Actor: Reflections from a Pessimistic Constructivist on Post-Sovereign Security Orders», in

No nível interno, a delegação de poder ao nível das administrações locais e regionais aproxima a governação da comunidade mas afasta-a simultaneamente. As elites regionais e locais apropriam-se dos meios de produção simbólicos e reproduzem fenómenos de dominação, levando os indivíduos que não se revêem na identidade dominante a recorrer à administração central. Todavia, esta está ausente das questões locais, pois procura, ao nível externo, a agregação de esforços para controlar os elementos geradores de incerteza ao nível global, o que gera novas identidades de resistência ao nível local[22].

Em suma, no contexto actual, a identidade pode já não ser construída em torno do conceito de Estado ou de uma identidade legitimadora dele resultante, mas pela agregação de interesses sociais e sectoriais que resultam na formação de múltiplas identidades de resistência reconstruídas a partir de experiências e expectativas partilhadas, geradoras de segurança.

A política de segurança, enquanto reafirmação do Estado, fundado num centro a partir do qual as forças da autoridade, ordem e identidade combatem a anarquia, o caos e a diferença, encerrando em si aqueles que pertencem ao contexto, e fechando fronteiras aos que não pertencem ao quadro normativo pré-estabelecido, podem ser inadequados, às complexidades dos sistemas sociais actuais.

Desafios de Segurança

A reconceptualização da segurança obriga ao reconhecimento da presença de estranhos, como elemento definidor das actuais sociedades. Estes, os que não se identificam com os discursos identitários

---

Morten Kelstrup and Michael C. Willians , (eds) *International Relations Theory and The Politics of European Integration: Power, Security and Community*, London, Routledge, 2000, pp. 250-294.

[22] Para esta construção confira a já citada obra de Manuel Castells e ainda, noutra orientação, mas com os mesmos resultados, Held, David, «The Transformation of Political Community: Retinking Democracy in The Context of Globalization», in Nigel Dower and John Williams (ed), *Global Citizenship – A Critical Reader*, Edinburgh, Edinburgh University Press, 2002.

dominantes, representam um vasto número de ameaças que não são passíveis de serem percepcionadas através de um conceito de segurança centrada no Estado.

Escolas Europeias, em que se destaca o Instituto de Investigação para a Paz de Copenhaga[23], ao debruçarem-se sobre os conceitos de "Estado" e "nação"[24], reconhecem que estes, não são hoje, na maioria dos países ditos ocidentais, sinónimos equivalentes ao conceito de "segurança nacional", e se afiguram desadequados à construção identitária do poder no mundo pós-bipolar.

Consequentemente, o conceito de segurança necessita de ser reconfigurado, e este, emerge como acto discursivo. A «segurança» passa a ser entendida como um *conjunto particular de discursos e práticas históricas baseadas em entendimentos institucionalmente partilhados*[25], o que coloca novos desafios.

Ao deslocar o objecto de estudo da segurança do Estado para a sociedade, a segurança relaciona-se com situações em que as sociedades observam uma ameaça em termos identitários. Um problema constitui uma ameaça à identidade de uma sociedade quando a sociedade o percebe ou constrói como tal, passando a agir no «modo de segurança». A ameaça é criada na fronteira do sistema social através da filtragem de um ambiente infinitamente complexo sendo depois processada de acordo com a linguagem do sistema.

Quando um determinado assunto põe em perigo a continuação da construção da identidade – a sua contínua reconstrução – a sua principal tarefa de estabilizar as expectativas, ou a sua habilidade de reunir os símbolos necessários para a formação de um ponto de referência, esse assunto é *securitizado*[26].

---

[23] Sobre os trabalhos da Escola, veja por todos, Buzan Barry, Waever, Ole, de Wilde, Jaap, *Security: A New Framework for Analysis,* London, Lynne Rioenner, 1998.

[24] Waever, Ole, *European Integration and Security: Analysing French and German Discourses on State, Nation and Europe*, Copenhagen, 2003. Working Paper.

[25] Waever, Ole, *Security: a Conceptual History for International Relations,* Copenhagen, 2003. Working Paper.

[26] Sobre estes novos conceitos consulte, Waever, Ole, «Securitization and Desecuritization», in Ronnie D. Lipschutz (ed), *On Security*, New York, Columbia University Press, 1995, pp. 46-86.

Neste processo, as elites desempenham o papel de agentes de *securitização*, definindo as ameaças do grupo e tentando convencer a comunidade da sua validade. Uma vez aceites as intimações, as elites activam os meios extraordinários para debelar a ameaça.

Do mesmo modo, pode existir uma des-securitização, que ocorre em caso de mudança de perspectivas relevantes para a integridade do sistema, mudança essa que se concretiza na exclusão de determinada matéria do discurso de segurança através da sua integração na esfera política

Poderíamos, por esta via classificar os novos desafios de segurança em três níveis. Antes de mais, a competição horizontal, que provoca uma transformação da identidade de uma sociedade através da assimilação de um conjunto de valores de uma comunidade vizinha. A competição vertical que se caracteriza através de uma integração numa cultura mais ampla, provocando uma reacção defensiva por parte da sociedade e finalmente as migrações porquanto ameaçam a sociedade por provocarem uma alteração da sua composição identitária.

A segurança assim entendida, num sistema de complexidade crescente, implica compreender como o Estado se mantém como ponto de referência em termos do sistema político e continua a servir para a construção e reconstrução da identidade colectiva. Mas também como, simultaneamente, ao excluir partes do que antes era seu elemento definidor, de auto-descrição, nomeadamente a soberania, perde parte da sua de legitimidade tradicional e vê a sua autoridade questionada por uma miríade de identidades formadas na implosão da «identidade nacional».

A disjunção entre o local e o global geram uma mudança estrutural em termos de segurança: a separação entre controlo e território, que provoca alterações significativas ao nível simbólico. Partes do que antes era considerado pelo «sistema político como «segurança pública», e de cuja manutenção dele dependia, deixaram de ser consideradas como responsabilidade do Estado. A identidade transforma-se assim, não num conceito aglutinador e legitimador do poder do Estado, mas no principal responsável pela sua erosão.

Dada a manifesta incapacidade do Estado-Nação para suprir as expectativas de segurança que lhe serviam de base de legitimação, surgem identidades diferenciadoras. Este motivo obriga o Estado, a ser plural, e por conseguinte obriga a uma des-securitização para tornar possível a pluralidade identitária no seio de um dado território sob um mesmo quadro normativo estabelecido. O que constitui um complexo desafio e paradoxo de segurança[27].

---

[27] O desenvolvimento do tema aqui proposto é ainda devedor de dois importantes contributos. A tese apresentada à University of Wales, Aberystwyth, pelo Dr. João Luís Gonçalves dos Reis Nunes, *Towards Emancipation of the Self: a Critique of «Security as Emancipation»*, 2004, Ex. policopiado, que me sugeriu novas leituras e abordagens. E, ao trabalho de Licenciatura apresentado à disciplina de Estudos de Segurança leccionada na Universidade Nova de Lisboa, no Departamento de Estudos Políticos, do Dr. David Mendes, *Caos e Ordem: Estado e Identidade na pós-modernidade,* 2004/2005, cujo desenvolvimento acompanho em particular na última parte deste texto.

INMIGRACIÓN *vs* DELINCUENCIA ORGANIZADA EL TRÁFICO DE PERSONAS PARA SU EXPLOTACIÓN LABORAL Y SEXUAL

NIEVES SANZ MULAS
Professora da Faculdade de Direito
Universidade de Salamanca

SUMARIO: I. INTRODUCCIÓN. II. INMIGRACIÓN CLANDESTINA Y CRIMEN ORGANIZADO: 1. Factores en los países emisores. 2. Factores en los países receptores. 3. Políticas migratorias restrictivas *vs* organizaciones criminales. III. FENOMENOLOGÍA DEL TRÁFICO DE PERSONAS: 1. Delineamientos a nivel mundial: A) Países de destino. B) Países de origen. C) Rutas de tránsito. 2. Las cifras españolas. IV. INSTRUMENTOS INTERNACIONALES: 1. Los Protocolos de Naciones Unidas. 2. La Decisión--Marco de la Unión Europea relativa a la lucha contra la trata de seres humanos de 2002. 3. Las Recomendaciones del Consejo de Europa. V. NORMATIVA ESPAÑOLA EN MATERIA DE EXTRANJERÍA. VI. EL TRÁFICO DE PERSONAS EN EL ORDENAMIENTO JURÍDICO ESPAÑOL: 1. Delineamientos generales. 2. Figuras delictivas: A) El tráfico ilegal de personas (art. 318 bis CP). B) El tráfico ilegal de mano de obra extranjera (art. 313 CP). 3. Un punto de reflexión. VII. EL TRAFICO DE PERSONAS PARA SU EXPLOTACIÓN SEXUAL: 1. Perfiles del problema. 2. Regulación de la prostitución en el Código penal español. 3. De nuevo el castigo del rufián o proxeneta. 4. La trata de blancas como negocio de las organizaciones criminales. 5. Reflexiones finales. VIII. CONCLUSIONES VALORATIVAS. BIBLIOGRAFÍA.

*"O los recursos se mueven del norte al sur
o las personas se moverán del sur al norte"*

JAVIER SOLANA
Alto Representante de la Unión Europea
para la Política Exterior y Seguridad Común (PESC)

I. INTRODUCCIÓN

Uno de los fenómenos sociales característicos de principios del siglo XXI es el incremento de movimientos migratorios, que van desde las zonas más desfavorecidas del planeta hacia las más favorecidas; desde la tradicional pobreza del Sur a la riqueza del Norte. Fenómeno que sin duda se acrecentará si se mantiene la constante de mayor crecimiento económico del norte y correlativo empobrecimiento del sur.

El proceso de reestructuración social y económica que ha traído consigo la globalización, ha producido la exclusión social de pueblos y territorios enteros y la concentración de poder y beneficios en torno a tres polos – Unión Europea, EEUU y Japón – [1]. En esas condiciones es predecible, e incluso deseable, los movimientos migratorios, pues de lo contrario – estamos de acuerdo con ZÚÑIGA – se trataría de condenar a estas personas prácticamente a la muerte[2].

Según el Informe del Programa de Naciones Unidas para el Desarrollo de 2003, muchos países se han estancado en su desarrollo o incluso han retrocedido durante la década de los 90. En 54 países la pobreza es mayor ahora que hace 15 años. En 21 países ha aumentado el porcentaje de personas que pasan hambre. En 14 países se ha incrementado la mortalidad infantil por debajo de los 5 años. En 12 países ha bajado la tasa de matriculación en la escuela. En la

---

[1] TERRADILLOS BASOCO, J. M., "Tráfico ilegal de emigrantes", en ZÚÑIGA RODRÍGUEZ – MENDEZ RODRÍGUEZ – DIEGO DÍAZ SANTOS, (coord..,), *Derecho penal, sociedad y nuevas tecnologías*, Madrid, Colex, 2001, p. 14.

[2] ZÚÑIGA RODRÍGUEZ, L., "El inmigrante como víctima: contradicciones del tratamiento penal del fenómeno de la inmigración", en DIEGO DÍAZ-SANTOS – FABIÁN CAPARRÓS – RODRÍGUEZ GÓMEZ (coord..), *La reforma penal a debate*, XVI Congreso Universitario de Alumnos de Derecho Penal, Universidad de Salamanca, Salamanca, 2004, p. 109.

década de los 90 el número de países que sufrían un retroceso en su desarrollo aumentó de 4 a 21. Las causas de estos retrocesos fueron el fracaso en el crecimiento económico y la epidemia de VIH/SIDA. De igual modo, disminuyó la ayuda de los países ricos, incrementó la deuda externa de los países pobres y cayeron de forma constante los precios de los productos primarios, de lo que depende la mayor parte de los ingresos que aportan las exportaciones de muchos de los países pobres[3].

Sea como fuere, los datos son escalofriantes: se calcula que 190 millones de personas residen en un país diferente del que nacieron, de los cuales 175 millones modificaron su residencia por motivos económicos. En el año 2002, Europa incrementó su población en 1.342.300 personas, estimándose que 1.027.600 provenían de la emigración neta (inmigración-emigración). España, Italia, Reino Unido y Alemania fueron los países con mayor número de entrada de inmigrantes, un 70% del total[4]. Y la tendencia continúa, y a un ritmo trepidante, pues sólo en nuestro país – según datos aportados por el Ministerio de Trabajo y Asuntos Sociales – a 30 de septiembre de 2005 eran 2.597.014 los extranjeros con tarjeta o autorización en vigor, lo que implica un incremento del 40.06% respecto a la misma fecha del 2004[5]. Y ello sin contar con los "sin papeles", que puede superar la cifra de 1.600.000 personas[6].

En cualquier caso, se presupone que son actuaciones consentidas, luego que no interesan al Derecho penal sino al Derecho administrativo; pero la realidad nos demuestra que suelen ir acompañadas del empleo de engaño, violencia, intimidación, e incluso de atentados

---

[3] *Vid.*, en Zúñiga Rodríguez, L., "El inmigrante como víctima: contradicciones del tratamiento penal del fenómeno de la inmigración", *op. cit.*, p. 110.

[4] Daunis A., "Reflexiones en torno a los problemas de aplicación e interpretación del art. 318 bis del CP", en Pérez Álvarez, F., (ed.) *Serta. In memoriam Alexandri Baratta*, Ediciones Universidad de Salamanca, 2004, p. 680.

[5] http://extranjeros.mtas.es

[6] Paradójicamente, la comunidad marroquí, la más cuantiosa en número de tarjetas de residencia y empadronamientos, queda relegada a un segundo plano a la hora de hablar de extranjeros ilegales en territorio español. Ecuatorianos, rumanos, colombianos y argentinos, en este orden, son las principales nacionalidades que engrosan las bolsas de la inmigración ilegal en nuestro país. *Vid.*, en http://www.el-mundo.es/especiales/2005/02/sociedad/inmigración/cifras/

a la vida, la integridad física (tráfico de órganos o violencia ejercida para controlar a la víctima), o la libertad sexual. Irrumpe, por tanto, en tipos delictivos clásicos como las amenazas, coacciones, detención ilegal, lesiones, prostitución forzada y agresión y abuso sexual[7], y en otros de triste actualidad como la inmigración clandestina de personas para su explotación laboral y sexual. De ahí, y como no podía ser de otra manera, que se haya convertido en un fenómeno con un interés político-criminal de primer orden.

II. INMIGRACIÓN CLANDESTINA Y CRIMEN ORGANIZADO

Las migraciones internacionales constituyen sin duda un fenómeno que afecta a la organización política y económica de todos los países que conforman la sociedad internacional. Un fenómeno complejo, que suscita infinidad de problemas tanto para las sociedades emisoras como para las receptoras, sin olvidarnos de las terribles y dramáticas historias personales y familiares que generalmente acompañan a este fenómeno. Pero, ¿cuáles son los factores que contribuyen a las enormes dimensiones que esta problemática está alcanzando al día de hoy y con contornos claramente mundiales? Conocer los motivos es el ineludible primer paso, porque concordamos con TERRADILLOS en que "una política social que desconozca las causas exógenas no podrá ser considerada democrática, y una política criminal que pretenda cotas aceptables de eficacia deberá centrarse en la neutralización de las endógenas"[8].

1. Factores en los países emisores

En primer lugar, la existencia de situaciones de pobreza, de falta de satisfacción de las necesidades básicas, originadas por causas variadas como las guerras, dictaduras opresoras, desastres medioam-

---

[7] SÁNCHEZ GARCÍA DE PAZ, I., "Inmigración ilegal y tráfico de seres humanos para su explotación laboral o sexual", en DIEGO DÍAZ-SANTOS – FABIÁN CAPARRÓS (coord..), *El sistema penal frente a los retos de la nueva sociedad,* Colex, Madrid, 2003, pp. 113 y ss.

[8] TERRADILLOS BASOCO, J. M., "Tráfico ilegal de emigrantes", *op. cit.,* p. 16.

bientales suscitados por la industrialización depredadora, catástrofes naturales o epidemias. Las desigualdades cada vez mayores entre los países del primer mundo y del tercer mundo, convierte a los primeros en focos de atracción y los medios de comunicación se convierten en el escaparate ideal para ello[9].

En Europa, concretamente, es causa fundamental del triste peregrinaje que siempre supone la emigración, la desintegración de Estados multiculturales, como la antigua Unión Soviética o Yugoslavia, acompañada de conflictos étnicos y religiosos – muchas veces expresados en guerras civiles y limpiezas étnicas –, o como poco en regímenes inestables políticamente y altamente corruptos, además de económicamente empobrecidos.

2. Factores en los países receptores

En lo que a los países "de destino" respecta, es factor crucial la creciente demanda de trabajadores, motivada por el progresivo envejecimiento de la población autóctona y el descenso de las tasas de natalidad, situaciones que han reducido drásticamente las cifras de población activa.

La población en Europa alcanza los 377 millones de habitantes, y con la tasa de natalidad existente podría caer en un 20% en los próximos 50 años si no aumenta la inmigración. Esto es, se estima que la Unión Europea necesita aproximadamente 44 millones de extranjeros para mantener el actual nivel económico y hacer frente a las pensiones de una población cada vez más envejecida. En España los inmigrantes están sacando a la Seguridad Social de la bancarrota. Nuestro país necesita admitir 240.000 extranjeros anuales hasta 2050 para mantener su fuerza de trabajo por ser uno de los países más envejecidos del mundo con una natalidad del 1,2%. Sin los inmigrantes, Alemania, Italia y Grecia hubieran ya perdido habitantes[10].

Una demanda de mano de obra que, sobre todo, se centra en los sectores laborales más penosos o incluso peligrosos que no requieren

---

[9] SÁNCHEZ GARCÍA DE PAZ, I., "Inmigración ilegal y tráfico de seres humanos para su explotación laboral o sexual", *op. cit.,* p. 116.

[10] www.antorcha.org/hemer/inmigra.htm

cualificación alguna. Todo ello porque el aumento del nivel educativo y de capacitación profesional en los países desarrollados determina que la mano de obra nacional aspire a puestos cualificados, dejando sin cubrir los inferiores.

Por sector de actividad, de los contratos suscritos en España por extranjeros en el primer semestre del 2005, el 15,46% correspondieron a empresas del sector agrícola, el 6, 22% de la industria, el 23,24% de la construcción y el 55,09% a empresas del sector servicios (sobre todo, comercio, hostelería y servicio doméstico[11]).

Son, en cualquier caso, causas de atracción a estos países, entre otras: la prosperidad económica, la sanidad, la estabilidad política, y las enormes diferencias en los niveles de desarrollo humano y social de las diferentes regiones.

Por ej., mientras que en Canadá la esperanza de vida al nacer es de 79,3 años, en Sierra Leona es de 37,9; si en Australia el índice de escolaridad es de un 90%, en Tanzania sólo llega al 26%; por último en Chipre el número de niños menos de 5 años con peso insuficiente es prácticamente irrelevante, mientras en Bangladesh supone un 56%[12].

3. Políticas migratorias restrictivas *vs* organizaciones criminales

Como adelantábamos, la globalización de la economía ha agudizado las desigualdades entre el Norte y el Sur, produciendo una marginalización y empobrecimiento progresivo de sectores cada vez más numerosos de la población mundial. De los países pobres del Tercer Mundo, en consecuencia, es desde donde parten los movimientos migratorios de personas hacia los países ricos e industrializados, entre los que parece ser al día de hoy también se encuentra España. Unos países que, en contrapartida, y de forma paralela, desarrollan una línea estratégica de restricción, de endurecimiento de sus

---

[11] Si bien este tipo de actividades (labores de limpieza, cuidado de niños y ancianos, etc.) se desarrollan generalmente en el ámbito de la economía sumergida, sin contrato ni alta en la Seguridad Social.

[12] Informe para al Desarrollo Humano 2000. Programa de las Naciones Unidas para el Desarrollo 2000.

respectivas políticas migratorias – mediante el establecimiento de requisitos y controles más estrictos en todas las entradas a su territorio –, creciendo enormemente las dificultades de obtener un permiso de trabajo y residencia. Y de esta contradicción es, precisamente, de lo que se alimenta el tráfico de personas.

Porque pese a todas las trabas – y como con razón asevera DE LEÓN – "los flujos de migración son incontrolables y las personas siguen pensando en el desplazamiento como la única salida a unas vidas y unos mundos de gran desigualdad y desequilibrio"[13]. Y esto tiene como efecto el que se acreciente la migración clandestina e ilegal, que convierte, sobre todo a las mujeres, en presa fácil de los sistemas de explotación laboral y sexual[14].

Esto es, las redes organizadas encuentran, en esta "desgracia internacional" un filón de beneficios, al proveer, o mejor dicho "vender" (a precios, por supuesto, desorbitados), a todas esas personas ansiosas de una vida mejor, todos los trámites necesarios – entrada clandestina en el país, documentación falsa, trabajo ficticio, alojamiento, etc. – para huir de la pobreza, la guerra y la penuria de sus países de origen[15]. En definitiva, y haciendo nuestras nuevamente las palabras de ZÚÑIGA, "el traficante de personas existe cuando colocamos a un grupo de personas al margen de la legalidad, la cosificamos, al desconocerle cualquier derecho, porque se encuentra en una situación de indefensión, de vulnerabilidad tal que no tiene capacidad de denunciar, ni de defenderse frente a los abusos que puede ser objeto"[16].

Y es que son múltiples los aspectos que contribuyen a la asunción de estas conductas delictivas por el crimen organizado, y que SÁNCHEZ GARCÍA enumera del siguiente modo[17]:

---

[13] DE LEÓN VILLALBA, F. J., *Tráfico de personas e inmigración ilegal,* Tirant lo Blanch, Valencia, 2003, p. 24.

[14] MAQUEDA ABREU, M. L., *El tráfico sexual de personas,* Tirant lo Blanch, Valencia, 2001, p. 16.

[15] *Ibídem,* p. 24.

[16] ZÚÑIGA RODRÍGUEZ, L., "El inmigrante como víctima: contradicciones del tratamiento penal del fenómeno de la inmigración", *op. cit.,* p. 121.

[17] SÁNCHEZ GARCÍA DE PAZ, I., "Inmigración ilegal y tráfico de seres humanos para su explotación laboral o sexual", *op. cit.,* pp. 119 y 120.

a) De una parte *la complejidad del fenómeno migratorio* obliga a que estas actividades sean asumidas por grupos organizados integrados por personas que se "reparten" los papeles: unos se ocupan del reclutamiento en los países de origen, de la provisión de documentos falsos de entrada, de cartas falsificadas que prueben el contacto con personas del país de destino, etc.; otros intervienen como agentes de viaje o transportistas; y, finalmente, otros actúan ya en el país receptor, proporcionando nuevamente documentos falsos como permisos de residencia y trabajo o precontratos, o bien encargándose directamente de la explotación laboral o sexual del inmigrante.

b) Las *enormes ganancias económicas* de este tipo de "negocios" también es un factor importante, por no decir el más importante. Las ganancias son elevadas en términos tanto absolutos – dada la enorme demanda de personas que quieren emigrar – como relativos – si las comparamos con el coste que supone la prestación del servicio en sí, por ej., un asiento en una patera desvencijada cuesta entre 1.000 y 3.000 euros –. Y es que los ingresos para los traficantes no sólo provienen del precio pagado por el inmigrante, sino en muchas ocasiones también de su posterior explotación laboral o sexual. En otras ocasiones incluso la rentabilidad deriva de que son forzados a participar en actividades delictivas, como el transporte de droga o el hurto, o bien de la práctica de la mendicidad.

c) El *bajo riesgo* que deriva *de la actividad criminal* también anima a las organizaciones criminales. En estos delitos la "cifra negra" es muy elevada, pues raramente la victima denuncia o está dispuesta a prestar el correspondiente testimonio, por miedo a que la expulsen del país si es ilegal, por no saber donde dirigirse o, simplemente, por no hablar el idioma.

d) También es atractivo el negocio de la inmigración ilegal por la *posibilidad de completar estas actividades con otras propias de la economía legal,* sobre todo relacionadas con el turismo, la hostelería y otras actividades relacionadas con el ocio. La industria del sexo cada vez tiene menos carácter clandestino y se asume como una parte de la industria del ocio, la diversión, el relax y el turismo. De este modo el tráfico de inmigrantes resulta doblemente atractivo como negocio porque, además de las ganancias que el traslado mismo aporta, proporciona al traficante de obra barata y dócil para sus negocios legales, ya relacionados con el sexo o con otro tipo de actividades.

Ej. Redes de inmigración controladas por grupos criminales chinos que además emplean a sus víctimas en talleres de confección en parte legales y en parte clandestinos.

Un complejo círculo económico que se cierra con el hecho de que esas actividades son el vehículo ideal para el blanqueo de las enormes ganancias obtenidas.

e) También a favor de algunas organizaciones criminales juega la *posibilidad de utilizar rutas ya establecidas para el transporte de otras mercancías ilegales* como vehículos robados, drogas o armas. Ello permite aprovechar las infraestructuras humanas y materiales reduciendo así los costes.

f) Finalmente, como factor que anima al delito puede también señalarse el hecho de que *en algunos países es escasa la punición de estas conductas delictivas*, sobre todo si las comparamos con la de otros delitos característicos del crimen organizado como el tráfico de órganos o de armas. Quizás ello se deba a la idea de que estamos en alguna medida ante un delito sin víctima, en cuanto el inmigrante se sitúa voluntariamente en esa situación.

III. FENOMENOLOGÍA DEL TRÁFICO DE PERSONAS

1. Delineamientos a nivel mundial

Para comenzar, es necesario ofrecer algunos datos estadísticos en aras a conocer las verdaderas dimensiones del problema. De acuerdo con informes del Gobierno norteamericano se calcula que cada año son víctimas del tráfico de personas entre 700.000 y

2.000.000 de mujeres y niños[18]. Ya en el año 2000 informes de Europol estimaban que el número de inmigrantes ilegales residentes en la Unión Europea oscilaba entre 4 y 6 millones de personas[19], y si a esto le unimos el hecho de que cada año más de un millón de "sin papeles" prueba suerte en la fortaleza europea[20], las cifras sin duda se disparan... Lo que sí podemos aseverar es que, a nivel internacional, los flujos migratorios se desenvuelven del modo siguiente:

a) Países de destino

Como polos de atracción encontramos fundamentalmente a Canadá, Estados Unidos, Europa Occidental (principalmente Suiza – donde entre un 15% y un 25% de la población es inmigrante – el Reino Unido, Alemania, Austria, Italia, España, Holanda, Bélgica, Francia, Suecia y Grecia), Australia, países del Oriente próximo –como Arabia Saudí – (en algunos el 50% de la población es inmigrante) y Japón.

b) Países de procedencia

De los inmigrantes que entran en Europa algunos son africanos (sobre todo Marruecos y Nigeria, también Angola, Guinea, Malawi, Sierra Leona, Somalia, Senegal, Ghana, Congo, Sudán, Etiopía, Argelia, etc.), algunos de Asia (Afganistán, China, India, Paquistán, Irán, Irak, Turquía, Sri Lanka, y China principalmente) y de Europa Central, Este y Sudeste (República Checa, Rumania, Bulgaria, países de la antigua Yugoslavia, Ucrania y Albania).

c) Rutas de tránsito

Las principales rutas utilizadas por las redes que dirigen la inmigración ilegal son las siguientes[21]:

---

[18] Informes reseñados en el Boletín Trimestral *"Trafficking inmigrants"*, de la Organización Internacional de Migraciones, "Existen formas de detener el tráfico mundial de migrantes", nº 21, 2000, pp. 5 y ss. Y "Nuevas cifras de la OIM sobre la escala mundial del tráfico de personas", nº 23, 2001, p. 1.

[19] *Vid.*, *"Report on the Organised Crime Situation in Council of Europe Member States. 1999"*, PC-S-CO (2000) 17, section 2.9, p. 56 y section 2.10, p. 58.

[20] http://www.univision.com

[21] SÁNCHEZ GARCÍA DE PAZ, I., "Inmigración ilegal y tráfico de seres humanos para su explotación laboral o sexual", *op. cit.*, pp. 121 y 122.

1. *Dentro de Europa*, la ruta de los Balcanes para los procedentes de los países del este de Europa hacia Europa occidental, y la ruta mediterránea de albaneses a Italia.
2. *De Asia a Europa* encontramos dos rutas. Por un lado, la ruta de los Balcanes, por la que transitan kurdos, iraníes e iraquíes a través de Turquía y Grecia. Por otro, la ruta de los Bálticos, utilizada por los procedentes de Asia, que pasan a través de Rusia, los Estados Bálticos, los Estados nórdicos hasta llegar al occidente europeo. También, en particular, Polonia es utilizada por bielorrusos y asiáticos, y Hungría por los procedentes tanto del este de Europa como de Asia. También se detecta el tránsito de chinos a través de Rusia.
3. *De África a Europa* se utiliza la llamada ruta mediterránea, desde el norte de África – sahariana y subsahariana – hacia España, Italia y Grecia.
4. *De África a Asia* se observa el tráfico de mujeres de África central y occidental (Malí, Etiopía, Benin, etc.) a países de oriente próximo y el golfo, generalmente para el trabajo doméstico.
5. *Dentro de África,* aun siendo éste un continente fundamentalmente emisor, la existencia de diferentes grados de pobreza muestra que incluso países como Nigeria – también Costa de Marfil y Burkina Faso –, fuente de emigrantes hacia Europa, reciben personas de países africanos más pobres como Malí y Benin. Generalmente se trata de niños explotados como trabajadores en plantaciones, como sirvientes domésticos o en la industria del sexo.
6. *Dentro de Asia* encontramos varias rutas tradicionales: el tránsito de mujeres destinadas a la prostitución procedentes del sudoeste asiático (Tailandia, Indonesia, Filipinas) hacia Japón; también desde Nepal y Bangladesh a la India y Pakistán; de mujeres y niños desde Vietnam y Camboya a China, Tailandia y Singapur. Por otra parte, es tradicional el tráfico de trabajadores de Asia meridional – en muchos casos mujeres destinadas al trabajo doméstico en condiciones de servidumbre; también de niños para que actúen como "jockeys" de camellos – a países de Oriente próximo y del Golfo pérsico (Emiratos Árabes Unidos, Kuwait, Arabia Saudí, Líbano, etc.); así como a Australia.

7. *De América del Sur a Europa* el tránsito utiliza vía aérea, en gran medida a través de España.
8. *Dentro de América* el tránsito se produce de América del Sur y Central a Estados Unidos y Canadá, generalmente por vía terrestre a través de México y su destino es la explotación laboral y sexual.

La famosa ruta México-Estados Unidos es en la actualidad más noticia que nunca, pues el gobierno americano está sopesando la posibilidad de construir un muro fronterizo de 1.100 kms para evitar la entrada de ilegales desde México, lo que le convertiría en el más largo del mundo (la frontera que construye Israel para separarse de los territorios ocupados será de 700 kms). De momento su construcción fue aprobada el 16 de diciembre de 2005 en la Cámara de Representantes por 260 votos a favor y 159 en contra, y parece ser que en el senado no encontrará demasiados detractores.

2. Las cifras españolas

España, en pocos años, ha pasado de ser un país de emigración[22] a ser un país de inmigración. Los factores más relevantes son su avance social y económico[23], su ubicación geográfica (conexión África-Europa), su pasado colonial y la similitud cultural o lingüística (sobre todo con respecto a Latinoamérica), lo que ha convertido a un nuestro país en destino y ruta de tránsito hacia el resto de Europa de miles de personas. Sea debido a una cosa u otra, lo que es indudable es que a día de hoy España es el tercer país de la Unión Europea con un mayor flujo migratorio neto (5,5 inmigrantes llegados por cada mil habitantes), sólo superado por Irlanda (7 por mil) y Portugal (6,1 por mil), según datos de la oficina estadística Eurostat correspondien-

---

[22] Hace 25 años aproximadamente 2 millones de españoles residían en el extranjero, principalmente en Latinoamérica. *Vid.*, en EL PAÍS, 3 de diciembre de 2003.

[23] Mientras que en 1978 el PIB per cápita se situaba en un índice de 70 frente a la media de los países de la UE (100), en el 2002 se situaba en 84 y en el 2003 en 87, según datos del INE. En suma, los españoles disponemos de mayor riqueza y consumimos el 21% más de media que en 1978. *Vid.*, en *El País*, 3 de diciembre de 2003.

tes al año 2003. En términos absolutos, España fue en el año 2003 el primer receptor de inmigrantes de la UE, ya que acogió al 23% del total (594.300 inmigrantes), seguida de Italia (21%), Alemania (16%), y el Reino Unido (10%), de forma que estos 4 países absorben el 70 por ciento del saldo migratorio de los Quince[24].

Según el avance del padrón municipal publicado el 27 de abril de 2005 por el Instituto Nacional de Estadística, la población residente en España a 1 de enero de 2005 alcanza los 43,97 millones de habitantes, de los que 40,28 millones son de nacionalidad española y 3,69 millones son extranjeros (el 8,4 % del total)[25].

Conforme a estas estimaciones provisionales, la población de nuestro país ha crecido en unas 770.000 personas durante 2004. Más de 650.000 nuevas inscripciones corresponden a ciudadanos extranjeros. El ritmo de empadronamiento se ha duplicado en un año, ya que a lo largo de 2003 hubo 361.730 nuevas altas. El dato es espectacular: en 1996 el número de foráneos era de 542.314, por lo que en una década la cifra se ha multiplicado casi por siete. El porcentaje de población extranjera en España ya supera al de Francia (8 por ciento) y se sitúa muy cerca de Bélgica (8,7), Alemania (9) y Austria (9,2). De seguirse la misma tendencia que hasta ahora, cerca de un tercio de los residentes en España en 2015 será inmigrante. Esto supondría que superaría la cifra de los once millones de personas. De seguir igual el ritmo, la población extranjera podría ser el 27 %[26].

Según la Secretaría de Estado de Inmigración y Emigración (Ministerio de Trabajo y Asuntos Sociales), la mayoría de los extranjeros residentes en España proceden de Latinoamérica (35,73%), seguidos por los africanos (23,91%, y representados mayoritariamente por los nacionales de países del Magreb), los nacionales de países pertenecientes a la Comunidad Europea (21,29%), europeos no comunitarios (11,93%) y asiáticos (6,43%). Por nacionalidades, los colectivos mayoritarios a finales de septiembre de 2005 eran el marroquí, seguido por el ecuatoriano, el colombiano, el rumano y el británico. Las personas de estas cinco nacionalidades representaban el 50,78% del total de extranjeros con residencia en vigor en España en dicha fecha[27].

---

[24] www.lukor.com
[25] www.antorcha.org/hemer/inmigra.htm
[26] www.antorcha.org/hemer/inmigra.htm
[27] http://extranjeros.mtas.es.

El gran problema, o agujero negro – como lo denomina Zúñiga – [28], de la inmigración en España es la situación de los inmigrantes irregulares, ostentando el dudoso honor de ser uno de los países europeos con mayor número de inmigrantes irregulares; situación que va empeorando a medida que aumenta la rigidez de las normas de extranjería para regularizar a los inmigrantes.

En España se habla de más de medio millón de inmigrantes ilegales. Obviamente, el número exacto de *sin papeles*, precisamente por no tenerlos, es difícil, por no decir imposible, de calcular. "Más de un millón" era la estimación que hacía el Gobierno antes de que comenzara el proceso de regularización extraordinaria que terminó el pasado 7 de mayo de 2005. El cálculo aproximado, pero nunca exacto, lo aporta la comparación entre la cifra de extranjeros empadronados (que a 1 de enero de 2005 ascendía a 3.691.547 millones) y aquellos que tienen la tarjeta o autorización de residencia (500.000 más tras el proceso de regularización)[29].

Una razón fundamental: la entrada clandestina de la que se aprovechan las redes criminales, y que presenta su cara más cruel en aquellos que llegan en "pateras" o pequeñas embarcaciones que cruzan el Estrecho de Gibraltar en condiciones penosas poniendo en peligro sus vidas, pues se trata de mafias criminales que sin escrúpulos a veces los dejan en otro lugar de destino o, incluso, los tiran al mar.

En Cádiz se informó que en los últimos 12 años, según las cifras más optimistas, superaban las 2000 las personas fallecidas en el estrecho. Especialmente preocupante es la situación de niños que cruzan en dichas condiciones el estrecho y de mujeres embarazadas que llegan en condiciones lamentables. En Andalucía se informó que el

---

[28] Zúñiga Rodríguez, L., "El inmigrante como víctima: contradicciones del tratamiento penal del fenómeno de la inmigración", *op. cit.*, p. 111.

[29] Una cifra, en todo caso que no pasa de ser una simple estimación, por varios motivos: porque a día de hoy, tanto la cifra del censo como la de extranjeros residentes habrá aumentado; porque no todos los extranjeros sin papeles se empadronan en su lugar de residencia; porque algunos empadronados no están ya en nuestro país; y porque los datos del padrón deben interpretarse con ciertas reservas, pues errores administrativos permiten que un individuo esté empadronado en dos lugares al mismo tiempo, que medio centenar de personas aparezcan empadronadas en el mismo domicilio e incluso que extranjeros que ni siquiera están ni han estado en España figuren en el padrón de algún ayuntamiento de nuestro país. *Vid.*, en http://www.el-mundo.es/especiales/2005/02/sociedad/inmigración/cifras/

número de muertos había disminuido con la instalación del Sistema Integrado de Vigilancia Exterior (SIVE), que se pretende finalizar de instalar en todo el sur de España en este año 2005. El SIVE, en todo caso, no sólo realiza labores de vigilancia de costas, sino que también lleva a cabo labores de rescate de pateras salvando muchas vidas[30]. Y lo cierto es que, durante los primeros ocho meses del 2005, y según datos del Ministerio del Ministerio de Trabajo y Asuntos Sociales, el número de inmigrantes llegados en embarcaciones descendió un 37% respecto al mismo período del año anterior, con el consiguiente descenso de muertos (88 en el 2004 frente a 33 en el 2005)[31].

En cualquier caso, y pese a la multitud de caras amargas que este problema presenta, lo que aquí más nos preocupa es el tráfico ilegal de seres humanos en manos de los diversos grupos criminales. Un fenómeno que en nuestro país alcanza dimensiones preocupantes. Durante 1998 fueron desmanteladas 78 redes que obligan a prostituirse a un millar de inmigrantes, procedentes sobre todo de Colombia, Brasil, República Dominicana, Polonia, Bulgaria, Hungría, Ucrania, República Checa, Nigeria, Sierra Leona y Marruecos (también China entre nacionales de ese país en España). Ya en el año 2001, según datos de la Dirección General de la Policía y la Guardia Civil, fueron 369 las redes de explotación de inmigrantes desarticuladas, y el número se duplicó (alcanzando las 735, un 103% más) en el año 2002. Una tendencia creciente e imparable hasta el día de hoy, y esto tan sólo es la punta del iceberg. Una pequeña muestra de un fenómeno cruel y con claros contornos internacionales.

IV. INSTRUMENTOS INTERNACIONALES

El tráfico ilegal de personas es, sin duda, un delito eminentemente intencional y, en consecuencia, que sólo puede combatirse eficazmente a través de un enfoque común de todos los países implicados (de origen, tránsito o destino de los inmigrantes). Es por todo

---

[30] *Vid.*, en ZÚÑIGA RODRÍGUEZ, L., "El inmigrante como víctima: contradicciones del tratamiento penal del fenómeno de la inmigración", *op. cit.*, p. 112.

[31] www.tt.mtas.es/periodico

ello que, en los últimos años, han proliferado los instrumentos internacionales en la materia, muchos de ellos conectados a los que combaten el crimen organizado[32].

Las Naciones Unidas fueron las primeras en ocuparse del tráfico de mujeres para su explotación sexual; inicialmente bajo el término de "trata de blancas", posteriormente se habla de trata de mujeres y niños para, finalmente, denominarlo tráfico de personas o seres humanos en general. El más importante de los primeros instrumentos jurídicos fue el *Convenio para la represión de la trata de personas y la explotación de la prostitución ajena* de 21.3.1950 (adherido por España el 18.6.1962, BOE de 25.9.1962). En particular, respecto de la prostitución y otras formas de explotación sexual de niños, se adoptó también el *Protocolo Facultativo,* anexo a la Convención sobre Derechos del Niño, *relativo a la venta de niños, la prostitución infantil y la utilización de niños en la pornografía*, realizado en Nueva York el 25.2.2000 y ratificado por nuestro país mediante Instrumento de 5.12.2000 (BOE de 31.1.2002). Pero no ha sido sino hasta el año 2000 cuando, de modo novedoso e integral, las Naciones Unidas han culminado un tratamiento completo del tráfico de personas mediante los textos siguientes[33]:

1. Los Protocolos de Naciones Unidas

La preocupación por combatir el lucrativo negocio criminal derivado del tráfico ilícito de seres humanos se materializa con la aprobación, junto al *Convenio contra el Crimen Organizado* de 2000, de dos protocolos adicionales que lo tratan específicamente:

---

[32] SÁNCHEZ GARCÍA DE PAZ, I., "Inmigración ilegal y tráfico de seres humanos para su explotación laboral o sexual", *op. cit.,* p. 122.

[33] SÁNCHEZ GARCÍA DE PAZ, I., "Inmigración ilegal y tráfico de seres humanos para su explotación laboral o sexual", *op. cit.,* p. 123 y ss. También véase DE LEÓN VILLALBA, F. J., *Tráfico de personas e inmigración ilegal, op. cit.,* pp. 113 y ss; y DE LA CUESTA ARZAMENDI, J. L., "Las nuevas corrientes internacionales en materia de persecución de delitos sexuales a la luz de los documentos de organismos internacionales y europeos", en *Delitos contra la libertad sexual, Estudios de Derecho Judicial,* n.º 21, 2000.

- El Protocolo *para la prevención, supresión y punición del tráfico de personas, especialmente mujeres y niños* (A/RES/ 55/25, Anexo II).

Este Protocolo tiene como fin prevenir y combatir la trata de personas, prestando especial atención a las mujeres y niños, además de proteger y ayudar a las víctimas de estos delitos y promover la cooperación entre los Estados para estos fines (art. 2). Para ello se conmina a la penalización de la "trata de personas" (*trafficking in persons,* art. 5), un término amplio que comprende las conductas de captación, transporte, traslado o recepción de personas mediante la coacción o a la amenaza, el engaño o el abuso de poder o de una situación de vulnerabilidad o la concesión o recepción de pagos o beneficios para obtener el consentimiento de una persona con fines de explotación (art. 3.a). Esta explotación incluirá, como mínimo, la explotación de la prostitución ajena u otras formas de explotación sexual, los trabajos o servicios forzados, la esclavitud o prácticas análogas a la esclavitud, la servidumbre o la extracción de órganos. Si estas conductas recaen sobre menores de 18 años, no es necesaria la presencia de tales medios para la concurrencia del delito (art. 3.c. y d).

- El Protocolo *contra el tráfico ilícito de migrantes por tierra, mar y aire* (A/RES/55/25, Anexo III).

Este Protocolo, a su vez, tiene por objeto prevenir y combatir el tráfico ilegal de inmigrantes, protegiendo a la vez sus derechos, así como promover la cooperación entre los Estados parte para este fin (art.2). Para ello se reclama de los Estados la penalización, entre otras conductas, del "tráfico ilícito de *migrantes*" (*smuggling of migrants*), definido como la facilitación de la entrada ilegal de una persona en un Estado parte, del cual dicha persona no sea nacional o residente permanente, con el fin de obtener, directa o indirectamente, un beneficio financiero u otro beneficio de orden material. También se incluye la conducta de habilitación de una persona que no sea nacional o residente permanente para permanecer ilegalmente en el Estado interesado recurriendo a la creación o facilitación de documentos falsos o a cualquier otro medio ilegal.

El carácter complementario que tienen ambos protocolos, respecto de la Convención contra el crimen organizado, muestra cómo las Naciones Unidas tienen presente la indiscutible relación entre tales fenómenos. Esto es, el ámbito de aplicación de estos Protocolos concierne a la hipótesis de que el delito es transnacional y entraña la participación de un grupo delictivo organizado. Tanto el Convenio como los protocolos han sido ratificados por España (1.3.2002).

2. La Decisión-Marco de la Unión Europea relativa a la lucha contra la trata de seres humanos de 2002.

Con esta Decisión Marco, adoptada por el Consejo de Europa el 19 de Julio de 2002, *relativa a la lucha contra la trata de seres humanos* (2002/629/JAI), la Unión Europea sigue los pasos del Protocolo de las Naciones Unidas sobre este delito. Es por ello que también se dirige a fijar los elementos comunes en la definición de esta conducta delictiva por parte de los Estados miembros, estableciendo que estos deben castigar, como mínimo, las siguientes acciones relacionadas con la trata de seres humanos con fines de explotación laboral o sexual:

"la captación, el transporte, el traslado, la acogida, la subsiguiente recepción de una persona, incluidos el intercambio o el traspaso de control sobre ella cuando se concurra a la coacción, la fuerza o la amenaza, incluido el rapto, o se recurra al engaño o fraude, o haya abuso de autoridad o de situación de vulnerabilidad, de manera que la persona no tenga alternativa real o aceptable, excepto someterse al abuso, o se concedan, se reciban pagos o beneficios para conseguir el consentimiento de una persona que posea el control sobre otra persona con el fin de explotar el trabajo o los servicios de dicha persona, incluidos al menos el trabajo o los servicios forzados, la esclavitud o prácticas similares a la esclavitud o la servidumbre, o con el fin de explotar la prostitución ajena o ejercer otras formas de explotación sexual, incluida la pornografía" (art. 1).

Se persigue también introducir sanciones lo suficientemente severas, para que este delito se pueda incluir en el ámbito de aplicación de otros dos instrumentos comunitarios:

- La Acción común 98/733/JAI de 1998 *sobre tipificación penal de la participación en una organización delictiva.*
- La Acción común 98/699/JAI de 1998 *relativa al blanqueo de capitales, identificación, seguimiento, embargo, incautación y decomiso de los instrumentos y productos del delito.*

Con el fin de tal inclusión, el art. 3 de esta Decisión-Marco establece una sanción mínima de pena privativa de libertad de 8 años para los casos en que concurran determinadas circunstancias de especial gravedad como: *a)* que se ponga en peligro la vida de la víctima de forma deliberada o por imprudencia grave, *b)* que se cometan contra una víctima especialmente vulnerable, *c)* que se cometan mediante violencia grave o causen a la víctima daños particularmente graves, y *d)* que se cometan en el marco de una organización delictiva como se define en la Acción común 98/733/JAI.

3. Las recomendaciones del Consejo de Europa

En el seno del Consejo de Europa también se han elaborado varias recomendaciones, entre las que cabe destacar:

- La Recomendación 1211 (1993) *de la Asamblea Parlamentaria del Consejo sobre migración clandestina.*
- La Recomendación 1325 (1997), de 23 de abril, *de la Asamblea Parlamentaria del Consejo de Europa sobre la trata de mujeres y la prostitución forzada en sus Estados miembros.*
- La Recomendación N.º R (2000) 11, de 19 de mayo, *del Comité de Ministros a los Estados miembros sobre medidas contra el tráfico de seres humanos con fines de explotación sexual.*
  En ella se insta a la introducción de sanciones penales que guarden proporción con la gravedad de los delitos, así como a la creación de un órgano internacional que coordine la lucha contra el tráfico de personas y establezca un archivo europeo

de personas desaparecidas. También se insiste en la adopción de medidas preventivas, de identificación del delito y de la asistencia a las víctimas.

– La Recomendación (2001) 16 *del Comité de Ministros sobre la protección de niños contra la explotación sexual.*

IV. NORMATIVA ESPAÑOLA EN MATERIA DE EXTRANJERÍA

En el año 2000, ante el incremento considerable de la inmigración, sobre todo clandestina, en nuestro país, se promulgó una nueva Ley de Extranjería en la que se garantizaba un mayor número de derechos a los extranjeros al margen de su situación legal y facilitaba la integración de los que se encontrasen en situación legal[34]. Se trataba de la LO 4/2000, de 11 de enero, *sobre derechos y libertades de los extranjeros en España y su integración social*, y en ella se les reconocía, entre otros: la posibilidad de ejercer los derechos de reunión, asociación y manifestación, con independencia de su situación legal (art. 7 y 8); el derecho a la educación a todos los extranjeros menores de 18 años en idénticas condiciones que los nacionales (art. 9); derechos de carácter social, en igualdad de condiciones que los españoles, como ayudas en materia de vivienda, prestaciones y servicios de la seguridad social, etc. (art. 12 a 14); el derecho a la intimidad personal y familiar, estableciéndose el número de familiares que pueden reagruparse (art. 16); el derecho a la asistencia jurídica gratuita tanto a los residentes como a los que se hallen inscritos en el padrón municipal (art. 20), etc.

No obstante, en ese mismo año 2000 se dio un brusco giro a la política de extranjería modificando, por LO 8/2000, 54 de los 63 artículos de la LO 4/2000, por lo que más que de una reforma podríamos hablar de una nueva Ley de Extranjería.

Dos lamentables sucesos, producidos en El Ejido (Almería) y Cataluña, desembocaron en el enfrentamiento y la tensión entre los

---

[34] ZÚÑIGA RODRÍGUEZ, L., "El inmigrante como víctima: contradicciones del tratamiento penal del fenómeno de la inmigración", *op. cit.*, p. 116.

colectivos de inmigrantes y ciudadanos autóctonos. En El Ejido el asesinado de tres españoles por dos inmigrantes marroquíes provocó durante varios días distintos episodios violentos protagonizados por ciudadanos españoles que convivían en dicha localidad. Los hechos se vieron repetidamente por televisión, provocando una enorme alarma social. Esto ocurrió días antes de las elecciones del 12 de marzo de 2000 y determinaron la victoria del Partido Popular con mayoría absoluta, y que, tal y como anunció en su campaña electoral, modificó profundamente la Ley de Extranjería.

Esta LO 8/2000, de 22 de diciembre, *de reforma de la LO 4/ 2000, sobre derechos y libertades de los extranjeros en España y su integración social* hace una importante distinción en la atribución de derechos y obligaciones en función de la situación administrativa en que se encuentran los extranjeros en el país. De este modo, se excluye al colectivo de los extranjeros irregulares del disfrute total de los derechos de participación pública, reunión y manifestación, libertad de asociación, derecho a la educación, libertad de sindicación y huelga, derecho a la asistencia sanitaria y el derecho a la asistencia gratuita, entre otros. Esto es, la LO 8/2000 crea un nuevo *status* de ciudadano, puesto que, limitando, e incluso eliminando, los derechos sociales y políticos de los extranjeros no residentes genera "un nuevo grupo de desposeídos, de personas invisibles, transparentes para el ordenamiento jurídico[35]". O lo que es lo mismo, se convierte, formal y legalmente, a los extranjeros irregulares en claros excluidos de la sociedad y frente a los que hay que luchar.

Con la llegada al gobierno del partido socialista, la política legislativa en materia de extranjería toma nuevos rumbos – con la importante política de regularización llevada a cabo por Real Decreto 2393/2004, de 30 de diciembre, *por el que se aprueba el Reglamento de la Ley Orgánica 4/2000, de 11 de enero, sobre derechos y libertades de los extranjeros en España y su integración social* –, si bien aún es patente la situación de clandestinidad de muchos extranjeros, con los efectos criminógenos que tales condiciones de ilegalidad traen consigo.

---

[35] DAUNIS RODRÍGUEZ, A., "Seguridad, Derechos humanos y Garantías penales: ¿objetivos comunes o aspiraciones contrapuestas?", *op. cit.*, p. 231.

Si bien la política de regularización que acabó el 7 de mayo permitió la regularización de 500.000 inmigrantes, el nuevo padrón ha vuelto a poner sobre el tapete una realidad evidente: más de otros 500.000 se quedaron sin papeles, y uno de los motivos es porque los empresarios despedían abundantemente a quienes le pedían que les regularizasen para así evitar inspecciones de trabajo[36]. La regularización de PSOE supuso, en consecuencia, un fracaso importante, en la medida en que las estimaciones oficiales calculaban que cerca de un millón estaban en condiciones de ser legalizados durante el periodo abierto en febrero de 2005.

Pero tampoco es menos cierto que en sólo tres años, el número de trabajadores legalizados en España se ha duplicado, pasando de los 766.000 de 2002 a los 1.588.215 a 12 de julio de 2005, lo que supone el 8,33% de la fuerza de trabajo total habida en nuestro país, según cifras aportadas por el Observatorio Permanente de la Inmigración (Ministerio de Trabajo y Asuntos Sociales)[37]. Los extranjeros afiliados a la Seguridad Social crecieron más de un 15 por ciento en 2004. Uno de cada tres trabajadores que se incorpora a la explotación capitalista, es extranjero. De los 8.142.079 contratos de trabajo que se registraron en las Oficinas de Empleo en el primer semestre de 2005, un total de 1.219.673 (el 14,98%) se suscribieron con trabajadores extranjeros (33,09% mujeres y 66,91% hombres). Según el continente, el 39,04% de los contratos se suscribió con trabajadores iberoamericanos, el 29,03% con africanos, el 14,33% con europeos comunitarios, el 12,38% con europeos no comunitarios, el 4,93% con asiáticos, el 0,16% con norteamericanos y el 0,14% con nacionales de países de oceanía. Según nacionalidad, se suscribieron 236.300 contratos con marroquíes y 186.198 con ecuatorianos (entre ambas nacionalidades el 34,70% del total).

Nos referimos, como no, al imparable tráfico de personas por despiadadas organizaciones criminales, que "para hacer negocios" se aprovechan de la confluencia de dos factores conexos: por un lado, el deseo de miles de personas de llegar a nuestro país en busca de una mejor calidad de vida; y, por otro, la situación de clandestinidad en que deben hacerlo, motivo por el que, de un modo u otro, entran

---

[36] www.antorcha.org/hemer/inmigra.htm
[37] http://extranjeros.mtas.es

en contacto con tales formaciones criminales. Porque, que duda cabe en que los distintos tráficos de inmigrantes, con fines laborales, sexuales, de explotación en general de las personas, las prácticas de malos tratos o torturas por parte de funcionarios[38], las agresiones xenófobas de que son objeto, etc., tienen su origen en su situación de "ilegales", "indocumentados", "sin papeles", etc.; terribles calificaciones producto de unas leyes de extranjería altamente restrictivas. "Un mundo de agujero negro – escribe textualmente ZÚÑIGA – donde se mueven millones de euros, en el que la explotación de unos hombres contra otros es el sino de unos seres a los que su situación de irregularidad la sociedad les ha condenado a la mínima protección"[39].

Actualmente hay 20 millones de trabajadores sin contrato en la Unión Europea. Esto es, hay una economía sumergida de entre el 7 y el 19%, sobre todo en sectores de agricultura, construcción, comercio, servicio doméstico y manufactura. Sectores donde se necesita mucha mano de obra barata, especialmente de inmigrantes sin permiso de trabajo. En tal sentido, Grecia, España, Portugal y Bélgica son los países de la Unión Europea con niveles más altos de economía sumergida, y hablar de economía sumergida equivale a hablar de inmigrantes sobreexplotados[40].

A los inmigrantes se les paga menos, trabajan en peores condiciones, reciben menos del salario mínimo y carecen de una vivienda digna. Acaparan las tareas más penosas, son las víctimas más frecuentes de los *accidentes* laborales y están desposeídos de los más elementales derechos de asociación, sindicación, huelga y seguros sociales. Para imponerles terribles condiciones laborales y privarles de todos sus derechos, el primer paso es negarles hasta los permisos de residencia y de trabajo, lo que les obliga a trabajar clandestina-

---

[38] En estos casos hay grandes dosis de impunidad pues los extranjeros irregulares maltratados no se atreven a denunciar a los agentes policiales por miedo a: no obtener los papeles de residencia, a ser expulsado, a que no le sea concedida cualquier petición como la reagrupación familiar. Por no hablar de aquellos casos en que tras los malos tratos son expulsados inmediatamente, no dando tiempo ni lugar a denunciarlos. Vid., en ZÚÑIGA RODRÍGUEZ, L., "El inmigrante como víctima: contradicciones del tratamiento penal del fenómeno de la inmigración", *op. cit.*, p. 127.

[39] *Ibídem*, p. 119.

[40] www.antorcha.org/hemer/inmigra.htm

mente. Los inmigrantes que llegan ahora prácticamente no tienen vías para poder obtener documentación, lo que ha producido un incremento de los sin papeles por las enormes dificultades para poder regularizar su situación. En la Unión Europea el número de inmigrantes con papeles se redujo en un 30 por ciento durante los años 90 del pasado siglo[41].

V. EL TRAFICO DE PERSONAS EN EL ORDENAMIENTO JURÍDICO ESPAÑOL

1. Delineamientos generales

Los tipos de referencia en nuestro CP para el castigo de este tipo de conductas se incorporaron en momentos distintos, por lo que no siempre encajan de modo armónico, produciéndose frecuentes superposiciones y problemas concursales. Además, es también característica común a todas estas figuras el que describan de forma muy amplia la conducta típica, sometiendo a la misma pena comportamientos de muy diferente gravedad, a veces incluso de simple preparación, complicidad o tentativa, infringiendo así el principio de proporcionalidad de la pena criminal.

La investigación y persecución de estos delitos, en todo caso, y como advertíamos, se ve dificultada por la resistencia de las víctimas a la denuncia y al testimonio ante el miedo a la expulsión al revelar su condición de inmigrante ilegal. Para evitarlo, el art. 59 de la LO 4/2000, *sobre derechos y libertades de los extranjeros en España y su integración social* (reformada por LO 8/2000, de 22 de diciembre), contiene una cláusula de exención de responsabilidad administrativa – lo que implica que no será expulsado – para el extranjero que haya cruzado la frontera española o no haya cumplido con su obligación de declarar la entrada o se encuentre irregularmente en España,

"por haber sido víctima, perjudicado o testigo de un acto de tráfico ilícito de seres humanos, inmigración ilegal, o de tráfico ilícito de mano de obra o de explotación en la prostitución abusando

---

[41] www.antorcha.org/hemer/inmigra.htm

de su situación de necesidad, si denuncia a las autoridades competentes a los autores o cooperadores de dicho tráfico, o coopera y colabora con los funcionarios competentes en materia de extranjería, proporcionando datos esenciales o testificando, en su caso, en el proceso correspondiente contra aquellos autores" (art. 59.1).

El extranjero exento de responsabilidad administrativa podrá elegir entre que se le facilite el retorno a su país de procedencia o la estancia y residencia en España, así como permiso de trabajo y facilidades para su integración social[42].

2. Figuras delictivas

A) El tráfico ilegal de personas (art. 318 bis CP)

Art. 318 bis: "1. El que, directa o indirectamente, promueva, favorezca o facilite el tráfico ilegal o la inmigración clandestina de personas desde, en tránsito o con destino a España, será castigado con la pena de cuatro a ocho años de prisión.
2. Si el propósito del tráfico ilegal o la inmigración clandestina fuera la explotación sexual de las personas, serán castigados con la pena de cinco a 10 años de prisión.
3. Los que realicen las conductas descritas en cualquiera de los dos apartados anteriores con ánimo de lucro, o empleando violencia, intimidación, engaño o abusando de una situación de superioridad o de especial vulnerabilidad de la víctima, o siendo la víctima menor de edad o incapaz o poniendo en peligro la vida, la salud o la integridad de las personas, serán castigados con las penas en su mitad superior.
4. En las mismas penas del apartado anterior, y además en la de inhabilitación absoluta de 6 a 12 años, incurrirán los que realicen los

---

[42] En este sentido, RODRÍGUEZ CANDELA, crítica el hecho de que no se incluya en este beneficio al que haya entrado por los pasos habilitados y haya declarado la entrada, pero cuya estancia ha devenido luego irregular. *Vid.*, en RODRÍGUEZ CANDELA, J.L., "Incentivos legales por la persecución de determinados delitos", en LAURENZO COPELLO, P. (coord..), *Inmigración y Derecho penal,* Valencia, 2002, p. 280.

hechos prevaliéndose de su condición de Autoridad, agente de esta o funcionario público.

5 Se impondrán las penas superiores a las previstas en los apartados 1 a 4 de este artículo, en sus respectivos casos, e inhabilitación especial para profesión, oficio, industria o comercio por el tiempo de la condena, cuando el culpable perteneciere a una organización o asociación, incluso de carácter transitorio, que se dedicase a la realización de tales actividades.

Cuando se trate de los jefes, administradores o encargados de dichas organizaciones o asociaciones, se les aplicará la pena en su mitad superior, que podrá elevarse a la inmediatamente superior en grado.

En los supuestos previstos en este apartado la Autoridad Judicial podrá decretar, además, alguna o alguna de las medidas previstas en el artículo 129 de este Código.

6. Los Tribunales, teniendo en cuenta la gravedad del hecho y sus circunstancias, las condiciones del culpable y la finalidad perseguida por este, podrán imponer la pena inferior en un grado a la respectivamente señalada".

Este delito se introdujo por LO 4/2000, de 11 de enero, *sobre derechos y libertades de los extranjeros en España y su integración social* (Disposición Final 2ª), que crea el Título XV bis relativo a los "Delitos contra los derechos de los ciudadanos extranjeros". Y las razones de ello fueron básicamente tres: el aumento de la inmigración irregular por medio de organizaciones criminales; las lagunas de punibilidad que dejaban los arts. 312.2 y 313 CP, al establecer como finalidad del tráfico la intención de trabajar, algo difícil de probar; y mostrar ante la sociedad una mayor efectividad en al respuesta ante el fenómeno de la inmigración irregular que otorgara una sensación de tranquilidad al ciudadano, para lo cual se utilizó, una vez más, el Derecho penal de forma simbólica y política[43]. El mencionado art. 318 bis, fue posteriormente modificado por la LO 11/2003, de 29 de septiembre, *de medidas concretas en materia de seguridad ciudadana, violencia doméstica e integración social de los extranjeros*. Las

---

[43] DAUNIS A., "Reflexiones en torno a los problemas de aplicación e interpretación del art. 318 bis del CP", en PÉREZ ÁLVAREZ, F., (ed.) *Serta. In memoriam Alexandri Baratta*, Ediciones Universidad de Salamanca, 2004, pp. 681 y 682.

razones aducidas para justificar esta reforma, que afecta a diversos aspectos relacionados con la inmigración, se centran en la necesidad de dar respuesta penal a las nuevas formas de delincuencia que se aprovechan del fenómeno de la inmigración para cometer sus delitos.

Ciertamente, la rúbrica en sí parece querer indicarnos que se busca proteger de forma genérica los derechos y libertades de los extranjeros; sin embargo, hay más que dudas razonables para pensar que esta loable declaración de intenciones no se corresponde con las pretensiones reales del legislador[44], pues ciertamente lo que parece es que el legislador ha instrumentalizado, una vez más, los derechos de los extranjeros para proteger los intereses del Estado. Y al respecto son ciertamente elocuentes las palabras de ÁLVAREZ que transcribimos literalmente: "El bien jurídico protegido pese a lo hermoso del enunciado del título no puede hallarse en la protección de los derechos de los extranjeros; la regulación concreta del precepto único contenido en el nuevo Título, apunta a que se busca primordialmente la ordenación y regulación de los flujos migratorios por los cauces y conforme a los criterios legales. Sólo indirectamente se protegen los derechos de los extranjeros. Los intereses y los derechos de los extranjeros no se utilizan más que como un señuelo para tranquilizar la propia conciencia del Legislador y suministrar una dosis de buena conciencia a la ciudadanía (trasmitir la sensación de que algo se hace)"[45].

Nos encontramos ante un delito de peligro abstracto, donde la conducta típica del delito es excesivamente amplia, pues no discrimina en modo alguno la diferente gravedad que puede presentar las

---

[44] En este sentido, y por ejemplo, RODRÍGUEZ MONTAÑÉS, llega incluso a calificarlo como delito contra el orden socioeconómico que tutelaría el fenómeno migratorio como componente del mismo. Vid., en RODRÍGUEZ MONTAÑÉS, T., "Ley de extranjería y Derecho Penal", *La Ley*, nº 5261, de 6 de marzo de 2001, p. 2. En todo caso, y como nos advierte ZÚÑIGA, "el objeto de protección de este tipo penal es un buen banco de pruebas de la complejidad del fenómeno de la inmigración, en el que confluyen factores a veces contradictorios, como pueden ser el interés del Estado en ordenar la inmigración y los derechos de los ciudadanos extranjeros al margen de su situación legal". *Vid.*, en ZÚÑIGA RODRÍGUEZ, L., "El inmigrante como víctima: contradicciones del tratamiento penal del fenómeno de la inmigración", *op. cit.*, p. 126.

[45] ÁLVAREZ ALVAREZ, G., "La protección contra la discriminación del extranjero en el CP", en *El extranjero en el Derecho penal español sustantivo y procesal (adaptado a la Nueva Ley orgánica 4/2000), Manual de Formación Continua*, Madrid, Consejo General del Poder Judicial, 2000, p. 355.

diversas formas de contribución al tráfico de personas (autoría frente a cooperación, tentativa frente a consumación, etc.). Esto es, se castigan todos los actos de fomento o de colaboración con el tráfico ilícito de personas que tenga un punto de conexión geográfica con España, no limitándose al castigo del tráfico o la inmigración en sí, sino cualquier conducta que coadyuve a estas actividades o constituya preparación de las mismas. Es por ello de desear una interpretación restrictiva del tipo[46], o mejor aún sería deseable la punición exclusiva del tráfico de personas realizado con ánimo de lucro, pues es del todo excesivo castigar como delito contribuciones altruistas o por razones humanitarias al tráfico, comprensibles ante las situaciones de absoluta necesidad que a menudo empujan al emigrante[47].

Es realmente en el numeral 3º donde se reflejan los derechos de los ciudadanos extranjeros a los que hace referencia el Título XV bis, y donde se recogen los bienes jurídicos de naturaleza penal. Estos bienes jurídicos, de corte individual, sí se significan como auténticos bienes jurídicos penales que legitiman la presencia de normas penales dirigidas a su protección. Porque es aquí donde se protegen aquellos sujetos (normalmente extranjeros) que intentando llegar a nuestras costas o aeropuertos son estafados y engañados por organizaciones criminales que se lucran poniendo en peligro la vida de otras personas. Nos referimos, como no, a los casos de las conocidas *pateras* que, casi siempre sobrecargadas, zarpan diariamente de las costas africanas con un número excesivo de inmigrantes que pagan entre 1.000 y 3.000 euros por una plaza en las mismas o aquellos casos de latinoamericanos que por el mismo precio son embarcados en un avión con destino a España con un pasaporte ilegal[48].

---

[46] En este sentido, SERRANO PIEDECASAS, J. R., "Los delitos contra los derechos de los ciudadanos extranjeros", en *El extranjero en el Derecho penal español sustantivo y procesal (adaptado a la Nueva Ley orgánica 4/2000), Manual de Formación Continua*, Madrid, Consejo General del Poder Judicial, 2000, p. 336; GUANARTEME SÁNCHEZ LÁZARO, F., "El nuevo delito de tráfico ilegal de personas", en LAURENZO COPELLO, P., (coord..,) *Inmigración y Derecho penal*, Valencia, 2002, pp. 291; SAINZ-CANTERO CAPARRÓS, J. E., *Los delitos contra los derechos de los ciudadanos extranjeros*, Barcelona, 2002, pp. 87 y ss.

[47] SÁNCHEZ GARCÍA DE PAZ, I., "Inmigración ilegal y tráfico de seres humanos para su explotación laboral o sexual", *op. cit.*, p. 130.

[48] DAUNIS A., "Reflexiones en torno a los problemas de aplicación e interpretación del art. 318 bis del CP", *op. cit.*, pp. 688 y 689.

Esto es, la concurrencia del ánimo de lucro exigida en el tipo agravado del n° 3 debería ser un elemento del tipo básico, y lo que es actualmente el tipo básico sancionarse como mucho administrativamente. Y más si tenemos en cuenta que la conducta de tráfico ilegal de personas sólo constituye infracción administrativa muy grave cuando se realiza "formando parte de una organización con ánimo de lucro" (art. 54.1.b de la LO 4/2000, redactado conforme a la LO 8/2000. Además esta propuesta es coincidente con la definición del delito de "tráfico ilícito de migrantes" dada por el *Protocolo de Naciones Unidas contra el tráfico ilícito de migrantes por tierra, mar y aire*, ya comentado, pues en su art. 6 exige que la conducta se realice "con el fin de obtener, directa o indirectamente, un beneficio financiero u otro beneficio de orden material".

En cualquier caso es de rigor aclarar que el legislador, consciente, suponemos, de la multitud y enorme variedad de conductas que caben acogerse bajo este delito, prevé también una atenuación de la pena "teniendo en cuenta la gravedad del hecho y sus circunstancias, las condiciones del culpable y la finalidad perseguida" (n.º 6). De esto modo se hace posible la rebaja punitiva cuando concurra una finalidad altruista o humanitaria, si bien en estos casos lo deseable sería hablar de atipicidad, por lo que sólo nos resta confiar en el buen hacer de nuestros tribunales.

Finalmente, quepa añadirse que por LO 11/2003 se han elevado de forma muy importante las penas, buscando adaptarse a la mínimos establecidos en la Decisión-Marco del Consejo de Europa, de 19.7.2002 *relativa a la lucha contra la trata de seres humanos*, a efectos, como vimos, de poder introducir estas conductas en dos instrumentos comunitarios, que también tratamos: la Acción común 98/733/JAI de 1998 *sobre tipificación penal de la participación en una organización delictiva* y la Acción común 98/699/JAI de 1998 *relativa al blanqueo de capitales, identificación, seguimiento, embargo, incautación y decomiso de los instrumentos y productos del delito.*

El tipo básico ha pasado de castigarse con pena de prisión de seis meses a tres años y multa de seis a doce meses a castigarse con pena de cuatro a ocho años de prisión. Los tipos agravados, en consecuencia, también han sufrido un notable aumento en la punición.

Una elevación de penas que ha llegado a extremos inadmisibles, pues este art. 318 bis prevé una de las penas más altas del ordenamiento cuando concurra una serie de circunstancias, llegando incluso a penas de hasta 22 años y medio de prisión. Penas, de entrada, superiores a la del homicidio (de 10 a 15 años, art. 138 CP).

B) El tráfico ilegal de mano de obra extranjera (arts. 312.2 in fine y 313 CP)

Art. 312: "1. Serán castigados con las penas de prisión de dos a cinco años y multa de seis a doce meses, los que trafiquen de manera ilegal con mano de obra.

2. En la misma pena incurrirán quienes recluten personas o las determinen a abandonar su puesto de trabajo ofreciendo empleo o condiciones engañosas o falsas, y quienes empleen súbditos extranjeros sin permiso de trabajo en condiciones que perjudiquen, supriman o restrinjan los derechos que tuvieren reconocidos por disposiciones legales, convenios colectivos o contrato individual".

Art. 313: "1. El que promoviere o favoreciere por cualquier medio la inmigración clandestina de trabajadores a España, será castigado con la pena prevista en el artículo anterior. 2. Con la misma pena será castigado el que, simulando contrato o colocación, o usando de otro engaño semejante, determinare o favoreciere la emigración de alguna persona a otro país".

En el art. 312.2 se tipifica el abuso de trabajadores extranjeros sin permiso de trabajo, entendido como la imposición de condiciones ilegales de trabajo y de Seguridad Social[49]. En consecuencia, no hay más que acudir a la referencia extrapenal aludida para comprobar que se dejan sin protección los derechos de sindicación y huelga (art. 11 Ley de Extranjería), con lo que – de acuerdo con TERRADILLOS – "se produce una descriminalización de comportamientos antisindicales que favorece la desprotección de los más débiles, lo que redun-

---

[49] Cierto es que el CP no hace diferencias en este delito entre inmigrantes y quienes no lo son, pero sin duda las posibilidades de engaños son mayores cuando el sujeto, por su situación de extranjero, desconoce la situación real del mercado de trabajo. Y así lo demuestra el enorme número de casos en que se contrata a trabajadoras extranjeras para actividades laborales que, en realidad, encubren prostitución. *Vid.*, en TERRADILLOS BASOCO, J. M., "Tráfico ilegal de emigrantes", *op. cit.*, p. 21.

dará en condiciones de trabajo por debajo de los mínimos legales. El efecto negativo no será sólo el que directamente sufren los trabajadores afectados. También se produce una alteración de las reglas del mercado, en la medida en que sea posible acceder a posiciones privilegiadas en la misma a base de abaratar ilegalmente los costes salariales. La importancia de esta manifestación de *dumping* debe valorarse teniendo en cuenta las características y dimensiones de un mercado como el comunitario europeo"[50].

El art. 313 CP, de su parte, se presupone que está orientado a la protección de los derechos del trabajador extranjero[51], si bien lo cierto es que se está elevando automáticamente a la categoría de delito la inmigración de trabajadores a España de manera clandestina, esto es, al margen de la normativa existente[52]. Y es que para apreciar el delito basta con que se promueva o favorezca la inmigración, esto es, que se apoye, sin ser preciso que efectivamente se materialice. Luego, se trata de un delito de mera actividad que castiga el tráfico ilegal de mano de obra que se produce de modo transfronterizo. En todo caso, al tratarse de un bien jurídico colectivo, pese a que este tipo de actividades generalmente se hace con un grupo de personas, se apreciaría un único delito siempre que haya unidad de acción, tiempo y de objetivos.

Al respecto, el sistema de contratación por cuotas se ha mostrado limitado para solventar el problema. Se presentan problemas que dan lugar a una bolsa creciente de trabajadores extranjeros irregulares, bien porque terminaron la contratación del sistema de cupos, bien porque entran clandestinamente en el país, convirtiéndose en consecuencia, en presas fáciles de mafias o empresarios sin escrúpulos.

---

[50] *Ibídem..*

[51] Si bien no son pocos los que creen que la criminalización se fundamenta en la aceptación legal de que la inmigración irregular pone en el peligro tanto los derechos laborales de los trabajadores inmigrantes afectados como los de los legalmente contratados. *Vid.,* en TERRADILLOS BASOCO, J. M., "Tráfico ilegal de emigrantes", *op. cit.,* p. 24.

[52] El TS en algunas sentencias conceptúa a la *inmigración clandestina* como: "facilitar la llegada a España de una persona de modo secreto, oculto, subrepticio o ilegal, tanto en lo que atañe al transporte como a la organización, realización o incluso posterior acogida con connivencia con quienes participaron o prepararon el viaje correspondiente". En otras sentencias se limita, sin embargo, a definirla como: "la inmigración efectuada al margen de la normativa administrativa".

De este modo, continuamente se desarticulan organizaciones que se dedican a reclutar a personas en los países de origen, muchas veces con promesas falsas, que realizan todos los trámites para llevar a cabo la contratación regular (medios de transporte, documentos falsos, trámites de regularización y colocación en un puesto de trabajo). En algunos casos conectan con agencias de colocación que cobran el 50% del primer sueldo y como existe gran precariedad en el empleo, cada dos o tres meses tiene que cambiar de trabajo, lo que conlleva sustanciosos beneficios para aquéllas[53].

3. Un punto de reflexión

Parece ser, en definitiva, y estamos en completo acuerdo con DAUNIS[54], que el inmigrante irregular y el extranjero pobre se han alzado como uno de esos *enemigos* – junto a los mendigos, terroristas, *okupas,* y el resto de "indeseables" –, culpables de todos los males del sistema y frente a los cuales hay que tener una respuesta radical y tajante. Todos ellos, son considerados factores de riesgo, fuentes de peligro, que deben ser neutralizadas, y aquí el Derecho penal se transforma, pues, en vez de perseguir conductas de sujetos individuales, se centra en sujetos colectivos que se configuran como grupos con una alta probabilidad de generar riesgos para la convivencia pacífica de la sociedad, y frente a los cuales cualquier actuación está justificada pues el fin – la seguridad colectiva – justifica los medios – violación de derechos humanos individuales –.

En España, que duda cabe, se están realizando importantes esfuerzos para evitar la entrada irregular de extranjeros, pero para ello el ejecutivo no se ha ceñido a utilizar medidas policiales y administrativas[55], sino que también ha recurrido al Derecho penal, utilizando

---

[53] ZÚÑIGA RODRÍGUEZ, L., "El inmigrante como víctima: contradicciones del tratamiento penal del fenómeno de la inmigración", *op. cit.,* p. 123.

[54] DAUNIS RODRÍGUEZ, A., "Seguridad, Derechos humanos y Garantías penales: ¿objetivos comunes o aspiraciones contrapuestas?", en BERDUGO GÓMEZ DE LA TORRE-SANZ MULAS, (coord..), *Derecho Penal de la Democracia vs Seguridad Pública,* Comares, Granada, 2005, pp. 219 y ss.

[55] Se han aumentado las operaciones policiales para reducir el tráfico ilegal de personas, existe un incremento de los fondos destinados a reforzar los medios técnicos y

– tal y como estamos viendo – conceptos imprecisos y generales que convierten la conducta típica en cualquier actuación o comportamiento que pueda relacionarse con el tráfico ilegal o la inmigración clandestina, lo que trae consigo importantes dosis de inseguridad jurídica y generan serios problemas respecto del principio de legalidad[56].

La amplia formulación de las conductas típicas analizadas pudiera justificarse desde un punto de vista criminológico, ya que las bandas o redes organizadas dedicadas al tráfico ilegal de personas están compuestas por muchos miembros que desarrollan diferentes actividades: falsificación de los documentos, organización del viaje, *pateristas,* red de acogida y contratación laboral ilegal, etc. Sin embargo, una redacción tan amplia puede llevar a incluir otros supuestos como: sacerdotes que acogen al inmigrante irregular y les proporciona alimento, vestido y alojamiento; ONGs que prestan gratuitamente servicio jurídico a los inmigrantes irregulares para evitar su expulsión; el familiar o amigo que acoge al inmigrante cuando llega al país, etc. Calificar estas conductas como delito es, desde cualquier prisma que se adopte, absurdo e irracional.

El Estado, en resumidas cuentas, lo que hace es adelantar desmesuradamente la barrera de intervención penal, considerando peligrosa en sí misma la mera acción de entrada irregular de los extranjeros en nuestro país. Todo ello sumado a una política de extranjería cada vez más restrictiva con un importante incremento de las repatriaciones.

Durante el año 2004 el Gobierno español procedió a repatriar 121.121 inmigrantes sin papeles, un 30% más que el año anterior (93.951). El número de devoluciones (personas que intentaron entrar ilegalmente en España o que, tras ser expulsadas, contravinieron la orden y lo intentaron de nuevo) fue de 13.136, mientras que en el 2003 sumaron 13.684, una diferencia que Interior explica por la

---

humanos que vigilan las zonas fronterizas, asistimos a una disminución importante de derechos para aquellas personas que acceden de forma irregular al país, se han firmado convenios con los países emisores para estrechar la colaboración policial y facilitar una expulsión más rápida de los inmigrantes.

[56] DAUNIS RODRÍGUEZ, A., "Seguridad, Derechos humanos y Garantías penales: ¿objetivos comunes o aspiraciones contrapuestas?", *op. cit.,* p. 234.

menor afluencia de pateras. En el 2004 llegaron a las costas de Canarias y del Estrecho un total de 740 pateras y 15.671 inmigrantes (un 21,4% y un 18,3% menos respectivamente que en el 2003). En cuanto a expulsiones (personas que son expulsadas según las causas recogidas en la ley de Extranjería, habitualmente a través de un expediente administrativo), se totalizaron 13.296, mientras que el año anterior, el 2003, ascendieron a 14.104. Finalmente, los retornos (personas rechazadas en puestos fronterizos), principalmente efectuados en aeropuertos, sufrieron un "pronunciado descenso" al pasar de 14.750 en el 2003 a 11.280 el año pasado, ya que, según el Ministerio, cada vez son menos los ciudadanos iberoamericanos que llegan a España sin cumplir los requisitos de entrada. Según datos oficiales, Barcelona y Las Palmas son las ciudades menos eficaces en la ejecución de órdenes de expulsión frente a Madrid y Melilla, en el extremo contrario. El Ministerio del Interior sólo pudo repatriar a sus países a tres de cada cinco inmigrantes sancionados, mientras que dos de cada cinco se quedaron en España a pesar de tener un expediente abierto[57].

En el 2005, y según datos ofrecidos por el Ministro del Interior[58], José Antonio Alonso, el 21 de noviembre de dicho año, dos de cada tres inmigrantes que alcanzaron las costas españolas fueron repatriados. En total, durante los 10 primeros meses de 2005 llegaron por este medio 9.542 inmigrantes, de los cuales 6.557 han sido devueltos (un 68,7%). Paralelamente, se incrementó el número de rechazados en la frontera, denegándose la entrada a 12.580 (un 39,21% más que en el 2004). Los incrementos más importantes se registraron en el aeropuerto de Barajas en Madrid, donde se rechazaron 7.333 inmigrantes (43% más que en el 2004), en el aeropuerto del Prat en Barcelona, donde se denegó la entrada a 975 inmigrantes (66% más que en el 2004). De otra parte, el acuerdo de readmisión de personas en situación irregular firmado con Francia ha sido uno de los motivos de este incremento. En el 2004 Francia readmitió a 82.286 personas, un 65% más que en el 2003 (50.407 personas). En el 2005, y como consecuencia de los fuertes controles policiales

---

[57] www.lavanguardia.es, 16 de febrero de 2005
[58] www.mir.es/oris/notapres/year05

llevados a cabo en la zona fronteriza con Francia, se ha constatado un notable descenso en la llegada de inmigrantes ilegales, procedentes en su mayoría de Rumanía y Bulgaria. Así de las 68.595 readmisiones que se solicitaron a Francia durante los primeros diez meses del 2004, durante el 2005 sólo se han requerido 46.889 (un 31% meses).

Esto es, nuestro país entiende peligroso para su organización política, social y económica el mero hecho de que los extranjeros accedan a España sin los requisitos necesarios al efecto[59]. O lo que es lo mismo, no se busca conceder protección a los bienes jurídicos de los extranjeros que intentan acceder a España, sino evitar el propio acceso de los mismos. Se trata, en definitiva, de una prueba más de ese *Derecho penal del enemigo* que tantas páginas está llenando y tantos debates está suscitando.

Por no hablar de la forma más acusada de esa nueva visión del derecho penal frente al enemigo extranjero irregular: el art. 89 CP. Este artículo prevé la sustitución de las penas de prisión inferiores a seis años impuestas a los extranjeros no residentes legalmente por la expulsión del territorio nacional con la prohibición de regresar a España durante un periodo de tiempo mínimo de 10 años. Esta medida puede suponer mayor pena que el propio cumplimiento de la condena – que si no llega a los 2 años de prisión podría ser suspendida condicionalmente –, además de anteponerse al derecho del acusado a un proceso con todas las garantías y a la tutela judicial efectiva, e ignora la finalidad preventiva de las penas diseñada en nuestra Constitución.

Como no nos cansaremos de recordar, el Derecho penal no es el medio más adecuado para regular el fenómeno migratorio, y ahí están las estadísticas para demostrarlo. En este sentido, las medidas económicas y la colaboración entre los países implicados son la mejor forma para evitar la llegada de más inmigrantes por otras vías de las establecidas oficialmente. La regulación penal de los flujos migratorios debiera desaparecer del ordenamiento punitivo y permanecer únicamente en el administrativo, de lo contrario se produce un

---

[59] DAUNIS RODRÍGUEZ, A., "Seguridad, Derechos humanos y Garantías penales: ¿objetivos comunes o aspiraciones contrapuestas?", *op. cit.,* p. 234.

claro quebrantamiento del principio de *ultima ratio* e intervención mínima del Derecho penal[60].

VI. EL TRÁFICO DE PERSONAS PARA SU EXPLOTACIÓN SEXUAL. LA TRATA DE BLANCAS

1. Perfiles del problema

Desde sus orígenes el fenómeno del tráfico sexual de personas ha aparecido esencialmente vinculado a las mujeres. No es casualidad que el nombre con que fue conocido haya sido el de "trata de blancas" que equivale a "comercio transfronterizo de mujeres". Lo que sí ha ido cambiando paulatinamente ha sido la fisonomía de este tráfico y de la prostitución misma[61].

El término "trata de blancas" fue utilizado formalmente en la conferencia de París de 1902, dirigida a la creación de un instrumento internacional para la persecución y supresión del tráfico de esclavas blancas (*la traite des blanches*) y, aunque inicialmente la única finalidad del concepto fue distinguir estas conductas del comercio de esclavos negros desarrollado en el siglo XIX, pronto fue presa de manipulaciones por determinados grupos racistas que lo conectaron directamente con el tráfico de mujeres blancas, cuando lo cierto es que dichas prácticas incluían mujeres de todas las razas. La confusión en su uso provocó que la conferencia internacional de 1921 recomendara el abandono de su utilización por el de Tráfico de Mujeres y Niñas, siendo esta denominación adoptada con posterioridad por la Liga de Naciones y Naciones Unidas en todos sus trabajos, si bien lo cierto es que el término sigue siendo utilizado[62].

A su condición de género y la situación de desigualdad social, jurídica, económica y política se suma, en los últimos años, su condición de emigrante, lo que otorga a la mujer un específico nivel

---

[60] DAUNIS RODRÍGUEZ, A., "Reflexiones en torno a los problemas de aplicación e interpretación del art. 318 bis del CP", *op. cit.,* p. 687.

[61] MAQUEDA ABREU, M. L., *El tráfico sexual de personas, op. cit.,* p. 15.

[62] DE LEÓN VILLALBA, F. J., *Tráfico de personas e inmigración ilegal, op. cit.,* p. 3

de vulnerabilidad que se manifiesta en un substancial crecimiento de su victimización, sobre todo en el marco de la ilegalidad en el que se ubica este fenómeno. La red tejida en torno a la migración internacional, la exportación laboral, el turismo sexual, la prostitución y el tráfico de personas, constituye uno de los mayores complejos delincuenciales que salpica el presente de muchas personas en condiciones inhumanas de subsistencia, y crea uno de los más importantes retos que tiene que afrontar la sociedad internacional[63].

Naciones Unidas estima que aproximadamente cuatro millones de personas al año, en todo el mundo, son objeto de tráfico ilegal de inmigrantes, de las que aproximadamente dos millones son mujeres víctimas de las redes de tráfico dirigido a la prostitución[64], lo que produce unos beneficios para las organizaciones delictivas que lo llevan a cabo de más de siete mil millones de dólares, de los cuales la mayoría provienen de la utilización de esas personas con fines de explotación sexual.

Su estructura es cada vez más compleja y selectiva, y se aleja de los clásicos burdeles para vincularse a la industria del ocio (saunas, clubes, salones de masaje, hoteles, servicio de acompañantes, salones de té, bares con pases de gogó, etc.,). De igual forma, también la demanda de servicios sexuales se ha ido modificando y se va haciendo cada vez más variada y caprichosa, por parte de una clientela que, dependiente de las modas, prefiere hoy mujeres extranjeras – más baratas – y preferentemente exóticas. En definitiva, no es sino la materialización de la "internacionalización de la fuerza de trabajo sexual", con génesis en el fenómeno globalizador y los grandes movimientos migratorios que, a nivel mundial, éste ha traído consigo[65].

Y es que la conexión entre tráfico y prostitución organizada es aún más visible en la actual industria del sexo, pues la prostitución organizada es el estímulo económico y estructural del tráfico sexual. El tráfico internacional que cubre la demanda sexual, o parte de ella, traslada emigrantes de un país a otro. Los principales países europeos receptores son: Alemania, Holanda, España, Suiza, Italia y Austria.

---

[63] *Ibídem*, pp. 19 y 20.
[64] Según datos emitidos por la Conferencia de Mujeres 2000, celebrada en Nueva York durante la primera quincena del mes de junio (El Mundo, jueves 8 de junio de 2000).
[65] MAQUEDA ABREU, M. L., *El tráfico sexual de personas, op. cit.*, pp. 15 y 16.

De su parte, los países origen del tráfico en Latinoamérica son: República Dominicana, Colombia, Brasil, Uruguay, Surinam y Ecuador; en Europa: Kosovo y toda la zona de los Balcanes; en África: Guinea, Nigeria...[66]

En los países de origen, la confluencia de problemas de desarrollo, feminización de la pobreza, el desempleo, falta de oportunidades laborales, los niveles de educación, en general el nivel económico, los conflictos civiles y militares y las prácticas esclavistas (países tercermundistas que siguen considerando a la mujer una propiedad del hombre o de su familia que, por tanto, puede disponer de ella y venderla), constituyen el caldo de cultivo de la venta de mujeres con fines, normalmente, de explotación sexual y la puesta a disposición de redes organizadas de los futuros personales de muchas personas que ven en la inmigración ilegal su única vía de salida.

Respecto de los países receptores: la sociedad de consumo, el incremento de la demanda de determinados servicios y la falta de políticas represivas hace que el tráfico se vea como un negocio, con pocos riesgos y elevados beneficios. Una situación agravada por la actuación de los medios de comunicación y el denominado "efecto demostración", que creando falsas expectativas hacen de la inmigración una salida hacia la esperanza. Esto es, en muchos de los países de origen, el incremento del desempleo, el índice de deserción escolar crece, lo que sumado al nivel de autoestima de la mujer, producto de la utilización de su imagen como objeto de uso a través de los medios de comunicación, la desintegración familiar y otras formas de violencia convierten a la explotación sexual en una práctica común y aceptada e impiden cualquier posibilidad de conceptuar la prostitución como libremente aceptada en aquellos supuestos en los que se puede apreciar un cúmulo de estos factores[67].

Un tráfico ilegal conectado con otros mercados y otras mafias, también ilegales: de la droga, las armas, la pornografía o el crimen organizado. O lo que es lo mismo, en la prostitución no se trata, en su mayoría, de acciones individuales llevadas a cabo por proxenetas o chulos, sino de redes o mafias internacionales que las realizan paralelamente a otros delitos. Pornografía, prostitución y tráfico de

---

[66] *Ibídem*, p. 46.
[67] *Ibídem*, p. 73.

mujeres con fines de explotación sexual configuran un triángulo que, junto con el tráfico de drogas, constituyen el punto neurálgico de la criminalidad internacional[68]. Uno de los negocios más lucrativos del mundo, lo que complica sobremanera su lucha eficaz. Pues requeriría no sólo de soluciones punitivas, sino de estrategias de prevención que van desde propuestas de intervención activa y de protección en áreas jurídicas y socio-económicas, preferentemente, hasta políticas de concienciación y responsabilización acerca de la trascendencia de un fenómeno que, frente a lo que se cree, no es marginal, ni desde luego espontáneo, ya que descansa en una situación estructural de desigualdad, que garantiza la pobreza, la marginalización y el abuso para sectores crecientes, siempre los más vulnerables, de la población mundial.

Estamos, nada más y nada menos, ante lo que se ha calificado, con razón, la llamada *esclavitud* de nuestro tiempo[69]. Una triste realidad, en ocasiones, favorecida por los propios países de origen, que pueden llegar a generar políticas estatales de permisividad e incluso de fomento del tráfico, pues el dinero enviado por las mujeres que se prostituyen en el exterior genera una riqueza que en ocasiones puede (como en el caso dominicano) equipararse a la cantidad de dinero del presupuesto nacional que el país gasta en bienes y servicios[70].

2. Regulación de la prostitución en el Código penal español

En el derecho español la prostitución está descriminalizada; esto es, no se considera delito. Ello sin duda es coherente con una perspectiva liberal que define éste como uno de lo clásicos delitos "sin víctima". Sin embargo, es una quimera la imagen de un delito sin víctima y se apunta a la mujer que ejerce la prostitución no sólo como víctima, sino como "doble víctima" de la situación y de la ausencia de regulación. Esto es, se hace evidente la hipocresía social de no criminalizar y defender al propio tiempo la no legalización, produciendo con ello el que la mujer deba sufrir desde un doble

---
[68] *Ibídem*, p. 217.
[69] MAQUEDA ABREU, M. L., *El tráfico sexual de personas, op. cit.*, pp. 20 y ss.
[70] DE LEÓN VILLALBA, F. J., *Tráfico de personas e inmigración ilegal, op. cit.*, p. 72.

frente: enfrentándose con la falta de protección de la ley y conviviendo con la estigmatización. Pero, claro, esto se traduce en una situación altamente beneficiosa para el cliente, que sin verse agravado por la criminalización no lo está tampoco por la legalización.

Pero aunque la prostitución no constituye delito, lo que resulta punible, lógicamente, es obligar a alguien a ejercerla contra su voluntad, pues, de igual modo que en las agresiones o abusos supone un atentado contra la libertad sexual. De este modo, el art. 188. 1 de nuestro CP dice expresamente:

"El que determine, empleando violencia, intimidación o engaño, o abusando una situación de superioridad o de necesidad o vulnerabilidad de la víctima, a persona mayor de edad a ejercer la prostitución o a mantenerse en ella, será castigado con las penas de prisión de dos a cuatro años y multa de doce a veinticuatro meses [...]".

3. De nuevo el castigo del proxeneta o rufián

Finalmente, la situación a medio camino entre la legalidad y la criminalización trae consigo, como uno más de sus efectos, la falta de protección de las prostitutas, que pueden ser acosadas por todo el mundo: policías, chulos y clientes. Y cuando esa "protección" se otorga, paradójicamente, resulta hacerse, en opinión de las propias afectadas, demasiado intromisiva; por ejemplo castigando al rufián, al proxeneta, aún cuando la propia mujer consienta. Y esto es lo que ocurre en nuestro Derecho penal, tras la reforma llevada a cabo por la LO 11/2003, que introdujo un último párrafo en el art. 188.1 CP.

Art. 188.1 *in fine:* "...En la misma pena incurrirá el que se lucre explotando la prostitución de otra persona, aun con el consentimiento de la misma".

Esto es, comportamientos de mero favorecimiento, como la facilitación de locales o de clientes, quedan excluidos del ámbito de aplicación del precepto, salvo que le reporte un beneficio a quien lo hace, pues desde dicha reforma se le impondrá la misma pena a quien se lucre explotando la prostitución de otra persona, aun con el consentimiento de ésta. O lo que es lo mismo, se reintroduce la figura del proxeneta, con lo que retornamos a un concepto mora-

lista de la prostitución, diametralmente opuesto a un modelo constitucional basado en el respeto a la libertad y en la no confesionalidad del Estado. Una regulación, en todo caso, ciertamente hipócrita, pues tras más de 2 años en vigor, los *clubs* de carretera, las salas de "masaje", los servicios de acompañamiento, burdeles y demás, siguen funcionando a pleno rendimiento, y no será porque desconocemos los lugares donde se ubican – quizás los letreros luminosos y las luces de neón no sean suficientes... –.

4. La trata de blancas como negocio de las organizaciones criminales

En cuanto a la conexión de la prostitución con las organizaciones criminales dedicadas al tráfico internacional de personas para su explotación sexual, el art. 318 bis, 2 y 3, como veíamos, nos dice:

"2. Si el propósito del tráfico ilegal o la inmigración clandestina fuera la explotación sexual de las personas, serán castigados con la pena de cinco a 10 años de prisión.
3. Los que realicen las conductas descritas en cualquiera de los dos apartados anteriores con ánimo de lucro, o empleando violencia, intimidación, engaño o abusando de una situación de superioridad o de especial vulnerabilidad de la víctima, o siendo la víctima menor de edad o incapaz o poniendo en peligro la vida, la salud o la integridad de las personas, serán castigados con las penas en su mitad superior [...].

De este modo, la triste práctica, pero cada vez más usual, de traer mujeres (engañadas o no) desde otro país, que una vez aquí se ven obligadas a comerciar con su cuerpo para hacer frente a la supuesta deuda contraída, se castiga desde un doble frente: como delito contra la libertad sexual (art. 188 CP) y como delito contra los derechos de los ciudadanos extranjeros (art. 318 bis).

Pero subsiste, sin embargo, un problema. El art. 318 bis, al rubricarse como "Delitos contra los derechos de los ciudadanos extranjeros", dejaría sin protección verdaderos casos de trata de personas para su explotación sexual cuando éstas no tuvieran la condición de "extranjeras", como sucedería con las españolas o las ciudadanas de otro país perteneciente a la Unión Europea.

4. Reflexiones finales

El tráfico de mujeres dirigidas a la explotación sexual no puede observarse desde una óptica unidireccional, sino que debe adoptar un lente binocular en la que queden perfectamente reflejados tanto los intereses económicos que genera, como las connotaciones, preferentemente sexuales, que encierra. El tráfico de mujeres sólo puede entenderse en términos de poder, tanto económico como sexual, en un marco en el que las relaciones de género se han visto siempre condicionadas por la primacía masculina y, sólo ahora, muestra esa doble vertiente mediante la publicitación de la esclavitud femenina sexual como un exponente más del grado de minusvaloración en el desarrollo y aplicación de los derechos fundamentales de las mujeres[71].

Porque, en la actualidad, las causas que motivan la emigración relacionada con el tráfico obedecen a una serie de factores que, generalmente, interactúan en la adopción de las decisiones y que, sólo en ocasiones, actúan por separado: la falta de oportunidades en los países de origen, la extrema pobreza al que se ven sometidos muchos países en vía de desarrollo – con una especial repercusión en la marginación de la mujer –, la falta de educación y formación laboral y otros de distinta naturaleza, como el crecimiento de la demanda de mujeres exóticas, del turismo sexual, la internacionalización de las redes del crimen organizado. En resumen, un fenómeno que aúna la complejidad criminológica de las diversas formas de criminalidad en relación con los factores socio-culturales de sus víctimas: la delincuencia sexual y violenta en su forma organizada, que extiende sus tentáculos hacia el ámbito económico, concretamente laboral, y la explotación de las diversas posibilidades que les otorga los menores de edad[72].

---

[71] DE LEÓN VILLALBA, F.J., *Tráfico de personas e inmigración ilegal, op. cit.,* p. 22.
[72] *Ibídem,* pp. 61 y 62.

En el informe del Secretario General sobre las actividades de los órganos de las Naciones Unidas y otras organizaciones internacionales relacionadas con el problema de la trata de mujeres y niñas (20 de enero de 2000), resalta lo siguiente: "Es importante reconocer que toda solución efectiva y realista del problema de la trata de personas dependerá, en gran medida, de la comprensión de sus causas básicas. Cabe mencionar las siguientes: factores económicos, como la pobreza, escasez de alimentos, el desempleo y el endeudamiento; factores sociales y culturales, como la violencia contra las mujeres y las niñas y la discriminación por razones de género dentro de la familia y la comunidad y por el Estado; factores políticos y jurídicos, como la inexistencia de una legislación apropiada, la falta de voluntad política y la corrupción del sector público; y factores internacionales, como la feminización cada vez mayor de la migración laboral, por una parte, y las políticas de inmigración cada vez más restrictivas de los países receptores, por la otra, el poder y la participación cada vez mayores de las redes trasnacionales de la delincuencia organizada, la rápida expansión de la industrial mundial del sexo y la brecha creciente entre los países ricos y los pobres. Sólo afrontando estas causas complejas e interrelacionadas se conseguirá avanzar en la eliminación de la trata y la protección de los derechos de las personas objeto de ella. Es particularmente importante que los derechos humanos se integren en el análisis del problema de la trata de personas y la articulación de soluciones. Como ha observado la Alta Comisionada para los Derechos Humanos, esa es la única manera de concentrar los esfuerzos a favor de la persona objeto de trata y de velar porque esta actividad no sólo se reduzca a un problema de emigración, un problema de orden público o un problema de delincuencia organizada"[73].

En cualquier caso, y en lo que a España en concreto se refiere – y que se puede hacer extensible a infinidad de países –, la situación legal de las mujeres extranjeras que se dedican a la prostitución se ve agravada por el tratamiento que tal tema se da en nuestro país, donde aunque no está prohibida tampoco se regula adecuadamente. Y es,

---

[73] *Vid.,* en DE LEÓN VILLALBA, F.J., *Tráfico de personas e inmigración ilegal, op. cit.,* p. 62, nota 62.

precisamente por aquí, por donde hay que comenzar. Porque mientras no exista una postura clara sobre el tratamiento jurídico de la prostitución, las mujeres inmigrantes que se dedican a esta oficio – se estima que de las 300.000 mujeres que se dedican a la prostitución en España la mayoría son extranjeras –[74], estarán doblemente victimizadas: como inmigrantes irregulares y como prostitutas sin reglamentación. Y este es, no cabe duda, el caldo de cultivo ideal para favorecer su explotación (sexual, laboral, etc.), puesto que su doble victimización les llevará a no denunciar y a no colaborar con las autoridades correspondientes. Sin duda, un negocio redondo para gente sin escrúpulos[75].

VIII. CONCLUSIONES VALORATIVAS

Si es cierto, como DURKHEIM aseveraba, que la calidad moral de una cultura se mide por su relación con lo extraño[76], podemos decir que la sociedad española no tiene la moral deseable en estos tiempos ciertamente extraños. Nuestro mundo actual es de cambio incontrolado y confuso, en el que la gente tiende a reagruparse en torno a entidades primarias, tales como la religión, la etnia, el territorio o la nacionalidad. Son éstos unos tiempos azarosos donde, de acuerdo con CASTELLS, "el fundamentalismo religioso, cristiano, islámico, judío e incluso budista es probablemente la fuerza más formidable de seguridad personal y movilización colectiva"[77].

---

[74] EL PAÍS, 18 de enero de 2004. Una situación, como veremos, cada vez más importante, pues en las últimas décadas este sector sufre la misma demanda de trabajadores que otros sectores laborales de baja cualificación: apenas es ejercida por nacionales, al menos en sus estratos más bajos, porque aspiran a mejores puestos en la sociedad (con la excepción de las drogodependientes). Este hueco lo cubren las inmigrantes. *Vid.*, en SÁNCHEZ GARCÍA DE PAZ, I., "Inmigración ilegal y tráfico de seres humanos para su explotación laboral o sexual", *op. cit.*, p. 117,

[75] ZÚÑIGA RODRÍGUEZ, L., "El inmigrante como víctima: contradicciones del tratamiento penal del fenómeno de la inmigración", *op. cit.*, p. 124.

[76] *Ibídem*, p. 105.

[77] CASTELLS, M., *La era de la información. Vol. 1. La sociedad red*, 2ª. edic., Alianza Editorial, Madrid, 2001, p. 33.

Es ciertamente lógico que el Estado regule las migraciones, para que éstas sean ordenadas y congruentes con la capacidad de la sociedad para absorberla social y económicamente, pero las políticas legislativas que restringen excesivamente la regularización de los inmigrantes conllevan finalmente bolsas de irregulares, con un extraordinario poder criminógeno: estas personas se convierten en mercancías del mercado en mano de las leyes del más fuerte, los traficantes de seres humanos[78]. Se debe, en consecuencia, empezar por hallar la fórmula de regularizar a los inmigrantes de manera ordenada y de acuerdo a las necesidades sociales y económicas de la sociedad[79]. Ese es el mejor modo de desactivar la criminalización de los inmigrantes y de todos aquellos que viven de su vulnerabilidad. Desvictimizar para descriminalizar. Porque la multiculturalidad es producto de la globalización, lo queramos o no.

---

[78] ZÚÑIGA RODRÍGUEZ, L., "El inmigrante como víctima: contradicciones del tratamiento penal del fenómeno de la inmigración", *op. cit.*, p. 129.

[79] La ONU ha advertido que Europa necesitará 44.000.000 de inmigrantes para mantener el crecimiento demográfico y económico, y para mantener las pensiones de una población cada vez más envejecida. *Vid.*, en ZÚÑIGA RODRÍGUEZ, L., "El inmigrante como víctima: contradicciones del tratamiento penal del fenómeno de la inmigración", *op. cit.*, p. 129.

Bibliografía

Álvarez Alvarez, G., "La protección contra la discriminación del extranjero en el CP", en *El extranjero en el Derecho penal español sustantivo y procesal (adaptado a la Nueva Ley orgánica 4/2000), Manual de Formación Continua*, Madrid, Consejo General del Poder Judicial, 2000.

Castells, M., *La era de la información. Vol. 1. La sociedad red*, 2ª. edic., Alianza Editorial, Madrid, 2001.

Daunis A., "Reflexiones en torno a los problemas de aplicación e interpretación del art. 318 bis del CP", en Pérez Álvarez, F., (ed.) *Serta. In memoriam Alexandri Baratta*, Ediciones Universidad de Salamanca, 2004.

Daunis Rodríguez, A., "Seguridad, Derechos humanos y Garantías penales: ¿objetivos comunes o aspiraciones contrapuestas?", en Berdugo Gómez de la Torre-Sanz Mulas, (coord..), *Derecho Penal de la Democracia vs Seguridad Pública*, Comares, Granada, 2005.

de la Cuesta Arzamendi, J. L., "Las nuevas corrientes internacionales en materia de persecución de delitos sexuales a la luz de los documentos de organismos internacionales y europeos", en *Delitos contra la libertad sexual, Estudios de Derecho Judicial*, nº 21, 2000.

de León Villalba, F. J., *Tráfico de personas e inmigración ilegal, Valencia*, Tirant lo Blanch, Valencia, 2003.

Guanarteme Sánchez Lázaro, F., "El nuevo delito de tráfico ilegal de personas", en Laurenzo Copello, P., (coord...) *Inmigración y Derecho penal*, Valencia, 2002.

— http://extranjeros.mtas.es

— Informe para al Desarrollo Humano 2000. Programa de las Naciones Unidas para el Desarrollo 2000.

Maqueda Abreu, M. L., *El tráfico sexual de personas*, Tirant lo Blanch, Valencia, 2001.

Rodríguez Candela, J.L., "Incentivos legales por la persecución de determinados delitos", en Laurenzo Copello, P. (coord..), *Inmigración y Derecho penal*, Valencia, 2002.

Rodríguez Montañés, T., "Ley de extranjería y Derecho Penal", *La Ley*, nº 5261, de 6 de marzo de 2001.

Sainz-Cantero Caparrós, J. E., *Los delitos contra los derechos de los ciudadanos extranjeros*, Barcelona, 2002.

Sánchez García de Paz, I., "Inmigración ilegal y tráfico de seres humanos para su explotación laboral o sexual", en Diego Díaz-santos – Fabián Caparrós (coord..), *El sistema penal frente a los retos de la nueva sociedad*, Colex, Madrid, 2003.

Serrano Piedecasas, J. R., "Los delitos contra los derechos de los ciudadanos extranjeros", en *El extranjero en el Derecho penal español sustantivo y procesal (adaptado a la Nueva Ley orgánica 4/2000), Manual de Formación Continua*, Madrid, Consejo General del Poder Judicial, 2000.

Terradillos Basoco, J. M., "Tráfico ilegal de emigrantes", en Zúñiga Rodríguez –Mendez Rodríguez- Diego Díaz Santos, (coord...), *Derecho penal, sociedad y nuevas tecnologías*, Madrid, Colex, 2001, p. 14.

— www.antorcha.org/hemer/inmigra.htm

— www.el-mundo.es/especiales/2005/02/sociedad/inmigración/cifras/

— www.lavanguardia.es, 16 de febrero de 2005
— www.lukor.com
— www.mir.es/oris/notapres/year05
— www.tt.mtas.es/periodico
— www.univision.com

ZÚÑIGA RODRÍGUEZ, L., "El inmigrante como víctima: contradicciones del tratamiento penal del fenómeno de la inmigración", en DIEGO DÍAZ-SANTOS – FABIÁN CAPARRÓS – RODRÍGUEZ GÓMEZ (coord..), *La reforma penal a debate*, XVI Congreso Universitario de Alumnos de Derecho Penal, Universidad de Salamanca, Salamanca, 2004.

DIRITTO PENALE E SICUREZZA DELLA COLLETTIVITÀ

DAVID TERRACINA
Prof. da Universidade de Torvegata

Diritto penale e sicurezza della collettività sono certamente due realtà strettamente collegate. Il diritto penale rappresenta, infatti, tuttora uno strumento privilegiato a disposizione dello Stato per garantire la propria sicurezza.

Allo stesso tempo, però, occorre sottolineare subito come quella del diritto penale non sia affatto l'unica strada percorribile, anzi, può benissimo capitare che lo strumento penale si dimostri del tutto inadeguato al perseguimento degli scopi prefissati dal legislatore. In buona sostanza, dunque, il diritto penale, a differenza di ciò che comunemente si crede o si vuol far credere, non è il rimedio unico ed infallibile per tutti i mali della società. Con sempre maggiore frequenza si assiste, però, anche in ordinamenti evoluti, o presunti tali, come quello italiano, al proliferare di leggi che potremmo definire "manifesto", norme penali adottate dal legislatore al solo fine di soddisfare l'opinione pubblica ed accompagnata dalla consapevolezza che, a livello di politica criminale, con probabilità vicina alla certezza, non sortiranno alcun effetto. Da anni ormai non esiste più una scienza della legislazione penale che tenga in considerazione non solo le pulsioni irrazionali provenienti dalla collettività, ma che consenta al legislatore un approccio integrato, frutto della cooperazione tra discipline diverse ma confinanti come, ad esempio, la criminologia e la sociologia.

Proprio per tale ragione appare di fondamentale importanza il dialogo tra diritto penale e forze di polizia e sono particolarmente apprezzabili iniziative come quella che ci vede oggi impegnati. Un dialogo che per dare i suoi frutti non può, però, basarsi su di un rapporto "gerarchico", improntato ad un ruolo di supremazia del diritto penale, sovrano assoluto le cui volontà debbano essere attuate ciecamente ed acriticamente, ma su di un rapporto paritario che consenta un'osmosi continua. Diritto penale e forze di polizia devono agire nella consapevolezza dei propri rispettivi terreni di competenza e, soprattutto, nella consapevolezza dell'imprescindibilità di una stretta collaborazione. L'immagine fornita da Jescheck di un diritto penale cieco senza la criminologia, intendendo, dunque, un diritto penale privo di conoscenze empiriche sul crimine, e di una criminologia sterminata senza il diritto penale, può benissimo riproporsi negli stessi termini anche per il diritto penale e le forze di polizia. Non può, infatti, immaginarsi un diritto penale che prescinda dall'apporto empirico e di esperienza proveniente dalle forze di polizia, come non si può immaginare in uno stato democratico, l'operare delle forze di polizia senza il rispetto e la guida dei principi fondamentali e le categorie dogmatiche elaborate dal diritto penale.

Se il diritto penale è, dunque, il "braccio armato" dello Stato, le forze di polizia sono il braccio armato del braccio armato, spesso a cavallo tra il potere amministrativo ed il potere giudiziario come accade, ad esempio, in Italia, con la polizia giudiziaria. E' una posizione in alcuni sensi privilegiata ma anche delicata, difficile e scomoda.

Ma veniamo più in concreto alla situazione italiana, ai principali problemi della sicurezza ed alle soluzioni adottate dal legislatore, valutandone attentamente l'efficacia, prendendo come punto di partenza della nostra riflessione, del nostro colloquio, la relazione sulla sicurezza in Italia da poco divulgata dal Ministero dell'Interno.

Le problematiche evidenziate possono suddividersi nel seguente modo:

1) la criminalità organizzata tradizionale, radicata nel territorio come la mafia, la camorra, la 'ndrangheta e la criminalità pugliese;
2) la criminalità organizzata straniera: albanese, cinese e nigeriana;
3) l'immigrazione clandestina;
4) il terrorismo interno, di destra e di sinistra, ed il terrorismo internazionale;
5) la criminalità comune.

Nonostante dalla lettura del rapporto pubblicato traspaia un ingiustificato ottimismo, i dati forniti contrastano con quelli annualmente pubblicati dall'Istituto Nazionale di Statistica (ISTAT). Ma, comunque, a fronte delle sfide elencate poc'anzi, ed a prescindere dalle incongruenze numeriche, quali sono le risposte fornite dallo Stato e, soprattutto, qual'è il compito che nell'ambito di tali risposte viene assegnato al diritto penale?

In realtà, al di là dell'ottimismo ostentato dal Governo, le contromisure sono poche e del tutto inefficaci. Il *trend* positivo di diminuzione del numero dei reati indicato nella relazione del Ministero degli Interni appare del tutto destituito di fondamento. Sorge dunque il sospetto che una relazione così lontana dalla realtà del Paese sia proprio finalizzata a mascherare la pochezza della politica criminale adottata sinora. Come detto, si assiste, piuttosto, da parte del legislatore al proliferare di "leggi manifesto" o, addirittura, in molti casi ci si limita alla semplice promessa di leggi manifesto cui poi non viene dato alcun seguito. Questo perché l'unica preoccupazione che sembra tormentare il potere è quella di guadagnare consenso. Come rilevato in proposito da Chomsky, nella democrazia la collettività va governata con l'arma del consenso e quella del bastone e in questo gioco perverso, aggiungiamo noi, non pare esservi spazio alcuno per la razionalità del sistema.

Significativo della situazione italiana, che non credo sia diversa da quella di molti altri stati europei, è quanto accaduto all'indomani dello scandalo Parmalat, seguito immancabilmente da promesse di drastici provvedimenti, anche di natura penale, a tutela del risparmio, fin quando ci si è accorti che tali provvedimenti avrebbero rianimato procedimenti penali a carico del Premier oramai destinati alla prescrizione.

Ma v'è di più. In alcuni casi, infatti, non ci si limita ad introdurre nel sistema leggi che non hanno, sin dal principio, alcuna *chance* di funzionare ma, proprio per soddisfare richieste sempre più pressanti da parte della collettività, o di influenti *lobbyes* di potere, non si esita a ricorrere a norme aventi esse stesse effetti criminogeni. E' il caso, ad esempio, della legge Bossi-Fini sull'immigrazione clandestina con la quale si sono introdotte nell'ordinamento italiano nuove fattispecie di reato incriminatrici di tutta una serie di condotte prive del benché minimo disvalore penale e, in alcuni casi, volte a reprimere comportamenti assolutamente inevitabili. O, ancora, si pensi ad alcune delle fattispecie di reato poste a tutela del diritto d'autore finalizzate a reprimere lo scambio di *file* attraverso *Internet*.

La massima degenerazione di un simile modo di legiferare si verifica quando è lo stesso Stato a creare artificialmente il sentimento di insicurezza collettiva proprio al fine di adottare provvedimenti limitativi delle libertà individuali, o per fini elettoral-propagandistici.

E' evidente, però, che procedendo in questo modo non si ottiene nulla in termini di sicurezza collettiva se non, addirittura, risultati opposti a quelli almeno formalmente dichiarati, dal momento che si sottraggono uomini e mezzi da obiettivi ben più importanti.

Purtroppo, contrariamente a quanto spesso si sente dire, le critiche che precedono non sono solo il frutto di speculazioni teoriche. Le indicazioni che vengono fornite dalla prassi sono quelle di una sostanziale disapplicazione di quelle leggi che abbiamo definito manifesto anche a livello di forze di polizia. E' scontato, infatti, che quando una normativa criminalizza una serie eccessiva di condotte, la prassi deve necessariamente introdurre dei meccanismi di selezione, altrimenti il sistema esplode. Quando, però, i meccanismi di selezione non vengono indicati dal legislatore, ma vengono demandati alla discrezionalità dei singoli, il sistema presenta degli allarmanti *deficit* democratici.

L'insuccesso della normativa volta a contrastare il fenomeno dell'immigrazione clandestina è stato accentuato da recenti pronunce della Corte costituzionale che ne hanno paralizzato il funzionamento, semplicemente limitandosi a ristabilire il rispetto di alcuni principi fondamentali dell'ordinamento ignorati dal legislatore. In particolare, con le sentenze 222 e 223 del 2004, la Corte costituzionale ha stabilito che l'espulsione del cittadino straniero possa essere eseguita solo a seguito della convalida del provvedimento da parte del magistrato, ed ha dichiarato illegittimo l'arresto obbligatorio dello straniero trattenutosi in Italia anche dopo il provvedimento di espulsione.

In tema di lotta all'immigrazione clandestina, ben più efficaci sono risultate, invece, una serie di iniziative extrapenali adottate dal Governo italiano, resosi conto dell'insuccesso della Bossi-Fini. Accordi bilaterali conclusi con la Libia, ad esempio, hanno portato ad un consistente ridimensionamento dei flussi migratori provenienti da quel Paese. Quando, dunque, il Governo, si è trovato realmente nella necessità urgente di arginare un fenomeno che iniziava ad assumere dimensioni preoccupanti non ha esitato ad abbandonare l'arma del diritto penale per imbracciare quella più sottile della diplomazia.

Questo perché al diritto penale si può chiedere solo di mantenere la sicurezza dove esiste già una collettività stabile, ovvero di contrastarne i fattori di disturbo, ma non certo di crearla dove tale stabilità ancora non esiste.

Il diritto penale non può neanche sostituirsi ad uno Stato pressoché assente. Quando vengono meno quelle che in criminologia sono definite le "agenzie di controllo", si determinano dei vuoti di tutela che non possono essere colmati, nemmeno parzialmente, da una legislazione penale più rigorosa. Ed è proprio attraverso il potenziamento delle agenzie di controllo, tra cui vanno senz'altro annoverate le forze di polizia, che si garantisce la sicurezza della collettività. Nonostante le rassicurazioni e le previsioni ottimistiche del Ministro dell'Interno, la situazione italiana, da questo punto di vista è poco confortante. L'attuale coalizione di Governo ha condotto una campagna elettorale fortemente incentrata sulla necessità della sicurezza promettendo, tra i vari provvedimenti, la creazione di una nuova figura di poliziotto, il poliziotto di quartiere, che avrebbe dovuto garantire i cittadini contro la microcriminalità. In realtà si è trattato di vera e propria demagogia. E l'enfasi data a simili provvedimenti palliativi trova puntuale conferma nella stessa relazione del Ministro dell'Interno che giunge persino a definirla come una vera e propria "rivoluzione culturale". Si legge in proposito nella relazione che il poliziotto di quartiere sarebbe, meglio di ogni altra forza di polizia, "capace di sviluppare un'operatività diversa e più complessa, orientata verso il profilo della prevenzione, basata su una capillare conoscenza del territorio". In realtà, a fronte dell'introduzione nel territorio nazionale di poche migliaia di poliziotti di quartiere, si è contratto drasticamente l'organico delle forze dell'ordine "tradizionali" e se ne sono ridotti i mezzi a disposizione. Oltre a ciò occorre considerare che il numero di magistrati in Italia continua ad essere da anni di diverse migliaia al di sotto del numero minimo per permettere al sistema di sopravvivere.

Esempio emblematico dell'assenza delle istituzioni è dato da una lettera aperta inviata dal principale imprenditore calabrese al Presidente della Repubblica chiedendo se avesse dovuto trasferire la propria attività nel nord d'Italia o se avesse, comunque, dovuto convincere i propri figli ad abbandonare l'impresa di famiglia. Sempre più spesso, infatti, negli stabilimenti delle imprese meridionali appaiono cartelli provocatori con scritto "chiuso per mafia" o "chiuso per racket" e che rispecchiano in pieno la situazione di abbandono in cui sono lasciate dalle istituzioni intere parti del territorio nazionale. Esistono zone del Paese dove lo Stato non esiste, territori del tutto al di fuori del controllo di qualsiasi potere se non quello dell'organizzazione criminale di riferimento.

Ora, è evidente che il diritto penale in questa situazione può poco, per non dire nulla. In alcune aree del Paese la disoccupazione giovanile sfiora percentuali vicine al 95% e l'unica risorsa a disposizione è rappresentata dalle opportunità lavorative offerte da associazioni criminali fortemente ramificate nel territorio. Organizzazioni come la mafia, la camorra, la 'ndrangheta hanno successo non solo per il timore che riescono ad incutere nella popolazione, ma perché in molti casi più e meglio dello Stato riescono a garantire ai loro affiliati un'esistenza decorosa.

Così, anche la recente legislazione antiterrorismo, introdotta a seguito dei drammatici attentati dell'11 settembre 2001, sembra non tenere affatto in considerazione i principi fondamentali del diritto penale. Sono state introdotte nell'ordinamento penale una serie di fattispecie estremamente vaghe, contrarie al principio di legalità e determinatezza, evidentemente con la malcelata finalità di poterle applicare non solo a preoccupanti fenomeni terroristici, ma ad un ben più ampio spettro di condotte.

Un simile modo di legiferare ha condotto inevitabilmente a delle situazioni paradossali ed intollerabili in un moderno Stato di diritto. Così, ad esempio, è capitato che nell'arco di una sola settimana, le medesime persone, per i medesimi fatti, siano state giudicate in modo diametralmente opposto da tribunali di città diverse, che si sono contesi le "prede" come belve affamate, fornendo uno spettacolo istituzionale indecoroso.

Con la "scusa" di dover colpire le cellule terroristiche ancora in fase embrionale, lo Stato si è precostituito dei formidabili strumenti per reprime le forme più radicali di dissenso. E' ciò che, ad esempio, in Italia è accaduto con l'universo *no-global*.

Oltre a ciò, accanto alle fattispecie di nuova creazione se ne sono riesumate delle altre oramai dimenticate da tempo, introdotte nel codice del '30 dal regime fascista con il malcelato fine di criminalizzare i partiti di opposizione.

Quando, però, il legislatore ricorre a norme manifesto, oppure a norme vaghe, oscure, e che si prestano a molteplici interpretazioni, non tardano a verificarsi due generi di conseguenze:

1) spesso, come detto poc'anzi, si assiste a veri e propri scontri istituzionali, talvolta anche tra rappresentanti del medesimo potere dello Stato;
2) si ingenera nella collettività un effetto opposto rispetto a quello che si voleva ottenere.

Da ultimo non resta che spendere poche parole su quella che abbiamo definito la criminalità comune. Anche in relazione a ciò la risposta fornita dalle istituzioni è altrettanto deludente. Non esiste, come detto, una vera e propria politica criminale, si naviga a vista indirizzando la prua della nave dove porta la corrente. Manca qualsiasi strategia a lungo e medio termine che possa condurre a risultati concreti.

Un esempio. Recenti episodi di cronaca hanno indotto alcune forze politiche dell'attuale maggioranza parlamentare a ripensare l'istituto della legittima difesa, sostanzialmente eliminando la necessità del rapporto di proporzione tra offesa e difesa, fino ad ammettere sempre la possibilità di uccidere il ladro che si introduce nell'appartamento. Ebbene, anche una simile proposta rappresenta una risposta del tutto inadeguata al genere di problemi che, invece, vorrebbe risolvere. La legittima difesa disciplinata in tal modo precipiterebbe, infatti, l'ordinamento italiano ad una condizione da *Far West* del diritto e di certo non aiuterebbe ad aumentare la sicurezza della collettività. Nemmeno a livello di percezione.

E', però, fin troppo evidente come simili proposte funzionino perfettamente in chiave elettorale. Cavalcare la tigre dell'insicurezza collettiva e della paura può essere una valida strategia politica, ma spesso la situazione sfugge di mano e diventa piuttosto complicato scendere dalla tigre prima che sia troppo tardi. Come sottolineato brillantemente da Chomsky, l'arma della propaganda per le democrazie equivale al randello per i regimi totalitari. E l'effetto finale è il medesimo. La storia delle dittature europee dovrebbe insegnare qualcosa in tal senso.

Il rapporto tra diritto penale e sicurezza interna diventa allora il difficile rapporto tra l'uso della forza e le garanzie, tra l'uso della forza ed il rispetto dei diritti fondamentali dell'individuo. Diritti che sono stati faticosamente conquistati nei secoli e che non possono essere spazzati via dalla mattina alla sera per esigenze di politica criminale, soprattutto quando poi una politica criminale vera e propria non esiste.

Non v'è dubbio che si tratti di un equilibrio estremamente delicato e che a seconda del momento storico ci si possa avvicinare all'uno o all'altro estremo. Il problema diviene ancor più complesso quando si intaccano i valori fondamentali garantiti dalla Costituzione: libertà personale, libertà di circolazione, libertà di comunicazione, libertà di associazione, libertà di manifestazione del pensiero, libertà economica. Proprio per tale ragione il discorso non può essere condotto in termini assolutistici. Non esiste un unico punto di equilibrio ed occorre valutare caso per caso, tenendo sempre presente che il diritto penale rappresenta l'*extrema ratio* cui ricorrere solamente quando tutti gli altri strumenti a disposizione dell'ordinamento si siano rivelati inefficaci.

Una "panpenalizzazione", come si diceva all'inizio, non può essere la soluzione per tutti i mali dello Stato. Il potenziamento del diritto penale non può prescindere, in primo luogo, da un recupero del senso della legalità. Quando, infatti, sono le stesse istituzioni dello Stato a non dare risultati confortanti in tal senso, non si può certo ipotizzare che il diritto penale sopperisca a tali carenze. La situazione italiana è emblematica: dall'inizio della legislatura il Parlamento, piuttosto che occuparsi dei veri problemi del Paese, si è concentrato su tutta una serie di provvedimenti legati agli interessi di pochi. Numerosi sono stati gli interventi che hanno permesso di aggiustare i processi penali pendenti nei confronti del Premier o di persone del suo *entourage*, vuoi con sostanziali depenalizzazioni di fatti connotati da un grave disvalore penale, si pensi al falso in bilancio, vuoi con interventi che hanno permesso il maturarsi della prescrizione di numerosi procedimenti. Oltre a ciò non devono dimenticarsi le misura straordinarie *una tantum* che hanno permesso, seppur parzialmente, al Governo di abbassare, per un limitato periodo di tempo, la pressione fiscale. Ci si riferisce ai condoni per i reati edilizi, tributari ed ambientali, di gran moda durante i governi democristiani, ma oramai abbandonati da tempo.

Tutto ciò crea evidentemente una situazione di disorientamento culturale. Si assiste sempre più spesso alla triste scena di violenti attacchi da parte della politica, e delle forze di maggioranza, alla magistratura. Attacchi che si concluderanno con la ormai prossima riforma dell'ordinamento giudiziario, sulla quale non c'è purtroppo tempo per soffermarsi, ma che segnerà un grande passo in avanti nel disegno preciso di assoggettare il potere giudiziario a quello esecutivo.

E' evidente, però, che se sono proprio le istituzioni a trasmettere alla collettività l'idea che commettendo un reato difficilmente si viene puniti, non si può, allora, lamentare una scarsa effettività del diritto penale. Dove non c'è percezione della legalità aumenta, infatti, certamente il sentimento di insicurezza collettiva, ma aumenta anche la richiesta di forme di sicurezza "alternative" quali possono essere quelle offerte delle grandi organizzazioni criminali. La mafia è l'emblema dell'anti-stato, dell'apparato statale che si sostituisce allo Stato.

E nel tentativo di salvare la faccia e di recuperare un minimo di credibilità, lo Stato si accanisce con inutile severità nei confronti dei piccoli reati, o dei reati commessi dai più deboli. Non a caso oggi la maggior parte della popolazione carceraria in Italia è formata da stranieri extracomunitari e da tossicodipendenti.

Come fa il diritto penale a sopperire a tutto questo? Il Galileo di Brecht malediceva quel mondo che ha bisogno di eroi. Ebbene, noi potremmo tranquillamente dire maledetto quell'ordinamento che ha bisogno del diritto penale!

COOPERAÇÃO POLICIAL INTERNACIONAL: O PARADIGMA DA UNIÃO EUROPEIA

Paulo Valente Gomes
Secretário-Geral Adjunto do Gabinete Coordenador de Segurança

CAPÍTULO 1
Da Cooperação Policial na União Europeia: Balanço e Prospectiva

1. A Cooperação Policial na União Europeia: Delimitação do Conceito e Objecto

A cooperação tem por finalidade permitir que todos os cidadãos de um Estado-Membro da União beneficiem de segurança e de celeridade jurídica num espaço em que os bens e as pessoas circulam livremente.

Atenta a amplitude de aspectos que o conceito de cooperação policial europeia pode abarcar, comecemos por estabelecer uma clara delimitação do conceito e do objecto que aqui vamos cuidar de desenvolver. Procuremos, em primeiro lugar, uma delimitação do conceito, recorrendo à sua construção normativa nos textos fundamentais da União Europeia.

Uma das principais inovações introduzidas pelo Tratado de Maastricht ou Tratado da União Europeia (TUE), que entrou em vigor em 1 de Novembro de 1993, diz respeito à criação, no seu Título VI, de um Terceiro Pilar, a cooperação em matéria de Justiça e dos Assuntos Internos (JAI), que compreende domínios de interesse comum nos quais os Estados-Membros se propõem cooperar: asilo e imigração, passagem das fronteiras externas, combate ao tráfico de droga e à fraude de dimensão internacional, cooperação judiciária em matéria civil e penal, cooperação aduaneira e policial.

Com o Tratado de Amesterdão, em vigor desde o dia 1 de Maio de 1999, foi introduzido no artigo 2º um novo objectivo da União que consiste na *"manutenção e desenvolvimento da União enquanto espaço de liberdade, de segurança e de justiça, em que seja assegurada a livre circulação de pessoas, em conjugação com medidas adequadas em matéria de controlos na fronteira externa, asilo e imigração, bem como de prevenção e combate à criminalidade"*.

Para dar corpo a este objectivo, o Tratado de Amesterdão introduz um conjunto significativo de alterações ao antigo Terceiro Pilar, que procuram conferir uma maior eficácia à cooperação JAI.

Designadamente, mantém-se o Terceiro Pilar (Título VI, TUE), agora dedicado à cooperação policial e à cooperação judiciária em matéria penal. Para garantir um elevado nível de protecção dos cidadãos, os Estados-Membros devem cooperar na prevenção e combate à criminalidade, organizada ou não, em especial o terrorismo, o tráfico de seres humanos e os crimes contra as crianças, o tráfico ilícito de droga e de armas, corrupção e fraude.

Partindo desta enunciação normativa dos Tratados, podemos, assim, definir o conceito de cooperação policial europeia como a actuação combinada ou a assistência entre os Estados-Membros da União, no vasto espectro que abrange a prevenção e o combate à criminalidade em geral, e, em particular a que, assumindo natureza transnacional, pode afectar diversos Estados-Membros – como os tráficos ou a criminalidade económico-financeira – ou a que atenta contra os valores mais basilares das sociedades democráticas – como é o caso do terrorismo –, tendo como objectivo último garantir um elevado nível de protecção dos cidadãos.

Enunciado o conceito, passemos à delimitação do objecto a tratar. Por razões de economia, apenas de forma indirecta iremos aludir a outras vertentes do Terceiro Pilar, nomeadamente, a cooperação judiciária em matéria penal, ou a cooperação aduaneira, não obstante a sua indissociável relação com a área da cooperação policial. Aliás, é desejável que estes três domínios sejam cada vez mais desenvolvidos de forma integrada, tanto na teoria como na actuação quotidiana dos operadores do sistema.

Estreitando ainda mais o objecto do nosso estudo, e situando-nos agora no âmbito da cooperação policial, apenas abordaremos os aspectos que constituem, em nosso entender, o "core business" da missão da PSP e que, em certa medida, integram o mandato do Grupo de Trabalho Cooperação Policial (PCWG), do Secretariado--Geral do Conselho da União Europeia: a formação policial, a prevenção criminal, o policiamento comunitário, a segurança de grandes eventos e, numa vertente externa da União, a gestão civil de crises. Toda a importante área da cooperação policial no espaço Schengen fica, assim, expressamente excluída desta nossa reflexão pois a sua amplitude, complexidade e impacto crescente na actividade operacional das polícias dos Estados-Membros justificariam, só por si, um estudo *ex professo*, sublinhando, nomeadamente, o papel do Gabinete Nacional SIRENE e a evolução do actual Sistema de Informação Schengen (SIS) para a segunda geração (SIS II).

Importa, neste momento, acrescentar que a opção deliberada pela abordagem de um conceito de cooperação policial *stricto sensu*, por assim dizer, também resulta da seguinte premissa: em nosso entender, as matérias da segurança e ordem públicas serão, neste momento, aquelas que, tendo merecido um tratamento menos aprofundado no âmbito da União – nomeadamente por se situarem no núcleo mais restrito da soberania dos Estados-Membros –, deverão merecer, num quadro de crescente comunitarização, um redobrado investimento, em termos normativos e de implementação de mecanismos operacionais, por parte da União e dos Estados-Membros.

Compreendemos perfeitamente que o processo de construção da cooperação policial tenha começado e avançado mais rapidamente nas áreas mais directamente relacionadas com a livre circulação num espaço alargado e com os interesses estratégicos da União globalmente considerada, ou seja, a prevenção e combate à criminalidade organizada e de natureza transnacional.

Mas, nesta lógica de desenvolvimento no sentido da federalização, parece-nos também normal que os domínios que avançaram mais lentamente neste processo, pelas razões já apontadas, como a prevenção da criminalidade de massa, a segurança e ordem públicas, apresentem agora os maiores desafios e oportunidades para uma instituição como a PSP.

2. Os Progressos da Cooperação Policial: Do Tratado de Roma ao Tratado Constitucional

2.1. *Segurança Interna e Espaço Europeu*

Num espaço sem fronteiras internas, as preocupações com a criminalidade e com a violência, designadamente a altamente organizada e de contornos transnacionais, deixaram de ser apenas uma preocupação interna dos governantes e das autoridades nacionais.

O alargamento da União Europeia de 15 para 25, e no futuro para 27, depois 29 ou mais Estados-Membros, implica uma urgente actualização e integração dos tradicionais conceitos de segurança interna e das políticas nacionais de prevenção e combate à criminalidade, seja ela de massa ou violenta e organizada.

Enquanto não for definido e implementado um conceito estratégico e operacional de segurança interna para a União Europeia, as políticas nacionais de segurança interna e de prevenção e combate à criminalidade devem procurar actualizar-se no sentido de integrarem o novo contexto geo-político de livre circulação de mercadorias, serviços, capitais e pessoas, adoptando estratégias e tácticas adequadas a prevenir e combater eficazmente os novos fenómenos da criminalidade transnacional, que foi facilitada e fomentada pela supressão dos controlos fronteiriços internos e pela relativa ineficácia das medidas compensatórias da abolição desses controlos físicos.

Não mais poderemos, ao nível dos Estados-Membros, delinear e desenvolver uma política de segurança interna ou de prevenção e combate à criminalidade isolada ou desgarrada do contexto europeu alargado e das opções da União, pois a maior ou menor eficácia e efectividade das políticas de um Estado-Membro terão cada vez maior impacto em todo o espaço europeu. Ao preservarem a segurança nacional, os Estados-Membros devem ter plenamente em conta a segurança da União como um todo, designadamente, tendo em vista a prevenção e o combate ao terrorismo.

O âmbito territorial de aplicação do conceito de segurança interna não mais deve ser encarado pelos Estados-Membros como o território sobre o qual têm soberania, mas sim como o espaço de uma União que se estende do Atlântico aos Urais, confinada por fronteiras externas que nos são cada vez mais longínquas e que, não obstante, são as nossas fronteiras.

Temática particularmente interessante, neste contexto, mas que não cabe desenvolver nesta sede, é o debate, no estudo da governação no sistema da União Europeia, sobre a influência que as políticas de segurança dos Estados-Membros e da União exercem mutuamente, no processo de construção da cooperação policial. Particularmente numa política europeia de cariz ainda marcadamente integovernamental como é o caso da política de cooperação policial, merece destaque a nova visão do intergovernamentalismo liberal, que entende os Estados-Membros como actores principais da arena internacional e defende a lógica das negociações intergovernamentais.

Deste modo, "os governos nacionais seriam claramente os actores-chave no sistema da Comunidade e a interacção das preferências dos governos nacionais eram a forma mais eficaz de compreender a dinâmica da integração"[1]. Na perspectiva inversa, de pendor comunitário, torna-se também pertinente, tendo em conta a futura evolução do processo de integração europeia, um estudo de prospectiva que antecipe as mudanças que essa evolução acabará por impor ao nível dos ordenamentos jurídicos e dos modelos nacionais de segurança – designadamente, das estruturas nacionais de coordenação e dos seus subsistemas, como é o caso da prevenção criminal, das informações criminais, da ordem pública ou da investigação criminal[2].

No capítulo 2, teremos ocasião de abordar o papel da PSP na cooperação policial, nesta perspectiva dialéctica: a influência da União Europeia na PSP e vice-versa.

Por outro lado, e em particular no domínio da segurança, torna-se cada vez mais necessária uma coordenação e coerência entre a dimensão interna e a dimensão externa da segurança da União

---

[1] ROSAMOND, Ben, *Theories of European Integration*, St. Martin's Press, Nova Iorque, 2000, p. 135, *cit. in* MAILLO, Laia Moreno, *op. cit.*, p. 1.
[2] Para mais desenvolvimentos sobre esta temática, aplicada ao modelo policial espanhol, *vide* MAILLO, Laia Moreno, *op. cit.*.

Europeia. Os Estados-Membros deverão considerar o impacto das suas estratégias nacionais sobre os outros Estados-Membros, os modos como as estratégias nacionais dos diferentes Estados-Membros podem ser complementares e as contribuições que essas estratégias podem dar para a realização dos objectivos de uma estratégia de segurança interna da União Europeia. Esta estratégia europeia deve igualmente abrir um espaço às dinâmicas e potencialidades locais, regionais, nacionais e transnacionais, fazer uma utilização optimizada dos recursos disponíveis e ter em consideração as contingências organizativas e financeiras dos Estados-Membros e das instituições da União.

2.2. Fundamento e Sentido da Cooperação Policial

A cooperação policial e judiciária em matéria penal, conhecida como o Terceiro Pilar da União Europeia, integra um dos mais importantes objectivos da construção europeia, qual seja o de manter e desenvolver a União como um espaço de liberdade, segurança e justiça, conforme dispôs o artigo 2º, 4º travessão, do Tratado da União Europeia.

A cooperação policial no seio da União resulta da necessidade de implementação de medidas de segurança que permitam o exercício pleno da liberdade de circulação num imenso espaço sem fronteiras internas, combatendo a criminalidade que possa desenvolver-se e propagar-se em resultado dessa abolição dos controlos internos.

O processo de cooperação policial na União Europeia tem sido construído lentamente, pedra sobre pedra, com sucessivos avanços e recuos. Duas premissas estão subjacentes ao sucesso da cooperação policial no espaço europeu: ela começa no seio de cada Estado--Membro e será aquilo que os Estados-Membros quiserem.

Para que a cooperação seja efectiva, a este nível como nas relações interpessoais, é fundamental que exista uma vontade genuína de cooperar, assente em princípios de confiança, reciprocidade, lealdade e solidariedade. Sem uma cooperação aplicada, desenvolvida no quotidiano operacional das autoridades policiais dos Estados-Membros, o edifício da cooperação policial não passará da construção absurda e hipócrita de um edifício normativo e institucional que frustra as expectativas e as necessidades de segurança e de qualidade de vida, em geral, dos cidadãos europeus e, em última instância, compromete o desenvolvimento da União Europeia, na sua globalidade.

Ora, a cooperação europeia é ainda, em boa medida, uma cooperação virtual, por várias ordens de razões: soluções normativas muitas vezes ambíguas, resultantes da tentativa de conciliar orientações de pendor intergovernamental com outras de tendência comunitária; compromissos politicamente assumidos pelos Estados-Membros e não cumpridos na prática, sem que existam mecanismos sancionatórios por parte das instituições comunitárias; ordens jurídicas, modelos policiais e judiciários diversos e dificilmente compaginaveis; incapacidade de resposta dos Estados-Membros às exigências da União, em virtude de deficiências de coordenação e cooperação a nível interno; falta de confiança mútua, que se evidencia na renitência em disponibilizar dados e informações de qualidade e em tempo útil...

Neste caminho sinuoso, é possível, no entanto, descortinar um fio condutor, que justifica e dá sentido a este esforço: progressivamente, e de forma relativamente sustentada, tem-se evoluído de uma abordagem intergovernamental para uma cada vez maior comunitarização das matérias da cooperação policial, a par de uma crescente legitimação democrática e transparência deste domínio. Prova disso é o reforço dos mecanismos de controlo parlamentar e judiciário das opções normativas e das estruturas de cooperação policial, previsto pelo Tratado Constitucional.

No fundo, e não obstante tratar-se de uma área em que está particularmente em causa o último reduto da soberania dos Estados, a consolidação da cooperação policial tem acompanhado, ao seu ritmo e com as suas particularidades, o processo global de integração europeia, que um dia terminará, porventura, numa Europa Federal, com instituições policiais e judiciárias federais.

2.3. Análise Diacrónica

Durante mais de quatro décadas, os tratados europeus ignoraram as questões da justiça e da segurança, do asilo e da imigração. A questão europeia revelou-se, inicialmente, à margem das instituições e do quadro da Comunidade Europeia, formalizando-se, nomeadamente, por via de acordos bilaterais ou intergovernamentais (a exemplo dos acordos de Schengen), mas estes foram sendo progressivamente integrados pela União Europeia.

A explicação mais frequentemente apontada para esta lenta integração reside no facto de estas questões se situarem no âmago da soberania nacional e de serem, por natureza, questões regalengas.

Ora, visando a Comunidade Europeia, desde as suas origens, o estabelecimento de um espaço económico comum e a livre circulação de pessoas, seria possível que não levasse em conta as questões induzidas em matéria de segurança e de justiça? Por outras palavras, como se poderia conceber que, num espaço onde as pessoas e os bens circulam livremente, as fronteiras apenas subsistam para os juízes e os polícias?

Passando a descrever a evolução da cooperação na área da justiça e assuntos internos, e por razões de economia de espaço, remetemos para consulta em anexo a evolução histórica desta temática, desenvolvendo apenas, no texto principal, pela sua importância e actualidade, as inovações trazidas pelo Tratado Constitucional e pelo Programa da Haia.

2.3.1. *Constituição para a Europa e Programa da Haia*

2.3.1.1. A Constituição para a Europa

A assinatura do Tratado Constitucional, elaborado pela Convenção sobre o Futuro da Europa e que deveria entrar em vigor em 1 de Novembro de 2006, viria abrir uma nova janela de oportunidades para a consolidação da cooperação policial na União, caso os referendos nacionais entretanto realizados em alguns Estados-Membros não fossem em sentido negativo. Não obstante, vejamos quais as soluções propostas pelo texto do Tratado, em matéria de justiça e assuntos internos.

Esta União dos cidadãos e dos Estados continua a consagrar a justiça e a solidariedade como alguns dos valores fundamentais, garantindo a livre circulação de pessoas, bens, serviços e capitais, como liberdades fundamentais dos cidadãos comunitários. Paralelamente, a União continua a assumir, como um dos seus grandes objectivos, a manutenção de um espaço de liberdade, segurança e justiça.

Além disso, a União continua a respeitar a identidade nacional dos seus Estados-Membros, respeitando as funções essenciais do Estado, em particular as que visam assegurar a integridade territorial, manter a ordem pública e salvaguardar a segurança interna.

Sublinha-se também o princípio da cooperação leal, nos termos do qual a União e os Estados-Membros se respeitam e se ajudam mutuamente no desempenho das missões decorrentes da Constituição.

No plano externo, a União propõe-se contribuir para a paz, a segurança, a solidariedade e o respeito mútuo entre os povos, assim como para o respeito e desenvolvimento do direito internacional.

No plano institucional, introduz-se uma classificação das competências: as exclusivas da União, as partilhadas e as competências de apoio aos Estados-Membros. As competências partilhadas, que reúnem os domínios em que a União age quando a sua acção acrescenta valor à dos Estados-Membros, por vezes de forma muito completa, passam a incluir as áreas da cooperação policial e judiciária.

Mantém-se o conceito de cooperação reforçada, introduzido pelo Tratado de Amesterdão, que favorece uma cooperação mais estreita entre os países da União que desejem ir além da integração prevista nos tratados num determinado domínio correspondente aos objectivos da União, mas que não pertença às suas competências exclusivas. Permite-se, assim, que um número limitado de Estados-Membros, que possam e desejem ir mais longe, prossigam o aprofundamento da construção europeia, sempre no respeito do quadro legal da União. Todavia, estas cooperações reforçadas, como é o caso da cooperação Schengen, só podem ser utilizadas em último recurso, ou seja, quando não tiver sido possível agir com base numa disposição do Tratado, com todos os Estados-Membros. Além disso, devem incluir um número mínimo de Estados-Membros (o Tratado estabelece que deve ser um terço dos Estados-Membros) e estar abertas à participação de todos os Estados-Membros, em qualquer momento.

Por outro lado, e corporizando o conceito de espaço de liberdade, segurança e justiça, o Tratado oferece à União os meios adequados para encontrar soluções à altura dos desafios que a União deve enfrentar (como assegurar a livre circulação de pessoas, lutar contra o terrorismo e os crimes graves, ou gerir os fluxos migratórios).

O Tratado, assim como o Programa da Haia, define uma linha de tendência que vai no sentido do estabelecimento de um conceito global de segurança interna europeia. O seu artigo III- 261º prevê a criação de um Comité Permanente "*a fim de assegurar na União a promoção e o reforço da cooperação operacional em matéria de segurança interna*". Além disso, esse comité deverá também fomentar "*a coordenação da acção das autoridades competentes dos Estados-Membros*". Naturalmente, este comité deverá articular a sua acção com outros actores privilegiados a nível europeu, tais como a Europol, a Eurojust, a Agência das Fronteiras Externas ou o OLAF (Organismo da Luta Auto-Fraude).

É, assim, expressamente reconhecida a pertinência de um conceito europeu de segurança interna e a necessidade de melhorar a coordenação operacional para reforçar a segurança na Europa.

O artigo III-262º vem, no entanto, salvaguardar o espaço de soberania dos Estados-Membros, estatuindo que o capítulo dedicado ao espaço de liberdade, segurança e justiça "*não prejudica o exercício das responsabilidades que incumbem aos Estados-Membros em matéria de manutenção da ordem pública e de garantia da segurança interna*".

Mas, mais importante no domínio que aqui nos ocupa, o novo Tratado vem abolir o Terceiro Pilar e o correspondente método de decisão intergovernamental, agrupando numa só estrutura todas as políticas da União e tornando aplicáveis procedimentos mais democráticos, eficazes e transparentes. Tal reveste-se de particular importância num domínio como a cooperação policial, que sofria de um relativo défice de legitimidade democrática e de falta de transparência.

Doravante, um grupo de Estados-Membros (correspondente a um quarto) pode apresentar uma iniciativa, da mesma forma que a Comissão. O direito de veto é, em grande medida, abandonado em proveito da regra da maioria qualificada; o Parlamento co-legisla, com o Conselho, e as regras adoptadas estão sujeitas ao controlo jurisdicional do Tribunal de Justiça.

No âmbito da cooperação policial, a Europol oferece uma estrutura para desenvolver a cooperação policial entre os Estados-Membros nos domínios da prevenção e da luta contra as formas graves de criminalidade internacional organizada, prevendo-se que, pela primeira vez, este Serviço Europeu de Polícia esteja sujeito ao controlo do Parlamento Europeu e dos parlamentos nacionais.

Numa análise crítica do Tratado Constitucional, diremos o seguinte: não obstante as grandes expectativas criadas, o Tratado revelou-se, por um lado, pouco ambicioso quanto ao avanço em domínios importantes da cooperação policial – designadamente, em matéria de controlo das fronteiras externas, ao adiar a criação de uma Polícia Europeia de Fronteiras; por outro, continua a ser tímido quanto à intensidade da cooperação policial operacional da União e dos seus órgãos; e, além disso, acaba por consolidar, mais do que revolucionar, o *acquis* da cooperação policial.

Todavia, ao agrupar numa só estrutura todas as políticas da União, ao incluir a cooperação policial no conjunto das competências partilhadas entre a União e os Estados-Membros e ao introduzir procedimentos mais democráticos, eficazes e transparentes neste domínio, prevendo mecanismos de controlo e sancionatórios, o Tratado Constitucional vem abrir uma fase particularmente promissora no processo de consolidação da cooperação policial, rumo a uma progressiva comunitarização do último reduto da soberania dos Estados-Membros.

2.3.1.2. *O Programa da Haia*

No Conselho Europeu de 4 e 5 de Novembro de 2004, realizado em Bruxelas sob Presidência Holandesa, foi adoptado um Programa multianual na área da Justiça e Assuntos Internos (JAI) para os próximos 5 anos, designado por «Programa da Haia: reforçar a liberdade, a segurança e a justiça na União Europeia». Este programa, que dá seguimento à agenda JAI acordada pelo Conselho Europeu de Tampere (Outubro de 1999), estabelece as prioridades políticas e principais linhas de acção da cooperação JAI.

As conclusões desse Conselho[3] voltam a colocar o acento tónico na necessidade de, numa nova ordem internacional pautada pela insegurança, uma acção conjunta e mais eficaz da União no combate à criminalidade organizada e transnacional, garantindo, do mesmo passo, o respeito dos direitos e liberdades fundamentais dos cidadãos.

---

[3] Conclusões da Presidência – Bruxelas, 4/5 de Novembro de 2004, 14292/04 5, CONCL 3.

Transcorridos cinco anos sobre o Programa de Tampere, o Conselho de Bruxelas considerou chegado o momento de adoptar um novo programa que corresponda aos novos desafios da segurança, o "Programa da Haia", que reflecte as ambições expressas no Tratado Constitucional. Este Programa tem em linha de conta a avaliação feita pela Comissão, acolhida favoravelmente pelo Conselho Europeu em Junho de 2004, bem como a recomendação relativa ao recurso à votação por maioria qualificada e ao processo de co-decisão aprovada pelo Parlamento Europeu em 14 de Outubro de 2004.

O Programa da Haia versa sobre todos os aspectos das políticas relacionadas com o espaço de liberdade, segurança e justiça e a sua dimensão externa, designadamente os direitos fundamentais e a cidadania, o asilo e a imigração, a gestão das fronteiras, a integração, a luta contra o terrorismo e a criminalidade organizada, a justiça e a cooperação policial, bem como o direito civil, devendo ser acrescentada uma estratégia anti-drogas em Dezembro de 2004.

Neste contexto, o Conselho Europeu considerou "de vital importância a criação de instrumentos jurídicos europeus adequados e o reforço da cooperação prática e operacional entre as agências nacionais relevantes, bem como a implementação atempada das medidas aprovadas."[4]

Designadamente, o Programa da Haia solicita ao Conselho "*que prepare a criação do Comité de Segurança Interna previsto no artigo III-261.º do Tratado Constitucional (...), tendo em vista a sua instalação o mais rapidamente possível após a entrada em vigor do Tratado Constitucional*".

À luz deste Programa, o Conselho Europeu convidou a Comissão a apresentar em 2005 um plano de acção com propostas de acções concretas e um calendário para a respectiva aprovação e implementação, bem como um relatório anual sobre a execução das medidas da União ("painel de avaliação"). O Conselho Europeu passará em revista os progressos do Programa da Haia no segundo semestre de 2006.

Entrando no domínio específico da cooperação policial, o Programa da Haia começa, em termos gerais, por colocar o acento tónico na necessidade de intensificação da cooperação prática entre as auto-

---

[4] Conclusões Idem, p. 4.

ridades policiais e aduaneiras dos Estados-Membros e com a Europol, e uma melhor utilização dos instrumentos existentes neste domínio, tendo em vista o combate eficaz ao crime organizado transfronteiras e a outras formas graves de criminalidade e terrorismo[5].

Com o Programa de Haia, o Conselho elege a Europol como o órgão decisivo para o progresso futuro da cooperação policial. Visando melhorar a eficácia da Europol no domínio das informações e reforçar o seu pendor operacional, o Programa da Haia enuncia um vasto conjunto de medidas a concretizar durante a sua vigência, que a seguir enunciamos.

Em primeiro lugar, e de forma vigorosa, o Conselho insta os Estados-Membros a que permitam à Europol, em cooperação com a Eurojust, desempenhar um papel fundamental na luta contra as formas graves de criminalidade (organizada) transfronteiras e o terrorismo, mediante três iniciativas, a saber:

- a ratificação e a implementação efectiva dos instrumentos jurídicos necessários até ao final de 2004[6];
- a prestação atempada de todas as informações de grande qualidade necessárias à Europol; e
- o incentivo à boa cooperação entre as suas autoridades nacionais competentes e a Europol.

Em segundo lugar, dispõe-se que a partir de 1 de Janeiro de 2006, a Europol deverá substituir os seus "relatórios de situação da criminalidade" por "avaliações da ameaça" anuais sobre formas graves de crime organizado, com base nas informações prestadas pelos Estados-Membros e em dados fornecidos pela Eurojust e pelo Grupo Operacional dos Chefes das Polícias. Estas análises deverão habilitar o Conselho a estabelecer anualmente prioridades estratégicas, que funcionarão como linhas directrizes para acções futuras. Deveria ser este o próximo passo para atingir o objectivo de estabelecer e implementar uma metodologia policial a nível da UE assente na comunicação de informações.

---

[5] Ibidem, p. 31 e ss..
[6] Protocolos Europol: Protocolo que altera o artigo 2.º e o anexo da Convenção Europol, de 30 de Novembro de 2000, JO C 358 de 13.12.2000, p. 1; Protocolo relativo

Em terceiro lugar, a Europol deverá ser designada pelos Estados-Membros como órgão central da União em matéria de falsificação do Euro[7].

Em quarto lugar, o Conselho deverá adoptar a lei europeia sobre a Europol, prevista no artigo III-276.º do Tratado Constitucional, logo que possível após a entrada em vigor do Tratado e o mais tardar em 1 de Janeiro de 2008, tendo em conta todas as tarefas cometidas à Europol. Até essa altura, a Europol deverá aperfeiçoar o seu funcionamento, recorrendo plenamente ao acordo de cooperação com a Eurojust. Caberá à Europol e à Eurojust apresentar anualmente ao Conselho um relatório sobre as suas experiências comuns e sobre os resultados específicos obtidos. Além disso, a Europol e a Eurojust deverão incentivar o recurso às equipas de investigação conjuntas dos Estados-Membros e a sua participação nessas equipas.

Em quinto lugar, o sistema de informação da Europol deverá ser criado e entrar em funcionamento o mais rapidamente possível.

O Conselho Europeu reconhece que a cooperação policial entre Estados-Membros passou, num certo número de casos, a ser mais eficaz e eficiente pelo facto de se ter facilitado a cooperação entre os Estados-Membros implicados em relação a temas específicos, criando, sempre que adequado, equipas de investigação conjuntas e contando, sempre que necessário, com o apoio da Europol e da Eurojust. Em zonas fronteiriças específicas, a única forma de lidar com o crime e as ameaças à segurança pública e à segurança nacional é o estabelecimento de uma cooperação mais estreita e de uma melhor coordenação.

Para o Conselho Europeu, o reforço da cooperação policial exige uma atenção centrada na construção da confiança mútua. Por outro lado, numa União Europeia alargada, o Conselho Europeu sublinha a

---

aos privilégios e imunidades da Europol, dos membros dos seus órgãos, dos seus directores-adjuntos e agentes, de 28 de Novembro de 2002, JO C 312 de 16.12.2002, p. 1; Protocolo que altera a Convenção Europol, de 27 de Novembro de 2003, JO C 2 de 6.1.2004. Convenção, de 29 de Maio de 2000, relativa ao Auxílio Judiciário Mútuo em Matéria Penal entre os Estados-Membros da União Europeia, JO C 197 de 12.7.2000, p. 1, e respectivo Protocolo de 16 de Outubro de 2001, JO C 326 de 21.11.2001, p. 2; Decisão-Quadro 2002/465/JAI, de 13 de Junho de 2002, relativa às equipas de investigação conjuntas, JO L 162 de 20.6.2002, p. 1.

[7] Na acepção da Convenção de Genebra de 1929.

necessidade de se fazer um esforço explícito para melhorar a compreensão do modo de funcionamento dos sistemas e ordenamentos jurídicos dos Estados-Membros.

Nesse sentido, e sublinhando-se a importância da formação policial como instrumento eficaz de consolidação da cooperação policial europeia, o Programa da Haia dispõe que o Conselho da União e os Estados-Membros deverão desenvolver, até finais de 2005, em cooperação com a Academia Europeia de Polícia, normas e módulos de formação destinados aos agentes de polícia nacionais no que respeita aos aspectos práticos da cooperação policial na União, reconhecendo, deste modo, a importância de a cooperação ser compreendida e actuada ao nível do terreno, pelos agentes policiais.

Na mesma linha, a Comissão é convidada a desenvolver em estreita cooperação com a AEP (Academia Europeia de Polícia), até ao fim de 2005, programas de intercâmbio sistemático destinados às autoridades policiais, com o objectivo de promover uma melhor compreensão do funcionamento dos sistemas e ordenamentos jurídicos dos Estados-Membros.

Por último, para melhorar a segurança interna da União Europeia, deverá também ser tida em conta a experiência adquirida em operações policiais externas, sublinhando-se, desta forma, a estreita relação entre as vertentes interna e externa da segurança europeia.

Depois da cooperação policial, o Programa da Haia centra-se na temática da gestão de crises na União Europeia com repercussões transfronteiras, apelando ao Conselho e à Comissão para que criem dentro das actuais estruturas respectivas, respeitando inteiramente as competências nacionais, mecanismos integrados e coordenados a nível da UE para a gestão de crises, os quais deverão entrar em funcionamento o mais tardar em 1 de Julho de 2006. Esses mecanismos deverão contemplar, pelo menos, as seguintes questões: uma avaliação mais aprofundada das capacidades dos Estados-Membros, a constituição de "stocks", a formação, a realização de exercícios conjuntos e planos operacionais para a gestão civil de crises.

No capítulo da cooperação policial operacional, destaca-se a necessidade de ser assegurada a coordenação das actividades operacionais dos serviços policiais e de outros serviços em todas as partes do espaço de liberdade, segurança e justiça, assim como o controlo da implementação das prioridades estratégicas definidas pelo Conselho.

Para tal, o Conselho é solicitado a preparar a criação do Comité de Segurança Interna previsto no artigo III-261.º do Tratado Constitucional e a determinar, nomeadamente, a sua esfera de acção, funções, competências e composição, tendo em vista a sua instalação o mais rapidamente possível após a entrada em vigor do Tratado Constitucional. Entretanto, para se ganhar experiência prática em termos de coordenação, o Conselho é convidado a organizar, com periodicidade semestral, uma reunião conjunta entre os presidentes do Comité Estratégico da Imigração, Fronteiras e Asilo (CEIFA) e do Comité do Artigo 36.º (CATS) e representantes da Comissão, da Europol, da Eurojust, da Agência Europeia de Gestão das Fronteiras, do Grupo Operacional dos Chefes de Polícia e do SitCEN.

Num quarto domínio, o Programa da Haia confere particular relevo à temática da prevenção da criminalidade, considerando-a uma componente fundamental do trabalho de criação de um espaço de liberdade, segurança e justiça. Assim, entende que a União necessita de um instrumento eficaz para apoiar os esforços desenvolvidos pelos Estados-Membros nesta área, para o que a Rede deverá ser profissionalizada e reforçada.

Uma vez que o âmbito da prevenção é muito vasto, o Programa da Haia considera essencial que as atenções se centrem nas medidas e prioridades que sejam mais benéficas para os Estados-Membros, sendo que a Rede deverá disponibilizar os seus conhecimentos e as suas competências ao Conselho e à Comissão no desenvolvimento de políticas eficazes de prevenção contra o crime.

Neste contexto, o Conselho Europeu acolheu a iniciativa da Comissão de criar instrumentos europeus de recolha, análise e comparação de informações sobre a criminalidade e respectivas vítimas, assim como sobre as tendências que apresentam nos Estados-Membros, recorrendo a estatísticas nacionais e outras fontes de informação como indicadores acordados. Para o efeito, o Eurostat é chamado a desempenhar um papel mais activo neste domínio, sendo encarregado da concepção e da recolha destes dados entre os Estados-Membros.

Ao longo dos próximos anos, a área JAI será chamada a ter uma importância crescente. À medida que cada vez mais cidadãos europeus fazem uso do seu direito de circular no seio da União, para trabalhar ou por razões pessoais, é vital uma cooperação reforçada entre as forças policiais, os serviços aduaneiros e os aparelhos judiciários nacionais. Ao mesmo tempo, as actividades dos grupos terroristas e das organizações criminosas ao nível internacional requerem uma cooperação prática quase quotidiana entre os serviços nacionais encarregados da aplicação da lei no espaço europeu.

3. O Quadro Legal e Institucional da Cooperação Policial na União Europeia

Os desenvolvimentos no crime transnacional e as reacções ao "problema" da imigração têm resultado na criação de novas agências no domínio da cooperação policial. Contudo, tal como em outras áreas da integração europeia, a criação destas agências tem sido feita de modo *ad hoc*. O resultado foi definido como "uma manta de retalhos opaca e complexa de instituições (oficiais ou outras), acordos e estruturas, que têm por objectivo promover diversas formas de cooperação"[8]. A situação actual é caracterizada por uma sobreposição parcial de atribuições, áreas em que as autoridades podem exercer as suas competências e especialização funcional, assim como uma ausência de uma coordenação clara e coerente e a falta de mecanismos de responsabilização e controlo democrático.

No entanto, há também aspectos positivos a registar, como o facto de a cooperação na área JAI vir a encorajar as administrações nacionais a reestruturarem a sua organização policial e de justiça penal em ordem a facilitar a cooperação transnacional. Para tanto, e não obstante as legislações policial, penal e processual penal ainda apresentarem grandes discrepâncias entre os Estados-Membros, em muitos deles estão a ser implementadas ou discutidas reformas que vão no sentido de uma cada vez maior harmonização entre ordenamentos jurídicos nacionais.

Como se evidenciou na análise da evolução histórica, o desenvolvimento da justiça e assuntos internos como uma nova área de política da União Europeia foi um dos mais relevantes e surpreendentes, sobretudo ao longo da década de 90.

---

[8] Bruggeman, *op. cit.*, *cit. in* APAPP, Anna, *op. cit.*

No final dos anos 80, os Estados-Membros apenas haviam criado alguns grupos intergovernamentais deficientemente coordenados e desprovidos de poderes decisórios, ao passo que o sistema Schengen dava ainda os seus primeiros passos. No final de 1998, o sistema Schengen tinha construído um *acquis* legal que ultrapassava as 3000 páginas, a União Europeia tinha adoptado diversas convenções importantes e mais de uma centena de textos legais vinculativos e não vinculativos.

Com a entrada em vigor do Tratado de Amesterdão, em 1 de Maio de 1999, o desenvolvimento das políticas da União na área da justiça e assuntos internos foi eleito como um objectivo fundamental do Tratado. De então para cá, a área da justiça e assuntos internos é uma das políticas que tem registado o mais rápido crescimento, baseada em estruturas institucionais e processos de tomada de decisão específicos e numa particular mescla de características intergovernamentais e supranacionais que justificam a sua consideração como um regime "especial" no contexto da União Europeia.

No nosso ordenamento jurídico-constitucional, o grande desafio da integração europeia adquiriu dignidade constitucional com a quinta revisão da nossa lei fundamental, ocorrida em 2001[9].

3.1. *Objectivos*

A cooperação policial é desenvolvida no quadro normativo-institucional estabelecido no Título VI do TUE. O seu artigo 29º estipula como objectivo específico desta cooperação "*facultar aos cidadãos um elevado nível de protecção num espaço de liberdade, segurança e justiça, mediante a instituição de acções em comum entre os Estados-Membros no domínio da cooperação policial e judiciária em matéria penal e a prevenção e combate do racismo e da xenofobia*". Nos termos do 2º parágrafo deste artigo, esse objectivo será prosseguido através da prevenção e combate da criminalidade, em especial do terrorismo, dos vários tráficos e da criminalidade

---

[9] Cfr. a redacção do nº 6 do artigo 7º da nossa Constituição, introduzida pela Lei Constitucional nº 1/2001 (DR, I Série-A, nº 286, de 12 de Dezembro de 2001, p. 8172).

económico-financeira. Tal supõe, no domínio policial, uma cooperação reforçada entre as autoridades policiais, directamente ou por intermédio da Europol.

3.2. Âmbito

O artigo 30º do TUE vem elencar as matérias abrangidas pela cooperação policial, desdobradas em quatro áreas:

- cooperação operacional em matérias de prevenção e detecção de infracções penais, assim como de investigação criminal;
- recolha, armazenamento, tratamento, análise e intercâmbio de informações entre as entidades nacionais competentes ou através da Europol, sem prejuízo da protecção de dados pessoais;
- formação, troca de agentes de ligação, utilização de equipamento e investigação forense; e
- avaliação das técnicas de investigação no domínio da detecção de formas de criminalidade organizada.

3.3. Instrumentos Jurídicos

Tendo em vista realizar os objectivos do Terceiro Pilar, o nº 2 do artigo 34º do mesmo Tratado, proporciona às instituições da União, mormente ao Conselho, um leque de instrumentos normativos específicos que representam a tipologia dos actos normativos do Direito Derivado da União no domínio da cooperação policial. Assim, a citada disposição, prevê, a par das posições comuns e das convenções, dois novos tipos de actos legislativos, a saber: as decisões-quadro e as decisões. As decisões-quadro são específicas do Terceiro Pilar e apenas vinculam os Estados-Membros quanto aos fins a atingir, não produzindo efeito directo nas ordens jurídicas nacionais. Por seu turno, as decisões têm carácter vinculativo, servindo para a realização dos objectivos do Terceiro Pilar, exceptuando-se a harmonização das disposições legislativas e regulamentares dos Estados-Membros, sendo utilizadas para criar organismos, estruturas de cooperação ou estabelecer programas de acção.

3.4. Quadro Institucional

No plano institucional, a estrutura de funcionamento da área da justiça e assuntos internos tem vindo a complexificar-se ao longo dos anos, agrupando, sob a tutela do Conselho de Ministros JAI, vários comités, agências, redes e grupos de trabalho que desenvolvem a sua actividade especificamente no domínio da cooperação policial.

O Tratado Constitucional vem aumentar a complexidade deste quadro, ao prever a criação, no âmbito do Conselho, de um Comité Permanente de Segurança Interna, com o objectivo de *"assegurar a promoção e o reforço da cooperação operacional"* nesse domínio e *"fomentar a coordenação da acção das autoridades competentes dos Estados-Membros"*. Podem associar-se aos seus trabalhos *"os representantes dos órgãos e organismos pertinentes da União"*, legitimando-se a sua actividade por via do dever de informar o Parlamento Europeu e os parlamentos nacionais sobre o desenvolvimento da sua actividade[10].

Resta saber de que modo um órgão colegial, cuja composição ainda é uma incógnita, funcionando em permanência junto do Conselho, pode promover e reforçar a cooperação operacional e fomentar a coordenação dos Estados-Membros. Por outro lado, é importante saber qual o posicionamento relativo deste novo órgão e como irá articular-se com outros órgãos e organismos da União, com competências na área da segurança interna, designadamente a Europol e o Grupo Operacional de Chefes de Polícia europeus.

O futuro próximo dirá se não teria sido mais razoável encarar de frente as dificuldades da cooperação operacional, adoptando acções e medidas adequadas à resolução de problemas específicos, em vez de se continuar a discutir em torno de um conceito polissémico de "cooperação operacional"; se não será mais eficaz identificar e replicar as boas práticas de cooperação policial operacional – por exemplo, a cooperação policial e a troca de informações sobre futebol podem, com vantagem, ser replicadas para a gestão da segurança de outros eventos de dimensão internacional; se não teria sido mais sensato, antes de criar outro órgão, começar por clarificar as missões

---

[10] Cf. Artigo III-261º, do Tratado Constitucional.

e o modo de relacionamento entre os órgãos já existentes, explorando melhor as suas potencialidades e avaliando regularmente as suas ineficiências.

3.4.1. Os Estados-Membros

No âmbito do Terceiro Pilar, os Estados-Membros desempenham um papel decisivo, dispondo da faculdade de propor ao Conselho que adopte os actos normativos ou que elabore convenções (direito de iniciativa legislativa) e exercendo uma influência importante ao nível do Conselho, traduzida no direito de veto inerente à regra da unanimidade na tomada de decisão.

3.4.2. As Instituições

O Conselho JAI dispõe de um papel central no Terceiro Pilar, competindo-lhe, nomeadamente:

- promover a cooperação policial, visando realizar os seus objectivos,
- adoptar por unanimidade, e sob proposta dos Estados-Membros ou da Comissão, posições comuns, decisões-quadro e decisões, elaborar convenções e propor aos Estados-Membros a sua adopção;
- adoptar recomendações, resoluções, pareceres e outros actos não vinculativos;
- celebrar acordos internacionais com Estados terceiros e Organizações Internacionais nos domínios do Terceiro Pilar (artigo 38º do TUE); e
- autorizar, por maioria qualificada, os Estados-Membros a instituírem entre si uma cooperação reforçada no domínio policial (artigo 40º-A do TUE).

O Conselho é apoiado pelo Comité de Coordenação, consagrado no artigo 36º (por isso, designado Comité do artigo 36º, ou com a sigla CATS), que integra altos funcionários na área JAI dos Estados-

-Membros. O CATS coordena a actividade realizada, no nível inferior, pelos diversos grupos de trabalho, emitir pareceres e preparar os trabalhos do Conselho, sem prejuízo das atribuições do COREPER.

Por sua vez, à Comissão está reservado um papel mais modesto neste Terceiro Pilar, embora as suas atribuições tenham vindo a aumentar, sobretudo desde o Tratado de Amesterdão. A Comissão passou a partilhar o direito de iniciativa com os Estados-Membros no âmbito da cooperação policial e judiciária em matéria penal.

O Parlamento Europeu, por seu turno, deve ser previamente consultado quando se trate de adoptar decisões-quadro, decisões e convenções[11], o que, apesar de o parecer não ter carácter vinculativo, assegura um certo controlo democrático da acção da União nestas áreas.

Já quanto ao seu controlo jurisdicional, o Tribunal de Justiça pode exercer a sua competência por três vias distintas[12]: para, dependendo de aceitação prévia dos Estados-Membros, decidir a título prejudicial da interpretação de convenções do Terceiro Pilar e sobre a validade e interpretação das decisões-quadro, decisões e respectivas medidas de aplicação; para, no âmbito do recurso de anulação interposto pela Comissão ou pelos Estados-Membros, fiscalizar a legalidade das decisões-quadro e decisões adoptadas pelo Conselho; e, por último, para decidir sobre um qualquer litígio entre os Estados-Membros sobre a interpretação ou execução das posições comuns, decisões-quadro, decisões, convenções e respectivas medidas de execução e aplicação, quando esgotada a possibilidade de resolução em fase pré-contenciosa, pelo Conselho, no prazo de seis meses após a sua submissão por um Estado-Membro[13]. Todavia, as competências de fiscalização do Tribunal sobre os Estados-Membros são nulas, quer para apurar da validade ou proporcionalidade das operações policiais levadas a cabo pelos serviços nacionais, quer para aferir do exercício das responsabilidades dos Estados-Membros em matéria de manutenção da ordem pública e segurança interna.

---

[11] Nos termos do nº 1 do artº 39º do TUE.
[12] Cfr. artº 35º do TUE.
[13] Cf. 1ª parte do nº 7 do artº 35º do TUE.

3.4.3. Os Organismos do Terceiro Pilar

Tendo presente a delimitação conceptual que estabelecemos inicialmente, importa, nesta sede, fazer uma referência a alguns dos organismos mais relevantes no âmbito do Terceiro Pilar, para que melhor possamos ilustrar as linhas de força do progresso da cooperação policial europeia.

Assim, e tocando as áreas que mais relevam para o objecto deste nosso estudo, faremos uma breve descrição da natureza, objecto e etapas de consolidação dos seguintes organismos comunitários: a Europol, no que esta releva para a área da segurança de grandes eventos de dimensão internacional; a Rede Europeia de Prevenção da Criminalidade (REPC/EUCPN), pelo papel pioneiro e pelo potencial que representa num domínio tão importante para garantir, de forma sustentada, um espaço de liberdade, segurança e justiça; a Academia Europeia de Polícia (AEP/CEPOL), que poderá desempenhar um papel de referência e uniformizador de doutrina no âmbito da formação superior policial; o Grupo de Trabalho Cooperação Policial, cuja actividade tem permitido delimitar progressivamente as áreas da actividade policial que são susceptíveis de uma cooperação profícua entre Estados-Membros, com a colaboração da União, como sucede com o policiamento comunitário, a prevenção do hooliganismo no futebol ou a segurança de altas entidades; e, não menos importante, a estrutura europeia de gestão de crises.

3.4.3.1. *A Europol*

A Europol, a primeira organização estabelecida no âmbito do Terceiro Pilar, é o serviço policial da União Europeia incumbido do tratamento e intercâmbio de informação criminal. O seu objectivo consiste em melhorar a eficácia e a cooperação entre os serviços competentes dos Estados-Membros no domínio da prevenção e do combate a formas graves de criminalidade organizada internacional[14]. A Europol tem por missão contribuir significativamente para a aplicação das leis da União Europeia no âmbito do combate à criminalidade organizada, colocando a tónica no combate às organizações criminosas.

O alargamento sucessivo do mandato da Europol deu lugar a duas ordens de problemas. O primeiro é que a Europol ainda não dispõe de recursos suficientes para o cumprimento cabal das suas missões. Com um orçamento de € 60 milhões e cerca de meio milhar de funcionários[15] na sua sede em Haia, a Europol não está em condições de abarcar todo o largo espectro das informações criminais, já para não falar das novas missões de iniciativa e participação em investigações dos Estados-Membros. O segundo problema é que as autoridades nacionais não fornecem informação criminal adequada para que a Europol possa demonstrar a sua real valia. Assim sendo, e no quadro actual, a Europol, tal como sempre aconteceu com a Interpol, será, em grande medida, aquilo que os Estados-Membros quiserem.

Transformar a Europol numa organização como o FBI não é prático enquanto os instrumentos essenciais não forem implementados (lei penal europeia, lei processual penal europeia, Tribunal Europeu, Procurador Europeu, etc.). A contrafacção do Euro constitui a primeira infracção criminal para a qual é possível encarar uma jurisdição penal europeia e uma capacidade policial. Não obstante, é precisamente em relação à contrafacção do Euro que surge uma ambiguidade, qual é a de saber se esta é realmente uma competência

---

[14] Nos termos do nº 1 do artigo III-276.º, do Tratado Constitucional, a Europol tem por missão apoiar e reforçar a acção das autoridades policiais e dos outros serviços responsáveis pela aplicação da lei dos Estados-Membros, bem como a cooperação entre essas autoridades na prevenção das formas graves de criminalidade que afectem dois ou mais Estados-Membros, do terrorismo e das formas de criminalidade lesivas de um interesse comum que seja objecto de uma política da União, bem como no combate contra esses fenómenos.

[15] Destes, cerca de 75 são agentes de ligação da Europol (ELO), actuando como representantes das Unidades Nacionais dos Estados-Membros. Actualmente Portugal tem dois agentes de ligação na Europol, ambos funcionários da Polícia Judiciária. Os agentes de ligação da Europol, juntamente com os funcionários da Europol, analistas e outros peritos, garantem um serviço multilinguístico eficaz e rápido 24 horas por dia.

da Europol ou se não deveria recair preferencialmente no âmbito das missões da OLAF.

Por outro lado, o escrutínio e controlo, naturalmente necessários, não devem ser tais que comprometam as capacidades operacionais da Europol; o controlo "necessita de ser eficaz mas não abusivo"[16]. O director cessante da Europol lamentou os constrangimentos que os importantes mecanismos de controlo existentes colocam à sua agência. Tal ilustra a forte tensão habitualmente existente entre liberdade e segurança e entre ordem pública e liberdades individuais.

3.4.3.2. *A Rede Europeia de Prevenção da Criminalidade*

A prevenção da criminalidade constitui um eixo fundamental de uma estratégia de redução da criminalidade, seja à escala nacional, seja no espaço europeu alargado. A aposta por políticas de prevenção eficazes e integradas, agregando de forma coerente as áreas da prevenção social – primária, secundária e terciária – e da prevenção situacional, se comparada com a aposta em simples políticas repressivas e reactivas, tem-se revelado claramente benéfica, a vários títulos: designadamente em termos de despesa pública – apenas um quinto da despesa efectuada com o aparelho de repressão criminal – e de danos morais, sociais e económicos que derivam da prática de crimes, quer para as vítimas, quer para a sociedade em geral.

No âmbito da União Europeia, constata-se que, ao invés do combate à criminalidade, designadamente a organizada e transnacional, a prevenção criminal tem sido claramente uma das áreas que, situando-se no último reduto das questões de soberania dos Estados--Membros, mais lentamente tem caminhado no sentido de uma abordagem comunitária, como se a prevenção e a repressão, a criminalidade de massa e a grande criminalidade fossem, entre si, elementos estranhos de uma mesma realidade e pudessem ser tratados de forma isolada.

Esta tendência para segmentar a realidade através de conceitos, partindo daí para estratégias e abordagens estanques, constitui uma

---

[16] APAP, Joanna, *op. cit.*, pp. 9-11.

das causas do relativo insucesso das políticas criminais, tanto nos Estados-Membros como ao nível da União.

Tanto para os especialistas como para o cidadão comum, dificilmente se compreende que o fenómeno criminal, à escala nacional e europeia, não seja tratado de uma forma integrada e objecto de uma política transversal, continuando a reservar-se para a prevenção criminal, para os modelos de policiamento e para o combate à criminalidade de massa um papel secundário no palco da cooperação policial europeia, desgarrado de áreas tidas como mais nobres, como aquelas que se inscrevem no mandato da Europol.

No capítulo da prevenção criminal, merece particular destaque a Rede Europeia de Prevenção da Criminalidade, única entidade com natureza institucional neste domínio, se bem que de contornos ainda pouco ambiciosos.

Em 28 de Maio de 2001, o Conselho adoptou uma decisão que cria a Rede Europeia de Prevenção da Criminalidade (REPC)[17], cujo objectivo consiste em contribuir para desenvolver os diferentes aspectos da prevenção da criminalidade a nível da União e apoiar as acções de prevenção da criminalidade a nível local e nacional. Embora abranja todos os tipos de criminalidade, a Rede consagra se particularmente aos domínios da delinquência juvenil, da criminalidade em meio urbano e da criminalidade associada à droga. Neste contexto, a Rede deverá facilitar a cooperação, os contactos e o intercâmbio de informações e de experiências entre os Estados Membros, os organismos nacionais, a Comissão e outras redes especializadas em questões de prevenção da criminalidade. Uma outra importante tarefa da Rede consiste em recolher e analisar as informações relativas às acções de prevenção da criminalidade existentes.

3.4.3.3. *O Grupo Cooperação Policial*

O Grupo de Trabalho Cooperação Policial constitui um dos sete grupos existentes no âmbito da cooperação policial e aduaneira, na estrutura Justiça e Assuntos Internos, funcionando no seio do Secretariado-Geral do Conselho da União Europeia[18].

---

[17] JO L 153 de 8.6.2001, p. 1.
[18] Cfr. organigrama da estrutura JAI, do Conselho da União Europeia.

O Grupo tem vindo a desenvolver uma actividade relativamente importante ao nível do diagnóstico e resposta policial técnica, táctica e operacional a fenómenos de criminalidade de massa e de insegurança que preocupam a generalidade dos Estados-Membros, por via do intercâmbio de boas práticas e da adopção de mecanismos de cooperação particularmente eficazes, como é o caso da segurança em jogos de futebol de dimensão internacional. O âmbito de matérias debatidas nas últimas presidências vai desde a harmonização dos sistemas de comunicações policiais às boas práticas de policiamento comunitário e à ordem pública, passando pela prevenção da criminalidade e violência, como o furto de telemóveis e de veículos ou a violência associada ao futebol.

O policiamento comunitário, ou, se quisermos usar o termo adoptado em Portugal, o policiamento de proximidade, representa uma filosofia e um conceito operacional de policiamento que, apesar de já ser, desde há várias décadas, uma realidade empírica em vários Estados-Membros – entre os quais Portugal – foi sendo progressivamente acolhido pelas políticas públicas de segurança, podendo afirmar-se com propriedade que constitui, nos dias de hoje, um traço comum a todos os modelos policiais europeus, ainda que apresentando matizes e graus de desenvolvimento diversificados.

Em grande medida devido a esta variedade e riqueza de experiências, o Grupo Cooperação Policial, elegeu o policiamento comunitário como uma das prioridades da sua agenda de trabalhos.

Tendo em vista, numa primeira fase, o levantamento e o intercâmbio de boas práticas de policiamento comunitário, o Grupo avançou para a elaboração de um manual de boas práticas.

Pela sua importância na modernização dos modelos de policiamento e pela repercussão que pode ter no quotidiano dos cidadãos europeus e na qualidade do policiamento, espera-se que sobre esta matéria, e a partir do elenco das boas práticas nos Estados-Membros, possam ser definidos princípios, regras e procedimentos gerais, que constituam, no médio prazo, a base de uma doutrina europeia do policiamento comunitário.

Tendo em vista uma progressiva harmonização dos modelos de policiamento comunitário ou de proximidade, salvaguardando as particularidades de cada Estado-Membro, esta problemática poderá então, com toda a propriedade, ser objecto de uma investigação continuada e disseminada, designadamente, através da Academia Europeia de Polícia.

O programa AGIS deverá também fomentar o desenvolvimento da investigação e o intercâmbio de boas práticas em matéria de policiamento comunitário.

Por outro lado, e como já sucedeu, por exemplo, durante as presidências espanhola e dinamarquesa, esta matéria pode também ser abordada no âmbito da Rede Europeia de Prevenção da Criminalidade e as boas práticas elegíveis para o Prémio Europeu de Prevenção Criminal, como estímulo importante para o seu desenvolvimento.

Por seu turno, o Grupo Cooperação Policial acompanha o desenvolvimento dos mecanismos de cooperação e de troca de informações policiais sobre futebol, tendo vindo a introduzir melhorias significativas em função da avaliação das competições europeias de clubes e selecções nacionais.

3.4.3.4. A Academia Europeia de Polícia

Na sequência de uma iniciativa portuguesa, o Conselho adoptou uma decisão que cria a Academia Europeia de Polícia[19]. Este organismo de cooperação policial compreende as escolas nacionais superiores de formação dos serviços de polícia dos Estados-Membros, como o Instituto Superior de Ciências Policiais e Segurança Interna. A Academia tem como objectivos fomentar a cooperação entre os seus membros e organizar acções de formação e divulgação e minorar alguns dos obstáculos práticos à cooperação policial no terreno, melhorando os conhecimentos dos funcionários policiais sobre os modelos policiais nacionais e a criminalidade transnacional, assim como os seus conhecimentos linguísticos.

A AEP foi constituída em rede, agrupando os institutos nacionais de formação de altos funcionários dos serviços de polícia dos

---

[19] Decisão do Conselho, 2000/820/JAI, de 22 de Dezembro de 2000, que cria a Academia Europeia de Polícia (AEP/CEPOL) *(JO L 336 30.12.2000 p. 1), a*lterada pela Decisão do Conselho, 2004/566/JAI, de 26 de Julho de 2004 (JO L 251 27.07.2004 p. 19) e pela Decisão do Conselho, 2004/567/JAI, da mesma data.

Estados-Membros. O seu Conselho de Administração, constituído pelos directores dos institutos nacionais, decide os programas e iniciativas a desenvolver, sendo apoiado por um secretariado permanente.

Decorridos três anos sobre o início da sua actividade, a falta de personalidade e de capacidade jurídicas da Academia foram identificadas como alguns dos obstáculos ao seu correcto funcionamento, o que foi solucionado com a Decisão do Conselho, 2004/566/JAI, de 26 de Julho de 2004. A Decisão do Conselho, 2004/567/JAI, da mesma data, veio eleger a Escola de Polícia de Bramshill (*Police Staff College*), do Reino Unido, como a sede da Academia.

Espera-se que, no muito curto prazo, e tendo, designadamente, por base o relatório a apresentar, em 2005, pelo Conselho de Administração sobre os resultados obtidos com as alterações introduzidas em 2004, a União defina os aspectos organizativos e financeiros necessários ao pleno funcionamento da Academia. Será desejável, por exemplo, que: se clarifiquem as funções da Academia; se mantenha o funcionamento em rede dos institutos nacionais de formação; a Academia seja financiada pelo orçamento comunitário; e o estatuto do seu pessoal seja o dos funcionários da União.

3.4.3.5. *A Gestão Civil de Crises*

Em 12 de Dezembro de 2003, o Conselho Europeu adoptou a Estratégia Europeia de Segurança, em que se sublinham os desafios globais, as principais ameaças, os objectivos estratégicos e as implicações políticas para uma Europa segura num mundo melhor. Complemento essencial dessa estratégia é manter a segurança interna da União Europeia, especialmente na eventualidade de graves crises internas com repercussões transfronteiras que afectem os nossos cidadãos, as infra-estruturas vitais e a ordem e segurança públicas. Só assim se poderá oferecer protecção máxima aos cidadãos europeus e às infra-estruturas vitais no caso de ocorrer, por exemplo, um acidente NBRQ (nuclear, biológico, radiológico ou químico).

A gestão eficaz das crises transfronteiras ocorridas na UE exige não apenas o reforço das actuais acções em matéria de protecção civil e infra-estruturas vitais, mas também uma abordagem eficaz dos aspectos de ordem e segurança públicas dessas crises, assim como a coordenação entre essas áreas.

Entre 1999 e 2000, os Estados-Membros da União acordaram no desenvolvimento de uma força militar de até 60.000 efectivos e uma força policial de 5.000, tendo em vista uma resposta comunitária a compromissos internacionais. Acordaram também em atribuir à União a maior parte dos meios da União Europeia Ocidental (UEO).

A Política Europeia de Segurança e Defesa tem o potencial para melhorar o papel da União Europeia na segurança internacional. Todavia, a forma como as decisões foram tomadas e o tipo de estrutura institucional criada agravaram o problema da responsabilidade democrática nas políticas externas de segurança e defesa dos Estados-Membros[20].

A formulação da Política Europeia de Segurança e Defesa, que se iniciou no final de 1998 com a Declaração Franco-Britânica de Saint-Malo, levou a União Europeia a assumir um papel na cooperação militar e policial internacional. Estes novos desenvolvimentos podem ser subdivididos em dois aspectos distintos mas estreitamente relacionados: o militar e o institucional.

Quanto ao primeiro, e concretamente no que respeita à Força Policial da União para Missões Internacionais, os Estados-Membros acordaram na criação, em 2003, e com carácter voluntário, de uma força policial de 5.000 efectivos.

A força deveria estar apta a cumprir missões internacionais no âmbito da prevenção de crises e da gestão de crises. Foi definida a possibilidade de os Estados-Membros disponibilizarem até 1.000 efectivos com um grau de prontidão de 30 dias[21]. Para atingir este objectivo, os Chefes de Estado aceitaram a necessidade de serem

---

[20] Cfr. BONO, Giovanna, *Democratic Accountability of International Military and Police Cooperation in the EU* (ESDP), Conference paper, Geneva Centre for the Democratic Control of Armed forces (DCAF), Paper presented at the 4th Workshop on "Strengthening Parliamentary Oversight of International Military Cooperation and Institutions", held in Brussels 12-14 July 2002, organized by the Working Group on the Parliamentary Control of Armed Forces (PCAF) of the of the Geneva Centre for the Democratic Control of Armed Forces).

[21] Conselho Europeu, Santa Maria da Feira, 19-20 de Junho de 2000. Anexo I, Parte III (Aspectos Civis da Gestão de Crises), ponto 3 d. e Apêndice 4: objectivos concretos para a Polícia.

contemplados alguns passos, como pré-definir as forças, reforçar os mecanismos de rotação e colocar à disposição da União Europeia recursos financeiros e logísticos adicionais. A Declaração da Feira estabeleceu que a mobilização da força policial da União poderia ocorrer "ou em resposta a uma solicitação de uma organização internacional líder, em particular a ONU ou a OSCE" ou poderia "constituir uma operação policial autónoma da União, possivelmente parte de uma operação mais vasta de gestão de crises liderada pela União"[22]. De entre as tarefas previstas para a força policial, enunciavam-se as seguintes: prevenção e mitigação de crises e conflitos internos; envolvimento em situações de pós-conflito que requeiram uma força robusta, capaz de restabelecer a lei e a ordem; apoio da força policial local e garantia do respeito pelos padrões básicos dos Direitos do Homem[23].

Um outro objectivo da força policial internacional da União era melhorar os padrões das operações policiais internacionais, definidos pelas Nações Unidas e pela OSCE. Para o efeito, as autoridades da União submeterem à discussão um conjunto de matérias, incluindo um contributo para clarificar o quadro legal em que a missão de polícia internacional deveria actuar e um contributo para a definição de um mandato internacional claro para as missões policiais[24].

No Conselho de Ministros da União, realizado em Gotemburgo, em Junho de 2001, foi aprovado um Plano de Acção Policial (PAP). Os Estados-Membros decidiram desenvolver e validar conceitos e sistemas num conjunto de áreas: 1) para o planeamento e condução de operações policiais ao nível político-estratégico; 2) para o comando e controlo das operações policiais ao nível operacional e político, no âmbito do Conselho; 3) para um quadro legal, que incluiria um regime do "Estado do Acordo das Forças" e um compêndio de Regras de Empenhamento. Além disso, o PAP visava clarificar os acordos necessários para assegurar a inter-operabilidade das forças policiais. Previa também um programa de formação e a identificação das modalidades adequadas de financiamento das operações policiais da União[25].

---

[22] *Idem.*
[23] *Ibidem.*
[24] *Ibidem.*
[25] Conselho Europeu de Gotemburgo, 15-16 de Junho de 2001, anexo 1: Plano de Acção Policial

Cinco meses depois, em 19 de Novembro de 2001, realizou-se em Bruxelas uma Conferência ministerial sobre o Empenhamento de Capacidades Policiais. Tal permitiu uma avaliação da implementação do PAP. Na conferência, os Estados-Membros anunciaram que haviam atingido os objectivos quantitativos inicialmente acordados. Além disso, reafirmaram um contingente total de 5000 efectivos, dos quais 1400 teriam um grau de prontidão de 30 dias. A declaração oficial esclareceu que as capacidades policiais empenhadas incluíam forças policiais com estatuto civil e militar, reflectindo a diversidade de modelos policiais dos Estados-Membros. A Conferência confirmou a realização de progressos na área de Comando e Controlo e na formação. Houve algumas especulações sobre até que ponto a cadeia de comando devia ser exclusivamente civil. Ao invés, outras áreas registaram progressos pouco significativos[26].

No início de 2002, uma iniciativa tomada pela Presidência Espanhola conferiu um novo ímpeto para a definição das tarefas da nova força policial internacional da União Europeia.

Relativamente aos aspectos institucionais da cooperação militar e policial, após o estabelecimento dos Grandes Objectivos e da força policial para operações internacionais, criaram-se vários organismos novos, sob o Segundo Pilar da União Europeia[27], a saber: o Comité Político de Segurança (*Political Security Committee* – PSC), o Comité Militar da UE (*Military Committee* – EUMC), o Estado-Maior Militar (*EU Military Staff* – EUMS), o Centro de Situação da UE (*EU Situation Centre*), o Comité de Gestão Civil de Crises (*Civilian Crisis Management Committee* – CIVCOM) e a Unidade de Polícia (*Police Unit*). Estes novos organismos[28] interagem com as estruturas já exis-

---

[26] Conferência sobre o Empenhamento de Capacidades Policiais, Bruxelas, 19 de Novembro de 2001.

[27] O Pilar da Política Externa de Segurança Comum (PESC).

[28] O Comité Político de Segurança é o organismo que lidera a tomada de decisão ao nível da Política Externa de Segurança Comum e da Política Europeia de Segurança e Defesa e, desse modo, a instituição responsável pela potencial mobilização de forças policiais e militares[326]. O centro de Situação da UE, que funciona em permanência ligado ao Estado-Maior Militar e à Unidade de Polícia, coordena e processa a informação relevante para uma crise, transmitindo-a às instituições interessadas. O Comité de Gestão Civil de Crises (CIVCOM), criado no Conselho Europeu da Feira, tem por objectivo reforçar as vertentes policial, de administração civil e de protecção civil. A Unidade de Polícia foi criada em Maio de 2001, pelo Secretário-Geral e Alto Representante da PESC, Javier Solana, ficando na dependência do Secretariado-Geral do Conselho.

tentes, responsáveis pela Política Externa de Segurança Comum (PESC). Ainda que as instituições que controlam a mobilização da Força de Reacção Rápida e a força policial internacional da União se inscrevam no Segundo Pilar, a Comissão também está fortemente envolvida no processo de tomada de decisão[29].

4. Os Desafios da Cooperação Policial Europeia na Nova Conjuntura Internacional

A Europa continua a constituir o referencial, a nível mundial, da democracia e do respeito pelos direitos liberdades e garantias dos cidadãos. A par destes princípios fundamentais, a União faz assentar o desenvolvimento do mercado interno na liberdade de circulação de mercadorias, serviços, capitais e pessoas, que implicou a supressão dos controlos físicos nas fronteiras internas dos Estados-Membros e a concomitante adopção de medidas compensatórias, tendo em vista prevenir e combater a criminalidade transnacional. Todavia, a União Europeia continua a apresentar múltiplas vulnerabilidades que fazem dela um alvo relativamente fácil para este tipo de criminalidade, designadamente o terrorismo, que ataca os próprios fundamentos da sua existência.

A ineficácia das medidas compensatórias da abolição das fronteiras internas, a falta de solidariedade entre os Estados-Membros num controlo efectivo das fronteiras internas, a diversidade e o garantismo relativamente exagerado dos ordenamentos jurídico-penais da generalidade dos Estados-Membros, a diversidade dos modelos e das competências policiais, as limitações territoriais dos serviços policiais nacionais, a resistência à cooperação policial operacional, e, designadamente à troca de informações criminais de qualidade e em tempo útil, a que podemos acrescentar a forte atracção que a União representa como destino da imigração ilegal, representam um punhado de

---

[29] Para uma análise mais aprofundada dos aspectos aspectos da implementação dos Grandes Objectivos, vide BONO, Giovanna, "Implementing the Headline Goals" in "European Security and Defence Policy: Concepts, Prospect and Pitfalls", Swiss Federal Institute of Technology, Centre for Security Studies and Conflict Research Zurich, Switzerland. (Agosto/Setembro de 2002).

pontos fracos que convocam uma reflexão profunda sobre a necessidade de um reequilíbrio entre Liberdade e Segurança nas políticas de justiça penal e de segurança interna da União, em última análise, como condição da própria existência da União como projecto de felicidade para os seus cidadãos.

O Tratado Constitucional tenta dar resposta a estas preocupações, abrindo legítimas expectativas de uma melhoria da eficácia da cooperação policial no plano estratégico e operacional, ao prever o seguinte conjunto de inovações: simplifica os instrumentos normativos e o processo de tomada de decisão; confere à União o objectivo de desenvolver um espaço de liberdade, segurança e justiça, que passa a ser um dos domínios de competência partilhada da União com os Estados-Membros; do mesmo passo, e por via do reforço do controlo jurisdicional e parlamentar, reforça a legitimidade e transparência da acção dos órgãos e organismos de cooperação policial da União; reforça o respeito pelos direitos fundamentais, com a integração da Carta dos Direitos Fundamentais da União; generaliza o procedimento de co-decisão com o Parlamento, a regra da maioria qualificada e a competência reforçada da União para a adopção de legislação vinculativa nestas áreas; e prevê uma acção judicial e mecanismos sancionatórios em caso de incumprimento da legislação europeia, por parte dos Estados-Membros[30].

Tão ou mais importantes do que este conjunto de inovações no plano normativo e institucional são as acções e medidas destinadas a melhorar a eficácia da cooperação policial operacional entre os organismos da União e as autoridades competentes dos Estados-Membros, dando resposta adequada a situações e problemas específicos que preocupam dois ou mais Estados-Membros.

Como referimos anteriormente, a criminalidade organizada e transnacional, sobretudo o terrorismo, os diversos tipos de tráficos e o crime económico-financeiro, pelo seu impacto e potencial de destruição das bases em que assenta a União, constituirão a grande ameaça à sua segurança e ao seu desenvolvimento como um espaço de liberdade, segurança e justiça. Devido às novas tecnologias que

---

[30] Cfr., sobre os novos mecanismos sancionatórios jurisdicionais, os artºs III-361 e ss., do Tratado Constitucional.

facilitam a comunicação e os transportes, outras áreas da criminalidade de natureza mais transnacional trarão novos matizes aos imparáveis desafios que se colocam ao domínio da justiça e assuntos internos.

No entanto, neste processo de identificação das grandes ameaças e riscos, deve estabelecer-se uma clara distinção entre os riscos imaginários e os reais, tendo presente que as representações sobre a insegurança e o medo do crime têm uma significativa carga de subjectividade. Por exemplo, as políticas de imigração sofreram frequentemente às mãos da insegurança imaginária, que proclama os imigrantes como geradores de insegurança e de novas formas de criminalidade.

Para fazer face às ameaças e riscos que impendem sobre a União e os Estados-Membros, impõe-se, à luz dos muitos diagnósticos sobre as vulnerabilidades da União, a adopção efectiva de medidas paliativas. Estas medidas podem ser elencadas essencialmente em dois níveis, o estratégico e o operacional, que a seguir enunciaremos, de forma não exaustiva[31]:

a) *No plano estratégico*:

1) melhorar a eficácia, coerência e transparência do quadro jurídico da União;
2) criar um direito penal da União, nomeadamente na área da criminalidade organizada e transnacional, que garanta uma aplicação uniforme e efectiva no terreno;
3) prever mecanismos jurídicos sancionatórios para situações de incumprimento das obrigações assumidas pelos Estados--Membros, por acção ou por omissão;
4) reforçar os mecanismos de controlo parlamentar e jurisdicional, aumentando a legitimidade e a transparência numa área com forte potencial de intromissão na esfera dos direitos e liberdades dos cidadãos, sem, no entanto, comprometer níveis razoáveis de eficácia da cooperação policial;
5) definir uma estratégia e uma política de segurança interna claras e objectivas para a União, em cujas prioridades os Estados-Membros e os seus cidadãos se revejam;

---

[31] O conteúdo das entrevistas foi, em geral, acolhido neste conjunto de recomendações.

6) favorecer uma abordagem transversal e integrada, quer entre a cooperação policial, aduaneira e judiciária, quer entre a prevenção, a segurança e ordem pública e a investigação criminal, quer ainda entre a criminalidade de massa e a criminalidade organizada e transnacional, como forma de responder mais eficazmente a uma realidade que também não é estanque;
7) clarificar a missão, interligação e coordenação entre as várias instituições, organismos e grupos de trabalho, ao nível JAI, evitando conflitos positivos e negativos de competências e o desperdício de recursos; e
8) intensificar os mecanismos de avaliação mútua, tendo em vista uma maior responsabilização dos Estados-Membros com o processo, enquanto avaliadores e avaliados.

b) *No plano operacional*:

1) consolidar as capacidades e explorar as potencialidades dos organismos já existentes no domínio da cooperação policial e judiciária em matéria penal, mormente a Europol, a OLAF e a Eurojust;
2) ponderar a criação de outros organismos, neste domínio, à medida que se for sedimentando o processo de construção europeia, como a Polícia Europeia de Fronteiras ou o Procurador Europeu;
3) reforçar a vertente da troca de informações de qualidade e em tempo útil, levando os Estados-Membros a organizarem--se adequadamente, a nível interno, e a aumentarem os níveis de confiança, lealdade e solidariedade entre si e, sobretudo, na Europol, como organismo coordenador das informações;
4) aumentar as capacidades operacionais da Europol, consolidando a sua iniciativa e participação em acções conjuntas de investigação, ainda que desprovida de poderes coercitivos;
5) estimular o intercâmbio de boas práticas policiais e a criação de uma doutrina comum em matéria de prevenção, segurança e ordem públicas;

6) replicar a boa prática da cooperação ao nível da segurança de grandes eventos desportivos[32], para outros domínios da gestão de eventos de dimensão internacional, sejam eles de natureza político-económica (cimeiras e reuniões de instituições da União, reuniões de líderes políticos ou económicos de outros grupos de países), cultural (exposições universais ou grandes festivais musicais) ou outra, para cuja gestão da segurança seja benéfica a troca de peritos policiais nas mais diversas áreas;
7) usando também a boa prática de cooperação na segurança de eventos desportivos, substituir gradualmente as diversas redes de pontos de contacto nacionais – cujas listas se desactualizam rapidamente, tornando-as ineficazes –, por pontos nacionais de contacto, que disponham de uma estrutura mínima de funcionamento, que assegure estabilidade e capacidade de resposta atempada, como sucede com os pontos nacionais de contacto sobre futebol[33];
8) estimular a cooperação bilateral ou multilateral, transfronteiriça ou não, entre Estados-Membros que estejam envolvidos em eventos comuns ou perante a necessidade de uma resposta comum a problemas específicos de uma região;
9) acelerar a entrada em funcionamento da Academia Europeia de Polícia, dotando-a dos recursos necessários à definição e difusão de doutrinas e procedimentos comuns e à melhoria das capacidades e saberes dos funcionários dos organismos policiais da União e dos Estados-Membros.

Para além destas recomendações, sugere-se o uso sensato de um critério de flexibilidade: todas as abordagens no sentido de adoptar, rever e implementar futuras políticas JAI devem incorporar alguns elementos de flexibilidade de molde a mitigar as diferenças entre os

---

[32] Cfr. Resolução do Conselho, de 6 de Dezembro de 2001, relativa a um manual com recomendações para a cooperação policial internacional e medidas de prevenção e luta contra a violência e os distúrbios associados aos jogos de futebol com dimensão internacional em que, pelo menos, um Estado-Membro se encontre envolvido (*JO C 022 24.01.2002 p. 1*).

[33] Cf. Decisão do Conselho 2002/348/JHA, de 25.4.02, sobre a segurança relacionada com jogos de futebol de dimensão internacional (JO L 121, 8.5.02, p.1)

"velhos" e os "novos" Estados-Membros. Não obstante, importa ter presente que a flexibilidade envolve riscos e oportunidades e uma política ideal é a que consegue, com sucesso, explorar as oportunidades e evitar os riscos[34].

CAPÍTULO 2
Do Papel da PSP na Cooperação Policial Europeia: Subsídios para uma Estratégia

1. A Estrutura Nacional de Cooperação Policial Europeia

Antes de entrarmos propriamente na análise da interacção e influência recíproca entre a União e a PSP, no domínio da cooperação policial, será pertinente fazermos uma reflexão crítica sobre o enquadramento normativo e institucional da cooperação policial, no nosso país, no qual se desenvolve a acção da PSP.

Volvidas praticamente duas décadas sobre a adesão do nosso país à Comunidade Europeia[35], ainda não dispomos de uma estratégia, nem de uma estrutura nacional de coordenação da cooperação policial europeia.

O domínio da política externa, executada em primeira linha pelo Ministério dos Negócios Estrangeiros, que dispõe dos meios humanos especializados para o efeito, é actualmente objecto de um tratamento transversal, traduzido na multiplicação de organismos e serviços da administração directa do Estado, nos diversos ministérios, dedicados aos assuntos europeus e às relações internacionais nas respectivas áreas de competência. O artigo 6º da Lei n.º 4/2004, de 15 de Janeiro, procede à constatação atrás referida, considerando como funções comuns dos ministérios as relações internacionais no âmbito das suas atribuições.

---

[34] Neste sentido, APAP, Joanna, *op. cit.*, pp. 24-25.
[35] Portugal assinou o tratado de adesão às Comunidades Europeias em 12 Junho de 1985 (Jornal Oficial nº L 302, de 15/11/1985, pp. 9-22).

O Ministério dos Negócios Estrangeiros, o Ministério da Administração Interna e o Ministério da Justiça, no âmbito das correspondentes atribuições e competências, desenvolvem actividade na área do Terceiro Pilar, respectivamente, através da Direcção-Geral dos Assuntos Comunitários (DGAC)[36], do Gabinete de Assuntos Europeus (GAE)[37] e do Gabinete de Relações Internacionais, Exteriores e Cooperação (GRIEC)[38].

Seguindo uma lógica implementada após a adesão de Portugal à Comunidade Europeia, outros Ministérios compreendem, na sua orgânica, gabinetes com atribuições na área dos assuntos europeus, sendo que estes serviços desenvolvem as suas competências sem prejuízo das competências próprias do Ministério dos Negócios Estrangeiros e de acordo com os objectivos definidos para a política externa portuguesa. Por seu turno, a articulação entre estes serviços sectoriais é assegurada pela Comissão Interministerial para as Comunidades Europeias (CICE)[39].

A Resolução do Conselho de Ministros nº 5/2005, de 7 de Janeiro, vem reconhecer que "o aprofundamento da integração europeia e o crescente fenómeno da globalização implicam que todas as áreas sectoriais nacionais trabalhem em interacção com o exterior, com o consequente imperativo de se apetrecharem para a dimensão internacional do tratamento das matérias da sua competência"[40].

---

[36] O Decreto-Lei nº 526/85, de 31 de Dezembro, que aprovara a criação da Direcção--Geral das Comunidades Europeias (DGCE), foi revogado pelo Decreto-Lei nº 344/91, de 17 de Setembro, que aprovou a lei orgânica da Direcção-Geral dos Assuntos Comunitários. Este diploma, por sua vez, viria a ser alterado pelo Decreto-Lei nº 408/99, de 15 de Outubro, que reformulou a DGAC tendo em vista corresponder às exigências de uma nova presidência da União Europeia.

[37] O GAE/MAI foi criado pelo Despacho nº 23/90, de 23 de Março, do Ministro da Administração Interna, tendo sido instituído pela Portaria nº 147/93, de 10 de Fevereiro, aprovada na sequência da alteração da lei orgânica do MAI, aprovada pelo Decreto-Lei nº 92/92, de 23 de Maio.

[38] O Decreto-Lei nº 86/2001, de 17 de Março aprovou a lei orgânica do GRIEC, tendo revogado o Decreto-Lei nº 201/87, de 11 de Maio, que havia aprovado a criação do Gabinete de Direito Europeu do Ministério da Justiça.

[39] A CIAC foi criada pelo Decreto-Lei nº 527/85, de 31 de Dezembro, entretanto revogado pelo Decreto-Lei nº 345/91, de 17 de Setembro.

[40] Preâmbulo da RCM.

A mesma Resolução acrescenta que "sem prejuízo do interesse em assegurar o desenvolvimento da actividade de cada ministério neste domínio, tendo em conta a especificidade das suas atribuições, tal transversalidade não deverá comprometer a coerência e a continuidade da acção externa do Estado, garantida pelos serviços do Ministério dos Negócios Estrangeiros. Nesta medida, atentos os princípios da eficácia da acção da Administração Pública, da racionalização de meios e da melhoria quantitativa e qualitativa do serviço prestado, afigura-se conveniente que à actuação dos organismos e serviços sectorialmente envolvidos na prossecução de relações externas seja imprimida a coordenação indispensável para garantir a unidade da acção do Estado na ordem internacional."

Neste sentido, o Governo determinou que, sem prejuízo das competências atribuídas à Comissão Interministerial para os Assuntos Comunitários, com a periodicidade mínima de dois meses, mediante convocatória e sob a presidência do director-geral de Política Externa do Ministério dos Negócios Estrangeiros, se reúnam os responsáveis pelos organismos e serviços da administração directa e indirecta do Estado encarregados do acompanhamento e tratamento das questões internacionais, com a finalidade de proceder à troca de informações sobre as acções desenvolvidas neste âmbito, visando imprimir-lhes a coordenação e eventual complementaridade necessárias à unidade e coerência da acção do Estado na ordem internacional[41].

Sentidas as insuficiências deste modelo, face às crescentes exigências das instituições comunitárias e dos cidadãos, suscita-se, cada vez mais, a premência de um Ministério com competências horizontais, que desenvolva uma verdadeira política comunitária e esteja apto a coordenar todas as vertentes sectoriais, designadamente, a justiça e assuntos internos.

A tradicional separação entre os domínios da justiça e da administração interna, plasmada na orgânica dos sucessivos Governos da República, assim como a complexa arquitectura do nosso modelo de segurança interna, com forças e serviços de segurança repartidos por três Ministérios, constituem dois factores potencialmente geradores de ineficácia e de ineficiência na capacidade de resposta do nosso País aos desafios da cooperação policial europeia.

---

[41] Cf. nº 1 da citada RCM.

No âmbito da Justiça e Assuntos Internos, é gritante a disparidade existente entre o Gabinete de Assuntos Europeus, do MAI, e o seu congénere GRIEC, do Ministério da Justiça, em termos de atribuições, estrutura orgânica e quadro de pessoal[42], gerando um grande desequilíbrio em termos de capacidade de articulação, coordenação interna e resposta às solicitações. Numa área como a Administração Interna, que viu crescer de forma exponencial o seu domínio de intervenção, tanto ao nível interno como comunitário, é cada vez mais urgente a actualização do regime jurídico da organização e funcionamento do GAE – que nunca se verificou desde a sua criação –, dotando-o dos meios necessários e adequados, o que se perspectiva para muito breve, por via da revisão da lei orgânica do MAI.

Por outro lado, é premente a necessidade de uma estrutura nacional que coordene, ao nível técnico e operacional, a actuação das forças e serviços de segurança no domínio da cooperação policial europeia e internacional.

Este papel poderia ser atribuído, com vantagem, ao Gabinete Coordenador de Segurança, que já realiza esta coordenação técnica e operacional, ao nível interno, entre sete forças, serviços e organismos de segurança, dependentes de quatro ministérios. Na verdade, o Decreto-Lei nº 149/2001, de 7 de Maio, que actualiza o regime da organização e funcionamento deste Gabinete, no artigo 2º, com a epígrafe "Funções", dispõe, no seu nº 1, que *"compete ao Gabinete assistir de modo regular e permanente às entidades governamentais responsáveis pela execução da política de segurança interna e, designadamente, estudar e propor:*

(...) c) As formas de coordenação da cooperação externa que as forças e serviços de segurança desenvolvam nos domínios das suas competências específicas".

Bastaria que, numa próxima revisão deste diploma, se atribua expressamente a competência ao GCS, e os correspondentes meios, para, não só estudar e propor as formas de coordenação, como exercer, no quotidiano, uma verdadeira coordenação técnica e operacional das forças e serviços de segurança, no domínio da cooperação europeia, acautelando a articulação com o Gabinete Nacional

---

[42] No momento actual, o GAE dispõe de 2 técnicos superiores, sendo que o GRIEC conta com um total de 40.

Sirene, o Gabinete de Assuntos Europeus (MAI), o GRIEC (MJ) e outros gabinetes congéneres dos Ministérios representados no GCS.

Além disso, será desejável que, à semelhança do que ocorre ao nível das instituições comunitárias, e tendo em vista tornar mais eficaz a resposta nacional às exigências da União, se reforce a cooperação e coordenação, no âmbito interno, entre as vertentes policial, aduaneira e judiciária. A solução passa, não pela criação de novos órgãos de cooperação e de coordenação superior da segurança interna – o Conselho Superior de Segurança Interna e Gabinete Coordenador de Segurança –, mas tão-somente, pela adequação dos já existentes às novas exigências, conferindo-lhes um papel mais proactivo e uma dinâmica renovada. Tal passará, por um lado, pela participação da autoridade aduaneira ao nível daquelas instâncias, e, na vertente judiciária, por uma maior efectividade do Conselho Superior de Segurança Interna, que integra o Ministro da Justiça e o Procurador-Geral da República.

Por tudo isto e porque o processo de construção da cooperação policial vai de novo avançar com o Tratado Constitucional e o Programa da Haia, torna-se cada vez mais urgente um estudo de prospectiva que antecipe as mudanças que essa evolução acabará por impor ao nível dos ordenamentos jurídicos e dos modelos nacionais de segurança. Um mero exemplo de como as inovações a implementar no curto prazo vão influenciar o funcionamento das estruturas internas é a substituição, imposta à Europol, do relatório anual sobre a criminalidade organizada por uma relatório sobre a análise da ameaça do crime organizado no espaço da União, que implicará uma coordenação das nossas estruturas nacionais de informações criminais no sentido de, em tempo útil e com critérios de qualidade, colaborarem com a Europol na produção desse documento, que se revelará um instrumento fundamental para a definição das prioridades da União em matéria de combate à criminalidade.

Apesar de, entre nós, a complexidade da arquitectura institucional ser, amiúde, apontada como o bode expiatório das dificuldades e insuficiências de coordenação ou de articulação dos assuntos da cooperação policial europeia ao nível interno, a verdade é que não constituirão a única causa da relativa ineficiência do sistema. A prová-lo, basta atentarmos no exemplo de outros Estados-Membros, mormente os países vizinhos, que dispõem de modelos institucionais tão ou mais complexos que o nosso, sem que por isso deixe de existir uma estratégia de cooperação europeia e mecanismos de coordenação interna, a nível político e operacional.

A nossa vizinha Espanha representará, porventura, o exemplo mais assinalável de um modelo policial particularmente complexo, com uma importante descentralização dos poderes de segurança pública por três patamares da administração, uma divisão não muito clara de funções entre estes níveis e um modelo "fragmentário e incompleto" dos poderes de polícia judiciária[43], e, sem embargo, as exigências da União têm sido consideradas como oportunidades abertas ao Estado espanhol para levar a cabo medidas e acções que de outro modo resultariam dificilmente praticáveis.

No caso português, o que se impõe, antes de mais, é a definição de uma estratégia global, hierarquizada em vários patamares, a saber: no topo, uma estratégia nacional; num segundo nível, as estratégias sectoriais, onde se incluirá a estratégia de cooperação europeia e as estratégias no âmbito da justiça e administração interna; num terceiro nível, as estratégias das diversas instituições que operam nessas áreas sectoriais, no caso vertente, a estratégia da PSP; num quarto e último patamar, a estratégia da PSP deverá desenvolver os grandes objectivos estratégicos no domínio da cooperação policial internacional, onde deverá adquirir relevância a cooperação europeia.

Assim, importa, acima de tudo, que, como povo e como nação com mais de nove séculos de História, no actual contexto espacio--temporal, cheguemos a um consenso sobre quem somos e para onde queremos ir. É cada vez mais notória e urgente a necessidade de se definir uma estratégia nacional, que enuncie os grandes objectivos estratégicos do nosso País, a médio e longo prazo, nas mais diversas áreas da actividade do Estado e da sociedade.

No quadro desta estratégia, deve adquirir particular relevância a definição da posição e do papel que Portugal deve protagonizar na União Europeia, das suas alianças estratégicas e das suas prioridades no contexto de uma Europa cada vez mais alargada e competitiva.

---

[43] Cfr. BLÁZQUEZ, Félix, *La Policía Judicial*, Tecnos, Madrid, 1998, p. 103, cit. *in* MAILLO, Laia Moreno, *Modelo Policial Español y cooperación policial europea: incidência y efectos*, comunicação apresentada na Conferência Internacional "La seguridad europea en el siglo XXI", Universidade de Granada, 5-9 de Novembro de 2001.

Fica, então, facilitado o desenvolvimento de uma estratégia no domínio específico da justiça e assuntos internos e a clarificação da missão e objectivos dos diversos intervenientes na cooperação policial, designadamente a PSP.

2. O Impacto da União Europeia na PSP

Para avaliar os efeitos dos dispositivos internacionais, e particularmente europeus, sobre as organizações policiais, algumas distinções se impõem. Como recorda Hartmut Aden[44], que vê no sistema policial europeu um sistema de *multi-level governance* (o que poderíamos traduzir por «governo de níveis múltiplos»), nem todos os serviços policiais, nem todos os polícias participam ao mesmo título na cooperação: veja-se, por exemplo, a relação que existe entre o agente de uma cidade média (não fronteiriça) e o oficial de ligação europeu ou o funcionário afecto a um posto misto de fronteira; o seu único denominador comum é provavelmente a utilização de uma base de dados que integra de maneira crescente a dimensão europeia.

A este respeito, duas dimensões se impõem à nossa reflexão. A primeira remete para a distinção dos «métiers» da segurança, tal como se apresentam hoje em dia a um observador que não se fica por uma definição jurídico-administrativa da polícia. Encontramos, naturalmente, os três grandes «métiers policiais»: polícia de ordem, polícia criminal e polícia urbana[45]. Todavia, no plano europeu – e, também, de resto, no plano nacional – importa levar em consideração a administração aduaneira, cujos poderes e práticas tendem a aproximar-se dos das polícias «ordinárias». Devemos igualmente ter em conta, como o fazem Aden e Sheptycki, o sector da segurança privada, cujo crescimento se caracteriza por duas grandes tendências:

---

[44] Cfr. ADEN, Hartmut, *Europäische Polizeikooperation - Konstruktion und Wandel von Legitimationsfiguren, in* : Hitzler, R./Peters, H., Inszenierung : Innere Sicherheit. Daten und Diskurse, Opladen, Leske + Budrich, 1998. Cf. também ADEN, Hartmut, *Polizeipolitik in Europa. Eine interdisziplinäre Studie über die Polizeiarbeit in Europa am Beispiel Deutschlands Frankreichs und der Niederlande*, Opladen/Wiesbaden, Westdeutscher Verlag, 1998.

[45] Cf. MONJARDET, Dominique, *Ce que fait la police. Sociologie de la force publique*, La Découverte, Paris, 1996.

uma interpenetração com o sector público (como entidade de substituição ou de complemento) e uma internacionalização crescente.

A segunda dimensão reenvia para os diferentes aspectos da instituição policial (no sentido lato indicado acima) susceptíveis de serem afectadas pela europeização: o modelo policial, o pessoal e as práticas.

É na intersecção desses dois eixos que se podem encontrar os efeitos da cooperação europeia.

2.1. Efeitos sobre o Modelo Policial

Os efeitos da cooperação europeia sobre a organização policial interna podem ser analisados a dois níveis: globalmente, ao nível da organização do modelo policial e, isoladamente, por instituição policial.

Segundo Aden, a cooperação policial exerce um efeito de centralização sobre os sistemas policiais, na medida em que impõe a cada país a criação de órgãos específicos de ligação com os seus homólogos. Era o que já sucedia quando o principal instrumento de cooperação era a Interpol e que foi acentuado com Schengen, com a criação do Gabinete Nacional SIRENE[46]. Resultaram daí frequentes tensões internas, uma vez que diversos serviços policiais pretenderiam desempenhar esse papel, sendo que este fenómeno ocorre independentemente do carácter mais ou menos centralizado das instituições policiais.

Todavia, a predominância de tais gabinetes ao nível superior não garante, só por si, uma maior eficácia no terreno. Maguer demonstra claramente, por exemplo, que é ao nível local que se tomam as iniciativas em matéria de cooperação, que a aptidão das instâncias centrais de cada organização a interligá-las e a defendê-las perante a

---

[46] "Supplementary Information REquired at the National Entries". O Gabinete Nacinal SIRENE foi criado pelo Decreto-Lei nº 292/94, de 16 Novembro. Funcionando sob a dependência do Ministro da Administração Interna, o Gabinete é o único responsável pela ligação com os restantes Estados-Membros do Acordo de Schengen e da Convenção de Aplicação, no âmbito do estabelecimento de relações conexas ao Sistema de Informação Schengen, constituindo uma unidade orgânica integrada no Sistema Nacional de Informação Schengen.

autoridade política é variável e que, nessa matéria, em geral, as polícias de estatuto militar são mais eficazes do que as polícias de estatuto civil. Nesse sentido, a tese centralizadora de Aden deve ser cuidadosamente mitigada. De facto, a plasticidade, ou capacidade de adaptação das estruturas policiais, é infinitamente maior quando o móbil é o interesse profissional policial, do que sucede quando se trata de implementar uma reforma imposta pelo nível político.

Além disso, ainda que alguns dispositivos de cooperação favoreçam a centralização, eles não suplantam os dispositivos já existentes, cuja multiplicidade permite a cada instituição preservar a sua margem de manobra, alimentando relações privilegiadas com as instituições homólogas dos outros países. É o caso da relação que se estabelece, a nível regional transfronteiriço, entre as forças de segurança portuguesas e espanholas.

Não obstante, os órgãos de coordenação superior operacional, que englobam polícias de diversa natureza, permitem quebrar certas barreiras corporativas e habituar os funcionários de diferentes agências a trabalharem em concertação.

A multiplicidade dos dispositivos de cooperação ou de intercâmbio complica de forma singular a medição dos seus efeitos sobre os diferentes serviços de polícia tomados isoladamente. É claro, todavia, que se assistiu a reorientações massivas de certos serviços policiais, em particular aqueles cuja actividade estava centrada nas fronteiras.

No caso português, e, em geral dos modelos da Europa meridional, o SEF e a DGAIEC foram redistribuídos pelas «fronteiras externas» da União, ou seja, os aeroportos e regiões costeiras, e viram alargado o seu âmbito de competência territorial. De forma mais significativa, os serviços aduaneiros tornaram-se um actor plenamente reconhecido da segurança interna europeia. Inversamente, a organização da polícia urbana é largamente preservada dos efeitos da europeização policial, mesmo nos sectores fronteiriços. O mesmo se diga relativamente ao ramo da manutenção da ordem pública, o que não significa que as suas técnicas não sejam afectadas por essa influência europeia.

Ao nível da PSP, o efeito da europeização foi mais imediato ao nível da sua articulação com as estruturas nacionais de coordenação e de partilha de informação, mormente o Gabinete Nacional SIRENE e a Unidade Nacional Europol.

2.2. Efeitos sobre as Técnicas e Práticas Policiais

Os efeitos da cooperação europeia sobre as técnicas e as práticas policiais são muito variáveis. Deste ponto de vista, poderíamos estabelecer esquematicamente uma escala na qual o nível inferior se encontra a polícia urbana e no nível superior os serviços de vocação fronteiriça.

Na maior parte dos casos, o único ponto de encontro entre o polícia uniformizado e os dispositivos europeus é a consulta de um ficheiro alimentado por dados de outros países ou interconectado ao Sistema de Informação Schengen. Esta mudança não é negligenciável, mas não modifica realmente o trabalho quotidiano do interessado, a não ser que faça uso dos mecanismos previstos pela CAAS (Convenção de Aplicação do Acordo de Schengen), nomeadamente, a perseguição transfronteiriça.

Já no domínio da manutenção da ordem, podemos identificar mudanças mais significativas, relacionadas com transferências de saberes entre polícias mais ou menos habituadas a enfrentar riscos específicos. É, nomeadamente, o caso em matéria de gestão de grandes eventos desportivos, onde se tornou rotineira e particularmente eficaz a concertação e o intercâmbio de informações e de peritos entre polícias nacionais.

No caso da PSP, a influência da cooperação europeia faz-se sentir particularmente a este nível, não apenas no quadro de um grande evento desportivo, político ou cultural, mas também, de forma quase rotineira, na gestão do calendário das competições europeias de futebol em que os clubes portugueses estão regularmente envolvidos.

Mas é, sem dúvida, no domínio da polícia criminal que as mudanças induzidas pela cooperação policial são mais nítidas. A evolução é particularmente sensível no domínio da informação criminal, da uniformização de certas técnicas de identificação e à generalização das técnicas ditas «proactivas», nomeadamente a actuação de agentes encobertos.

2.3. Efeitos sobre o Pessoal

Neste domínio, o efeito mais visível da europeização é a emergência de um conjunto restrito de funcionários fortemente implicados no processo de cooperação e que apresentam características bem particulares, que foram estudadas, nomeadamente, por Bigo[47]: estudos superiores implicando estadias no estrangeiro, domínio de diversas línguas, carreiras atípicas... Estes oficiais, por seu turno, transferem para as suas organizações novas abordagens e procedimentos que devem ser vistos como uma mais-valia.

A Academia Europeia de Polícia terá certamente um papel importante a desenvolver como entidade que disseminará um conjunto de valores, referências e procedimentos comuns aos quadros superiores das polícias europeias.

3. O Papel Actual da PSP na Cooperação Policial Europeia

Desde a adesão de Portugal à Comunidade Europeia, a PSP vem participando, no quadro nacional e europeu, no processo de construção da cooperação policial europeia, no âmbito das suas atribuições. No entanto, a progressiva complexificação, especialização e exigência das matérias e das estruturas ao nível JAI, não têm sido acompanhadas pela necessária adequação das estruturas e dos meios de resposta da PSP.

Para analisarmos o actual nível de empenho da PSP nesta área, comecemos por enunciar as suas grandes orientações, analisando o seu Plano de Actividades para 2004[48].

Este documento estratégico começa por referir, na nota introdutória, que a instituição é influenciada pelo ambiente externo, nomeadamente através dos seguintes factores: sociedade portuguesa cada vez mais multiétnica, interdependente e aberta ao exterior; aparecimento de novas ameaças de carácter transnacional, nomeadamente o

---

[47] BIGO, Didier, *Liaison officers in Europe : new officers in the European security field*, in Shepticky J. W. E., (Ed.), Issues in transnational policing, Londres, New York, Routledge, 2000.

[48] Disponível integralmente no sítio Internet da PSP.

terrorismo internacional, e novos desafios que podem influenciar negativamente o sentimento de segurança das pessoas e afectar a sua qualidade de vida; sentimento de insegurança decorrente dos fluxos migratórios; alargamento da fronteira externa no domínio da segurança interna; entrada de novos países para a União Europeia; e cooperação europeia e transnacional no combate à criminalidade em geral e à grande criminalidade.

Em seguida, e no que tange aos objectivos estratégicos, destaca-se a *"eficácia crescente no plano da prevenção e combate à criminalidade e à marginalidade e, bem assim, na gestão de situações de perturbação da ordem pública"*.

Relativamente à filosofia de actuação policial para prosseguir os objectivos estratégicos, salientam-se três vectores:

1) *"o cidadão ocupa um papel central no sistema de segurança interna, pelo que se impõe uma crescente visibilidade da Polícia e uma* política de proximidade *com os cidadãos, devendo as autoridades estimular a participação destes nas acções de* prevenção da criminalidade";
2) *"o combate à criminalidade é pluri-vectorial e não apenas uma questão de eficácia da polícia, compreendendo, a par de questões de natureza operacional, questões de natureza política, institucional, jurídica e social"*; e
3) *"é essencial a* partilha de informação *entre forças e serviços de segurança"*.

Já quanto aos objectivos específicos, destacam-se, no âmbito do nosso estudo, cinco objectivos de natureza operacional, a saber: *"redução da delinquência; garantir a liberdade de circulação dos cidadãos em todo o tecido urbano; erradicar as zonas ditas perigosas; proporcionar aos cidadãos uma sensação de segurança; e segurança do EURO 2004"*; e um objectivo de natureza gestionária: *"desenvolvimento de modelos de cooperação e de coordenação"*.

Finalmente, no capítulo dedicado à estratégia da PSP, releva a seguinte opção: "aperfeiçoar a cooperação policial no âmbito do Terceiro Pilar da União Europeia no combate à criminalidade e ao terrorismo internacional".

Da análise deste documento estratégico, podemos retirar, desde já, algumas ilações: por um lado, a PSP está perfeitamente ciente da sua identidade e do seu papel face aos desafios, riscos e ameaças decorrentes de uma Europa sem fronteiras internas, acompanhando as grandes tendências das congéneres polícias europeias, em termos de filosofia de actuação policial e de objectivos operacionais; por outro lado, a gestão e a estratégia apontam claramente para a necessidade de modelos de cooperação e de um aperfeiçoamento da cooperação policial europeia; contudo, parecem-nos objectivos relativamente programáticos e vagos, não se definindo, por exemplo, quais as acções e medidas necessárias para alcançar esse desiderato.

Em termos orgânicos, compete ao Gabinete de Relações Exteriores e Cooperação, na dependência do Director Nacional da PSP[49], "assegurar o intercâmbio com forças e serviços de segurança ou organizações de segurança estrangeiras que desenvolvam actividades na área da segurança pública; garantir os mecanismos de cooperação policial com outros Estados; planear, programar e acompanhar as missões no plano internacional, desenvolver e acompanhar projectos de cooperação com países de língua oficial portuguesa; proceder à gestão relativa à colocação de elementos de ligação portugueses no estrangeiro ou em Portugal; e assegurar o serviço de documentação, tradução e interpretação"[50].

Para o cumprimento destas tarefas, o Gabinete dispõe de quatro elementos, do quadro de pessoal com funções não policiais, dispondo de uma verba para despesas de funcionamento que se cifra em € 132.000[51].

No que respeita ao peso relativo da cooperação, em termos financeiros, de um total de recursos financeiros para a PSP que se aproximava dos € 630 milhões, o Plano de Actividades para 2004 previa, para o programa de cooperação internacional no seu conjunto, um montante pouco superior a € 11 milhões, ou seja, cerca de 1,75% do total, sendo que a quase totalidade da verba era destinada a despesas com 196 elementos policiais.

---

[49] Cf. organigrama da Direcção Nacional da PSP (Director Nacional), em anexo.

[50] Cfr. Plano de Actividades da PSP, para 2004, idem, ponto 8.7..

[51] Cf., em anexo, os quadros relativos aos recursos financeiros para a área das relações exteriores e cooperação, constantes do Relatório da Actividades para 2004, da PSP, no seu ponto 7.

Este programa desdobra-se em três áreas de actividade: a participação em missões de paz, a cooperação com os países de expressão oficial portuguesa e a cooperação europeia.

A área das missões de paz absorve mais de € 5,5 milhões, cerca de metade do orçamento do programa, abrangendo 70 elementos policiais.

A área da cooperação com os países de língua portuguesa absorve praticamente outro tanto dos recursos financeiros, um total de € 5,6 milhões, abarcando 124 elementos.

Finalmente, a área da cooperação na União Europeia fica-se por uns escassos € 34.700, ou seja, cerca de 0,30% do total do programa de cooperação internacional, integralmente destinados a cobrir despesas com pessoal – ajudas de custo, viagens e alojamento, que acabam por se revelar manifestamente insuficientes para assegurar a presença, ao longo de um ano, de representantes da PSP nas reuniões de múltiplos grupos de trabalho, normalmente com periodicidade mensal.

Em termos de participação no esforço de cooperação junto das instituições europeias, a PSP integra formalmente dez dos quarenta grupos de trabalho e comités que actualmente funcionam junto do Conselho e da Comissão, na área dos assuntos internos.

Porém, e, designadamente, pelas opções no domínio orçamental, os representantes da PSP não têm condições para assegurar a necessária presença regular nas reuniões da maior parte dessas instâncias, perdendo, assim, a capacidade de acompanhar forma sistemática o desenvolvimento dos trabalhos e influenciar o rumo das opções tomadas. A grande excepção, pela positiva, será o Grupo de Trabalho Cooperação Policial, que tem constituído uma prioridade para a PSP, em termos de assiduidade, obviamente pela importância das temáticas e pelo impacto directo das opções deste Grupo na actividade policial operacional.

Acresce que os representantes nestes grupos e comités estão espartilhados por vários departamentos e gabinetes da Direcção Nacional e de outros serviços exteriores, acumulando com a cooperação europeia as tarefas que lhes estão distribuídas nos seus serviços, o que impossibilita a sua formação, especialização e acompanhamento adequado de dossiês cada vez mais exigentes.

Além disso, a escassez de meios do Gabinete de Relações Exteriores e Cooperação torna inviável a necessária articulação com outros organismos de coordenação da cooperação policial, a nível nacional, a coordenação dos representantes da PSP e a definição, do ponto de vista técnico-policial, das posições pontos de vista da nossa instituição, no contexto nacional e europeu.

Esta escassez de estruturas e de meios humanos e orçamentais, aliada à falta de estratégias nacionais de cooperação europeia e, em particular, no domínio dos assuntos internos, tornam particularmente difícil e ingrata a acção do Gabinete e dos representantes da PSP nos grupos e comités da União Europeia, o que, em última análise, compromete a imagem e os pergaminhos do nosso país perante os seus parceiros e as instituições comunitárias.

CONCLUSÃO

A cooperação policial europeia representa um desafio estratégico para a PSP. Volvidas cerca de duas décadas sobre a adesão de Portugal à União Europeia, julgamos que este constitui o momento ideal para parar e pensar sobre as dificuldades e insuficiências da PSP neste capítulo, o que nos convocou também, naturalmente, a reflectir sobre duas outras realidades perfeitamente imbricadas com a primeira: o papel de Portugal numa União Europeia cada vez mais alargada, exigente e competitiva; e os novos rumos da cooperação policial numa União Europeia que entra agora numa nova fase de consolidação do espaço de liberdade, segurança e justiça.

Consideramos, assim, que a reforma do modelo de cooperação policial deve ser coerente e integrada, devendo necessariamente opera-se nestes três níveis de abordagem: a instituição PSP, o modelo português de cooperação policial e as instituições da União Europeia.

O diagnóstico das vulnerabilidades e insuficiências, nestes três níveis, está feito e revela traços comuns: falta de coordenação e cooperação, lacunas e duplicações de esforços, complexidade e diversidade de normativos, estruturas e processos, indefinição de metas e objectivos estratégicos, divergência de vontades e de empenhamento, ineficácia e ineficiência da máquina administrativo-burocrática, falta de solidariedade e de lealdade, eis um rol de obstáculos que importa mitigar ou anular. Mas nem tudo são espinhos. Certamente que poderíamos enunciar também um rol infinito de boas práticas em diversos domínios da cooperação policial.

Elencadas as boas práticas e os obstáculos a uma melhor cooperação, impõe-se, com toda a premência, e em nome de uma Europa dos cidadãos e para os cidadãos, que se estudem, testem e implementem soluções, que se repliquem as boas práticas.

O sucesso da cooperação policial e da troca de informações policiais sobre futebol, durante o UEFA EURO 2004™, veio demonstrar à saciedade que, apesar de algumas insuficiências e vulnerabilidades do modelo, os mecanismos da cooperação policial operacional da União Europeia podem funcionar de forma bastante satisfatória, atingindo os objectivos fundamentais.

Depois, e beneficiando das boas práticas de mais um torneio, haverá sempre espaço para introduzir correcções e melhorias no sistema, que deve naturalmente adaptar-se à evolução dos fenómenos sociais e culturais.

Como referimos anteriormente, este comprovado sucesso da cooperação pode e deve, com toda a propriedade, ser replicado, com as devidas adaptações, tendo em vista a melhoria da cooperação policial operacional na gestão de grandes eventos de dimensão internacional que não o futebol ou os Jogos Olímpicos, como os eventos de natureza política, cultural, religiosa ou contestatária.

Mais uma razão para a PSP avançar rapidamente para a definição de uma estratégia e para a reestruturação do seu modelo organizativo interno na área da cooperação europeia, que lhe permita uma especialização e o desenvolvimento de um modelo de gestão da segurança de grandes eventos de dimensão internacional, uma área que, fazendo parte do núcleo duro da sua actividade, abre um vasto campo de oportunidades, a nível interno e europeu.

Tendo em vista melhorar a cooperação policial europeia, e numa perspectiva construtiva de busca de soluções para as vulnerabilidades identificadas, elencámos um conjunto de recomendações para a melhoria do sistema, no plano da União Europeia, do modelo português e da PSP.

Recomendámos, ao nível a União Europeia reformas no plano estratégico e operacional, tendo em vista o reforço da eficácia do quadro normativo e institucional, em que o método de decisão comunitário será um instrumento decisivo para a consolidação de um espaço de liberdade, segurança e justiça.

Lançámos pistas para uma melhoria dos mecanismos de coordenação, a nível nacional, numa lógica de clarificação de missões e objectivos, de aproveitamento e de rentabilização das potencialidades e capacidades dos organismos de coordenação existentes, fugindo à tentação fácil de criar novos organismos.

Depois, no plano da nossa instituição, sustentámos a necessidade de definição de uma estratégia clara e exequível no curto prazo, que coloque a cooperação europeia no nível de dignidade e de exigência que merece, no seio da PSP. Enunciámos, assim, os aspectos enformadores dessa estratégia, em três áreas: organização, objectivos e pessoal. Neste âmbito, defendemos, a aposta em cinco eixos estratégicos que guiam a PSP no trilho da cooperação europeia: a formação policial, a prevenção criminal, o policiamento comunitário, a segurança de eventos e a gestão civil de crises.

De entre este conjunto de objectivos estratégicos, e tendo em conta o sucesso e projecção granjeados pela PSP e por Portugal com a realização do UEFA EURO 2004™, a segurança de grandes eventos, da mais variada natureza, perfila-se como a área com maior potencial de desenvolvimento nos próximos anos.

De facto, o sucesso alcançado por Portugal na organização de grandes eventos, desde finais da década de 90 até hoje, coloca o nosso país como um forte candidato à organização de futuros eventos de dimensão internacional.

A PSP, como força de segurança vocacionada e capacitada para a prevenção, segurança e ordem públicas em meio urbano, perfila-se como um dos actores principais da gestão da segurança desses eventos. Deverá, assim, consolidar e sistematizar o capital de confiança e de experiência já acumulados e preparar-se atempadamente, em termos de doutrina, estruturas e meios, para os novos desafios e oportunidades que certamente surgirão no curto e médio prazos, no domínio da segurança de eventos de dimensão internacional.

Lisboa, 7 de Junho de 2005

Referências Bibliográficas

ADANG, Otto e CUVELIER, Christine, *Policing EURO 2000 – International police cooperation, information management and police deployment*, Eds. Tandem Felix, Belgian Federal Police & Dutch Police Academy, Apeldoorn (Países-Baixos), 2001;

ADEN, Hartmut, *Europäische Polizeikooperation – Konstruktion und Wandel von Legitimationsfiguren*, in : Hitzler, R./Peters, H., Inszenierung : Innere Sicherheit. Daten und Diskurse, Leske + Budrich, Opladen, 1998;

ADEN, Hartmut, *Polizeipolitik in Europa. Eine interdisziplinäre Studie über die Polizeiarbeit in Europa am Beispiel Deutschlands Frankreichs und der Niederlande*, Westdeutscher Verlag, Opladen/Wiesbaden, 1998;

ANDERSON, Malcolm, DEN BOER, Monica, CULLEN, Peter, GILMORE, William, RAAB, Charles e WALKER, Neil, *Policing the European Union*, Clarendon Press, Oxford, 1995;

APAP, Joanna, *Problems and Solutions for New Member States in Implementing the JHA Acquis*, Centre for European Policy Studies (CEPS), Working Document No. 212/ October 2004, pp. 9-11, disponível no sítio do CEPS: http://www.ceps.be;

BAUER, Alain e RAUFER, Xavier, *A Globalização do Terrorismo*, Col. Estudos & Controvérsias, Prefácio Ed., Lisboa, 2003;

BIEBER, Roland & MONAR, Joerg (eds.), *Justice and Home Affairs in the European Union: The Development of the Third Pillar*, European Interuniversity Press and College of Europe, Brussels, 1995;

BIGO, Didier (Dir.), *L'Europe des polices et de la sécurité intérieure*, Col. Espace International, Editions Complexe, Paris, 1992;

BIGO, Didier, *Liaison officers in Europe : new officers in the European security field*, in Shepticky J. W. E., (Ed.), *Issues in transnational policing*, Routledge, Londres, Nova Iorque, 2000.

BIGO, Didier, *Polices en réseaux: l'expérience européenne*, Presses de la Fondation Nationale des Sciences Politiques, Paris, 1996;

BONNEFOI, Serge A., *Europe et Sécurité Intérieure: Trevi – Union Européenne – Schengen*, Belfond, Paris, 1995;

BONO, Giovanna, *Democratic Accountability of International Military and Police Cooperation in the EU* (ESDP), Conference paper, Geneva Centre for the Democratic Control of Armed forces (DCAF), Paper presented at the 4th Workshop on "Strengthening Parliamentary Oversight of International Military Cooperation and Institutions", held in Brussels 12-14 July 2002, organized by the Working Group on the Parliamentary Control of Armed Forces (PCAF) of the of the Geneva Centre for the Democratic Control of Armed Forces);

BRUGGEMAN, W., *Europol – A European FBI in the making?*, Lecture in the Cicero Foundation Great Debate as part of the seminar "Justice and Home Affairs – How to implement the Amsterdam Treaty", Paris, 13-14 Abril 2000;

COMISSÃO DE SEGURANÇA PARA O EURO 2004, *Relatório final da Comissão* (inclui, em anexo, os relatórios sectoriais das forças, serviços e organismos representados na Comissão), MAI, Lisboa, Dezembro de 2004;

CULLEN, David, MONAR, Jörg e MYERS, Philip, *Cooperation in Justice and Home Affairs – An Evaluation of the Third Pillar*, 179 pp., European Interuniversity Press, Bruxelas, 1996;

DE KERCHOVE, Gilles e WEYEMBERGH, Anne (Eds.), *Sécurité et justice : enjeu de la politique extérieure de l'Union Européenne*, Institut d'Etudes Européens, Editions de l'Université de Bruxelles, Bruxelas, 2003;

DELMAS-MARTY, Mireille, *Union Européenne et Droit Pénal*, Cahiers de Droit Européen, n.ºˢ 5 e 6, 1998, pp. 608-653;

FIJNAUT, Cyrille (ed.), *The Internationalization of Police Cooperation in Western Europe*, 161 pp., Cahier 6, SMP – Dutch Police and Society Foundation, Kluwer Law and Taxation Publishers, Deventer (Países-Baixos), 1993;

FOLL, Olivier, *L'insécurité en France: un grand flic accuse*, Flammarion, Paris, 2002;

GAUTIER, Yves, *Le Protocole «Intégrant l'Acquis de Schengen dans le cadre de l'Union Européenne»*, Europe – Éditions du Juris-Classeur», 8ᵉ. Année, nº 8 – août-septembre 1998, pp. 4-6;

GOMES, Paulo Valente e CABRAL FARIA, António, *Relatório-síntese da Reunião de Trabalho, Grupo de Trabalho Ad Hoc para o EURO 2000 – Conselho da Europa, Março de 2000*, Pulchri Studio's, Haia, Conselho Nacional contra a Violência no Desporto, Lisboa, Abril de 2000;

GOMES, Paulo Valente e COSTA, José Lopes, *Relatório da Reunião de Avaliação do EURO 2000, Grupo de Trabalho Ad Hoc para o EURO 2000 – Conselho da Europa, Janeiro de 2001*, Palais de l'Europe, Conselho da Europa, Estrasburgo, Conselho Nacional contra a Violência no Desporto, Lisboa, Fevereiro de 2001;

GOMES, Paulo Valente, *UEFA EURO 2004 in Portugal: Ten key-issues for a successful tournament*, SIAK – Journal for Police Studies and Practice, Ano 1, nº 2, Sicherheitsakademie, Bundesministerium für Inneres (BMI), Viena, Janeiro de 2005;

HAILBRONNER, Kay & WEIL, Patrick (Eds.), *De Schengen à Amsterdam: vers une législation européenne en matière d'immigration et asile*, Band 29, Schriftenreihe der Europäischen Rechtsakademie Trier, ERA – Académie de Droit Européen de Trèves, Bundesanzeiger Verlag, Köln, 1999;

HREBLAY, Vendelin, *Les accords de Schengen: origine, fonctionnement, avenir*, Col. « Pratique du Droit Communautaire », Bruylant, Bruxelles, 1998;

INRA, *Public safety, Exposure to drug-related problems and crime, Public opinion survey*, 2003, disponível em www.europa.eu.int/comm/justice_home/eucpn/projects.html;

LABAYLE, Henry, *La coopération européenne en matière de justice et d'affaires intérieures et la Conférence intergouvernementale*, Revue trimestrielle de Droit Européen, 33 (1), janvier-mars 1997, pp. 1-35;

LABAYLE, Henry, *La libre circulation des personnes dans l'Union européenne, de Schengen à Amsterdam*, AJDA, Actualité Juridique – Droit Administratif, 20 décembre 1997, pp. 923-935;

LABAYLE, Henry, *Un espace de liberté, de sécurité et de justice*, in «Le Traité d'Amsterdam», Revue trimestrielle de droit européen, extrait nº 4 – 1997, pp. 107-174, Dalloz, Paris, 1998;

LASSALLE, Jean-Yves, *La Violence dans le Sport*, Col. «Que sais-je ?», nº 3222, PUF, Paris, 1997;

LEJEUNE, Yves (Coord.), *Le Traité d'Amsterdam : espoirs et déceptions*, Col. de l'Intitut d'Études Européennes (IEE), Université Catholique de Louvain, Bruylant, bruxelles, 1998;

LÉVY, René, MONJARDET, Dominique, ADEN, Hartmut, MAGUER, Azilis, SWALLOW, Paul, SHEPTYCHI, James, L'HEUILLET, Hélène, *Approches comparées des Polices en Europe*, Col «Cultures et Conflits», n° 48, Sociologie Politique de l'International, Éditions l'Harmattan, Paris, 2002;

LOBKOWICZ, Wenceslas, *L'Europe et la sécurité intérieure – une élaboration par étapes*, Col. «Les études de la Documentation Française – Institutions», 1ª edição, La Documentation Française, Paris, 2002;

LOURENÇO, Eduardo, *Nós e a Europa, ou as duas razões*, Col. Temas Peninsulares, 4ª edição, INCM, Lisboa, 1994, 207 págs.;

MAILLO, Laia Moreno, *Modelo Policial Español y cooperación policial europea: incidência y efectos*, comunicação apresentada na Conferência Internacional "La seguridad europea en el siglo XXI", Universidade de Granada, 5-9 de Novembro de 2001;

MARGUE, Tung-Laï, *La coopération européenne en matière de lutte contre la criminalité organisée dans le contexte du traité d'Amsterdam*, Revue du Marché Unique Européen 3/1997, «La lutte contre la criminalité organisée», pp. 91-117;

MINISTÉRIO DA JUSTIÇA, *Conferência de Alto Nível sobre a Prevenção da Criminalidade* (Presidência Portuguesa da União Europeia, Praia da Falésia – Albufeira, 4 e 5 de Maio de 2000), GRIEC/MJ, Lisboa, 2001;

MONAR, Joerg e MORGAN, Roger (eds.), *The Third Pillar of the European Union: cooperation in the fields of justice and home affairs*, European Interuniversity Press and College of Europe, Brussels, 1999;

MONAR, Jörg & WESSELS, Wolfgang (Eds.), *The European Union after the Treaty of Amsterdam*, Continuum, London, 2001;

MONJARDET, Dominique, *Ce que fait la police. Sociologie de la force publique*, Eds. La Découverte, Paris, 1996 ;

MONTAIN-DOMENACH, Jacqueline, *L'Europe de la sécurité intérieure*, Col. «Clefs Politique», Eds. Montchrestien, Paris, 1999;

MOSCOVICI, Pierre, *L'Europe, une puissance dans la mondialisation*, Éditions du Seuil, Paris, 2001;

MOTA DE CAMPOS, João, *Direito Comunitário*, III Vol.: O Ordenamento Económico da União Europeia – A União Económica e Monetária, 2ª edição, Fundação Calouste Gulbenkian, Lisboa, 1997;

PEDROSO, Arménio Timóteo, *A Cooperação Policial na União Europeia*, CEGRAF/Guarda Nacional Republicana, Lisboa, s.d.;

RAMALHO, Gonçalo, *Futebol e Polícia: necessidade de mudança*, Dissertação final de licenciatura, 74 pp., ISCPSI, Lisboa, Maio de 2001;

RAYO, Andreu Olesti, *Las incertidumbres de la Unión Europea después del Tratado de Amsterdam*, Cuadernos de Cátedra, n° 8, J. M. Bosch Editor, Barcelona, 2000;

ROSAMOND, Ben, *Theories of European Integration*, St. Martin's Press, Nova Iorque, 2000;

SABATIER, Magali, *La coopération policière européenne*, Col. «Sécurité et Société», L'Harmattan, Paris, 2001;

SEVERIANO TEIXEIRA, Nuno, *Contributos para a Política de Segurança Interna: Setembro de 2000 a Março de 2002*, Ministério da Administração Interna, Lisboa, 2002;

SHEPTICKY, J. W. E., (Ed.), *Issues in transnational policing*, Routledge, Londres, Nova Iorque, 2000.

SOUSA, Constança Urbano de, *A cooperação policial e judiciária em matéria penal na União Europeia – evolução e perspectivas*, Separata de «Polícia e Justiça», Revista do Instituto Superior de Polícia Judiciária e Ciências Criminais, III Série, N° 2, Julho-
-Dezembro de 2003, pp. 9-53, Coimbra Editora, Coimbra, 2003;

SOUSA, Constança Urbano de, *O "Novo" Terceiro Pilar da União Europeia: a cooperação policial e judiciária em matéria penal*, Separata de «Estudos em homenagem a Cunha Rodrigues», pp. 867-915, Coimbra Editora, Coimbra, 2001;

TEZCAN, Ercüment, *La coopération dans les domaines de la justice et des Affaires Intérieures dans le cadre de l'Union Européenne et le traité d'Amsterdam*, Cahiers de Droit Européen, n.ºs 5 e 6, 1998, pp. 661-681;

Tratado Constitucional;

V.V.A.A., *Délinquance et Insécurité en Europe – Vers une pénalisation du social?*, Actas dos 2° e 3° Seminários de Corfu, 5-7 Outubro 1998 e 3-5 Junho 1998, Grupo Europeu de Investigação sobre a Justiça Penal, Bruylant, Bruxelas, 2001;

V.V.A.A., *Football, ombres au spectacle – violences dans les stades: le supportérisme, menace-t-il l'ordre public?* Col. «Les cahiers de la sécurité intérieure, n° 26, IHESI, Paris, 1996;

VALLE, Alejandro, *La refundación de la libre circulación de personas, tercer pilar y Schengen: el espacio europeo de libertad, seguridad y justicia*, Revista de Derecho Comunitario Europeo, n° 3, 1998, pp. 41-78;

WANN, Daniel L., MELNICK, Merrill J., RUSSELL, Gordon W. e PEASE, Dale G., *Sport Fans - The Psychology and Social Impact of Spectators*, Routledge, New York, 2001;

WINTER, Jan A., CURTIN, Deirdre M., KELLERMANN, Alfred E. e DE WITTE, Bruno, *Reforming the Treaty on European Union: The Legal Debate*, Colloquium on European Law, Session XXV, September 1995, T.M.C. Asser Institute, The Hague, Kluwer Law International, The Hague, 1996;

DA COOPERAÇÃO POLICIAL NA UNIÃO EUROPEIA: AS EQUIPAS DE INVESTIGAÇÃO CONJUNTAS

Pedro Miguel L. F. Lourenço de Sousa
*Mestre em Ciências Jurídico-Criminais
e Docente da Escola Prática de Polícia*

"Frente à internacionalização do crime, urge responder com a internacionalização da política do combate ao crime"[1]

Anabela Miranda Rodrigues
e José Luís Lopes da Mota

Introdução

Hoje, mais do que nunca, fala-se na globalização, que "é uma chave para a compreensão da criminalidade"[2] e tem de ser entendida como um "mecanismo social hiperdinâmico que torna globais os espaços económicos, culturais e informativos que antes se estruturavam, primacialmente, a um nível nacional"[3], como um fenómeno característico da sociedade pós-industrial.

---

[1] Rodrigues, Anabela Miranda e Mota, José Luís Lopes da, *Para uma política criminal europeia. Quadro e instrumentos jurídicos da cooperação judiciária em matéria penal no Espaço da União Europeia*, Coimbra: Coimbra Editora, 2002, p. 15. No mesmo sentido, a expressão francesa: *"il est urgent qu'à l'internalisation du crime s'oppose l'internationalisation de la répression"*, encontrada em Chevallier-Govers, Constance, *De la coopération à l'intégration policière dans l'Union européenne*, Bruylant, Bruxelas, 1999, p.3 e, também a frase : "Pretende-se, responder à globalização da criminalidade transnacional com a globalização da repressão da criminalidade", proferida pelo Sr. Deputado Narana Coissoró no debate parlamentar sobre a segunda alteração da Lei n.º 144/99, de 31 de Agosto, que aprovou a Lei da Cooperação Judiciária em matéria penal, publicado no Diário da Assembleia da República I Série, n.º 112, de 24/04/2003.

[2] Rodrigues, Anabela Miranda e Mota, José Luís Lopes da, *ob. cit.*, [1], p.13.

[3] Costa, José Francisco de Faria, "O fenómeno da globalização e o Direito Penal Económico", in: *Estudos em Homenagem ao Prof. Doutor Rogério Soares*, Coimbra: Coimbra Editora, 2000, p. 533.

Assim, se "tradicionalmente as organizações criminosas desenvolviam a sua actividade a nível de um só Estado"[4], cuja resposta era "encabeçada unicamente pela própria estrutura jurídica-política desse mesmo Estado"[5], actualmente a criminalidade organizada utiliza as lógicas e as potencialidades da globalização e está, cada vez mais, "em lugar nenhum"[6].

Neste sentido, é justamente "contra esta criminalidade que os Estados-Membros não estão em condições de lutar isoladamente e devem conjugar esforços"[7].

Importa, assim, procurar responder à seguinte questão: "como combater eficazmente uma criminalidade europeia com aparelhos de justiça, de polícia e de fronteiras estritamente nacionais e independentes?"[8].

Perante um "quadro criminógeno local, regional, internacional e transnacional não podemos ser avestruzes e não olharmos os horizontes do crime regionalizado e do crime global ou transnacional"[9], tornando-se assim necessário e essencial recorrer à cooperação internacional[10].

A cooperação policial e judiciária em matéria penal desenvolvida no seio da União Europeia é parte integrante daquele que é um dos maiores desafios da integração europeia: o desenvolvimento da

---

[4] RODRIGUES, Anabela Miranda e MOTA, José Luís Lopes da, *ob. cit.* [1], p.14.

[5] COSTA, José Francisco de Faria, *ob. cit.* [3], p. 536.

[6] *Idem, Ibidem*. No mesmo sentido, VITORINO, António, em uma conferência com o título "New European Borders and Security Cooperation: Promoting Trust in na Enlarged European Union", na Batory Foundation, Bruxelas 6-7 Julho, 2001, *apud* PASTORE, Ferruccio, *Reconciling the Prince's two arms, Internal-external security policy coordination in the European Union*, Paris: Institute for Security Studies, October 2001, p. 15, consultado em www.iss-eu.org.

[7] RODRIGUES, Anabela Miranda e MOTA, José Luís Lopes da, *ob. cit.* [1], p.15

[8] RODRIGUES, Anabela Miranda, "O papel dos sistemas legais e a sua harmonização para a erradicação das redes de tráfico de pessoas", in: *Revista do Ministério Público*, Ano 21.º, Outubro-Dezembro 2000, p. 16.

[9] VALENTE, Manuel Guedes Monteiro, "Contributos para uma tipologia de segurança interna", in: *I Colóquio de Segurança Interna*, Lisboa: Instituto Superior de Ciências Policiais e Segurança Interna, 17 e 18 de Novembro de 2004.

[10] Para alguns autores, a cooperação policial internacional é como o Monstro de Lochness : Um monstro com cem cabeças, de que todos falam, mas que nunca ninguém viu – CHEVALLIER-GOVERS, Constance, *ob. cit.*, [1], p.117.

União Europeia como espaço de liberdade, segurança e justiça, cujo *leitmotiv* é a conciliação "do objectivo da circulação com o imperativo da segurança"[11].

Com o aparecimento de um discurso jurídico-penal autónomo ao nível da União Europeia "imbuído de elementos de segurança e justiça, para assegurar a *liberdade* aos cidadãos"[12], visa-se, assim, garantir que "o valor da segurança em liberdade é incontestável"[13], o que só sucederá mediante a prevenção e o combate à criminalidade através da cooperação mais estreita entre as forças policiais, as autoridades aduaneiras e outras autoridades competentes dos Estados--membros, respeitando os princípios dos direitos humanos, das liberdades fundamentais e do Estado de direito subjacentes à União e comum a todos os Estados membros.

Pelo que, mesmo para quem não demonstre um grande entusiasmo sobre o projecto europeu, a construção de um espaço de liberdade, segurança e justiça europeu é vital.

Para a realização desta análise e recordando as palavras da ilustre Prof.ª Maria Lúcia Amaral, proferidas em um Seminário de Metodologia de Investigação: "Ao elaborar um estudo jurídico, o seu autor, para a realização de tal *viagem*, deverá tentar desenhar um mapa topográfico que poderá servir de orientação, se estiver bem desenhado e sem erros de caminho, para futuros leitores"[14], tentaremos reflectir um pouco sobre a cooperação policial na União Europeia, visando igualmente abordar a temática das equipas de investigação conjuntas, acerca da sua especificidade.

Para o alcance deste desiderato, como ponto de partida apropriado para a densificação do que queremos estudar, iremos abordar o historial da cooperação policial na União Europeia, em que apontaremos para os azimutes dos Tratados de Maastricht, de Amsterdão, de Nice e do Tratado que estabelece uma Constituição para a Europa,

---

[11] SOUSA, Constança Urbano de, "A cooperação policial e judiciária em matéria penal na União Europeia – evolução e perspectivas", in: *Polícia e Justiça* (Separata da Revista do Instituto Superior de Polícia Judiciária e Ciências Criminais), Coimbra: Coimbra Editora, Julho-Dezembro 2003, p. 10.

[12] RODRIGUES, Anabela Miranda, *ob. cit.*, [8],p. 28.

[13] *Idem, Ibidem.*

[14] Seminário de Metodologia da Investigação (*officina juris*), Faculdade de Direito da Universidade de Coimbra, 15 de Maio de 2004.

passando pela criação do Serviço Europeu de Polícia – a EUROPOL, organismo policial criado pelos Estados-Membros, com o objectivo de melhorar a eficácia dos seus serviços policiais e habilitado "a facilitar e apoiar a preparação, bem como a incentivar a coordenação e execução, de acções específicas de investigação efectuadas pelas autoridades competentes dos Estados-Membros"[15].

Como etapa terminal desta viagem, abordaremos a temática das equipas de investigação conjuntas – "mecanismo cujo reforço e aperfeiçoamento é esperado"[16] –, cuja criação foi indicada pela Recomendação n.º 43 das Conclusões da reunião do Conselho Europeu de Tampere de 15/16 de Outubro de 1999, sendo posteriormente previstas na Convenção Relativa ao Auxílio Judiciário Mútuo em Matéria Penal entre os Estados Membros da União Europeia[17] e na Decisão-Quadro do Conselho de 13 de Junho de 2002, considerando que "a importância da cooperação operacional entre os serviços de polícia foi expressamente reconhecida no artigo 30.º do Tratado da União Europeia"[18].

I – Resenha histórica

i) Do Tratado de Roma aos Acordos de Schengen

A edificação de uma Europa dos cidadãos, fundada sobre a livre circulação das pessoas e sobre a supressão das fronteiras internas, fez emergir a questão da segurança, a qual se tornou pouco a pouco em um dos desafios mais ambiciosos do processo de construção europeia.

---

[15] Recomendação do Conselho, de 30 de Novembro de 2000, relativa ao apoio da Europol às equipas de investigação conjuntas criadas pelos Estados-Membros, publicada no Jornal Oficial das Comunidades Europeias, n.º C 357, de 13/12/2000.

[16] CANAS, Vitalino, "Crime organizado internacional e subversão das estruturas públicas: questões sobre o enquadramento jurídico-constitucional, internacional e da União e alguns casos de insucesso", in: *Colóquio O terrorismo global e os novos desafios à segurança interna*", Universidade Autónoma de Lisboa, em 3 de Novembro de 2004.

[17] Publicada no Jornal Oficial das Comunidades Europeias, n.º C 197, de 12/07/2000.

[18] Relatório Explicativo sobre a Convenção, de 29 de Maio de 2000, relativa ao auxílio judiciário mútuo em matéria penal entre os Estados-Membros da União Europeia, publicado no Jornal Oficial das Comunidades Europeias, n.º C379, de 29/12/2000.

Sobre a vontade de cooperação policial no espaço europeu, afirma-se que esta não é uma ideia recente, considerando que a mesma remonta a tempos anteriores à Segunda Guerra Mundial[19/20]. No entanto, apesar de, desde 1957, o Tratado que instituiu a Comunidade Europeia ter colocado entre os seus objectivos a livre circulação de pessoas no território da Comunidade, não estava prevista inicialmente nenhuma medida em matéria de transposição de fronteiras, de imigração ou de política de vistos. A livre circulação era, naquela altura, encarada apenas em uma perspectiva económica e referia-se exclusivamente aos agentes económicos – trabalhadores, prestadores de serviço e aqueles que desejavam estabelecer-se em outro Estado Membro, ou seja, nas palavras de Nuno Severiano Teixeira, "a livre circulação de pessoas era concebida de forma economicista"[21].

Embora a construção comunitária tivesse "na visão esclarecida dos 'pais fundadores', um objectivo que ia muito para além da promoção de uma maior produção e de um maior bem-estar material"[22], a livre circulação era, naquela altura, encarada apenas em uma perspectiva económica e referia-se exclusivamente aos agentes económicos.

---

[19] CHEVALLIER-GOVERS, Constance, *ob. cit.*, [1], p.13.

[20] Neste sentido, ARMÉNIO TIMÓTEO PEDROSO, na sua obra *A cooperação policial na União Europeia*, Edições da Guarda Nacional Republicana, refere mesmo que "muito antes, seguramente a partir do final do séc. XVIII, já se registavam movimentações significativas ao nível político-diplomático, no âmbito da cooperação policial internacional". Este autor refere assim, com grande descrição, as actividades policiais do Tenente-general da polícia em França, Antoine De Sartine, de Bismark, na Prússia e, o aparecimento em 1923, em Viena, da Comissão Internacional de Polícia Criminal, extinta em 1938 e reabilitada em 1956, altura em que foram aprovados os novos estatutos e passou a designar-se por Organização Internacional de Polícia Criminal (OIPC) ou seja, Interpol, como é conhecida pelo grande público. Em uma posição de concordância com este autor ver também SOUZA, Mauro Chaves Passarinho Pinto de, "A cooperação policial internacional e a Interpol", in: *Estudos de Direito de Polícia*, 2.º vol., Lisboa: Associação Académica da Faculdade de Direito de Lisboa, 2003, p. 555.

[21] *Apud* VALENTE, Manuel Monteiro Guedes, "Cooperação policial – viagem inacabada", in: *Dos Órgãos de Polícia Criminal*, Coimbra: Almedina, 2004, p. 217. No mesmo sentido, MONTAIN-DOMENACH, Jacqueline, *L'Europe de la sécurité intérieure*, Paris: Editions Montchrestien, 1999, p.15 e SOUSA, Constança Urbano de, " O Novo Terceiro Pilar da União Europeia: a cooperação policial e judiciária em matéria penal", in: *Estudos em Homenagem a Cunha Rodrigues*, Volume I, Coimbra, Coimbra Editora, 2001, p. 868.

[22] Assim, PORTO, Manuel, "A Política Externa e de Segurança Comum, in: *A Revisão do Tratado da União Europeia*, Faculdade de Direito da Universidade de Coimbra, Curso de Estudos Europeus, Coimbra: Almedina, 1996, p. 13.

A construção europeia evoluía então em "torno de preocupações económicas e as questões de crime e da justiça não lhe diziam directamente respeito"[23]. Aliás, os Estados-Membros manifestavam mesmo uma "certa inaptidão visceral para ultrapassar uma perspectiva puramente económica da construção europeia"[24].

Contudo, a vontade de alargar tal liberdade de circulação a todos os cidadãos da Europa[25] e o desenvolvimento de alguns fenómenos, como a criminalidade organizada transnacional, o tráfico de droga, o contrabando, a imigração clandestina e o terrorismo[26], incentivaram os Estados-Membros[27] da Comunidade Europeia, na década de 70, a desenvolver uma cooperação pragmática no domínio da justiça e dos assuntos internos.

Assim, a partir de 1975, foi sendo paulatinamente criada uma cooperação intergovernamental, à margem do quadro jurídico das Comunidades Europeias e do processo formal de integração europeia, nos domínios da imigração, do direito de asilo e da cooperação policial e judiciária. Tratou-se de um intercâmbio informal, "desenvolvido à margem das Instituições Comunitárias e com recurso aos instrumentos do direito internacional clássico"[28], de experiências, informações e competências e de redes para facilitar esse intercâmbio entre os Estados-Membros. Com este objectivo, foram criados diversos

---

[23] MOTA, José Luís Lopes da, "A Eurojust e a emergência de um sistema de justiça penal europeu", in: *Revista Portuguesa de Ciência Criminal*, Ano 13, n.º 2, Coimbra: Coimbra Editora, Abril-Junho 2003, p.178.

[24] CHEVALLIER-GOVERS, Constance, *ob. cit.*, [1], p.33.

[25] Em que a conhecida jurisprudência do Tribunal de Justiça das Comunidades Europeias foi sucessivamente alargando o círculo dos beneficiários da livre circulação a categorias de pessoas não directamente previstas pelo Tratado de Roma (turistas, estudantes, reformados). SOUSA, Constança Urbano de, *ob. cit.,* [21], p. 868 e VALENTE, Manuel Monteiro Guedes, *ob. cit.*, [21], p.217.

[26] Que, não "nasceram" da construção europeia, mas em tempos anteriores. Em jeito de lembrança, de salientar o grande processo anti-mafia de Palermo, que condenou 342 pessoas em 1986 (portanto seis anos antes da abertura das fronteiras) – BONNEFOI, S., *Europe et Securité* Intérieure, Paris: Delmas, 1994, p. 10.

[27] Conscientes que as liberdades do Mercado Comum potenciavam fenómenos de criminalidade transnacional e que a eficácia da sua prevenção e repressão não se compadecia com soluções limitadas ao espaço nacional

[28] SOUSA, Constança Urbano de, *ob. cit.*, [11], p. 11 e, no mesmo sentido VALENTE, Manuel Monteiro Guedes, *ob. cit.*, [21], p. 217.

grupos de trabalho, como o Grupo TREVI, constituídos por ministros, altos funcionários e especialistas dos serviços envolvidos nos vários Estados-Membros. A criação do Grupo TREVI[29] foi, na opinião de alguns especialistas, a resposta comunitária às insuficiências e fragilidades manifestadas pela INTERPOL[30], considerada muito limitada no seu campo de competências e demasiado extensa no plano geográfico.

Este grupo de trabalho, inicialmente responsável por questões relativas ao terrorismo e à segurança interna, viu as suas competências alargadas, em 1985, à imigração ilegal e à criminalidade organizada, considerando que foi nesse ano que "ganhou eficácia e relevo em matéria de luta anti-terrorista, em detrimento do Clube de Berna[31] e de outras organizações com diferentes áreas geográficas de interesse"[32].

A ideia de criação do Grupo TREVI partiu do então Primeiro--ministro britânico Callaghan, com o objectivo da realização de encontros regulares entre os ministros do Interior dos Estados-Membros da Comunidade Europeia, afim de discutirem os problemas do terrorismo e encontrarem, eventualmente, ligações conexas, considerando a necessidade de uma nova forma de cooperação policial no espaço comunitário.

Eram objectivos do Grupo TREVI: *i)* o reforço da cooperação dos serviços de polícia e de segurança dos Estados-Membros da Comunidade Europeia; *ii)* tornar mais eficazes a prevenção e a

---

[29] Que os italianos consideram que tal designação é representativa do facto de o primeiro encontro ter ocorrido exactamente em frente da fonte de Trevi; os alemães, por seu lado, entendem que é uma sigla alusiva a um seu projecto denominado, em francês, "Terrorisme, Radicalisme, Extrémisme et Violence Internationale", de acordo com BONNEFOI, S., *ob. cit.*, [26], p.21, CHEVALLIER-GOVERS, Constance, *ob. cit.*, [1], p.143 e também PEDROSO, Arménio Timóteo, *ob. cit.*, [19], p. 71.

[30] Sobre a Interpol e a cooperação policial internacional, deverá ser tido em conta o estudo efectuado por M. A. Ferreira Antunes, do Instituto Nacional de Polícia e Ciências Criminais, 1995, onde é dado um especial destaque à realidade portuguesa.

[31] Clube criado em 1971, que englobava os chefes dos serviços de análise de informações dos países da Comunidade, da Suiça e dos Estados Unidos, sendo as suas reuniões secretas. Desprovida de meios administrativos, esta instância reunia-se anualmente ao nível dos directores e dos chefes de serviços centrais. O essencial da sua acção respeitava ao estudo das diásporas e dos Estados considerados como terroristas. O Clube de Berna funcionava através de grupos de reflexão que analisavam a natureza da ameaça terrorista e de conferências técnicas onde se definiam os melhores métodos policiais mais adaptados.

[32] PEDROSO, Arménio Timóteo, *ob. cit.*, [19], p.72.

repressão do terrorismo, do tráfico de estupefacientes e de todas as outras formas de grande criminalidade e; *iii)* a prevenção e a repressão da imigração clandestina organizada. Para alcançar os objectivos propostos, foram criados quatro[33] sub-grupos diferentes: TREVI I (especialistas na luta contra o terrorismo), TREVI II (competências múltiplas, em particular a troca de experiências e de informações em matéria de manutenção de ordem pública, de equipamento e de formação de elementos policiais), TREVI III (luta contra a criminalidade organizada) e o grupo *ad hoc* TREVI 92 (definição dos meios para remediar o défice de segurança conexionado com a abertura das fronteiras).

Apesar do seu carácter informal, o Grupo TREVI produziu resultados interessantes. Assim, no domínio da luta contra o terrorismo, foi criada uma rede comum de comunicações designada por *cryptofax*, de forma a permitir a troca de informações sensíveis. Em matéria da repressão da criminalidade organizada, os seus esforços dirigiram-se essencialmente para a repressão do tráfico de estupefacientes, tendo sido posta em marcha uma "estrutura original sob a forma de uma unidade europeia de análise de informações, que constituiu a prefiguração de uma polícia europeia"[34].

Esta cooperação *marginal* reforçou-se com o Acto Único Europeu, assinado em 1986, que deu um passo em frente no "sentido da concretização da lógica da supressão das fronteiras"[35], avançando com o objectivo de atingir até 31 de Dezembro de 1992 (tendo sido indicada uma data concreta na tentativa de obter um efeito mais mobilizador[36]), aquela supressão das fronteiras de modo a que se concretizasse a livre circulação de pessoas, mercadorias, serviços e capitais, essenciais para a concretização do Mercado Interno.

Considerando que a livre circulação não poderia ser efectuada em detrimento da segurança e da ordem públicas, verificou-se pois a necessidade de adopção de medidas compensatórias, que foram acordadas entre os signatários do Acto Único Europeu, consagrando-se dessa forma uma "estreita ligação entre o princípio comunitário da

---

[33] MONTAIN-DOMENACH, Jacqueline, *ob. cit.*, [21], p. 104.
[34] *Idem*, p. 105.
[35] SOUSA, Constança Urbano de, *ob. cit.*, [11], p. 11.
[36] CHEVALLIER-GOVERS, Constance, *ob. cit.*, [1], p.34.

livre circulação das pessoas e a cooperação nos domínios da justiça e segurança interna"[37].

Face à impossibilidade da plena realização do objectivo comunitário da livre circulação de pessoas, motivada por divergências de fundo entre os Estados-Membros relativamente ao âmbito de aplicação desta liberdade fundamental do Mercado Interno, alguns desses Estados-Membros resolveram prosseguir este objectivo à margem do quadro institucional e normativo das Comunidades, assinando, em 1985[38], o Acordo de Schengen e, em 1990, a sua Convenção de Aplicação.

Com estes Acordos[39], pôs-se então em prática um espaço de livre circulação sem controlos nas fronteiras internas, entre os todos os Estados-Membros da União Europeia que os ratificaram, com excepção do Reino Unido e da Irlanda. Mas, para garantir a sua realização, "a Convenção de Aplicação do Acordo de Schengen (CAAS) previa um conjunto de medidas compensatórias das consequências directas e indirectas que esta liberdade tem para a segurança interna dos Estados-Membros"[40], das quais são de destacar as relativas aos mecanismos de cooperação policial.

Em matéria de cooperação policial e em uma acção que introduziu importantes excepções ao princípio da territorialidade da acção policial, o conteúdo da Convenção pode ser dividido em quatro partes distintas: *i)* as disposições relativas à assistência entre os serviços policiais (nomeadamente a obrigação de assistência mútua (artigo 39.º da CAAS) e a troca de oficiais de ligação (artigo 47.º CAAS)); *ii)* as disposições que permitem um melhor desempenho da acção

---

[37] SOUSA, Constança Urbano de, *ob. cit.*, [11], p. 12.

[38] O primeiro Acordo de Schengen foi assinado no dia 14 de Junho de 1985 entre a Bélgica, a Holanda, o Luxemburgo, a França e a Alemanha, tendo por base uma situação conjuntural particular - uma greve de zelo dos elementos das Alfândegas Italianas, que, em 1984, paralisou uma boa parte do tráfego rodoviário. MONTAIN-DOMENACH, Jacqueline, *ob. cit.*, [21], p. 33.

[39] Que Constança Urbano de Sousa considera como "um laboratório" da realização da livre circulação de pessoas na UE, constituindo um exemplo de integração europeia integrada, considerando que foi criado um espaço de livre circulação sem controlos nas fronteiras internas, prevendo-se um conjunto de medidas compensatórias da abolição de controlos fronteiriços no interior desse espaço, de forma a garantir a sua realização sem prejuízo para a segurança interna dos Estados Parte. *ob. cit.*, [21], pp. 870 e 871.

[40] SOUSA, Constança Urbano de, *ob. cit.*, [11], p. 13.

policial (nomeadamente o direito de operações de vigilância transfronteiriça (artigo 40.º CAAS) e o direito de perseguição transfronteiriço (artigo 41.º CAAS)); *iii)* O Sistema de Informações Schengen (SIS), que desenvolveremos *infra* (Título IV da CAAS) e; *iv)* disposições específicas relativas ao tráfico de estupefacientes e a armas de fogo.

O Sistema de Informação Schengen (SIS), considerado como uma peça fundamental do Espaço Schengen, é uma base de dados policial comum que dispõe actualmente de mais de doze milhões de indicações e é considerado como o mais eficaz instrumento de cooperação entre todas as polícias dos Estados Schengen[41]. A arquitectura do SIS tem a forma de estrela, cuja parte central do sistema (CSIS) está localizada em Estrasburgo e é gerida pelo Ministério do Interior francês em nome de todos os Estados Schengen. "Em cada um dos Estados Schengen existe uma parte nacional do sistema (NSIS), que é um espelho da parte central"[42], que contém exactamente os mesmos dados que a parte central. De acordo com Jacqueline Montain-Domenach[43], esta concepção resulta da aplicação de dois princípios: por um lado, o respeito pela soberania dos Estados e, por outro, a protecção dos dados informáticos.

Para os inúmeros e complexos intercâmbios de informações, a Convenção de Aplicação do Acordo de Schengen previu entidades responsáveis pela coordenação e gestão da informação contida nos vários NSIS, que são os Gabinetes SIRENE[44] (*Supplementary Information Request at the National Entry*).

---

[41] De acordo com as Conclusões do Conselho Europeu de Bruxelas – que de acordo com Anabela Rodrigues é também conhecido como Tampere II – (consultadas em www.europa.eu.int) , de 4 e 5 de Novembro de 2004, com o Programa de Haia, a partir de 1 de Janeiro de 2008, a troca de informações entre os Estados Membros respeitará o **princípio da partilha de informações** (*availability*), o qual significa que, quando um serviço policial de um Estado-Membro necessitar de informações para atingir os seus objectivos, poderá obtê-las de um serviço policial de outro Estado-Membro (negrito nosso).

[42] SCHENGEN, Sistema de Informação Schengen e cooperação policial – manual prático, Gabinete Nacional S.I.R.E.N.E., Edição do Gabinete de Assuntos Europeus do Ministério da Administração Interna, p. 11.

[43] MONTAIN-DOMENACH, Jacqueline, *ob. cit.*, [21], p. 120.

[44] BONNEFOI, Serge, *ob. cit.*, [26], p. 146.

Em Portugal, são entidades utilizadoras do Sistema de Informação Schengen: a Guarda Nacional Republicana (GNR); a Polícia de Segurança Pública (PSP); o Serviço de Estrangeiros e Fronteiras (SEF); a Direcção Geral das Alfândegas (DGA); a Polícia Judiciária (PJ) e a Direcção Geral dos Assuntos Consulares e Comunidades Portuguesas (DGACCP).

Para além da Convenção de Aplicação do Acordo de Schengen, importa destacar o comunicado final do Comité Executivo Schengen, de 22 de Dezembro de 1994, que constituiu uma "etapa essencial para a cooperação policial ao apresentar uma associação estreita entre a segurança e a existência de um espaço sem fronteiras"[45], permitindo uma evolução das modalidades de cooperação entre as polícias e um reconhecimento das prerrogativas relacionadas com a soberania dos Estados.

Todavia, apesar de aquelas cooperações parciais, que funcionavam em um quadro interestadual, terem promovido alguns progressos, certo era que para garantir uma maior eficácia da cooperação em matéria de justiça e assuntos internos, bem como para um melhor controlo democrático, afigurava-se então necessário integrar os diversos grupos de trabalho em uma estrutura global no âmbito do quadro jurídico da União Europeia.

Ora, o Tratado de Maastricht subscrito em 1992, "através do seu Título VI, criou um quadro para esta cooperação, num intuito de racionalização"[46], proporcionando uma nova disciplina de reunião e definindo os instrumentos comuns sobre questões sensíveis.

ii) *O Tratado de Maastricht*

Com o Tratado de Maastricht, também conhecido por Tratado da União Europeia (TUE), "a Comunidade Europeia mudou simbolicamente de nome: passou a chamar-se União Europeia, para designar uma entidade mais coerente e mais homogénea"[47], e o princípio

---

[45] *Idem*, p. 107.
[46] RODRIGUES, Anabela Miranda, *ob. cit.*, [8], p. 18.
[47] RODRIGUES, Anabela Miranda e MOTA, José Luís Lopes da, *ob. cit.* [1], p.17.

originário da livre circulação de pessoas foi alterado, tendo sido instituído, "no âmbito da Cidadania da União, o direito dos nacionais dos Estados-Membros de circularem e permanecerem no espaço da União Europeia"[48].

Com o TUE, o "método de Schumann morreu"[49] e a construção da Europa foi enriquecida com uma nova dimensão: a cooperação em matéria de justiça e de assuntos internos[50]. Foram, assim, consagrados os "famosos pilares"[51] e a cooperação em matéria de justiça e assuntos internos entre os Estados-Membros das Comunidades Europeias no quadro da União Europeia, foi integrada[52] e "erigida como o terceiro pilar da União Europeia pelo Título VI"[53].

---

[48] SOUSA, Constança Urbano de, *ob. cit.*, [11], p. 14.

[49] RODRIGUES, Anabela Miranda, *ob. cit.*, [8], p. 16.

[50] De acordo com BIGO, a expressão "assuntos internos" só por si mostra "la gène dans le découpage de l'objet recouvert par le titre VI", ou seja, será que se refere aos assuntos internos da União Europeia ou aos assuntos internos dos Estados-membros? *Apud* CHEVALLIER-GOVERS, Constance, *ob. cit.*, [1], p.183.

[51] RODRIGUES, Anabela Miranda, Aula de Direito Penal Europeu, Faculdade de Direito da Universidade de Coimbra, 15 de Dezembro de 2004. O Primeiro Pilar é o Comunitário e trata do quadro jurídico dos Tratados. O Segundo das Políticas Europeias de Segurança Comum e o Terceiro da Justiça e Assuntos Internos. Quer o Segundo, quer o Terceiro são intergovernamentais: os actos são adoptados sob a regra da unanimidade (o que significa a existência do direito de veto, logo o "real poder" dos Estados). Sobre o Terceiro Pilar, Anabela Rodrigues indicou igualmente que os Estados reconheceram institucionalmente que a matéria penal tinha deixado de ser apenas nacional, mas ao estabelecerem os pilares, os Estados vieram indicar igualmente que "a matéria penal era essencialmente nacional": sinal contraditório, motor de avanços e de recuos. Ainda sobre a organização da UE assente em três pilares, ver também ALMEIDA, José Manuel Ribeiro de, " A cooperação judiciária entre o TJCE e os órgãos jurisdicionais nacionais: o que é e como usar o processo de decisão a título prejudicial", in: *Revista do Ministério Público*, Ano 24, n.º 23, Janeiro-Março 2003, p. 51.

[52] RODRIGUES, Anabela Miranda, "O mandado de detenção europeu", in: *Revista Portuguesa de Ciência Criminal*, Ano 13, n.º 1, Coimbra: Coimbra Editora, Janeiro-Março 2003, p.28.

[53] VALENTE, Manuel Monteiro Guedes, *ob. cit.*, [21], p. 219. Considerando a resistência dos Estados-Membros em transferir para a esfera de competência comunitária matérias que relevam tradicionalmente do núcleo duro da sua soberania estadual e a falta de consenso relativamente ao alcance da livre circulação de pessoas, às modalidades de definição de uma acção comum nestes domínios e ao grau de intervenção das Instituições Comunitárias conduziu a que não estivessem ainda reunidas as condições para uma comunitarização destas matérias.

O terceiro pilar do TUE resultou de um "compromisso entre, por um lado, os Estados-Membros partidários de uma comunitarização das questões relativas à segurança interna relacionadas com a livre circulação de pessoas e a supressão de controlos nas fronteiras internas e, por outro lado, os partidários da manutenção das medidas compensatórias necessárias à sua plena realização no âmbito meramente intergovernamental"[54].

Contudo, a sua natureza jurídica não era "puramente intergovernamental", assumindo então uma "natureza híbrida, considerando que os aspectos intergovernamentais preponderantes *eram mitigados por elementos* que não relevam do Direito Internacional Público clássico, e que evidenciavam uma certa influência *da lógica comunitária* no Terceiro Pilar"[55]. Esta cooperação foi apelidada então de *"pouco vulgar*, que comporta elementos de integração numa ordem jurídica supranacional"[56].

De acordo com o artigo K.1 do TUE, matérias como a política de imigração e asilo, a cooperação judiciária e a cooperação policial (tendo em vista a prevenção e a luta contra o terrorismo, o tráfico ilícito de droga e outras formas graves de criminalidade internacional, incluindo se necessário, determinados aspectos de cooperação aduaneira, em ligação com a organização, à escala da União, de um sistema de intercâmbio de informações no âmbito de uma Unidade Europeia de Polícia, denominada EUROPOL, que analisaremos *infra*), eram consideradas como "questões de interesse comum"[57], passíveis de ser objecto de uma acção concertada no âmbito do Terceiro Pilar, a qual surge, assim, ao lado da cooperação intergovernamental prosseguida pela maioria dos Estados-Membros, no âmbito do Acordo de Schengen e da sua Convenção de Aplicação[58], para "compensar os efeitos nocivos de um espaço sem fronteiras internas, de forma a que cada Estado-Membro pudesse executar a sua própria

---

[54] SOUSA, Constança Urbano de, *ob. cit.*, [21], p. 873.
[55] *Idem*, p. 877.
[56] RODRIGUES, Anabela Miranda, *ob. cit.*, [8], p. 17 Itálico nosso.
[57] De acordo com Anabela Rodrigues, estas são questões que interessam a um Estado, que por sua vez as pode colocar ao interesse dos outros Estados (em comum). São questões **nacionais** de interesse comum. Aula de Direito Penal Europeu, Faculdade de Direito da Universidade de Coimbra, 15 de Dezembro de 2004.
[58] MONTAIN-DOMENACH, Jacqueline, *ob. cit.*, [21], p. 107.

politica, que a mobilidade de pessoas, de mercadorias e de capitais podia comprometer"[59].

Embora a cooperação nos domínios considerados como "questões de interesse comum" se devesse realizar no quadro institucional único da União Europeia, o Título IV do TUE atribuiu um papel preponderante ao Estados-Membros e ao Conselho, ou seja, "os Estados-Membros deviam coordenar a sua acção, consultar-se e informar-se mutuamente no seio do Conselho, bem como instituir uma colaboração entre os respectivos serviços nacionais"[60]. Relativamente a outras Instituições da União Europeia, o seu papel era bem mais modesto, em virtude da natureza específica do Terceiro Pilar.

A adopção das Convenções do Terceiro Pilar, os únicos instrumentos normativos cujos efeitos jurídicos vinculativos eram inquestionáveis, estava sujeita "não só à unanimidade (que frequentemente paralisava a tomada de decisões) no seio do Conselho para a sua elaboração, mas também à ratificação por todos os Estados-Membros para entrarem em vigor"[61], tornando o procedimento de decisão muito moroso[62].

No âmbito dos domínios da Justiça e dos Assuntos Internos, o Tratado de Maastricht comportava certas imperfeições ao nível da eficácia e da legitimidade, que foram rectificadas em parte pelo Tratado de Amesterdão.

---

[59] SOUSA, Constança Urbano de, *ob. cit.*, [11], p. 16.

[60] *Idem, Ibidem*. No mesmo sentido, Pedro Caeiro afirma que "Apesar de se considerar a luta contra fraude de dimensão internacional e a cooperação judiciária em matéria penal como «questões de interesse comum» (artigo K.1, n.os 5 e 7), todo o edifício se encontra construído sobre a cooperação intergovernamental (artigo K), enquadrada pela «coordenação» do Conselho – expressões que «não são neutras em direito comunitário». Além disso, há que notar que a Comissão se encontra privada, em matéria de cooperação judiciária penal, do poder de iniciativa que normalmente caracteriza a sua actividade (artigo K.3, 2, §2)." – "Perspectivas de formação de um Direito Penal da União Europeia", in: Direito Penal Económico e Europeu: Textos Doutrinários, Vol. I, Coimbra: Coimbra Editora, 1998, p. 525.

[61] *Idem*, p. 17.

[62] De salientar o que se passou com o Serviço Europeu de Polícia (EUROPOL), que estava previsto desde Junho de 1991 pelo Conselho Europeu do Luxemburgo. A convenção que permitiu a sua criação foi assinada em Julho de 1995, entrou em vigor em 1 de Outubro de 1998 e só pôde ser aplicada em 1 de Julho de 1999, prazo muito longo para as autoridades competentes, que esperaram oito anos por este instrumento indispensável de coordenação do combate ao crime organizado a nível europeu.

Destacava-se, assim, a "falta de operacionalidade dos mecanismos institucionais e jurídicos devido à morosidade do procedimento de decisão (...), o papel limitado e indefinido do Parlamento Europeu, a ausência generalizada de controlo jurisdicional em domínios de grande potencial de interferência nos Direitos, Liberdades e Garantias dos cidadãos"[63], o direito de iniciativa da Comissão limitado a seis domínios, entre os nove mencionados sob o Título VI do TUE, e partilhado pelos Estados-Membros (os Estados-Membros eram os únicos com poder de iniciativa nas matérias de cooperação judiciária em matéria penal, policial e aduaneira) e a inexistência de "objectivos claros para a cooperação JAI, evidenciando a falta de um projecto político para a acção concertada da EU nestes domínios"[64].

Estas dificuldades com que se depararam os actores da cooperação em matéria de justiça e de assuntos internos e a tomada de consciência de que estas matérias "têm o potencial para fazer a União Europeia mais popular"[65] junto da opinião pública europeia, contribuíram para que "a reforma do Título VI do TUE estivesse no centro do debate na Conferência Intergovernamental iniciada em Turim, em 1996, que culminou na criação do "espaço de liberdade, segurança e justiça" pelo Tratado de Amsterdão"[66].

Contudo, importa não esquecer que o TUE apresentou igualmente méritos: "*i)* ter estruturado um mosaico de cooperação intergovernamental –, aproximando-o da vertente comunitária, com a introdução de elementos comunitários e a ligação às instâncias comunitárias; *ii)* ter previsto novos instrumentos e mecanismos jurídicos capazes de traduzirem esta cooperação (posição comum, acção comum, convenção); *iii)* ter tornado possível o financiamento pelo orçamento comunitário no âmbito do III Pilar"[67].

---

[63] SOUSA, Constança Urbano de, *ob. cit.*, [11], p. 18.
[64] *Idem, ob. cit.*, [21], p. 878.
[65] GRABBE, Heather, "Justice and Home Affairs: faster decisions, secure rights (October 2002)", in: *Centre For European Reform*, consultado em www.cer.org.uk, em 29 de Dezembro de 2004.
[66] SOUSA, Constança Urbano de, *ob. cit.*, [11], p. 18.
[67] MARQUES, José Augusto Garcia, "Cooperação judiciária internacional em matéria penal", in: *Revista do Ministério Público*, Ano 18.º, Outubro-Dezembro 1997, p.36.

iii) *O Tratado de Amsterdão*

Se o método Schumann morreu em Maastricht, em Amsterdão ele foi "enterrado (...) ou pelo menos, já não tem a mesma capacidade descritiva"[68].

O Tratado de Amsterdão[69] acabou por trazer "mais modificações do que aquelas que à primeira vista se diz, com forte incidência no domínio penal"[70], considerando que deu à cooperação nos domínios da Justiça e Assuntos Internos "um objectivo[71] e ao mesmo tempo conferiu à União Europeia uma nova dimensão: realizar um espaço de liberdade, segurança e justiça"[72], apontando uma via para essa realização: a via da harmonização[73]. Pode mesmo afirmar-se que, por "virtude da dinâmica instituída pelo Tratado de Amsterdão, a União Europeia enfrenta hoje uma mutação profunda na área da justiça penal, que vem dando corpo a um verdadeiro espaço judiciário penal europeu"[74].

Neste sentido, à luz do Tratado de Amsterdão, "o *espaço* de liberdade, de segurança e de justiça é já, um "espaço comum"[75],

---

[68] RODRIGUES, Anabela Miranda, *ob. cit.*, [8], pp. 16 e 17.

[69] "Cuja principal ambição é sincronizar, de maneira progressiva, o espaço jurídico-judiciário com o espaço de mercado e fazer com que o dispositivo judiciário, especialmente penal, corte o passo a certas formas de criminalidade, também ela sem fronteiras", *Idem*, p. 20.

[70] *Idem*, p. 19.

[71] E, quando se fala no "espaço de liberdade, segurança e justiça" como um dos objectivos da União Europeia, estamos a desterritorializar o direito penal nacional. RODRIGUES, Anabela Miranda, Aula de Direito Penal Europeu, Faculdade de Direito da Universidade de Coimbra, 15 de Dezembro de 2004.

[72] SOUSA, Constança Urbano de, *ob. cit.*, [11], p. 19.

[73] RODRIGUES, Anabela Miranda, Aula de Direito Penal Europeu, Faculdade de Direito da Universidade de Coimbra, 12 de Janeiro de 2005. De referir que de acordo com o artigo 29.º e artigo 31.º, alínea e) TUE essa "aproximação" será pelas regras mínimas, o que "revela a falta de coragem da União Europeia em assumir uma verdadeira política criminal". Como não existem consequências para a não transposição, estaremos, nas palavras da Ilustre Professora, na presença de um Direito Penal Europeu Virtual.

[74] MOTA, José Luis Lopes da, *ob. cit.*, [23], p. 177.

[75] Embora, alimentando "uma tensão muito viva entre abordagens *por objectivos* (abordagens isoladas) e uma abordagem *global*", RODRIGUES, Anabela Miranda, *ob. cit.*, [402], p 29 e, também a mesma autora em "A emergência de um «Direito Penal Europeu» – Questões urgentes de política criminal", in: *Estratégia*, Lisboa: Instituto de Estudos Estratégicos e Internacionais, n.º 18/19, 1.º/2.º Semestres, 2003, p.148.

porque é "o eco do espaço sem fronteiras internas constituído pelo mercado comum"[76]. Assim, através do seu artigo 2.º, este Tratado atribuiu então "uma nova dimensão às questões que relevam da justiça através de uma dupla ligação desta, por um lado, às noções de liberdade e segurança, no plano temático e, por outro lado, pela ligação da justiça à polícia no plano institucional"[77].

No domínio da cooperação policial e judiciária em matéria penal, o Tratado de Amsterdão procedeu a três alterações substanciais: *i)* transferiu[78] para o Pilar Comunitário as matérias do Terceiro Pilar mais directamente relacionadas com a livre circulação de pessoas, procedendo à sua "*comunitarização progressiva*[79]"; *ii)* reformou, de uma forma substancial, o Título VI[80] do TUE: "reduziu o seu âmbito material aos domínios da cooperação policial e judiciária em matéria penal, criou uma nova tipologia de actos jurídicos vinculativos (decisões e decisões-quadro), reforçou o papel das Instituições Comunitárias, conferindo à Comissão um direito de iniciativa nestes domínios, introduzindo a consulta prévia e obrigatória do Parlamento Europeu antes das adopção dos actos normativos do Terceiro Pilar, atribuiu competências jurisdicionais, embora limitadas, ao Tribunal de Justiça e consagrou o instituto da cooperação reforçada"[81]; *iii)* integrou a cooperação Schengen no quadro institucional e jurídico da União Europeia, implicando a sua repartição pelos Primeiro e Terceiro Pilares e "permitindo aos Estados Membros vinculados uma cooperação democrática mais transparente e legítima e uma cooperação integrada no quadro institucional e normativo da CE e do Terceiro Pilar"[82].

---

[76] *Idem, ob. cit.*, [8], p. 20.
[77] *Idem*, p.19.
[78] Com a transferência de algumas matérias do Terceiro Pilar para o Pilar Comunitário, logo, para a esfera de competências da Comunidade Europeia, assiste-se então a uma "fragmentação do direito penal" – RODRIGUES, Anabela Miranda, Aula de Direito Penal Europeu, Faculdade de Direito da Universidade de Coimbra, 15 de Dezembro de 2004.
[79] SOUSA, Constança Urbano de, *ob. cit.*, [21], p. 882.
[80] Que visa concretamente *pôr no terreno, progressivamente, um espaço de liberdade, de segurança e de justiça, instituindo para o efeito um mecanismo de "cooperação policial e judiciária em matéria penal*, RODRIGUES, Anabela Miranda, *ob. cit.*,[8], p. 20 Itálico nosso.
[81] SOUSA, Constança Urbano de, *ob. cit.*, [11], p. 21 e *ob. cit.*, [21], p. 883.
[82] VALENTE, Manuel Monteiro Guedes, *ob. cit.*, [21], p 220.

O terceiro pilar do Tratado de Amsterdão, "agora circunscrito às matérias penais, rompe[83] com o paradigma tradicional da cooperação penal interestadual, conferindo à justiça penal uma dimensão europeia"[84], apesar de a epígrafe do Título VI (Disposições relativas à cooperação policial e judiciária em matéria penal) ser "estranha, acentuando-se a vertente intergovernamental e não a de integração"[85].

Tal como definido no Tratado de Amsterdão, o enquadramento jurídico do espaço de liberdade, segurança e justiça, "revela-se então extremamente complexo[86] e fragmentário, traduzindo-se na existência de três blocos normativos diferentes, embora subordinados à realização de um mesmo objectivo: *i)* o TCE, [nomeadamente o seu Título IV (vertente comunitária do espaço de liberdade, segurança e justiça), o Título X (artigo 135.º, relativo à cooperação aduaneira) e o artigo 280.º (sobre a protecção dos interesses financeiros da Comunidade], *ii)* o Título VI do TUE (Terceiro Pilar) e *iii)* o acervo de Schengen"[87].

Para evitar a repetição de uma colaboração intergovernamental exclusiva segundo o modelo de Schengen, o Tratado de Amsterdão prevê a possibilidade da criação de cooperações reforçadas[88], no quadro da União Europeia para os Estados-Membros mais empenhados em uma maior integração nos domínios da cooperação policial e judiciária em matéria penal, sem a participação obrigatória daqueles que não querem ou não o podem fazer. Assim, é no Título VII[89] do TUE que a cooperação reforçada encontra a sua regulação geral,

---

[83] No mesmo sentido, RODRIGUES, Anabela Miranda, "Um sistema sancionatório penal para a União Europeia – entre a unidade e a diversidade ou os caminhos da harmonização", p. 10, em curso de publicação.

[84] MOTA, José Luís Lopes da, *ob. cit.*, [23], p. 183.

[85] RODRIGUES, Anabela Miranda, Aula de Direito Penal Europeu, Faculdade de Direito da Universidade de Coimbra, 15 de Dezembro de 2004.

[86] Complexidade, que de acordo com Constança Urbano de Sousa, pode conduzir à sua configuração geograficamente parcelada e juridicamente assimétrica, dificilmente conciliável com o seu objectivo integracionista da construção de uma "Europa de todos os cidadãos".

[87] SOUSA, Constança Urbano de, *ob. cit.*, [11], p. 23 e *ob. cit.*, [21], p. 885.

[88] Conceito introduzido para substituir as diversas designações surgidas na doutrina (Europa a diferentes velocidades, de geometria variável, etc), utilizadas para descreve formas de flexibilidade introduzidas na construção europeia, *Idem, ob. cit.*, [21], p. 909.

[89] De acordo com a redacção que lhe foi dada pelo Tratado de Nice.

complementada pelo artigo 11.º do TCE e pelos artigos 40.º a 42.º do TUE. Nos domínios do Terceiro Pilar, a cooperação reforçada na área da polícia e da justiça penal terá de: "*i)* favorecer a realização dos objectivos da UE, não podendo implicar um retrocesso do processo de integração; *ii)* respeitar os princípios dos Tratados e o quadro institucional único; *iii)* apenas ser utilizada em último recurso, quando se estabelecer no Conselho que os seus objectivos não podem ser atingidos, em um prazo razoável, através das disposições pertinentes dos Tratados, nos termos do artigo 43.º-A; *iv)* envolver pelo menos a maioria dos EM, ou seja, oito; *v)* não afectar o acervo comunitário, nem, genericamente, o acervo da União; *vi)* não afectar as competências, os direitos e interesses dos EM que não participam[90]; *vii)* estar aberta à adesão de todos os EM, nos termos do artigo 43.º-B; *viii)* ser autorizada pelo Conselho"[91], nos termos do artigo 40.º-A, n.s 1 e 2. As cooperações reforçadas nos domínios do Terceiro Pilar, nos termos do artigo 40.º, n.1, destinam-se a permitir à União tornar-se mais rapidamente um espaço de liberdade, segurança e justiça, sem deixar de respeitar as competências da Comunidade Europeia.

Sobre a natureza jurídica do Terceiro Pilar, a opção simplista por um dos conceitos, de significado tão diferente[92], seja intergoverna-

---

[90] Os quais, de acordo com o artigo 44.º, n.º 2 do TUE, têm o dever de não dificultar a sua execução por parte dos EM participantes.

[91] Sousa, Constança Urbano de, *ob. cit.,* [21], pp. 910 e 911.

[92] Constance Chevallier-Govers, *ob. cit.*, [1], pp. 8 e 9. ensina-nos que "o substantivo «intégration» vem do latim *integrare* que significa reparar, enquanto que «coopération» vem do verbo *cooperare* que significa abrir com (...) em direito internacional público, a integração é entendida como a transferência de competências próprias de um Estado para uma organização internacional dotada de poderes de decisão e de competências supranacionais. A cooperação é, em sentido oposto, uma acção conjunta e coordenada de dois ou mais Estados, ou de Estados e de pessoas privadas, em vista a atingir resultados comuns em um ou vários domínios da via internacional." Refere-nos igualmente que "a Comunidade Europeia é uma organização de integração, porque gera políticas comuns como a Política Agrícola Comum", mostrando contudo, que "as organizações internacionais podem assumir funções de cooperação e de integração em diferentes momentos da sua existência". O Professor Quermonne, citado por Constance Chevallier-Govers, explica igualmente que a construção comunitária é efectuada através de duas estratégias: a integração (que procura realizar a União económica e política, transferindo progressivamente certas competências relativas à soberania dos Estados para instâncias administrativas transnacionais – inspira-se no princípio da supranacionalidade e privilegia a decisão por maioria; a cooperação tende a aproximar, a harmonizar e a coordenar as políticas levadas a cabo pelos Estados,

mental ou seja comunitário "seria redutora"[93], considerando que o mesmo combina elementos do modelo de cooperação intergovernamental com elementos próprios do modelo de integração comunitária. Neste sentido, o Terceiro Pilar não se limita a "regular relações interestaduais, antes fornece um quadro jurídico-institucional para uma acção da UE e para a evolução constante do processo de integração nos domínios da polícia e da justiça penal"[94]. Pelo que, o Título VI do TUE assume "antes uma natureza híbrida, de intergovernamentalismo comunitarizado ou de comunitarismo intergovernamentalizado, consoante se assentue as suas características intergovernamentais ou os seus elementos comunitários"[95], vertendo-se em um equilíbrio entre a lógica comunitária e a lógica intergovernamental. Contudo, em termos de eficácia a reforma do Terceiro Pilar é insatisfatória, considerando que "o procedimento de decisão no seio do Conselho, que tem o monopólio de decisão, continua a ser dominado pela regra da unanimidade, conferindo a cada EM um direito de veto (...), pois estão em causa aquelas prerrogativas dos EM que constituem o último reduto da soberania nacional, e portanto adversas a limitações do seu exercício a favor de instâncias supranacionais (...), ficando a eficácia da acção da UE fortemente dependente da vontade política de todos e de cada um dos EM"[96]. Sobre a (não) legitimidade democrática da União Europeia, ao nível do Terceiro Pilar, podemos ainda referir que a não existência de um processo de

---

no respeito das suas soberanias respectivas – as decisões das instâncias, que são intergovernamentais, são tomadas por unanimidade. Nas negociações do TUE, as duas estratégias foram utilizadas, com a emergência dos três pilares, em que para o primeiro foi adoptada a estratégia da integração e para os outros dois, a de cooperação. Sobre a oposição entre aquelas duas noções, Anabela Miranda RODRIGUES, *ob. cit.*, [358], p.18, defende que a mesma "deve ser relativizada. Com efeito, sendo duas noções conceptualmente antónimas e funcionalmente antinómicas, tendem a aproximar-se, pelo menos nos tempos de hoje. De certa forma, é através do mecanismo da cooperação – que se pode identificar aqui, sumariamente, como intergovernamental – que se realiza uma integração profunda das sociedades europeias, que se reconhecerão em breve, entre elas, trocando a mesma moeda. A construção europeia continua, pois, a misturar os géneros". Apesar de, à luz do Tratado de Amsterdão, ter sido dada, "até agora, prioridade à *cooperação* em detrimento de uma política criminal (mais) integrada", *ob. cit.*, [52], p. 29.

[93] SOUSA, Constança Urbano de, *ob. cit.*, [21], p. 912.
[94] *Idem*, p. 913.
[95] *Idem*, p. 914.
[96] *Idem, Ibidem*.

co-decisão com o Parlamento Europeu, criou "um sistema em que há um profundo défice democrático"[97].

O Tratado de Amsterdão, nos domínios do Terceiro Pilar, previu então "um quadro ambicioso de medidas legislativas necessárias à realização deste objectivo global da União Europeia, cuja concretização foi objecto de dois documentos, que serviram como guia orientador: o Plano de Acção de Viena, onde se fixaram prioridades e calendarizaram as medidas a adoptar nos domínios do espaço de liberdade, segurança e justiça e as Conclusões do Conselho Europeu de Tampere, que definem a estratégia política para a prossecução deste grande desígnio europeu"[98].

iv) *As Conclusões do Conselho Europeu de Tampere*

Consagrado à criação de um espaço de liberdade, segurança e justiça, o Conselho Europeu de Tampere, que foi "o primeiro a dedicar-se exclusivamente à matéria de justiça e assuntos internos"[99], tendo definido as linhas orientadoras para a realização daquele espaço e os eixos para a sua concretização, "utilizando plenamente as possibilidades oferecidas pelo Tratado de Amsterdão"[100]. Neste sentido, é nas conclusões deste Conselho Europeu que se encontra que "a liberdade apenas pode ser desfrutada num espaço de justiça, onde as pessoas possam recorrer aos tribunais e às autoridades de qualquer Estado-membro tão facilmente como o fariam no seu próprio país. Os delinquentes não devem ter a possibilidade de tirar partido das diferenças entre os sistemas judiciários dos Estados-membros. As sentenças e as decisões devem ser respeitadas e aplicadas em toda a União, salvaguardando simultaneamente a segurança jurídica de base, tanto dos indivíduos como dos operadores económicos. É necessário alcançar um grau mais elevado de compatibilidade e de convergência entre os sistemas jurídicos dos Estados-membros"[101].

---

[97] RODRIGUES, Anabela Miranda, Aula de Direito Penal Europeu, Faculdade de Direito da Universidade de Coimbra, 12 de Janeiro de 2005
[98] SOUSA, Constança Urbano de, *ob. cit.*, [11], p. 23.
[99] MOTA, José Luis Lopes da, *ob. cit.*, [23], p. 183.
[100] RODRIGUES, Anabela Miranda, *ob. cit.*, [8], p. 23.
[101] *Apud* RODRIGUES, Anabela Miranda, *ob. cit.*, [8], p. 24.

Em matéria da cooperação judiciária e da luta contra a criminalidade, aquele Conselho Europeu[102] indicou algumas prioridades: "a adopção de normas mínimas sobre a protecção das vítimas da criminalidade, por forma a garantir um melhor acesso à justiça; o reconhecimento mútuo[103] de sentenças e decisões judiciais, considerado por Tampere a pedra angular[104] da cooperação judiciária; a constituição de uma unidade operacional de chefes de polícia para intercâmbio de experiências e informações, bem como para o planeamento de acções operacionais; a constituição de equipas de investigação conjuntas[105], em especial no domínio do tráfico de droga, do tráfico de seres humanos e do terrorismo; o reforço do papel da EUROPOL; a criação de uma Unidade de Cooperação Judiciária em matéria penal, denominada EUROJUST; a criação de uma Academia Europeia de Polícia para a formação de altos funcionários policiais e judiciais; a harmonização paulatina do direito penal, que incidirá num primeiro momento em domínios de especial importância"[106].

Finalmente, naquele Conselho Europeu, os Chefes de Estado e de Governo solicitaram ainda à Comissão que estabelecesse um painel de avaliação ("*scoreboard*") a fim de elaborar uma lista de todas as medidas a adoptar em um horizonte de cinco anos, para facilitar o seu acompanhamento[107].

---

[102] O qual, nas palavras do Sr. Deputado Narana Coissoró, propôs uma nova abordagem da cooperação policial e trouxe para a ordem do dia a evidência de que só a plena cooperação policial e judiciária, a harmonização penal e a integração dos instrumentos de repressão da criminalidade mais grave e organizada permite dar forma ao desígnio de globalização da repressão da criminalidade, in: Debate parlamentar sobre a segunda alteração da Lei n.º 144/99, de 31 de Agosto, que aprovou a Lei da Cooperação Judiciária em matéria penal, publicado no Diário da Assembleia da República I Série, n.º 112, de 24/04/2003.

[103] Reconhecimento mútuo que, para além da harmonização, constitui outra via para a construção do espaço penal europeu, ou seja, constitui uma força impulsionadora para "um salto qualitativo de uma cooperação inter-estadual para uma integração supra-estadual", in: RODRIGUES, Anabela Miranda, *ob. cit.*, [52], p. 29.

[104] No mesmo sentido, MOTA, José Luis Lopes da, *ob. cit.*, [23], p. 183.

[105] "Em que as regras a estabelecer neste contexto devem permitir a participação, como reforço dessas equipas, de representantes da Europol, quando adequado", in: RODRIGUES, Anabela Miranda, *ob. cit.*, [8], p. 24.

[106] SOUSA, Constança Urbano de, *ob. cit.*, [11], p. 24.

[107] Sobre a referida "*scoreboard*", importa indicar que em uma Conferência de Imprensa, realizada no Luxemburgo, em 29 de Outubro de 1999, o Comissário António VITORINO indicou que um primeiro "*draft*" da mesma estaria pronto para discussão na reunião do Conselho em Dezembro. Consultado em http://ue.eu.int/ueDocs, em 07/01/2005.

v) *O Tratado de Nice*

O Tratado de Nice, que entrou em vigor no dia 1 de Fevereiro de 2003, "manteve o enquadramento normativo-institucional do espaço de liberdade, segurança e justiça, limitando-se a alterar os artigos 29.º e 31.º do TUE, por forma a consagrar "constitucionalmente" a EUROJUST (a Unidade de Cooperação Judiciária da União Europeia) e criar, assim, uma base jurídica clara para o seu desenvolvimento"[108], introduzindo igualmente alterações de carácter procedimental no Título IV do TCE e no domínio da cooperação judiciária em matéria civil.

A criação da EUROJUST (que aqui não iremos tratar), simbolizou "a nível institucional, a definitiva ultrapassagem da lógica de cooperação judiciária horizontal entre os Estados-Membros, que se esgota em si mesma (...) e, a cooperação passa agora a servir a realização de uma justiça penal europeia"[109]. Com o aparecimento da EUROJUST, os Estados-membros pretenderam assim estabelecer uma "estrutura composta por procuradores, magistrados ou agentes da polícia nacionais com competências equivalentes, destacados por cada Estado-Membro de acordo com o respectivo sistema jurídico. A Eurojust[110] deverá ter por missão facilitar a coordenação adequada entre as autoridades repressivas nacionais e dar apoio às investigações criminais em processos de crime organizado, designadamente com base nas análises da Europol, bem como cooperar de forma estreita com a rede judiciária europeia, em especial a fim de simplificar a execução das cartas rogatórias"[111].

---

[108] SOUSA, Constança Urbano de, *ob. cit.*, [11], p. 25.
[109] MOTA, José Luís Lopes da, *ob. cit.*, [23], p. 188.
[110] De acordo com a Circular n.º 15/2004, de 18 de Novembro, da Procuradoria--Geral da República, foi designado como Membro Nacional Eurojust, o Dr. José Luís Lopes da Mota. Consultada em http://www.pgr.pt.
[111] Prevenção e controlo da criminalidade organizada: Estratégia da União Europeia para o início do novo milénio, consultada no Jornal Oficial das Comunidades Europeia, n.º C 124, de 03 de Maio de 2000, p. 23.

vi) *O Tratado que estabelece uma Constituição para a Europa*

Com a assinatura do Tratado que estabelece uma Constituição para a Europa, em 29 de Outubro de 2004, a União Europeia "acaba com a complexa estrutura de pilares, através da fusão dos Tratados em um único Tratado"[112] e, decide que "a grande linha é a integração, em que a matéria penal é uma matéria como qualquer outra[113/114], acabando com o famoso método intergovernamental e avançando com o método comunitário (maioria qualificada)"[115]. Neste sentido, importa destacar a "integração das disposições do Terceiro Pilar em um quadro jurídico e institucional único"[116] sobre o espaço europeu de liberdade, segurança e justiça[117/118] – expressão que constitui a epígrafe do Capítulo IV[119], do Título III, da Parte III e, que o legislador europeu plasmou no artigo III-257.º, n.º 1: *"A União constitui um espaço de liberdade, segurança e justiça, no respeito dos direitos fundamentais e dos diferentes sistemas e tradições jurídicos dos Estados-Membros"*.

---

[112] Sousa, Constança Urbano de, *ob. cit.*, [11], p. 49, pelo que a União Europeia estabelecida por este Tratado sucede à União Europeia instituída pelo Tratado da União Europeia e à Comunidade Europeia.

[113] Apesar da referência específica constante do artigo III-264.º, em que os actos a que se referem a cooperação judiciária em matéria penal e a cooperação policial, bem como os regulamentos europeus a que se refere o artigo III-263.º, são adoptados sob proposta da Comissão ou por iniciativa de um quarto dos Estados-Membros.

[114] O que vem ao acordo das palavras de Constança Urbano de Sousa, quando se refere ao Título VI do TUE: "o próprio legislador de Amsterdão concebeu-o como uma etapa transitória e acentua o seu carácter potencialmente dinâmico ao prever no artigo 42.º do TUE a possibilidade de "comunitarizar" os domínios da cooperação policial e judiciária em matéria penal, tradicionalmente considerados como pertencentes ao núcleo duro da soberania nacional", in: *ob. cit.*, [21], p. 913.

[115] Rodrigues, Anabela Miranda, Aula de Direito Penal Europeu, Faculdade de Direito da Universidade de Coimbra, 15 de Dezembro de 2004.

[116] Sousa, Constança Urbano de, *ob. cit.*, [11], p. 50.

[117] Que, nos termos do artigo I-3.º, n.º2, é um dos objectivos da União, e de acordo com o artigo I-14.º, alínea j), é um dos domínios em que se aplica a competência partilhada entre a União e os Estados-Membros.

[118] Na observância dos direitos fundamentais, reforçados pela integração da Carta dos Direitos Fundamentais da União no Tratado.

[119] Que consagra uma série de propostas do Grupo de Trabalho sobre o espaço de liberdade, segurança e justiça (Grupo X) à Convenção Europeia sobre o futuro da Europa, convocada pelo Conselho Europeu de Laecken, de 14 e 15 de Dezembro de 2001, e presidida por Valery Giscard d'Estaing, in: Sousa, Constança Urbano de, *ob. cit.*, [11], p. 49 e 50.

Para garantir um elevado nível de segurança e para a consolidação do "espaço"[120] penal europeu, a União decidiu desenvolver esforços, *"através de medidas de coordenação e de cooperação entre autoridades policiais e judiciárias e outras autoridades competentes, bem como através do reconhecimento mútuo das decisões judiciais em matéria penal e, se necessário, através da aproximação das legislações penais"*[121].

Relativamente ao processo de decisão nos domínios do espaço de liberdade, segurança e justiça, verifica-se neste Tratado a "generalização da regra da maioria qualificada e do procedimento de co-decisão com o Parlamento Europeu, embora se mantenha o direito de iniciativa dos Estados-Membros"[122]. Contudo, apesar do processo de co-decisão com o Parlamento Europeu ser generalizado, certo é que com o avançar da regra da maioria qualificada neste domínios, "a representatividade dos Estados perde-se e, a democraticidade da norma sai enfraquecida"[123], pelo que importará reflectir sobre o que mais fará falta à União: "a representatividade estadual ou a representatividade popular?"[124].

À semelhança do artigo 33.º TUE, a acção da UE no Capítulo "Espaço de Liberdade, Segurança e Justiça[125]", *"não prejudica o exercício das responsabilidades que incumbem aos Estados-Membros em matéria de manutenção da ordem pública e de garantia da segurança interna"*, de acordo com o preceituado no artigo III-262.º (itálico nosso).

---

[120] E não a expressão "território europeu", que teria uma conotação estadual.
[121] De acordo com o número 3 do mesmo artigo. Itálico nosso.
[122] SOUSA, Constança Urbano de, *ob. cit.*, [11], p. 51.
[123] RODRIGUES, Anabela Miranda, Aula de Direito Penal Europeu, Faculdade de Direito da Universidade de Coimbra, 12 de Janeiro de 2005 e, também a mesma autora em "A nova Europa e o velho défice democrático – a matéria penal", p. 8, em curso de publicação.
[124] *Idem*. Ainda sobre a legitimidade da União Europeia, à luz deste Tratado, que os Estados-Membros ratificaram, entendemos que será interessante abordar, em um momento posterior, o artigo I-6.º, que refere "A Constituição e o direito adoptado pelas instituições da União, no exercício das competências que lhe são atribuídas, **primam** sobre o direito dos Estados-Membros" (negrito nosso), considerando um previsível conflito com a Constituição da República Portuguesa.
[125] Sobre este capítulo, importa referir que, ao invés do TUE, o legislador europeu optou por colocar a cooperação judiciária em matéria penal em um lugar anterior à cooperação policial, talvez para imprimir uma "aceleração" em direcção a um Direito Penal Europeu.

De acordo com o artigo III-275.º, a União desenvolve uma cooperação policial, através de leis europeias ou leis-quadro europeias[126], que associa todas as autoridades competentes dos Estados-Membros, incluindo os serviços de polícia, das alfândegas e outros serviços responsáveis pela aplicação da lei especializados nos domínios da prevenção ou detecção de infracções penais e das investigações nessa matéria[127], podendo também *"ser estabelecidas medidas em matéria de cooperação operacional entre as autoridades referidas no presente artigo por lei ou lei-quadro europeia do Conselho. Este delibera por unanimidade, após consulta ao Parlamento Europeu"*[128].

II – A cooperação policial na União Europeia

Em um momento anterior à abordagem da cooperação policial na União Europeia, entendemos que deverá ser feita uma pequena alusão à cooperação policial interna. Neste sentido, comungamos inteiramente das palavras de Manuel Valente ao distinguir uma cooperação policial interna vertical – que lhe é "tacitamente imposta pela sua relação com a Tutela, ou seja, à Polícia cabe desenvolver e executar as políticas de segurança *lato sensu* e *stricto sensu*, consagradas anualmente nas grandes Opções do Plano, assim como as prescritas no Programa do Governo (...) e também se verifica no quadro interno face aos tribunais"[129] –, de uma cooperação interna horizontal, ou seja, entre os vários serviços de polícia.

---

[126] Que são dois actos legislativos europeus vinculativos, em que a lei europeia é obrigatória em todos os seus elementos e directamente aplicável em todos os Estados-Membros, enquanto que a lei-quadro europeia vincula o Estado-Membro destinatário quanto ao resultado a alcançar, deixando, no entanto, às instâncias nacionais a competência quanto à escolha da forma e dos meios, nos termos dos artigos I-33.º e I-34.º.

[127] De recolha, armazenamento, tratamento, análise e intercâmbio de informações pertinentes, de apoio à formação de pessoal, e de técnicas comuns de investigação relativas à detecção de formas graves de criminalidade organizada.

[128] Cfr. o n.º 3 do mesmo artigo. Itálico nosso.

[129] VALENTE, Manuel Monteiro Guedes, *ob. cit.*, [21], p. 224. Ainda sobre a cooperação policial interna vertical, especificamente a relação dos órgãos de polícia criminal com o Ministério Público, cabendo àquele a direcção do inquérito, devendo aqueles actuar *sob a*

Relativamente à cooperação policial na União Europeia, importa referir que "a cooperação policial definida pelo Tratado de Maastricht situa-se no centro da oposição entre a soberania dos Estados membros e a necessidade de intervenção das instâncias comunitárias para garantir o difícil equilíbrio entre as liberdades e a segurança. Contudo, a evolução permitiu desenvolver a identidade europeia e legitimar a cooperação policial"[130].

Como já foi indicado anteriormente, é o Título VI do TUE que contém as actuais disposições relativas à cooperação policial[131] e judiciária em matéria penal, fornecendo assim "um quadro normativo e institucional para a sua realização no âmbito da UE"[132].

O seu artigo 29.º[133] define como objectivo da União "facultar aos cidadãos um elevado nível de protecção num espaço de liberdade, segurança e justiça, mediante a instituição de acções em comum entre os Estados-Membros no domínio da cooperação policial e judiciária em matéria penal e a prevenção e combate do racismo e da xenofobia". De acordo com o segundo parágrafo, aquele objectivo "será atingido prevenindo e combatendo a criminalidade, organizada ou não, em especial o terrorismo, o tráfico de seres humanos e os crimes contra as crianças, o tráfico ilícito de droga e o tráfico ilícito de armas, a corrupção e a fraude", o que implicará uma cooperação mais estreita entre as forças policiais, directamente ou por intermédio da EUROPOL, uma cooperação mais estreita entre as autoridades judiciárias, directamente ou por intermédio da EUROJUST e, uma certa aproximação do direito penal dos Estados-Membros.

---

directa orientação do MP e na *sua dependência funcional*, reiteramos a nossa opinião, ao considerarmos a análise de informações (*intelligence analysis*), como uma ferramenta essencial para uma *tentativa de vacinação* contra o tal perigo de *policialização* da investigação criminal, bem como contra uma vaga de intolerância no âmbito do Direito Penal e do Processo Penal, para que o MP *domine* totalmente a cena e reassuma verdadeiramente a direcção da investigação criminal.

[130] MONTAIN-DOMENACH, Jacqueline, *ob. cit.*, [21], p. 111.

[131] Sobre a cooperação policial, Constance Chevallier-Govers, *ob. cit.*, [1], pp. 10 e 11, ensina-nos que "...a cooperação policial ficou no Terceiro Pilar, que é regido pelos princípios da cooperação intergovernamental", referindo, contudo, que o futuro da União Europeia passará por uma "integração policial, que será efectuada com a transferência progressiva de certos poderes das polícias nacionais para uma força de polícia europeia".

[132] SOUSA, Constança Urbano de, *ob. cit.*, [21], p. 885.

[133] Com a redacção que lhe foi dada pelo Tratado de Nice.

A cooperação policial, nos termos do n.º 1 do artigo 30.º TUE, abrange os domínios da "cooperação operacional em matéria de prevenção e detecção de infracções penais, bem como de investigação criminal; a recolha, armazenamento, tratamento, análise e intercâmbio de informações entre as entidades nacionais competentes ou através da Europol, sem prejuízo da protecção de dados pessoais; a formação, intercâmbio de agentes de ligação, utilização de equipamento e investigação forense; e a avaliação de técnicas de investigação no domínio da detecção de formas de criminalidade organizada"[134].

De acordo com o artigo 33.º TUE, a acção da UE naqueles domínios *"não prejudica o exercício das responsabilidades que incumbem aos Estados-Membros em matéria de manutenção da ordem pública e de garantia da segurança interna"*, contudo, e de acordo com a opinião de Constança Urbano de Sousa, "dada a existência de matérias horizontais e de natureza transpilar, não são de excluir os conflitos de competências entre a UE e a CE e as consequentes controvérsias relativas à base legal dos actos a adoptar, que o TJ terá de dirimir"[135].

A EUROPOL

O Serviço Europeu de Polícia, a EUROPOL, foi previsto com o Tratado de Maastricht[136] e criado pela "Convenção, fundamentada no artigo K.3 do Tratado da União Europeia, que cria um Serviço Europeu de Polícia (Convenção EUROPOL)"[137], que foi assinada em 1995 e entrou em vigor em 1998.

---

[134] SOUSA, Constança Urbano de, *ob. cit.*, [11], p. 26 e *ob. cit.*, [21], p. 886.

[135] *Idem, Ibidem.*

[136] CHEVALLIER-GOVERS, Constance, *ob. cit.*, [1], p.255 e MONTAIN-DOMENACH, Jacqueline, *ob. cit.*, [21], p. 109.

[137] A Convenção EUROPOL foi aprovada, para ratificação, pela Resolução da Assembleia da República n.º 60/97, e ratificada pelo Decreto do Presidente da República n.º 64/97, tendo sido publicada no Diário da República, I Série-A, n.º 217, de 19 de Setembro de 1997. Esta Convenção entrou em vigor em 1 de Outubro de 1998, após ratificação de todos os Estados-Membros, e a Europol encontra-se em pleno funcionamento desde 1999.

A EUROPOL[138] é "um organismo policial criado pelos EM com autonomia em relação às Instituições da UE que se exprime pelo facto de gozar de personalidade jurídica[139] e capacidade jurídica de direito interno e de direito internacional e de possuir uma estrutura orgânica própria"[140]. De acordo com o n.º 1 do artigo 2.º da Convenção EUROPOL, o seu objectivo é melhorar a eficácia dos serviços competentes dos Estados membros e a cooperação no que diz respeito à prevenção e combate ao terrorismo, ao tráfico de estupefacientes e a outras formas graves de criminalidade internacional, quando haja indícios concretos da existência de uma estrutura ou de uma organização criminosa e quando dois ou mais Estados membros sejam afectados por essas formas de criminalidade de modo tal que, pela amplitude, gravidade e consequências dos actos criminosos, seja necessária uma acção comum por parte dos Estados membros.

No âmbito dos objectivos definidos naquela Convenção, à EUROPOL estão atribuídas as seguintes funções prioritárias[141]: *i)* facilitar o intercâmbio de informações entre os Estados membros; *ii)* recolher, coligir e analisar dados e informações; *iii)* comunicar sem demora aos serviços competentes dos Estados membros, as informações que lhes digam respeito e informá-los imediatamente das ligações entre factos delituosos que tenha podido estabelecer; *iv)* facilitar as investigações nos Estados membros, transmitindo às unidades nacionais todos os dados pertinentes de que disponha; *v)* manter colectâneas informatizadas de dados. Contudo, e a fim de melhorar a cooperação e a eficiência dos serviços competentes, a EUROPOL deve ainda[142] aprofundar os conhecimentos especializados utilizados nas

---

[138] Sobre a EUROPOL, retomamos a opinião de VALENTE, Manuel Monteiro Guedes, que refere: "relembremos a real e verídica constatação crítica do Prof. ZIEGLER quanto às estruturas e às interdependências demasiado burocráticas das polícias a nível europeu, que afirma que a transnacionalidade do crime organizado, aponta como grande passo para uma luta eficiente contra esse mesmo crime a instituição de uma organização policial internacional "dotada de competência supranacional", uma vez que a Europol não passa de um "**Eunuco**", que tem como única arma o rato do computador", *ob. cit.*, [21], p. 219.

[139] MONTAIN-DOMENACH, Jacqueline, *ob. cit.*, [371], p. 110 e CHEVALLIER-GOVERS, Constance, *ob. cit.*, [1], p.261.

[140] SOUSA, Constança Urbano de, *ob. cit.*, [21], p. 907.

[141] Artigo 3.º, n.º 1.

[142] Artigo 3.º, n.º 2.

investigações levadas a cabo, fornecer informações estratégicas a fim de facilitar e promover uma utilização eficaz e racional dos recursos disponíveis e elaborar relatórios gerais sobre a situação dos trabalhos. Conforme as suas disponibilidades orçamentais e de pessoal e dentro dos limites fixados pelo conselho de administração, a EUROPOL pode ainda "prestar apoio aos Estados-membros no domínio da formação e do desenvolvimento de métodos de prevenção e investigação da criminalidade"[143].

Com o intuito de "incrementar a eficácia operacional da EUROPOL no domínio da prevenção e do combate ao crime, o Tratado de Amsterdão reforçou o seu papel, permitindo ao Conselho dotar este organismo de competências de carácter mais operacional"[144]. Neste sentido, de acordo com o n.º 2, do artigo 30.º TUE, o Conselho foi incumbido de promover a cooperação policial através da EUROPOL e, dotá-la[145] de competências para *"facilitar e apoiar a preparação, bem como a incentivar a coordenação e execução, de acções específicas de investigação efectuadas pelas autoridades competentes dos Estados-Membros, incluindo acções operacionais de equipas conjuntas em que participem representantes da Europol com funções de apoio"* e para solicitar às autoridades nacionais investigações em casos concretos, bem como desenvolver conhecimentos especializados que possam ser postos à disposição dos Estados-Membros para os assistir na investigação de criminalidade organizada[146]. Para além disso, o Conselho foi igualmente incumbido de promover o estabelecimento de contactos entre magistrados e investigadores especializados na luta contra a criminalidade organizada, em estreita cooperação com a EUROPOL[147], "para remediar as insuficiências detectadas, entre os magistrados e os polícias ao nível europeu, na luta contra a criminalidade com características transnacional"[148].

---

[143] MONTAIN-DOMENACH, Jacqueline, *ob. cit.*, [21], p. 111. No mesmo sentido SOUSA, Constança Urbano de, *ob. cit.*, [11], p. 33.

[144] SOUSA, Constança Urbano de, *ob. cit.*, [11], p. 34 e *ob. cit.*, [21], p. 908.

[145] Considerando que o prazo de 5 anos a contar da entrada em vigor do Tratado de Amsterdão terminou no pretérito dia 1 de Maio de 2004.

[146] Que de acordo com CHEVALLIER-GOVERS, Constance, *ob. cit.*, [1], p.279, são consideradas "premissas de integração policial".

[147] Alínea c), do n.º 2.

[148] CHEVALLIER-GOVERS, Constance, *ob. cit.*, [1], p. 280.

Considerando que o n.º 2 do artigo 30.º do TUE, previu expressamente a necessidade de permitir a participação da EUROPOL[149] em equipas de investigação conjuntas e de adoptar medidas que permitam àquele organismo solicitar aos Estados-Membros que iniciem investigações em casos concretos, o Conselho emanou em 30 de Novembro de 2000, uma Recomendação[150] e aprovou, em 28 de Novembro de 2002[151] e em 27 de Novembro de 2003[152], dois Protocolos que alteraram a Convenção EUROPOL, com "o objectivo de atribuir à EUROPOL competência para solicitar aos Estados-membros que efectuem ou coordenem investigações em casos concretos, bem como para apoiar equipas de investigação conjuntas criadas por dois ou mais Estados-membros para efectuar investigações de infracções penais"[153].

As atribuições e competências de carácter mais operacional à EUROPOL constituem "a última fase do processo de evolução da cooperação para a integração policial no quadro da União Europeia"[154], contudo, para que aquele organismo deixe de ser uma mera instância de intercâmbio e análise de informação policial, ainda falta que os Protocolos sejam ratificados pelos Estados-membros, para que entrem em vigor[155]. Motivos que fazem com que "a EUROPOL ainda esteja longe de constituir um serviço policial de cariz federal"[156].

---

[149] Instância vista como o "summum" da cooperação – última etapa antes da integração, Idem, p. 281.

[150] Recomendação do Conselho de 30 de Novembro de 2000 aos Estados-Membros, relativa ao apoio da Europol às equipas de investigação conjuntas criadas pelos Estados-Membros, consultada no Jornal Oficial das Comunidades Europeias, C/357, de 13/12/2000.

[151] Acto do Conselho de 28 de Novembro de 2002 que estabelece um protocolo que altera a Convenção que cria um Serviço Europeu de Polícia (Convenção Europol) e o Protocolo relativo aos privilégios e imunidades da Europol, dos membros dos seus órgãos, dos seus directores-adjuntos e agentes, consultado no Jornal Oficial das Comunidades Europeias, C/312, de 16/12/2002.

[152] Acto do Conselho de 27 de Novembro de 2003 que, com base no n.º 1 do artigo 43.º da Convenção que cria um Serviço Europeu de Polícia (Convenção Europol), estabelece um protocolo que altera essa convenção, consultado no Jornal Oficial das Comunidades Europeias, C/2, de 6/01/2004.

[153] SOUSA, Constança Urbano de, ob. cit., [11], p. 35.

[154] CHEVALLIER-GOVERS, Constance, ob. cit., [1], p. 281.

[155] SOUSA, Constança Urbano de, ob. cit., [11], p. 35.

[156] Idem, p. 36.

Importante será, ainda, abordar a "tratamento" que a EUROPOL mereceu no Tratado que estabelece uma Constituição para a Europa. Neste sentido, é o artigo III-276.º que se ocupa daquele organismo, atribuindo-lhe as missões de apoio e reforço da acção das autoridades policiais e dos outros serviços responsáveis, de cooperação entre aquelas autoridades na prevenção das formas graves de criminalidade que afectem dois ou mais Estados-Membros, do terrorismo e das formas de criminalidade lesivas de um interesse comum que seja objecto de uma política da União, bem como no combate contra esses fenómenos[157].

Relativamente à estrutura, funcionamento, domínio de acção e funções[158] da EUROPOL, este Tratado estabelece que serão determinadas por uma lei europeia[159], demonstrando, de uma forma inequívoca, a vontade da EUROPOL[160] poder assumir o seu papel como uma verdadeira polícia europeia.

III – As equipas de investigação conjuntas

Um dos objectivos da União é facultar aos cidadãos um elevado nível de segurança em um espaço de liberdade, segurança e justiça, devendo esse objectivo ser atingido mediante a prevenção e o combate à criminalidade através de uma cooperação mais estreita entre as forças policiais, as autoridades aduaneiras e outras autoridades competentes dos Estados-Membros, respeitando ao mesmo tempo, os princípios dos direitos humanos, das liberdades fundamentais e do Estado de Direito, subjacentes à União e comuns a todos os Estados-

---

[157] Cfr. n.º 1 do artigo III-276.º

[158] As quais, de acordo com o n.º 2, podem incluir: a) a recolha, armazenamento, tratamento, análise e intercâmbio das informações transmitidas, nomeadamente, pelas autoridades dos Estados-Membros ou de instâncias ou países terceiros; b) a coordenação, organização e realização de investigações e de acções operacionais, conduzidas em conjunto com as autoridades competentes dos Estados-Membros ou no âmbito de equipas de investigação conjuntas, eventualmente em articulação com a Eurojust.

[159] Que será obrigatória em todos os seus elementos e directamente aplicável em todos os Estados-Membros.

[160] Cujas actividades serão controladas pelo Parlamento Europeu em associação com os Parlamentos nacionais.

-Membros. Neste sentido e na actual conjuntura internacional, "as equipas de investigação conjuntas constituem um instrumento fundamental na luta contra o tráfico de droga, de seres humanos e contra o terrorismo"[161].

Nestes termos e considerando que o n.º 2, alínea a), do artigo 30.º do Tratado da União Europeia indicou que o Conselho "habilitará a Europol a facilitar e apoiar a preparação, bem como a incentivar a coordenação e execução, de acções específicas de investigação efectuadas pelas autoridades competentes dos Estados-Membros, incluindo acções operacionais de *equipas conjuntas* em que participem representantes da Europol com funções de apoio"[162], e que a Recomendação n.º 43 das conclusões da reunião do Conselho Europeu de Tampere apelou à criação de "equipas de investigação conjuntas para combater o tráfico de droga e de seres humanos e o terrorismo, como primeira medida e o mais rapidamente possível, devendo as regras a estabelecer neste contexto permitir aos representantes da Europol participar nessas equipas a título de apoio, quando adequado", o Conselho aprovou, em 29 de Maio de 2000, o Acto que, nos termos do artigo 34.º do TUE, estabeleceu a Convenção[163/164] Relativa ao Auxílio Judiciário Mútuo em Matéria Penal entre os Estados-Membros da União Europeia, que previa a criação de equipas de investigação conjuntas.

---

[161] Alegações do Sr. Secretário de Estado Adjunto da Ministra da Justiça no debate parlamentar sobre a segunda alteração da Lei n.º 144/99, de 31 de Agosto, que aprovou a Lei da Cooperação Judiciária em matéria penal, publicado no Diário da Assembleia da República I Série, n.º 112, de 24/04/2003, p. 4736.

[162] Sublinhado nosso.

[163] De referir que esta Convenção foi concluída e assinada durante a presidência portuguesa da União Europeia. Importa indicar igualmente que, em Portugal, a mesma foi aprovada para ratificação pela Resolução da Assembleia da República n.º 63/2001, e ratificada pelo Decreto do Presidente da República n.º 53/2001, de 16 de Outubro, ambos publicados no Diário da República, I-A, n.º 240, de 16 de Outubro.

[164] Os Estados-Membros ao depararem com a necessidade de medidas suplementares no domínio do auxílio mútuo em matéria penal para efeitos de luta contra a criminalidade, incluindo, em especial, a criminalidade organizada, o branqueamento de capitais e a criminalidade financeira, acordaram um conjunto de disposições em um protocolo, as quais foram anexadas e fazem parte integrante da *Convenção 2000* – Protocolo da Convenção relativa ao auxílio judiciário mútuo em matéria penal entre os Estados-Membros da União Europeia, publicado no Jornal Oficial da Comunidade Europeias n.º C 326, de 21 de Novembro de 2001.

Sobre a elaboração desta Convenção, doravante designada como *Convenção 2000*, importa reter que o auxílio judiciário mútuo entre os Estados-Membros assentava em bases sólidas que já tinham comprovado a sua eficácia, nomeadamente, o Tratado do Benelux em matéria de extradição e de auxílio judiciário mútuo em matéria penal, de 27 de Junho de 1962, a Convenção Europeia de Auxílio Judiciário Mútuo em Matéria Penal, de 20 de Abril de 1959, o Protocolo Adicional à Convenção Europeia de Auxílio Judiciário Mútuo, de 17 de Março de 1978 e a Convenção de aplicação dos Acordos de Schengen de 14 de Junho de 1985, celebrada em 19 de Junho de 1990, contudo, em virtude da realização de um seminário de profissionais, em Abril de 1995, surgiram diversas conclusões que indicavam da necessidade de melhorar e complementar os Acordos indicados, para a União poder responder às novas exigências que se colocavam no domínio da cooperação judiciária[165].

Neste sentido, e tendo a experiência demonstrado que, quando um determinado Estado investiga infracções com uma dimensão transfronteiras, sobretudo relacionadas com a criminalidade organizada, pode ser útil a participação de agentes dos serviços de polícia e de outros serviços competentes de outro Estado em que existam ligações com as infracções em causa, uma daquelas conclusões relacionava-se com os obstáculos que se verificavam em relação às equipas de investigação conjuntas, nomeadamente a "falta de um quadro específico para a criação e funcionamento das mesmas"[166].

É no artigo 13.º da *Convenção 2000* que se estabelecem as condições em que devem ser criadas as equipas de investigação conjuntas e o modo como desempenharão as suas funções. Refere o n.º 1 deste normativo que "as autoridades competentes de dois ou mais membros podem criar[167], uma equipa de investigação conjunta

---

[165] Relatório Explicativo sobre a Convenção, de 29 de Maio de 2000, relativa ao auxílio judiciário mútuo em matéria penal entre os Estados-Membros da União Europeia, publicado no Jornal Oficial das Comunidades Europeias, n.º C 379, de 29/12/2000, p. 8.

[166] *Idem*, p. 17.

[167] De acordo com as alíneas a) e b) do mesmo número, pode ser criada uma equipa de investigação conjunta quando no âmbito das investigações de um Estado membro sobre infracções penais, houver necessidade de realizar investigações difíceis e complexas com implicações noutros Estados membros e quando vários Estados membros realizarem investigações sobre infracções penais que, por força das circunstâncias subjacentes, tornem indispensáveis uma acção coordenada e concertada nos Estados membros envolvidos.

para um objectivo específico e por um período limitado, que poderá ser prolongado com o acordo de todas as partes, para efectuar investigações criminais num ou em vários Estados membros que criarem a equipa. A composição da equipa será indicada no acordo", resultando assim, que deve, antes de mais, haver um acordo entre as autoridades competentes dos Estados-Membros em causa e que a equipa "tem de ser criada com vista a um concreto e pré-definido objectivo de investigação criminal, estando a sua duração temporal também previamente delimitada, embora, nomeadamente, em função do decurso da própria investigação, tal duração possa ser objecto de prorrogações sucessivas"[168], por mútuo acordo. Naquele acordo deverá também, ser especificado quais os elementos que farão parte da equipa, que serão "provavelmente agentes dos serviços de polícia, mas em muitos casos, haverá a participação de representantes do Ministério Público, de juízes e, mesmo, de outras pessoas"[169].

Relativamente aos pedidos de criação de equipas de investigação conjuntas, a *Convenção 2000* refere que os mesmos podem ser apresentados[170] por qualquer dos Estados-Membros interessados,

---

[168] DUARTE, Jorge Dias, "Novas técnicas de cooperação judiciária", in: *Revista do Ministério Público*, Ano 24.º, Abril-Junho 2003, p. 135, nota 25.

[169] Relatório Explicativo sobre a Convenção, de 29 de Maio de 2000, relativa ao auxílio judiciário mútuo em matéria penal entre os Estados-Membros da União Europeia, publicado no Jornal Oficial das Comunidades Europeias, n.º C 379, de 29/12/2000, p. 18. Sobre a criação de uma equipa de investigação conjunta (EIC), destacamos a Recomendação do Conselho de 8 de Maio de 2003, publicada no Jornal Oficial das Comunidades Europeias, n.º C 121, de 23/05/2003, que solicita às respectivas autoridades competentes para que utilizem o modelo de acordo com o que consta do seu anexo, sempre que adequado, tendo em vista chegar a um acordo sobre a organização das equipas de investigação conjuntas. Nesse modelo, devem ser indicadas as Partes no acordo, qual o objectivo da Equipa de Investigação Conjunta (EIC), o período abrangido pelo acordo, os Estado(s)-Membro(s) em que actuará a EIC, os Chefes da equipa, os Membros da Equipa (autoridades judiciais, autoridades judiciárias e membros nacionais da Eurojust actuando com base no seu direito nacional), a participação de funcionários da Europol/Eurojust/Comissão (OLAF) ou outros organismos criados ao abrigo do TUE, assim como de funcionários de países terceiros, as condições gerais do acordo e as modalidades específicas do acordo.

[170] Que de acordo com o artigo 6.º, n.º 1 da *Convenção 2000*, as comunicações podem ser feitas, não só por escrito, mas também através de meio técnico que permita, por um lado, o seu registo por escrito, por outro, a verificação da sua autenticidade. Maria da Graça AZEVEDO, " A Convenção 2000 e as declarações do Estado Português", in: *Revista do Ministério Público*, n.º 91, 2002, p. 121, refere mesmo que, esta importante inovação, introduzida pela *Convenção 2000*, já se encontra prevista na nossa legislação nacional desde 1999 (cfr. artigo 22.º, n.º 1, da Lei n.º 144/99, de 31 de Agosto)

sendo as mesmas constituídas nos Estados membros em que se situarem os centros previsíveis das investigações. De acordo com o disposto nos artigos 6.º, n.º 5 e 7 e 24.º da *Convenção 2000*, e as declarações do Estado português, constantes dos artigos 2.º, alínea b) e 4.º, dos diplomas de aprovação e ratificação da Convenção, "passarão a existir duas autoridades diferentes com competência para a sua transmissão, quer a Procuradoria-Geral da República, quer a Polícia Judiciária"[171].

Sobre o modo de actuação da equipa, o n.º 3 do artigo 13.º estipula que a equipa de investigação conjunta opera no território dos Estados membros que a criarem e que a mesma será chefiada por um representante da autoridade competente que participar nas investigações criminais do Estado membro em que a equipa intervém[172], sendo que o chefe da equipa actuará dentro dos limites das suas competências ao abrigo da respectiva legislação nacional. Além disso, "a equipa é obrigada a respeitar plenamente a lei do Estado-Membro em que intervém e, o chefe dará regularmente instruções aos outros membros da equipa, que as cumprirão tendo em conta as condições em que assentou a criação da equipa"[173].

Os membros da equipa de investigação conjunta provenientes de Estados membros que não sejam o Estado membro em que a equipa intervém, são chamados de *elementos destacados*[174] têm o direito de estar presentes quando forem executadas medidas relacio-

---

[171] AZEVEDO, Maria da Graça, *ob. cit.*, [170], p. 123. Ainda de acordo com esta autora, esta dupla atribuição de competências parece descurar duas realidades: as vantagens da existência de uma única autoridade central e os fundamentos que presidem à consagração da faculdade (que deveria ser interpretada de um modo restritivo) de os Estados indicarem mais do que uma autoridade com competência para a transmissão dos pedidos, ignorando-se, assim, a própria razão de ser do exercício da faculdade de uma indicação plural.

[172] O que significa que a chefia da equipa alternará, se as investigações forem efectuadas em vários Estados-Membros. Sobre estas possíveis alternâncias, Jorge Dias DUARTE afirma que tais situações deverão ser acauteladas no acordo de criação da equipa, contudo, para aquele autor, afigura-se que, caso tal não suceda, deverá ter primazia o chefe da equipa "originário", isto é, aquele que pertence ao país onde se realizará, provavelmente, a maior parte dos actos de investigação, in: *ob. cit.*, [168], p. 138, nota 33.

[173] Relatório Explicativo sobre a Convenção, de 29 de Maio de 2000, relativa ao auxílio judiciário mútuo em matéria penal entre os Estados-Membros da União Europeia, publicado no Jornal Oficial das Comunidades Europeias, n.º C 379, de 29/12/2000, p. 18.

[174] Nos termos do n.º 4 do artigo 13.º.

nadas com a investigação no Estado membro de intervenção, no entanto, o chefe da equipa pode tomar uma decisão em contrário, por razões específicas[175].

De acordo com o direito interno do Estado-Membro onde decorre a intervenção, os *elementos destacados* da equipa podem ser encarregados, pelo chefe da equipa, de executar determinadas medidas de investigação, se tal tiver sido aprovado pelas autoridades competentes do Estado membro onde decorre a intervenção. Aquela aprovação pode ser incluída no "acordo que cria a equipa ou pode ser conferida posteriormente, podendo, além disso, ser de natureza genérica ou restrita a casos ou circunstâncias específicas"[176].

Tendo em vista uma agilização de procedimentos, um dos aspectos mais inovadores deste artigo encontra-se no n.º 7, disposição que permite que qualquer dos *elementos destacados* para a equipa solicite às suas próprias autoridades nacionais competentes a adopção de medidas de investigação que a equipa entenda como necessárias. Aquelas medidas serão então ponderadas no Estado membro em causa nas condições que seriam aplicáveis se fossem solicitadas no âmbito de uma investigação nacional, pelo que, "não há necessidade de o Estado-Membro em que actua a equipa formule um pedido de cooperação judiciária"[177]. Na sequência daquela lógica, e em sentido inverso, sempre que a equipa de investigação conjunta necessitar de auxílio de um Estado-Membro que não tenha participado na criação da equipa ou, de um país terceiro, o pedido de auxílio será formulado pelo Estado-Membro de intervenção, segundo os instrumentos e as disposições pertinentes.

Relativamente à troca de informações e visando facilitar o trabalho das equipas de investigação conjuntas, dispõe o n.º 9 que os *elementos destacados* têm a possibilidade, de acordo com o seu direito nacional e dentro dos limites das suas competências, de fornecer

---

[175] De acordo com o Relatório Explicativo sobre a Convenção, de 29 de Maio de 2000, a expressão "razões específicas" não foi definida, mas pode ser interpretada no sentido de incluir, por exemplo, situações em que se procede à recolha de testemunhos em casos relativos a crimes sexuais, especialmente quando as vítimas sejam crianças. Contudo, nunca aquela decisão poderá ser baseada apenas no facto de um elemento destacado ser estrangeiro, podendo, em certos casos, basear-se em razões operacionais.

[176] *Idem*.

[177] DUARTE, Jorge Dias, *ob. cit.*, [168], p. 138, nota 37.

informações de que o respectivo Estado-Membro disponha e que sejam úteis para as investigações conduzidas. Em sentido paralelo, o n.º 10 define as condições[178] "a que está sujeita a utilização das informações legitimamente obtidas por um dos membros da equipa de investigação conjunta, destacado ou não, a que de outra forma as autoridades competentes dos Estados-Membros em causa não teriam acesso"[179].

Considerando que a vinda de pessoas competentes de outros Estados-Membros ou de organizações internacionais pode constituir uma ajuda para a equipa de investigação conjunta e beneficiá-la com os conhecimentos especializados suplementares, os redactores da Convenção acordaram tal faculdade no n.º 12, na medida em que tal seja permitido pela legislação dos Estados-Membros em causa ou pelo disposto em qualquer instrumento jurídico que seja aplicável entre eles. O texto legal faz especial referência a funcionários de instâncias criadas por força do Tratado da União Europeia, nomeadamente a Europol e a Eurojust[180], ou ainda "a participação dos agentes

---

[178] Condições que são: *i)* para os efeitos para que foi criada a equipa; *ii)* mediante autorização prévia do Estado-Membro em que as informações foram obtidas, para a detecção, investigação e procedimento judicial de outras infracções penais, sendo que essa autorização apenas pode ser recusada nos casos em que tal utilização possa comprometer as investigações judiciais em curso no Estado-Membro em causa ou relativamente às quais o mesmo possa recusar o auxílio mútuo; *iii)* para evitar uma ameaça grave e imediata à segurança pública e, sem prejuízo da alínea antecedente, caso seja posteriormente aberta uma investigação criminal, e *iv)* para outros efeitos, desde que tenham sido objecto de acordo entre os Estados-Membros que criaram a equipa.

[179] Relatório Explicativo sobre a Convenção, de 29 de Maio de 2000. Ainda segundo este Relatório Explicativo, durante a redacção deste número, foi salientado pela delegação irlandesa que, quando, as informações em questão se relacionassem com depoimentos voluntários de uma testemunha unicamente para efeitos para os quais tivesse sido criada a equipa, dever-se-ia requerer o consentimento da testemunha para que as informações pudessem ser utilizadas para outros efeitos, excepto se estivessem preenchidas as exigências previstas na alínea c), relacionadas com a existência de uma ameaça grave e imediata à segurança pública.

[180] Sobre esta participação, que deve ser essencialmente de apoio e aconselhamento, veja-se por exemplo o referido na Recomendação do Conselho de 8 de Maio de 2003, publicada no Jornal Oficial das Comunidades Europeias, n.º C 121, de 23/05/2003, [onde no ponto 7 as Partes no acordo devem indicar a participação de funcionários da Europol/ Eurojust/Comissão (OLAF) ou outros organismos criados ao abrigo do TUE, assim como de funcionários de países terceiros] e, o Acto do Conselho, de 28 de Novembro de 2002

do Organismo de Luta Antifraude (OLAF)[181], na sua qualidade de «pessoas que não são representantes das autoridades competentes dos Estados-Membros que criaram a equipa"[182].

Relativamente às infracções que cometam ou de que sejam vítimas, a *Convenção 2000* refere no artigo 15.º, que os *elementos destacados* terão o mesmo tratamento que os funcionários do Estado-Membro em cujo território se realiza a missão, enquanto que sobre a responsabilidade civil dos agentes, é o artigo 16.º que estabelece as disposições que permitem dar provimento a acções de indemnização que possam ser intentadas na sequência de operações realizadas por funcionários de um Estado-Membro[183].

Com a ratificação por Portugal[184] da *Convenção 2000* – que foi o primeiro Estado a proceder à sua ratificação –, foram introduzidas algumas alterações na Lei de Cooperação Judiciária Internacional em Matéria Penal – Lei n.º 144/99, de 31 de Agosto – através da Lei n.º 104/2001, de 25 de Agosto. Assim, importa reter que, nos termos do disposto nos n.ºs 5 e 6 do artigo 145.º[185] daquele normativo, quer a deslocação de autoridades judiciárias e de órgãos de polícia criminal estrangeiros, com vista à participação em actos de investigação criminal que devam realizar-se em território português, inclusivamente

---

que estabelece um protocolo que altera a Convenção que cria um Serviço Europeu de Polícia (Convenção Europol) e o Protocolo relativo aos privilégios e imunidades da Europol, dos membros dos seus órgãos, dos seus directores-adjuntos e agentes, publicado no Jornal Oficial das Comunidades Europeias, C 312, de 16/12/2002, [onde no artigo 3.º A é referido que os agentes da Europol podem desempenhar funções de apoio em equipas de investigação conjuntas].

[181] Apesar da sua natureza administrativa.

[182] Relatório Explicativo sobre a Convenção, de 29 de Maio de 2000, p. 19.

[183] De acordo com o Relatório Explicativo sobre a Convenção, de 29 de Maio de 2000, os artigos 42.º e 43.º da Convenção de aplicação do acordo de Schengen serviram de modelo aos artigos 15.º e 16.º, respectivamente.

[184] Para além de Portugal, importa indicar que até ao dia 19 de Janeiro de 2005, apenas a Dinamarca (24 de Dezembro de 2002), a Espanha (8 de Julho de 2003), a Finlândia (27 Fevereiro de 2004), a Holanda (2 de Abril de 2004), a Lituânia (28 de Maio de 2004), a Letónia (14 de Junho de 2004) e a Estónia (28 de Julho de 2004) informaram o Secretariado-Geral do Conselho da União Europeia que tinham cumprido as formalidades necessárias à entrada em vigor da Convenção Relativa ao Auxílio Judiciário Mútuo em Matéria Penal entre os Estados-Membros da União Europeia, assinada em Bruxelas em 29 de Maio de 2000.

[185] Com a redacção introduzida pela Lei n.º 104/2001, de 25 de Agosto.

no âmbito da formação de equipas de investigação criminal conjuntas, compostas por elementos nacionais e estrangeiros, quer a constituição[186] de equipas de investigação criminal conjuntas, dependem da autorização do Ministro da Justiça, todavia, e nos termos do n.º 9 da mesma norma, tal competência pode ser delegada na autoridade central (Procuradoria-Geral da República) ou, quando a deslocação respeitar exclusivamente a autoridade ou órgão de polícia criminal, no director nacional da Polícia Judiciária.

Contudo, nem todos os Estados-Membros da União foram tão diligentes como Portugal, quanto se esperaria, fazendo com que a matéria relativa à criação das equipas de investigação conjuntas fosse prejudicada, pelo que a constatação da não entrada em vigor da *Convenção 2000* por "falta de ratificações suficientes[187], ainda em 2002, determinou o Conselho a aprovar um instrumento específico juridicamente vinculativo[188] para a criação de equipas de investigação conjuntas"[189], que se "aplicará a investigações conjuntas relativas a tráfico de droga e de seres humanos, assim como ao terrorismo"[190]. Neste sentido, em 13 de Junho de 2002, o Conselho adoptou a Decisão-Quadro[191] relativa às equipas de investigação conjuntas, "para permitir que rapidamente seja dado início ao processo de

---

[186] Quando esta constituição não for já regulada pelas disposições de acordos, tratados ou convenções internacionais.

[187] De referir que o artigo 34.º, n.º 2, alínea d) do TUE refere que: "Após adopção por parte de, pelo menos, **metade dos Estados-Membros**, essas convenções entrarão em vigor em relação a esses Estados-Membros, salvo disposições em contrário que nelas se contenham", (negrito nosso).

[188] Contudo, importa não esquecer que de acordo com o artigo 34.º, n.º 2, alínea b), do TUE, as decisões-quadro vinculam os Estados-Membros quanto ao resultado a alcançar, deixando, no entanto, às instâncias nacionais a competência quanto à forma e aos meios. As decisões-quadro não produzem efeito directo.

[189] Intervenção do Sr. Deputado Narana Coissoró no debate parlamentar sobre a segunda alteração da Lei n.º 144/99, de 31 de Agosto, que aprovou a Lei da Cooperação Judiciária em matéria penal, publicado no Diário da Assembleia da República I Série, n.º 112, de 24/04/2003.

[190] Decisão-Quadro do Conselho, de 13 de Junho de 2002, relativa às equipas de investigação conjuntas, publicada no Jornal Oficial das Comunidades Europeias, n.º C 162, de 20/06/2002, p. 1.

[191] Cujos artigos 1.º, 2.º e 3.º correspondem na íntegra aos artigos 13.º, 15.º e 16.º da *Convenção 2000*, respectivamente. De acordo com informações obtidas junto do Gabinete de Relações Internacionais e Cooperação (GRIEC) do Ministério da Justiça, apurámos que até 15 de Agosto de 2004 apenas 14 Estados informaram a Comissão da transposição desta

concretização e de criação daquelas equipas"[192]. No preâmbulo daquele instrumento jurídico, o Conselho instou à adopção de todas as medidas que garantissem o mais rapidamente possível, e em qualquer caso no decurso de 2002, a ratificação da *Convenção 2000*, reconheceu a importância de responder rapidamente ao apelo do Conselho Europeu de Tampere no sentido de se criarem aquelas equipas sem demora e, fez uma especial referência à possibilidade de permitir a participação nas equipas de investigação conjuntas, quando possível e nos termos da legislação aplicável, de representantes das autoridades responsáveis pela aplicação da lei dos Estados Unidos.

Com a Lei n.º 48/2003, de 22 de Agosto, Portugal procedeu à transposição para a sua legislação, as obrigações decorrentes da Decisão-Quadro de 13 de Junho de 2002, apesar de a *Convenção 2000* se encontrar devidamente introduzida na ordem jurídica portuguesa. Foram, assim aditados à Lei n.º 144/99, de 31 de Agosto, os artigos 145.º-A e 145.º-B, em que o primeiro se reporta "às equipas de investigação conjuntas no respeitante aos objectivos que motivam a participação do Estado português na sua criação, ao seu período de duração, ao seu alcance, aos motivos da sua criação, ao seu regime de avaliação, à participação de elementos destacados, ao auxílio de outros Estados, ao destino a dar às informações que são disponibilizadas no âmbito das equipas de investigação conjuntas"[193] e, o segundo, em exclusivo, à matéria de responsabilidade civil.

Por fim, a entrada em vigor da *Convenção* 2000[194], após a ratificação pelo número suficiente de Estados, determinará a caducidade dos artigos 145.º-A e 145.º-B da Lei n.º 144/99, de 31 de Agosto, nos termos do artigo 5.º da Decisão-Quadro, de 13 de Junho de 2002.

Decisão-Quadro. A saber: Dinamarca, Alemanha, Espanha, França, Letónia, Lituânia, Hungria, Malta, Holanda, Áustria, Portugal, Finlândia, Suécia e o Reino Unido.

[192] Intervenção do Sr. Deputado Eugénio Marinho no debate parlamentar sobre a segunda alteração da Lei n.º 144/99, de 31 de Agosto, que aprovou a Lei da Cooperação Judiciária em matéria penal, publicado no Diário da Assembleia da República I Série, n.º 112, de 24/04/2003.

[193] *Idem*.

[194] De referir que a ratificação urgente deste instrumento legal é uma das "solicitações" constantes das Conclusões do Conselho Europeu de Bruxelas de 4 e 5 de Novembro de 2004. Ainda de acordo com estas Conclusões, o Conselho refere que "para o encorajamento do uso das equipas de investigação conjuntas e para a troca das melhores práticas, cada Estado-Membro deverá designar um especialista nacional", p. 32.

"La costruzione dell'Europa è un problema complexo, difficile, che esige molta pazienza e che esige soprattutto energica voluntá e fede nell'avvenire"

ALCIDE DE GASPERI[195]

CONSIDERAÇÕES FINAIS

A actividade criminosa organizada é dinâmica por natureza, não necessitando de se circunscrever a estruturas rígidas, capaz de espírito de iniciativa e mentalidade empresarial, e conseguindo ser extremamente flexível na forma como responde a forças e situações de mercado em constante mutação, exige uma resposta dinâmica e coordenada de todos os Estados-Membros, que tenha em consideração as estratégias nacionais e procure, além disso, tornar-se em uma estratégia europeia integrada e multidisciplinar. Neste sentido, a União Europeia e os seus Estados-Membros têm de provar à sociedade que o fim das suas fronteiras internas serviu para reforçar a colaboração entre as autoridades judiciárias e policiais dos diversos Estados para melhorar as suas técnicas de combate à criminalidade e para garantir, de forma indelével, a segurança, a liberdade e a justiça em todo o seu território.

A elaboração de dois instrumentos normativos[196] que permitem a criação das equipas de investigação conjuntas representa exactamente esta vontade. Contudo, apesar daquelas equipas constituírem um poderoso instrumento na luta contra o tráfico de droga, de seres humanos e contra o terrorismo, certo é que, os instrumentos normativos do Terceiro Pilar não têm a potencialidade de criar direito que seja directamente aplicável na ordem jurídica dos Estados-Membros, pelo que se têm relevado pouco eficazes e de difícil

---

[195] Extracto do discurso «Os Acordos de Paris», proferido na Câmara dos Deputados, em 16 de Junho de 1952, e utilizado em 29 de Outubro de 2004, por Sua Excelência o Presidente da Comissão Europeia, Dr. José Manuel Durão Barroso, por ocasião da assinatura do Tratado Constitucional.

[196] A Convenção Relativa ao Auxílio Judiciário Mútuo em Matéria Penal entre os Estados-Membros da União Europeia, de 29 de Maio de 2000 e, a Decisão-Quadro, 13 de Junho de 2002, relativa às equipas de investigação conjuntas.

implementação[197]. "A tudo isto acresce a inexistência de um mecanismo jurídico sancionatório do incumprimento das obrigações que incumbem aos Estados-Membros, o que constitui um factor de fragilidade da coercibilidade do direito derivado adoptado nestes domínios (...), com tudo o que isso possa significar para a realização efectiva do espaço de liberdade, segurança e justiça"[198].

Em jeito de conclusão, entendemos que em um momento próximo, o Tratado que estabelece uma Constituição para a Europa, abrirá novas janelas para o desenvolvimento de uma efectiva cooperação policial, todavia julgamos que será necessário um *"plus"*, pelo que seguimos com Constança Urbano de Sousa quando refere que "para criar um verdadeiro espaço de liberdade, segurança e justiça é igualmente necessário criar uma cultura comum aos agentes de polícia e aos magistrados, que facilite a sua colaboração com os colegas europeus. Tal não pode ser imposto por via legislativa, antes implica uma mudança de mentalidade, que exige sempre um certo período de maturação"[199].

Lisboa e ISCPSI, 07 de Junho de 2005

---

[197] A este aspecto importa referir que só muito recentemente (já em 2005), foi criada a primeira equipa de investigação conjunta entre o Reino Unido e a Holanda, dedicada ao combate ao tráfico de droga.
[198] SOUSA, Constança Urbano de, *ob. cit.*, [11], p. 48.
[199] SOUSA, Constança Urbano de, *ob. cit.*, [11], p. 52.

Bibliografia

ALMEIDA, José Manuel Ribeiro de, " A cooperação judiciária entre o TJCE e os órgãos jurisdicionais nacionais: o que é e como usar o processo de decisão a título prejudicial", in: *Revista do Ministério Público,* Ano 24, n.º 23, Janeiro-Março 2003.

AMARAL, Maria Lúcia, Seminário de Metodologia da Investigação (*officina juris*), Faculdade de Direito da Universidade de Coimbra, 15 de Maio de 2004.

ANTUNES, M.A. Ferreira, *A INTERPOL e a cooperação policial internacional*, Lisboa: Instituto Nacional de Polícia e Ciências Criminais, 1995.

AZEVEDO, Maria da Graça, "A Convenção 2000 e as declarações do Estado Português", in: *Revista do Ministério Público*, n.º 91, 2002.

BONNEFOI, Serge A., *Europe et Securité* Intérieure, Paris: Delmas, 1994.

CAEIRO, Pedro, "Perspectivas de formação de um Direito Penal da União Europeia", in: Direito Penal Económico e Europeu: Textos Doutrinários, Vol. I, Coimbra: Coimbra Editora, 1998.

CANAS, Vitalino, "Crime organizado internacional e subversão das estruturas públicas: questões sobre o enquadramento jurídico-constitucional, internacional e da União e alguns casos de insucesso", in: *Colóquio O terrorismo global e os novos desafios à segurança interna*", Universidade Autónoma de Lisboa, em 3 de Novembro de 2004.

CHEVALLIER-GOVERS, Constance, *De la coopération à l'intégration policière dans l'Union européenne*, Bruxelas: Bruylant, 1999.

COSTA, José Francisco de Faria, "O fenómeno da globalização e o Direito Penal Económico", in: *Estudos em Homenagem ao Prof. Doutor Rogério Soares*, Coimbra: Coimbra Editora, 2000.

DUARTE, Jorge Dias, "Novas técnicas de cooperação judiciária", in: *Revista do Ministério Público*, Ano 24.º, Abril-Junho 2003.

GRABBE, Heather, "Justice and Home Affairs: faster decisions, secure rights", in: *Centre For European Reform*, consultado no sítio electrónico www.cer.org.uk.

MARQUES, José Augusto Garcia, "Cooperação judiciária internacional em matéria penal", in: *Revista do Ministério Público*, Ano 18.º, Outubro-Dezembro 1997.

MONTAIN-DOMENACH, Jacqueline, *L'Europe de la sécurité intérieure*, Paris: Editions Montchrestien, 1999.

MOTA, José Luís Lopes da, "A Eurojust e a emergência de um sistema de justiça penal europeu", in: *Revista Portuguesa de Ciência Criminal*, Ano 13, n.º 2, Coimbra: Coimbra Editora, Abril-Junho 2003.

PASTORE, Ferruccio, *Reconciling the Prince's two arms, Internal-external security policy coordination in the European Union*, Paris: Institute for Security Studies, October 2001, consultado em www.iss-eu.org

PEDROSO, Arménio Timóteo, *A cooperação policial na União Europeia*, Instituto Europeu da Faculdade de Direito de Lisboa, Edições da Guarda Nacional Republicana.

PORTO, Manuel, "A Política Externa e de Segurança Comum, in: *A Revisão do Tratado da União Europeia*, Faculdade de Direito da Universidade de Coimbra, Curso de Estudos Europeus, Coimbra: Almedina, 1996.

RODRIGUES, Anabela Miranda e MOTA, José Luís Lopes da, *Para uma política criminal europeia. Quadro e instrumentos jurídicos da cooperação judiciária em matéria penal no Espaço da União Europeia*, Coimbra: Coimbra Editora, 2002.

RODRIGUES, Anabela Miranda, "O papel dos sistemas legais e a sua harmonização para a erradicação das redes de tráfico de pessoas", in: *Revista do Ministério Público*, Ano 21.º,Outubro-Dezembro 2000.

RODRIGUES, Anabela Miranda, "O mandado de detenção europeu", in: *Revista Portuguesa de Ciência Criminal*, Ano 13, n.º 1, Coimbra: Coimbra Editora, Janeiro-Março 2003.

RODRIGUES, Anabela Miranda, "A emergência de um «Direito Penal Europeu» – Questões urgentes de política criminal", in: *Estratégia*, Lisboa: Instituto de Estudos Estratégicos e Internacionais, n.º 18/19, 1.º/2.º Semestres, 2003.

RODRIGUES, Anabela Miranda, Apontamentos das Aulas de Direito Penal Europeu, Faculdade de Direito da Universidade de Coimbra, 15 de Dezembro de 2004 e 12 de Janeiro de 2005.

RODRIGUES, Anabela Miranda, "A nova Europa e o velho défice democrático – a matéria penal", em curso de publicação.

RODRIGUES, Anabela Miranda, "Um sistema sancionatório penal para a União Europeia – entre a unidade e a diversidade ou os caminhos da harmonização".

SCHENGEN, Sistema de Informação Schengen e cooperação policial – manual prático, Gabinete Nacional S.I.R.E.N.E., Edição do Gabinete de Assuntos Europeus do Ministério da Administração Interna.

SOUSA, Constança Urbano de, " O Novo Terceiro Pilar da União Europeia: a cooperação policial e judiciária em matéria penal", in: *Estudos em Homenagem a Cunha Rodrigues*, Volume I, Coimbra, Coimbra Editora, 2001.

SOUSA, Constança Urbano de, "A cooperação policial e judiciária em matéria penal na União Europeia – evolução e perspectivas", in: *Polícia e Justiça* (Separata da Revista do Instituto Superior de Polícia Judiciária e Ciências Criminais), Coimbra: Coimbra Editora, Julho-Dezembro 2003.

SOUZA, Mauro Chaves Passarinho Pinto de, "A cooperação policial internacional e a Interpol", in: *Estudos de Direito de Polícia*, 2.º vol., Lisboa: Associação Académica da Faculdade de Direito de Lisboa, 2003.

VALENTE, Manuel Guedes Monteiro, "Contributos para uma tipologia de segurança interna", in: *I Colóquio de Segurança Interna*, Lisboa: Instituto Superior de Ciências Policiais e Segurança Interna, 17 e 18 de Novembro de 2004.

VALENTE, Manuel Monteiro Guedes, "Cooperação policial – viagem inacabada", in: *Dos Órgãos de Polícia Criminal*, Coimbra: Almedina, 2004.

Serviram ainda de apoio para a elaboração deste estudo:

– Resolução da Assembleia da República n.º 60/97, de 3 de Julho de 1997, que aprova para ratificação, a Convenção, fundamentada no artigo K.3 do Tratado da União Europeia, que cria um Serviço Europeu de Polícia (Convenção EUROPOL), publicada no Diário da República I Série-A, n.º 217, de 19/09/1997, (consultada em www.incm.pt).

– Acto do Conselho, de 3 de Novembro de 1998, que adopta a regulamentação aplicável aos ficheiros de análise da Europol, publicado no Jornal Oficial das Comunidades Europeias, n.º C 26, de 30/01/1999 (consultado em www.europa.eu.int).

- Lei n.º 144/99, de 31 de Agosto, que aprova a lei da cooperação judiciária internacional em matéria penal, publicada no Diário da República I Série-A, n.º 203, de 31/08/1999, (consultada em www.incm.pt).
- Recomendação do Conselho, de 30 de Novembro de 2000, relativa ao apoio da Europol às equipas de investigação conjuntas criadas pelos Estados-Membros, publicada no Jornal Oficial das Comunidades Europeias, n.º C 357, de 13/12/2000 (consultada em www.europa.eu.int).
- Prevenção e controlo da criminalidade organizada: Estratégia da União Europeia para o início do novo milénio, publicada no Jornal Oficial das Comunidades Europeia, n.º C 124, de 03/05/2000 (consultado em www.europa.eu.int).
- Relatório Explicativo sobre a Convenção, de 29 de Maio de 2000, relativa ao auxílio judiciário mútuo em matéria penal entre os Estados-Membros da União Europeia, publicado no Jornal Oficial das Comunidades Europeias, n.º C 379, de 29/12/2000 (consultado em www.europa.eu.int).
- Lei n.º 104/2001, de 25 de Agosto de 2001, primeira alteração à Lei n.º 144/99, publicada no Diário da República, Série I-A, n.º 197, de 25/08/2001 (consultada em www.incm.pt).
- Resolução da Assembleia da República n.º 63/2001, que aprova, para ratificação, a Convenção Relativa ao Auxílio Judiciário Mútuo em Matéria Penal entre os Estados Membros da União Europeia, assinada em Bruxelas em 29 de Maio de 2000, publicada no Diário da República, Série I-A, n.º 240, de 01/10/2001 (consultada em www.incm.pt).
- Acto do Conselho de 16 de Outubro de 2001, que nos termos do artigo 34.º do Tratado da União Europeia, estabelece o Protocolo da Convenção relativa ao auxílio judiciário mútuo em matéria penal entre os Estados-Membros da União Europeia, publicado no Jornal Oficial da Comunidade Europeias n.º C 326, de 21/11/2001 (consultado em www.europa.eu.int).
- Decisão-Quadro do Conselho, de 13 de Junho de 2002, relativa às equipas de investigação conjuntas, publicada no Jornal Oficial das Comunidades Europeias, n.º C 162, de 20/06/2002 (consultada em www.europa.eu.int).
- Acto do Conselho, de 28 de Novembro de 2002 que estabelece um protocolo que altera a Convenção que cria um Serviço Europeu de Polícia (Convenção Europol) e o Protocolo relativo aos privilégios e imunidades da Europol, dos membros dos seus órgãos, dos seus directores-adjuntos e agentes, publicado no Jornal Oficial das Comunidades Europeias, C 312, de 16/12/2002 (consultado em www.europa.eu.int).
- Decisão 2003/48/JAI do Conselho, de 19 de Dezembro de 2002, relativa à aplicação de medidas específicas de cooperação policial e judiciária na luta contra o terrorismo, nos termos do artigo 4.º da Posição Comum 2001/931/PESC, publicada no Jornal Oficial das Comunidades Europeias, L 16, de 22/01/2003 (consultado em www.europa.eu.int).
- Debate parlamentar sobre a segunda alteração da Lei n.º 144/99, de 31 de Agosto, que aprovou a Lei da Cooperação Judiciária em matéria penal, publicado no Diário da Assembleia da República I Série, n.º 112, de 24/04/2003 (consultado em http://debates.parlamento.pt)

- Recomendação do Conselho, de 08 de Maio de 2003, relativa a um modelo de acordo para a criação de uma equipa de investigação conjunta (EIC), publicado no Jornal Oficial das Comunidades Europeias, C 121, de 23/05/2003 (consultada em www.europa.eu.int).
- Lei n.º 48/2003, de 22 de Agosto, segunda alteração à Lei n.º 144/99, publicada no Diário da República, Série I-A, n.º 193, de 22/08/2003 (consultada em www.incm.pt).
- Acto do Conselho, de 27 de Novembro de 2003 que, com base no n.º 1 do artigo 43.º da Convenção que cria um Serviço Europeu de Polícia (Convenção Europol), estabelece um protocolo que altera essa convenção, publicado no Jornal Oficial das Comunidades Europeias, C/2, de 6/01/2004 (consultado em www.europa.eu.int).
- Circular n.º 15/2004, de 18 de Novembro, da Procuradoria-Geral da República (consultada em www.pgr.pt).
- Conclusões do Conselho Europeu de Bruxelas, de 4 e 5 de Novembro de 2004 (consultadas em www.europa.eu.int).

PARTE III

DISCURSO DE ENCERRAMENTO

A SEGURANÇA E O NOVO MUNDO

ADRIANO MOREIRA
Presidente do Conselho Nacional de Avaliação do Ensino Superior
Professor Emérito da Universidade Técnica de Lisboa

Todas as questões conceituais fazem ressaltar um elemento constante do terrorismo que é o do *martírio dos inocentes*. A relação entre agressor e agredido e as escalas de valores e interesses respectivos levam a caracterizações variáveis do acto e a diferentes atitudes de legitimação, mas a questão dos inocentes está sempre tão presente, como presente está no acto da guerra, conflito armado entre Estados, segundo a definição clássica.

A questão traduz-se em verificar se o terrorismo evoluiu em termos de, na entrada do milénio, e sobretudo depois do 11 de Setembro, ter uma caracterização nova e talvez excluente das categorias mistas anteriores.

Acompanhando o teor geral dos comentaristas, Alexandre Adler encarou o fenómeno afirmando que viu "acabar o mundo antigo". Mas o tema de Adler tem sobretudo que ver com os efeitos sequenciais do atentado na área da redefinição das alianças e da polemologia, e não com a conceptualização do apocalipse, isto é, da revolução do mundo em que passamos a viver.

Talvez convenha ver aquilo que a novidade não é, designadamente confrontada com o crime transnacional organizado, e, até então, a segurança internacional.

A premissa maior de todas as interpretações, que também abrange o terrorismo, é a globalização: esta fez com que a análise identificasse uma série de capítulos, designadamente o crime transnacional organizado e a segurança internacional, o crime transnacional e a globalização económica, a liberalização e o crime financeiro transnacional, a cooperação entre organizações criminosas, tudo originando o crescimento de uma frente jurídica internacional. Destaque-se que, em Novembro de 2000, a Assembleia-Geral da ONU adoptou uma Convenção contra o Crime Internacional Organizado, com dois protocolos referentes ao tráfico humano, e às imigrações ilegais. Como dizem Mats Berdal e Mónica Serrano, trata-se de uma ameaça à segurança internacional, "mas a irónica imagem desta ameaça não é um avião, muito menos um tanque - de facto não é de modo algum uma bomba, mas sim um contentor".

De todas as análises deste novo terrorismo, talvez a que requeira primeira atenção seja a do *Rand's Project Air Force*, uma investigação dirigida por Ian O. Lesser, Bruce Hoffman, John Arquilla, David Ronfeld, Michele Lanini.

A investigação começou em 1972, mantendo portanto uma observação continuada, que começa com o ataque da *Japanese Red Army* no Lod Airport em Israel, e com o atentado dos terroristas do *Black September* contra os atletas israelitas concorrentes às Olimpíadas de Munich.

Vinte e sete anos mais tarde, a evolução do fenómeno excedeu todas as presunções que naquela data seriam consideradas fantasiosas.

Normalmente, a primeira questão a resolver, para organizar um método, é a de saber, vista a experiência passada e as previsíveis hipóteses de intervenção futura, que definição de terrorismo deve ser adoptada, com um sentido e fundamento operacionais.

Algumas considerações anteriores apontam para a dificuldade, mas talvez seja aceitável começar por assentar em que se trata sempre de um crime, que tal crime usa os inocentes como penhor do terror a implantar na sociedade civil alienada da protecção do poder instituído, sendo que a debilitação ou a anulação deste último é o resultado objectivo procurado. Ainda quando os Estados divergem na afirmação de uma definição jurídica, tendem para convergir na listagem de acções concretas consideradas terroristas.

No passado, o procurado efeito psicológico na população não tinha relação com culpas atribuídas às vítimas concretas, mas os meios utilizados não eram muito variados nem inovatórios, enquanto que agora a inovação é uma perspectiva constante, e o salto qualitativo, designadamente para a chamada *cyberwar*, é uma possibilidade.

Por outro lado, o mundo sem fronteiras em que vivemos aponta para o alargamento do terrorismo, que *foi local* como na América Latina, que se alargou a *áreas* como na África em descolonização, e agora se apresenta como global tendo eventualmente um ou mais Estados como bases de apoio financeiro, apoio logístico, função de abrigo, ou hospedeiro.

O globalismo, cuja vertente económica é sempre a que merece mais atenção, tem esta variável no seu vasto passivo. Assumindo os EUA como um objectivo imediato da sua estratégia, a fronteira desse adversário está em qualquer lugar do mundo onde estejam os seus interesses, a fronteira geográfica de ataque está dentro do seu território, onde o poder terrorista decidir.

É por isso que a perspectiva *criminal* do terrorismo tende para ser acompanhada por uma perspectiva de *guerra*, com subida eventual aos extremos clássicos da luta entre Estados, como aconteceu na segunda guerra do Iraque. De modo que são os *serviços de informação* que necessitam de se actualizar, são os *métodos diplomáticos* que exigem enriquecimento, são os *meios de combate* que requerem inovação. E que não se abandone a ONU em favor de um perigoso unilateralismo.

Esta referência à organização é especialmente inspirada pelo facto de o Secretário-Geral ter apresentado à Assembleia Geral, em 21 de Março último, o Relatório intitulado *Em maior liberdade: segurança, desenvolvimento e direitos humanos para todos*. Este Relatório acolhe as propostas do Grupo de Alto Nível que preparou, além do *Relatório sobre Ameaças, Desafios e Mudança* (Dezembro de 2004), também o *Relatório do Projecto do Milénio* (17 de Janeiro de 2005), tudo compondo a Agenda que os Chefes de Estado e de Governo vão discutir na *Cimeira de Setembro* próximo em Nova York.

No texto apresentado, que se insere num conjunto notável de propostas destinadas a reformar a estrutura da ONU e a sua percepção institucional do mundo, o Secretário-Geral pretende conseguir este objectivo essencial: *viver sem medo*. Entendeu sublinhar que no século XXI as ameaças que pesam sobre a paz e a segurança não são apenas a guerra e os conflitos internacionais, mas também o terrorismo, as armas de destruição maciça, a criminalidade organizada e a violência civil. Depois, no 11º. Congresso da ONU sobre o Crime, foi adoptado a *Declaração de Banguecoque*, com data de 25 de Abril de 2005, versando, entre outras questões, o tráfico de seres humanos, o branqueamento de capitais, a corrupção, o crime informático, e as principais causas da criminalidade.

Apelaram, nessa linha, a que todos os Estados ratifiquem a *Convenção das Nações Unidas contra o Crime Organizado Transnacional*, o que Portugal fez pela *Resolução da Assembleia da República nº. 32/2004*, com ratificação pelo Decreto do Presidente da República nº. 19/2004 de 2 de Abril. Não é difícil reconhecer que a ONU, meio século depois da fundação, necessita de uma reformulação, e que os seus mecanismos não respondem facilmente às mudanças da estrutura internacional, ela própria longe da estabilização. Mas também é urgente admitir e apoiar a linha reformadora que o Secretário-Geral desenvolve no sentido de enfrentar os novos tempos, como igualmente é tempo de os Estados não pararem por tão profunda reformulação para modernizarem os seus instrumentos de segurança, os seus serviços de informação, as sedes transnacionais respectivas. Tendo presente que as escolas são as células de investigação e formação de que depende a excelência dos responsáveis.

ÍNDICE

Introdução 7

PARTE I
5 DE MAIO DE 2005

Segurança Interna
    Mário Gomes Dias 13

Policia na Constituição Portuguesa
    António Francisco de Sousa 35

O Paradigma Estratégico Militar de Segurança Interna
    Nuno Gonçalo Vieira Matias 47

Do Paradigma Estratégico, Jurídico-Constitucional e Político da Segurança Interna
    João Serrano 55

Posições do PCP e Questões para Reflexão neste Debate
    José Neto 61

PARTE II
7 / 8 DE JUNHO DE 2005

A Prevenção da Criminalidade
    Luís Fiães Fernandes 69

Vidiovigilância: Instrumento de «Segurança Interna»?
    Manuel Monteiro Guedes Valente 119

Poder e Identidade. Desafios de Segurança
    Cristina Montalvão Sarmento 155

Inmigración *vs* Delincuencia Organizada el Tráfico de Personas para su Explotación
Laboral y Sexual
    Nieves Sanz Mulas 169

Diritto Penale e Sicurezza della Collettività
    David Terracina 217

Cooperação Policial Internacional: O Paradigma da União Europeia
    Paulo Valente Gomes 227

Da Cooperação Policial na União Europeia: As Equipas de Investigação Conjuntas
    Pedro Miguel Lopes Ferreira Lourenço de Sousa 285

PARTE III
DISCURSO DE ENCERRAMENTO

A Segurança e o Novo Mundo
    Adriano Moreira 335